Contentieux communautaire

Contentieux communautaire

2e édition

2001

Jean Boulouis
Professeur émérite à l'Université de droit, d'économie
et de sciences sociales de Paris
Doyen honoraire

Marco Darmon
Ancien Avocat général à la Cour de Justice
des Communautés Européennes
Président de Chambre honoraire à la Cour d'appel de Paris
Avocat au Barreau de Paris

Jean-Guy Huglo
Conseiller référendaire à la Cour de Cassation
Professeur associé à l'Université de Paris X Nanterre

DALLOZ

DALLOZ

31-35, rue Froidevaux - 75685 Paris cedex 14

SOMMAIRE

(Une table des matières détaillée figure à la fin de l'ouvrage)

PRÉFACE
DE LA DEUXIÈME ÉDITION

La première édition de ce précis a paru au mois d'août 1997.

Quelques semaines plus tard, Jean BOULOUIS, qui en a été non seulement le co-auteur mais aussi l'initiateur, devait disparaître.

Ceux qui ont eu le privilège de l'avoir connu retirent de cette rencontre un immense souvenir certes, mais, plus encore, la conviction d'avoir approché un de ces êtres d'exception dont l'on conserve en soi la présence inaltérable.

Cette seconde édition lui est dédiée.

Cette dernière ne fait plus de référence au Traité instituant la Communauté européenne du charbon et de l'acier. On sait, en effet, que cet Acte, signé à Paris le 18 avril 1951, a été conclu pour cinquante ans et qu'il cessera de recevoir application le 25 juillet 2002.

En revanche, de nouveaux développements s'imposaient. En effet, depuis 1997 est intervenu le Traité d'Amsterdam, signé le 2 octobre 1997 et entré en vigueur le 1er mai 1999.

Cet acte a tout d'abord procédé à une nouvelle numérotation du Traité sur l'Union et de celui instituant la Communauté européenne. La présente édition inclut cette modification de deux manières, en mentionnant les nouveaux numéros d'articles, avec référence aux précédents, et en annexant une table de concordance.

Il a ensuite élargi les compétences de la Cour de justice, lesquelles vont se trouver encore enrichies par d'autres textes. Il est, bien entendu, tenu compte de cette extension.

Il a enfin renforcé la prise en compte des droits fondamentaux en tant que règles constitutionnelles communautaires. Place est faite à cet aspect essentiel dans la mesure où il est concerné par des dispositions de droit positif, c'est-à-dire sans anticiper sur d'autres instruments pouvant être adoptés à l'avenir, tels, par exemple, qu'une charte des droits fondamentaux.

Tout exercice de mise à jour est enserré dans des contraintes et des limites. Ainsi en va-t-il de celui-ci, élaboré « en l'état actuel » – nécessairement évolutif – « du droit communautaire ».

Marco DARMON — Jean-Guy HUGLO

AVANT-PROPOS
À LA PREMIÈRE ÉDITION

Le Droit au Juge garantit l'existence de l'État de droit. Savoir, dans chaque cas, quel est son juge et comment y avoir accès en conditionne l'efficacité.

Ce qui est vrai sur le territoire national l'est également sur celui d'une communauté de droit, telle la Communauté européenne.

Le droit communautaire crée des obligations à la charge tant des États membres de l'Union Européenne que de leurs ressortissants. Il fait également naître des droits dans le chef de ceux-ci et de ceux-là.

Ce précis est consacré aux voies de droit qui assurent le respect de la légalité communautaire, d'une part devant le juge national, juge communautaire de droit commun, d'autre part devant la Cour de justice et le Tribunal de première instance des Communautés européennes.

Ses auteurs ont tenté de conjuguer leur expérience tirée, pour le premier d'une approche universitaire prenant en compte les situations auxquelles s'applique la règle de droit, pour le second d'une fonction juridictionnelle qu'il s'est efforcé de mettre en perspective.

Ils tiennent ici à remercier Messieurs Hugues CALVET, Jean-Guy HUGLO et Bernard MONGIN pour la précieuse contribution qu'ils leur ont apportée.

Jean BOULOUIS — Marco DARMON

INTRODUCTION
LA FONCTION JURIDICTIONNELLE DE DROIT COMMUNAUTAIRE

1 ***Présentation générale*** ◇ Si les traités instituant les Communautés européennes ont doté celles-ci d'une institution – la Cour de justice – chargée, suivant leurs propres termes, d'assurer le respect du droit dans leur interprétation et leur application, les litiges mettant en cause le droit communautaire ne sont pas tous de la compétence exclusive de cette institution. L'exercice de la fonction juridictionnelle est en effet répartie entre, d'une part cette Cour de justice et le Tribunal de première instance qui lui a été ultérieurement adjoint, d'autre part, les juridictions des États membres.

Après avoir décrit les organes communautaires dans leur constitution et leur fonctionnement, il conviendra donc d'exposer dans quels termes se présente cette répartition.

SECTION 1. LES ORGANES COMMUNAUTAIRES

2 ***Création par les traités institutifs*** ◇ Les organes communautaires de la fonction juridictionnelle ont été créés par les traités eux-mêmes. Il en a été ainsi pour la Cour de justice et, plus récemment, pour le Tribunal de première instance en vertu de l'Acte Unique Européen (art. 4, 11 et 26), dont les dispositions ont été, pour l'essentiel, reprises par le traité sur l'Union européenne, sous réserve d'une extension de compétence du Tribunal sur laquelle on reviendra (*infra*, n° 13).

3 ***Autres modes de création*** ◇ Cependant, la question a pu se poser de savoir si d'autres juridictions ne pourraient pas être instituées par voie conventionnelle ou réglementaire.

La décision des représentants des gouvernements des États membres du 8 avril 1965 mentionnait, pour en régler l'implantation, les « organismes juridictionnels ou quasi-juridictionnels existants ou *à créer* en vertu des traités ainsi qu'*en vertu de conventions* conclues dans le cadre des Communautés, soit entre États membres, soit avec des pays tiers ». Cette décision a été visée par la décision des gouvernements des États membres annexée aux conclusions de la présidence du Conseil européen d'Edimbourg (partie A annexe 6) qui déclare ne pas préjuger des « dispositions concernant le siège des institutions, organismes et services *à venir* », ce qui semble maintenir l'hypothèse d'organismes juridictionnels ou quasi-juridictionnels susceptibles d'être créés.

Quoiqu'il en soit, une réponse positive résulte de la jurisprudence consultative de la Cour. Dans son avis relatif à la création d'un Fonds européen d'immobilisation de la navigation intérieure, dont le projet d'accord à conclure entre la C.E.E. et un État tiers prévoyait la création d'une juridiction propre (*Avis* 1/76, 26.04.1977, rec., p. 741), la Cour a admis le principe même de « l'établissement d'un système juridictionnel qui, dans l'ensemble, assure aux justiciables une protection juridique efficace ». Plus récemment, la position de la Cour sur la question est apparue encore plus nette. On peut lire, dans son avis 1/91 (§ 40) relatif au projet d'accord instituant l'Espace Économique Européen (14.12.1991, rec., I, p. 6079 – J. Boulouis, RTD eur., 1992, n° 3, p. 457 – J. Dutheil de la Rochère, Rev. Marché commun et de l'Union europ., 1992, n° 360, p. 603 – M. A. Gaudissart, Rev du Marché unique européen, 1992, n° 2, p. 121) : « Un accord international qui prévoit un tel système juridictionnel (propre à l'accord) est, en principe, compatible avec le droit communautaire. En effet, la compétence de la Communauté en matière de relations internationales et sa capacité de conclure des accords internationaux comporte nécessairement la faculté de se soumettre aux décisions d'une juridiction *créée* ou désignée *en vertu de tels accords*, (souligné par nous) pour ce qui concerne l'interprétation et l'application de leurs dispositions ».

Quant à la création par voie réglementaire, c'est-à-dire par un règlement du Conseil, elle devrait s'appuyer sur l'article 308 C.E. (ex-art. 235 C.E.). Si, compte tenu de ses termes et de l'interprétation jurisprudentielle à laquelle il a donné lieu, on peut se demander si cet article constitue une base légale acceptable pour une telle création, force est de constater que c'est bien sur cette disposition que se fonde le règlement 40/94 du Conseil du 20 décembre 1993 sur la marque communautaire (*infra*, n° 436), lequel institue des « chambres de recours », dont les décisions sont susceptibles de recours devant la juridiction communautaire. On observera cependant que, malgré leur dénomination, ces « chambres de recours » ne paraissent pas constituer de véritables juridictions dès lors que les recours contre leurs décisions peuvent se fonder sur le détournement de pouvoir, moyen par nature exclu à l'encontre des décisions juridictionnelles.

§ 1. La Cour de justice des Communautés européennes

4 ***Origine et évolution*** ◇ La Cour de justice trouve son origine dans l'institution dont, sous ce nom, le traité de Paris avait doté la Communauté européenne du charbon et de l'acier. Les traités de Rome ayant à leur tour doté les deux Communautés qu'ils instituaient d'une institution identique, la Convention relative à certaines institutions communes du 25 mars 1957 réduisit ces trois Cours à l'unité, sans pour autant unifier, ni leurs compétences, ni les réglementations des recours qui sont demeurées telles que les fixait respectivement chacun des trois traités.

La composition de la Cour est restée inchangée jusqu'aux adhésions de nouveaux États. À la suite de celles-ci, le nombre des juges est successivement passé de sept à neuf, puis à dix, à onze, à treize et enfin à quinze ; celui des avocats généraux s'est, pour sa part, élevé de deux à trois, puis à quatre, à six et enfin à huit.

5 ***Dispositions régissant la Cour*** ◇ Les dispositions qui régissent la Cour figurent dans plusieurs textes qui se reproduisent partiellement ou opèrent des renvois des uns aux autres. Ces textes sont de quatre sortes.

Les deux premières, formellement distinctes pour ce qui était à l'origine chacune des trois Cours, sont constituées, d'une part par les dispositions de chacun des traités ; d'autre part, par celles de chacun des trois Protocoles portant statut de la Cour.

Les deux autres, uniques, sont constituées, d'une part par le Règlement de procédure, dont la dernière version date du 16 mai 2000 (J.O.C.E., n° L. 122/43 du 24.05.2000) ; V. pour une version codifiée du règlement de procédure de la Cour mais ne prenant pas en compte cette réforme du 16 mai 2000 : J.O.C.E. n° C-65, 06.03.1999, p. 1) et le règlement additionnel, établis par la Cour elle-même et soumis à l'approbation unanime du Conseil ; d'autre part, par les « Instructions au greffier » adoptées par la Cour sur proposition de son président.

A. Composition – Statut des membres

6 ***Composition*** ◇ La Cour est composée de juges, d'avocats généraux et d'un greffier.

L'institution des avocats généraux a été conçue comme une sorte de contrepartie au refus de permettre aux juges d'adjoindre aux arrêts des opinions différentes. Elle a été calquée sur celle des commissaires du gouvernement devant les juridictions administratives françaises, la définition que les traités donnent de leur fonction étant identique à celle que le Conseil d'État français a donné de celle des commissaires du gouvernement.

Malgré leur dénomination, les avocats généraux devant la Cour ne correspondent donc en aucune manière à ce que serait un ministère public. Ce qui vient d'être dit de l'origine de leur institution explique que leurs conclusions soient toujours publiées, ou bien avec l'arrêt sur l'affaire dans laquelle elles ont été prononcées, qu'elles peuvent, lorsqu'elles sont contraires, éclairer d'un jour différent, ou bien en toute hypothèse, en l'absence d'arrêt, en cas, par exemple, de désistement.

L'effectif des juges et des avocats généraux peut être augmenté. Outre celles qui ont accompagné les adhésions, ces augmentations sont en règle générale décidées par le Conseil statuant à l'unanimité sur proposition de la Cour. Ainsi en a-t-il été, en 1974, pour le quatrième avocat général et, en 1981, pour le onzième juge et le cinquième avocat général.

Quant au greffier, il peut être assisté de greffiers adjoints.

7 ***Désignation des juges et des avocats généraux*** ◇ Les juges et les avocats généraux sont désignés du commun accord des gouvernements des États membres. Bien qu'il n'existe pas de règle relative à l'origine nationale de ses membres, la Cour comprend un juge de la nationalité de chacun des États membres. Cinq des avocats généraux sont originaires des principaux États.

Les juges et les avocats généraux sont choisis parmi les personnalités qui, offrant toutes garanties d'indépendance, soit réunissent les conditions requises dans leur pays pour l'exercice des plus hautes fonctions juridictionnelles, soit sont des jurisconsultes possédant des compétences notoires. Ils sont nommés pour une durée de six ans renouvelable. Un renouvellement partiel a lieu tous les trois ans.

8 ***Statut des juges et des avocats généraux*** ◇ À leur entrée en charge, les juges et les avocats généraux prêtent, en séance publique, serment d'exercer leurs fonctions en pleine impartialité, comme en toute conscience, et de ne rien dévoiler du secret des délibérations, auxquelles cependant les avocats généraux ne participent pas... Ils jouissent d'une immunité de juridiction que seule la Cour, siégeant en séance plénière, peut lever. Ils continuent à bénéficier de cette immunité après leur sortie de charge pour les actes accomplis en leur qualité officielle, y compris les paroles et les écrits. Ils bénéficient également des privilèges et immunités des fonctionnaires et agents des Communautés.

Les juges et les avocats généraux ne peuvent pas exercer de fonctions politiques ou administratives. Sauf dérogation exceptionnelle accordée par le Conseil, ils ne peuvent avoir d'activité professionnelle, rémunérée ou non. Ils prennent dès leur entrée en charge l'engagement solennel de respecter, pendant la durée et après la cessation de leurs fonctions, les obligations résultant de celles-ci ; notamment les devoirs d'honnêteté et de délicatesse dans l'acceptation, après cette cessation, de certaines fonctions ou de certains avantages.

Les juges et les avocats généraux peuvent démissionner. Ils ne peuvent être relevés de leurs fonctions et déchus de leur droit à pension, ou à d'autres avantages en tenant lieu, que si, au jugement unanime des juges et des avocats généraux délibérant hors la présence de l'intéressé, ils ont cessé de répondre aux conditions requises ou de satisfaire aux obligations de leur charge. Ceux des juges ou des avocats généraux dont les fonctions prennent fin prématurément sont remplacés pour la durée de leur mandat restant à courir.

9 ***Statut du greffier*** ◇ Le greffier est nommé pour une durée de six ans renouvelable au vote secret des juges et des avocats généraux. Son statut et ses fonctions sont régis par le Règlement de procédure et les « Instructions au greffier ».

Le greffier est soumis aux mêmes obligations de serment et d'engagement solennel que les juges et les avocats généraux. Il ne peut être relevé de ses fonctions que s'il ne répond plus aux conditions requises ou s'il ne satisfait plus aux obligations de sa charge. La décision est prise par la Cour après que l'intéressé ait été mis à même de présenter ses observations. Le statut des greffiers adjoints est identique.

B. Règles générales d'organisation et de fonctionnement

10 ***Organisation de la Cour*** ◇ La Cour est placée sous l'autorité d'un président élu par les juges et parmi eux pour une durée de trois ans renouvelable après chaque renouvellement partiel de la Cour. Cette élection a lieu à la majorité absolue au premier tour, relative au second.

La Cour peut constituer et a effectivement constitué en son sein des chambres composées de trois ou de cinq juges. Cette disposition de l'article 221 (ex-art. 165) du traité C.E. ne s'oppose pas à ce que, pour des raisons touchant à l'organisation juridictionnelle de la Cour, les trois ou cinq juges appelés à statuer dans une affaire donnée fassent partie d'une formation composée d'un nombre plus élevé de juges (C.J.C.E., 4.05.1995, *G A A L*, C-7/94, I, p. 1031, concl. G. Tesauro). Ces chambres sont placées sous la présidence d'un président de chambre désigné chaque année dans les mêmes conditions que le président de la Cour. Celle-ci désigne également chaque année un premier avocat général.

La Cour dispose d'un personnel de fonctionnaires et d'agents qui relève du greffier sous l'autorité du président.

11 ***Fonctionnement*** ◇ La Cour est statutairement établie à Luxembourg (Décision des gouvernements des États membres, Conseil européen d'Edimbourg 11 et 12.12.1992, partie A, annexe 6, art. 1er, d). Elle peut, pour une ou plusieurs séances déterminées, se transporter en un autre lieu.

La Cour siège en permanence, sous réserve des vacances judiciaires fixées par le Règlement de procédure et des jours fériés du lieu où elle est établie. Pendant les vacances judiciaires, la présidence de la Cour est assurée, soit par son président, soit par un président de chambre, soit par un juge invité par le président à le remplacer.

Le président de la Cour en dirige les services et les travaux. Il fixe les dates et heures des séances, préside les audiences et les délibérations en chambre du conseil. En cas d'absence ou d'empêchement du président ou de vacance de la présidence, celle-ci est exercée par les présidents de chambre suivant leur ordre d'ancienneté. Les présidents de chambre exercent les mêmes attributions pour la chambre qu'ils président.

12 ***Indications bibliographiques*** ◇ M. Lagrange, *La Cour de justice des Communautés européennes*, EDCE, 1963, p. 55 - V. Grementieri, *Le statut des juges de la Cour de justice des Communautés européennes*, RTD eur. 1967, p. 817 - M. Lagrange, *La Cour de justice des Communautés européennes, du*

Plan Schuman à l'Union européenne, RTD eur., 1978, p. 1 – J. Charpentier, *À propos d'une récente augmentation du nombre des magistrats de la Cour de justice des Communautés européennes,* Mél. P.-H. Teitgen, 1984, p. 67 – G. Guillaume, *Les subdivisions internes des juridictions internationales : le cas de la Cour de justice des Communautés européennes,* Rev. int. dt. comp., 1990, p. 729 – M. de Guillenschmidt et N. Noël, *Cour de justice et Tribunal de première instance,* J. Cl. Europe, Fasc. 350, 1992 – M. Darmon, *Cour de justice,* Encyclopédie juridique Dalloz - droit communautaire, 1992. – A. Barav, V° *Cour de justice des Communautés européennes,* Dictionnaire juridique des C.E., 1993 – R. Dehousse, *La Cour de justice des Communautés européennes,* Montchretien, Coll. Clefs, 1994 – J. D. Mouton et C. Soulard, *La Cour de justice des Communautés européennes,* Que sais-je ? P.U.F., 1998 – Cour de justice des Communautés européennes, *Document de travail sur l'avenir du système juridictionnel de l'Union européenne,* mai 1999 (www.curia.eu.int).

§ 2. Le Tribunal de première instance

13 ***Dispositions régissant le Tribunal*** ◇ L'Acte Unique Européen (art. 4, 11 et 26) ayant prévu que le Conseil, statuant à l'unanimité sur proposition de la Cour, pourrait, après consultation de la Commission et du Parlement européen, adjoindre à la Cour une juridiction chargée de connaître, en première instance, de certaines catégories de recours formés par des personnes physiques ou morales, cette juridiction a été instituée par une décision 88/591 du Conseil du 24 octobre 1988 (J.O.C.E., n° L. 319 du 25 novembre 1988) qui en fixe la dénomination - Tribunal de première instance- et en règle la composition et la compétence.

Reprenant le texte de l'Acte Unique, le traité sur l'Union européenne considère cette institution comme acquise (« Il est adjoint... ») et charge le Conseil, statuant à l'unanimité sur demande de la Cour de justice et après consultation du Parlement et de la Commission, de fixer les catégories de recours pour lesquels le Tribunal sera compétent. Si cette nouvelle rédaction continue d'exclure de cette compétence les renvois des juridictions nationales, elle n'exclut plus « les affaires soumises par les États membres et par les Institutions ». Les décisions du Conseil modifiant la décision 88/591 ont cependant continué à ne transférer au Tribunal, outre les litiges intéressant les agents, que les recours en annulation, en carence et en réparation ou en vertu d'une clause compromissoire formés par les personnes physiques ou morales (décision 93/350 du Conseil du 8 juin 1993, J.O.C.E. 16.06.1993, n° L. 144, complétée par décision 94/149, du Conseil du 7.03.1994, *JO* du 10, n° L. 66).

On retrouve la même multiplicité des dispositions applicables, constituées par celles de l'Acte Unique Européen et désormais du traité sur l'Union européenne, celles de la décision institutive, celles des Protocoles portant statut de la Cour auxquelles cette décision renvoie en les adaptant, celles d'un Règlement de procédure établi par le Tribunal en accord avec la Cour et soumis à l'approbation unanime du Conseil (J.O.C.E., n° L. 136, du 30 mai

1991 – modifié n° L. 44 du 28.02.1995, n° L. 172 du 22.07.1995, n° L. 103/6 du 19.04.1997, rectificatifs J.O.C.E. n° L. 351 du 23.12.1997, modifié n° L. 135 du 29.05.1999 pour l'institution du juge unique), enfin celles des « instructions au greffier » (J.O.C.E., n° L. 78 du 22.03.1994).

14 ***Composition – Statut des membres*** ◇ Le Tribunal est composé de quinze membres, qui peuvent être appelés à exercer les fonctions d'avocat général. Le Tribunal nomme un greffier dont il fixe le statut.

Les membres du Tribunal sont nommés du commun accord des gouvernements des États membres pour une durée de six ans renouvelable, un renouvellement partiel ayant lieu tous les trois ans. Ils sont choisis parmi les personnes qui, présentant toutes les garanties d'indépendance, possèdent la capacité requise pour l'exercice des fonctions juridictionnelles.

Les dispositions des Protocoles portant statut de la Cour de justice relatives au statut des juges et des avocats généraux sont applicables au Tribunal et à ses membres. Les décisions au titre de ces dispositions sont prises par la Cour après consultation du Tribunal. Les dispositions de ces mêmes Protocoles régissant le statut du greffier de la Cour sont, *mutatis mutandis,* applicables au greffier du Tribunal.

Les dispositions de l'article 21 du Protocole sur les privilèges et immunités sont applicables aux membres du Tribunal et à son greffier.

15 ***Règles générales d'organisation et de fonctionnement*** ◇ Les membres du Tribunal désignent parmi eux un président pour une durée de trois ans renouvelable.

Le Tribunal siège en chambres composées de trois ou de cinq juges. Il peut également siéger en formation plénière. Depuis la modification du règlement de procédure intervenue le 17 mai 1999 (J.O.C.E. n° L. 135 du 29.05.1999, p. 92), il peut également, dans certaines affaires et seulement pour certaines matières, siéger à juge unique (*infra,* n° 201). La composition des chambres, l'attribution des affaires à celles-ci et les cas dans lesquels le Tribunal siège en formation plénière sont régis par le Règlement de procédure. Celui-ci fixe également les critères de sélection des affaires et les modalités de désignation des avocats généraux. La fonction de ces derniers est identique à celle des avocats généraux devant la Cour (*supra,* n° 5). La décision institutive précise qu'ils ne participent pas au délibéré sur les affaires dans lesquelles ils ont conclu.

Le Tribunal est établi « auprès de la Cour de justice » et a son siège au siège de celle-ci.

16 ***Indications bibliographiques*** ◇ M. Darmon et D. Ludet, *La création du Tribunal de première instance des Communautés européennes,* JCP, 1989, G, I, n° 3418 – Y. Galmot, *Le Tribunal de première instance des Communautés européennes,* Rev. fr. dr. adm., 1989, p. 579 – E. van Ginderachter, *Le Tribunal de première instance des Communautés européennes,* Cah. dr. eur., 1989,

p. 41 – J. Biancarelli, *La création du Tribunal de première instance des Communautés européennes : un luxe ou une nécessité ?* RTD eur., 1990, p. 1 – J. L. Da Cruz Vilaça, *Le démarrage d'une nouvelle juridiction communautaire – Le Tribunal de Première Instance un an après,* in L'Europe et le droit, 1991, p. 47 – A. Rigaux, *Tribunal de Première Instance (Structure – compétences),* Juriscl. Europe, fasc. 300, mars 1991 – D. Ludet, *Tribunal de Première instance,* Encyclopédie juridique Dalloz, Droit communautaire, 1992. – L. M. Pais Antunes, V° *Tribunal de première instance,* Dictionnaire juridique des C.E. 1993.

SECTION 2. **L'AMÉNAGEMENT DE LA FONCTION JURIDICTIONNELLE**

17 ***Juridiction de droit commun et juridiction d'attribution*** ◇ Les dispositions qui régissent les organes communautaires de la fonction juridictionnelle investissent ceux-ci de compétences déterminées qui se présentent ainsi comme des compétences d'attribution. Si ces compétences permettent à ces organes de connaître d'un certain nombre de litiges de droit communautaire, dès lors que ces litiges sont de ceux dont la réglementation des recours leur remet la résolution, elles ne concernent que ceux là.

La question se pose donc de la compétence pour connaître de tous les autres. En d'autres termes, puisque la juridiction communautaire n'est investie que d'une compétence d'attribution, celle de l'existence d'un juge de droit commun. Ce juge de droit commun est le juge national.

18 ***Le juge national, juge de droit commun*** ◇ Le juge national est le juge de droit commun du droit communautaire en ce sens qu'il est compétent pour connaître de tous les litiges relatifs à ce droit, dont un texte n'attribue pas la connaissance à la juridiction communautaire.

Cette situation est la conséquence des caractères du droit communautaire. Si celui-ci est toujours invocable devant un juge national en tant qu'il fait partie de l'ordre juridique des États membres, l'applicabilité directe, qui lui est reconnue et qui lui permet de créer directement des droits et des obligations au profit des particuliers, a pour double conséquence que ces particuliers peuvent se prévaloir de ces droits ou de ces obligations devant les juges nationaux et que ceux-ci ont l'obligation d'en assurer le respect.

Cette compétence de droit commun du juge national n'est cependant pas, dans son exercice, tout à fait indépendante. Pour des raisons qui seront exposées le moment venu (*infra,* n° 23), cet exercice peut ou doit se conjuguer avec la compétence de la Cour de justice en matière d'interprétation du droit communautaire et d'appréciation de la validité de ses dispositions de droit dérivé.

19 ***Compétence d'attribution des juridictions communautaires*** ◇ La compétence des juridictions communautaires est, comme on vient de le dire,

une compétence d'attribution. Elle ne s'exerce que dans les cas expressément prévus par les traités et dans les conditions qu'ils déterminent.

Ce n'est pas ici le lieu d'en présenter un tableau puisqu'aussi bien l'étude de ces compétences et de leurs conditions d'exercice est l'objet même de cet ouvrage. On se bornera donc à deux remarques générales.

La première est pour signaler que si, jusqu'à une époque récente, la Cour de justice était le seul organe juridictionnel investi des compétences à elle attribuées par les traités, l'institution du Tribunal de Première Instance a modifié cette situation. Il en est résulté une double conséquence. D'une part, une répartition a dû être opérée au sein de ces compétences d'attribution en ce qui concerne la première instance. D'autre part, une voie de droit a dû être aménagée devant la Cour contre les jugements du Tribunal.

La seconde observation est pour indiquer que si la compétence d'attribution de la Cour est déterminée par des dispositions expresses des traités, ceux-ci envisagent des possibilités d'extension que peuvent également comporter des actes conventionnels intervenus entre les États membres.

20 ***Indications bibliographiques*** ◇ Tribunal de première instance, *Éléments de réflexion sur l'évolution de la juridiction communautaire,* 3.12.1990 – A. Barav, *La plénitude de compétence du juge national en sa qualité de juge communautaire,* L'Europe et le droit, 1991, p. 1 – J. G. Huglo, *L'application du droit communautaire par le juge national*, Gaz. eur. du Palais n° 15, juin 1997, p. 15.

SECTION 3. PLAN GÉNÉRAL DE L'OUVRAGE. INDICATIONS DOCUMENTAIRES

21 ***Plan de l'ouvrage*** ◇ Compte tenu des indications qui précèdent, cet ouvrage est divisé en deux parties : la première consacrée à la coopération entre juges nationaux et Cour de justice ; la seconde aux actions directes devant les juridictions communautaires.

22 ***Indications documentaires et bibliographiques – Modes de citation – Principales abréviations*** ◇ Le texte du statut de la Cour C.E., des règlements de procédure et des instructions au greffier figurent en annexe.

Les indications bibliographiques seront données à l'occasion de l'exposé des questions qu'elles concernent.

Les arrêts de la Cour et les jugements du Tribunal sont cités de la manière suivante : C.J.C.E. ou T.P.I. date, nom de la partie requérante, numéro de l'affaire, partie et page du recueil, nom de l'avocat général. Les arrêts portant sur des affaires jointes ne comportent que le numéro de la première. Ces références sont répétées lorsque l'arrêt cité ne figure pas déjà dans le paragraphe où il est mentionné. Les décisions des juridictions nationales sont précédées de l'indication de celles-ci.

Les principales abréviations utilisées sont les suivantes :

A.C.P.	Afrique, Caraïbes, Pacifique
A.E.L.E.	Association européenne de libre échange
Annuaire fr. dr. int.	Annuaire français de droit international
A.J.D.A.	Actualité juridique-droit administratif
A.U.E.	Acte Unique Européen
B.C.E.	Banque centrale européenne
B.E.I.	Banque européenne d'investissement
Bull C.E. (U.E.)	Bulletin des Communautés (de l'Union)
Cah. dr. eur.	Cahiers de droit européen.
C.E.C.A.	Communauté européenne du charbon et de l'acier
C.E.	Communauté européenne
C.E.E.	Communauté économique européenne
C.E.E.A.	Communauté européenne de l'énergie atomique
C.J.C.E.	Cour de justice des Communautés européennes
Csion	Commission européenne
D	Dalloz-Sirey
Doc. Fse	Documentation française
Dr. soc.	Droit social
EDCE	Etudes et documents du Conseil d'Etat français
E.E.E.	Espace économique européen
Gaz. eur. du Palais	Gazette européenne du Palais
JDI	Journal de droit international (Clunet)
J-Cl	Jurisclasseur
JCP	Jurisclasseur périodique -semaine juridique.
JO	Journal officiel des Communautés (de l'Union)
Jurisp. const.	Jurisprudence constante
Ord.	Ordonnance
P.A.	Petites affiches
P.E.	Parlement européen
Prot.	Protocole
P.U.F.	Presses universitaires de France
Q.E.	Question parlementaire écrite
Q.P.	Question préjudicielle
Règl. proc.	Règlement de procédure
Rép. Com Dalloz	Répertoire Dalloz-droit communautaire
Rev. aff. eur	Revue des affaires européennes
Rev. gén. dr. int. pub.	Revue générale de droit international public
Rev. marché commun.	Revue du Marché commun. (et de l'Union européenne)
RTD eur	Revue trimestrielle de droit européen
T.P.I.	Tribunal de première instance des Communautés européennes
U.E.	Union européenne
U.L.B.	Université libre de Bruxelles

PREMIÈRE PARTIE

LA COOPÉRATION DES JUGES NATIONAUX AVEC LA COUR DE JUSTICE

23 ***Justifications et domaines de la coopération*** ◇ La compétence de droit commun des juges nationaux rencontre dans son exercice deux ordres de difficultés : l'une tient à l'interprétation du droit que ces juges ont mission d'appliquer ; l'autre à la validité de certaines de ses composantes.

24 ***L'interprétation du droit communautaire*** ◇ Si le juge compétent pour appliquer un droit l'est naturellement pour l'interpréter – d'autant que les deux opérations sont en définitive difficilement séparables – il n'en reste pas moins que l'interprétation du droit communautaire ne peut pas être abandonnée à la multitude de juges nationaux appelés à en connaître. C'est en effet une exigence inhérente à l'existence même de l'Union que le droit qui en régit l'institution et le fonctionnement doit revêtir, en tout lieu de l'Union, une signification et une portée identiques. En d'autres termes, les droits que ce droit confère aux particuliers et les obligations qu'il leur impose doivent être les mêmes, quels que soit l'endroit où se trouvent ces particuliers et le juge appelé à en connaître.

Or, la multiplicité des juridictions nationales crée le risque que cette exigence ne soit pas satisfaite ; partant, que l'existence même de l'Union se trouve irrémédiablement compromise. C'est pour assurer cette uniformité d'interprétation que les traités ont investi la Cour d'une fonction d'interprétation autonome et, pour prévenir ce risque, qu'ils ont mis à la disposition des juges nationaux une procédure destinée à éviter que ne s'établissent dans les différents États membres des jurisprudences divergentes ou, en elles-mêmes, contraires au droit communautaire.

De là, la première justification d'une coopération nécessaire entre les juges nationaux et la Cour de justice.

25 ***L'appréciation de validité*** ◇ Il est une seconde justification. La Cour de justice s'étant vu attribuer la compétence exclusive pour connaître de la légalité des actes des Institutions des Communautés, le juge national est pour sa part radicalement incompétent pour statuer sur des moyens mettant en cause cette légalité à l'occasion de litiges dont la solution est tributaire de l'application de tels actes. Il est donc indispensable que ce juge puisse obtenir du juge communautaire de la légalité une réponse sur cette question de validité ; car celle-ci commande la décision qu'il lui incombe de prendre sur le fond.

De là une seconde justification de la coopération du juge national et de la Cour de justice. Différente de la précédente, elle ne la rejoint pas moins dans son exigence d'uniformité.

26 ***Technique de la coopération*** ◇ La coopération entre les juges nationaux et la Cour de justice se réalise techniquement au moyen d'une procédure de renvoi préjudiciel.

La Cour a présenté cette procédure comme une forme particulière de coopération judiciaire par laquelle le juge national et la Cour, dans l'ordre de leurs compétences propres, sont appelés, directement et réciproquement, à l'élaboration d'une décision en vue d'assurer une application uniforme du droit communautaire dans l'ensemble des États membres (C.J.C.E., 1.12.1965, *Firma Schwartze,* 16/65, p. 1081, concl. J. Gand - Cah. dr. eur., 1966, n° 2, p. 83, note Chr. Tomuschat - G.A., T. 1, n° 23 - 16.07.1992, *Lourenço Dias,* C-343/90, I, p. 4673, concl. G. Tesauro).

27 ***Réglementation du renvoi préjudiciel*** ◇ La procédure de renvoi préjudiciel est régie par les articles 234 (ex-art. 177 C.E.) et 150 C.E.E.A.

Ces deux articles, disposant en termes sensiblement identiques, ont soumis aux mêmes règles le renvoi en interprétation et le renvoi en appréciation de validité.

Le Traité sur l'Union a ajouté à l'article 234 C.E. (ex-art. 177 C.E.) une disposition incluant la B.C.E. de sorte que ce texte se lit désormais de la manière suivante :

« La Cour de justice est compétente pour statuer, à titre préjudiciel,

a) sur l'interprétation du présent traité,

b) sur la validité et l'interprétation des actes pris par les institutions de la Communauté et par la B.C.E.

c) sur l'interprétation des statuts des organismes créés par un acte du Conseil lorsque ces statuts le prévoient [*art. 150 C.E.E.A. : sauf disposition contraire de ces statuts*].

« Lorsqu'une telle question est soulevée devant une juridiction d'un des États membres, cette juridiction peut, si elle estime qu'une décision sur ce point est nécessaire pour rendre son jugement, demander à la Cour de justice de statuer sur cette question.

« Lorsqu'une telle question est soulevée dans une affaire pendante devant une juridiction nationale dont les décisions ne sont pas susceptibles d'un recours juridictionnel de droit interne, cette juridiction est tenue de saisir la Cour de justice ».

28 ***Observations générales sur les modalités de la coopération*** ◇ Avant même d'entreprendre l'étude de cette coopération, il n'est pas inutile de formuler à son sujet trois observations générales.

La première sera pour remarquer que la coopération ne peut se réaliser qu'entre un juge national et la Cour de justice, un renvoi aux institutions étant exclu et l'institution du Tribunal de première instance n'ayant pas modifié la compétence exclusive de la Cour à cet égard. La rédaction des articles 225 C.E. (ex-art. 168 A-C.E.) et 140 A-C.E.E.A., telle qu'elle résulte du traité sur l'Union européenne, est à cet égard parfaitement claire : « Le Tribunal de première instance n'a pas compétence pour connaître des questions préjudicielles... » (V. toutefois les propositions développées par la Cour de justice des Communautés européennes dans le texte intitulé *Document de travail sur l'avenir du système juridictionnel de l'Union européenne*, mai 1999 www.curia.eu.int).

On remarquera ensuite que la Cour de justice, ainsi rendue compétente pour interpréter le traité, l'est, de ce fait même, pour interpréter celle des dispositions de celui-ci qui régit le renvoi. La Cour est donc à même de déterminer, par voie interprétative, les conditions et les conséquences de la coopération en ce qui concerne tant le rôle du juge national que le sien propre. Dans la conception qu'elle en a ainsi adoptée, cette coopération ne s'inscrit pas dans le cadre de ce qui serait un partage de compétence, avec ce que cela comporte de rigidité, mais doit se comprendre comme le résultat d'une répartition des fonctions dont il lui appartient de déterminer les modalités.

On observera enfin et surtout que la réglementation de la procédure ne tient pas le moindre compte des différences de justifications et d'objet qui distinguent renvoi en appréciation de validité et renvoi en interprétation. Aussi bien, malgré les critiques que cette situation a de longue date provoquées, le traité sur l'Union européenne n'y a rien changé. L'identité de régime, que cette réglementation impose ainsi, est génératrice d'assimilations qui altèrent la nature propre de chacun des renvois et plus spécialement celle du renvoi en appréciation de validité. On sera donc conduit, dans l'étude qui en sera faite, à opérer un certain nombre de distinctions.

29 ***Déroulement de la procédure*** ◇ En tant qu'elle se réalise par la mise en œuvre d'une procédure, la coopération entre les juges nationaux et la Cour de justice comporte trois phases. La première se déroule devant le juge

national saisi d'un litige mettant en cause le droit communautaire ; la deuxième se déroule devant la Cour interrogée par ce juge ; la troisième se situe à nouveau devant le juge national qui, en possession des réponses de la Cour aux questions qu'il lui a posées, reprend l'examen du litige et lui procure sa solution.

Dès lors, il pourrait sembler naturel de diviser les développements qui vont suivre en distinguant ces trois phases. En réalité, un exposé de la troisième n'est pas indispensable puisqu'elle se réduit à l'application des réponses données par la Cour, c'est-à-dire à l'autorité des arrêts rendus par celle-ci dans l'exercice des fonctions qu'elle exerce pendant la deuxième phase.

On considérera donc en deux chapitres successifs, d'abord le renvoi par le juge national ; ensuite, le jugement du renvoi par la Cour de justice.

30 ***Indications bibliographiques*** ◇ A. Donner, *Les rapports entre la compétence de la Cour de justice des Communautés européennes et les tribunaux internes,* Rec. cours La Haye, 1965. - M. Lagrange, *L'action préjudicielle dans le droit interne des États membres et en droit communautaire,* RTD eur., 1974, p. 268 - G. Vandersanden et A. Barav, *Contentieux communautaire,* Bruxelles, Bruylant, 1977, pp. 268 et s. - R. M. Chevallier et D. Maidani, *Guide pratique de l'article 177 C.E.E.,* O.P.O.C.E. 1982, 121 p. - Th. Koopmans, *La procédure préjudicielle - victime de son succès ?* Mél. P. Pescatore, 1987, p. 347 - J. Rideau et F. Picod, *Code des procédures communautaires,* Litec, 1994, pp. 323 et s. - R. Joliet, *L'article 177 du traité C.E.E. et le renvoi préjudiciel,* Riv. Dir. eur., 1991, p. 591 - R. Kovar, *Recours préjudiciel en interprétation et en appréciation de validité,* J-Cl. Europe, fasc. n° 360, 361 et 362, 1991 - J. Boulouis, *Renvoi en interprétation*, Rép. Com. Dalloz, 1992 - E. Traversa, *Les voies de recours ouvertes aux opérateurs économiques : le renvoi au titre de l'article 177 du Traité C.E.E.,* Rev. marché unique eur. 1992, p. 51 - A. Barav, V° *Renvoi préjudiciel,* Dictionnaire juridique des C.E., 1993 - C. O. Lenz, *rôle et fonctionnement de la procédure de décision préjudicielle en droit communautaire,* JCP édit. G, 13.03.1995, I, 3834, p. 139 - J. L. Sauron, *Droit et pratique du contentieux communautaire,* Doc. Fse, réflexe Europe, 2e éd., 1998 - D. Simon, *Le système juridique communautaire,* P.U.F., 2e éd., 1998 - R. Mehdi, *L'avenir de la justice communautaire, enjeux et perspectives*, Monde européen et international, Doc. Fse, 1999 - J. Rideau, *Droit institutionnel de l'Union et des Communautés européennes,* L.G.D.J., 3e éd., 1999 - Cour de justice des Communautés européennes. *Note informative sur l'introduction de procédures préjudicielles par les juridictions nationales,* Bulletin sur les activités de la Cour de justice et du Tribunal de première instance des Communautés européennes, n° 34196, 9 décembre 1996.

CHAPITRE 1 LE RENVOI PAR LE JUGE NATIONAL

31 ***Division*** ◇ Le renvoi par le juge national obéit à des règles posées par les traités, que la jurisprudence de la Cour de justice a contribué à compléter et à préciser.

Ces règles peuvent être réparties en quatre principaux points : la notion de juridiction nationale, l'exercice des fonctions juridictionnelles, le caractère facultatif ou obligatoire du renvoi, la décision de renvoi par le juge national.

SECTION 1. LA NOTION DE JURIDICTION NATIONALE

32 ***Institutions faisant partie de l'organisation juridictionnelle des États membres*** ◇ En employant les formules « juridictions des États membres » ou « juridiction nationale », les dispositions des traités désignent à n'en pas douter les différentes institutions qui composent l'organisation juridictionnelle des États membres, que ces institutions appartiennent à l'ordre judiciaire ou administratif et quelles que soient les compétences, répressives ou non, dans lesquelles le droit judiciaire national peut les spécialiser (C.J.C.E., 21.03.1972, *Sail,* 82/71, p. 119, concl. K. Roemer – 27.02.1986, *Röser,* 238/84, p. 795, concl. F. Mancini).

La question a pu se poser de la qualité de juridiction d'un État membre du Tribunal administratif de Papeete et de la compétence de la Cour pour interpréter, sur renvoi de ce Tribunal, la décision 86/283 du Conseil relative à l'association à la Communauté des pays et territoires d'outre-mer. Cette question a reçu une double réponse affirmative (C.J.C.E., 12.12.1990, *P. Kaefer et a,* C-100/89, I, p. 4670, concl. J. Mischo). Il en a été de même pour le Tribunal de paix de Papeete (C.J.C.E., 12.02.1992, *Leplat,* C-260/90, I, p. 643, concl. F. G. Jacobs) et pour le Deputy High Bailiff's Court de l'Ile de Man, bien qu'il n'appartienne pas à l'organisation juridictionnelle du Royaume-Uni (C.J.C.E., 3.07.1991, *Barr,* C-355/89, I, p. 3497, concl. F. G. Jacobs).

33 ***Autres institutions*** ◇ Les droits nationaux peuvent avoir institué d'autres organes, de caractère professionnel ou corporatif, spécialement dans l'ordre économique ou social, dont la qualité de juridiction demeure incertaine. Le droit communautaire étant maître de ses propres qualifications (C.J.C.E., 14.01.1982, *Corman,* 64/81, p. 13, concl. G. Reischl), il ne

saurait s'en remettre sur ce point aux solutions nationales. Il a donc été nécessaire, pour déterminer, dans de pareils cas, l'applicabilité de la réglementation du renvoi, de définir les caractères permettant de qualifier une institution comme étant une juridiction au sens du droit communautaire.

34 ***Caractère de juridiction*** ◇ La Cour a rappelé, de manière en quelque sorte préalable, que la notion de juridiction ne pouvait, par essence même, désigner qu'une autorité qui a la qualité de tiers par rapport à celle qui a adopté la décision faisant l'objet du recours (C.J.C.E., 30.03.1993, *P. Corbiau,* C-24/92, I, p. 1277, concl. M. Darmon - JCP édit. E, 1993, II, 521, p. 305, note M. Chr. Bergerès). Elle semble toutefois avoir choisi de ne pas faire application de ce critère dans un arrêt récent où elle a reconnu la qualité de juridiction au Tribunal Economico Administrativo Regional de Catalogne, compétent en matière fiscale et dont les membres sont pourtant des fonctionnaires du ministère espagnol des finances (C.J.C.E., 21.03.2000, *Gabalfrisa,* C-110/98 à C-147/98, non encore publié, avec les conclusions contraires de A. Saggio).

Au bénéfice de cette indication générale qui a permis à la Cour de rejeter comme irrecevable un renvoi prononcé par le directeur d'une administration fiscale dans une procédure gracieuse dont il était saisi, les caractères permettant de qualifier un organe comme juridiction au sens de l'article 234 C.E. (ex-art. 177 C.E.) sont les suivants : l'origine légale, la permanence, la juridiction obligatoire, la juridiction en droit, enfin l'application d'une procédure contradictoire, homologue de celle suivie devant les juridictions de droit commun (C.J.C.E., 30.06.1966, *Vaassen Göbbels,* 61/65, p. 377, concl. J. Gand - Cah. dr. eur., 1967, p. 311, note P. M. Storm - G.A., t. 1, n° 25).

35 ***Applications*** ◇ La Cour a ainsi décidé que constituait une juridiction, au sens de la réglementation du renvoi, une commission de recours fonctionnant avec le concours des autorités publiques et dont les décisions, rendues à la suite d'une procédure contentieuse, étaient, en fait, reconnues comme définitives (C.J.C.E., 6.10.1981, *Broekmeulen,* 246/80 p. 2311, concl. G. Reischl - RTD eur., 1981, p. 776, note G. Druesne - Rev. dr. sanit. et soc., 1982, p. 50, note L. Dubouis) ou une commission de surveillance des marchés publics dont les décisions ont force obligatoire et qui exerce sa mission de manière indépendante (C.J.C.E., 17.09.1997, *Dorsch Consult Ingenieurgesellschaft,* C-54/96, I, p. 4961, concl. G. Tesauro ; voir aussi C.J.C.E., 4.02.1999, *Köllensperger,* C-103/97, I, p. 551, concl. A. Saggio), de même qu'une commission de recours des activités rurales instituée par la loi, dont les membres bénéficient de la même indépendance que les juges et qui, compétente en matière d'aides aux exploitations rurales, statue en droit conformément aux règles applicables (C.J.C.E., 22.10.1998, *Jokela et Pikeränta,* C-9/97 et C-118/97, I, p. 6267, concl. J. Mischo) ainsi que l'Immigration Adjudicator au Royaume-Uni compétent pour connaître des litiges

relatifs au droit d'entrée et de séjour des étrangers (C.J.C.E., 2.03.1999, *Eddline El Yassini*, C-416/96, I, p. 1209, concl. P. Léger).

Elle a au contraire écarté cette qualification pour le conseil d'un ordre d'avocats dans l'exercice d'attributions ne conduisant pas à une décision juridictionnelle (C.J.C.E., (Ord.), 18.06.1980, *Borker*, 138/80, p. 1975) et pour une commission dont la mission ne consistait pas à trancher des litiges mais à donner des avis dans le cadre d'une procédure administrative (C.J.C.E. (Ord.), 5.03.1986, *Greis Unterweger*, 318/85, p. 955 ; voir aussi C.J.C.E., 12.11.1998, *Victoria Films*, C-134/97, I, p. 7023, concl. N. Fennelly, RTD eur. 1998(3), note Philippe Alquie, p. 634). En revanche, le caractère de juridiction a été reconnu au Conseil d'Etat italien appelé à donner un avis dans la procédure de recours extraordinaire dont la décision finale appartient pourtant au Président de la République dès lors que cet avis constitue le projet de décision et qu'une décision non conforme à cet avis ne peut être adoptée qu'après une délibération du Conseil des ministres et doit être motivée (C.J.C.E., 16.10.1997, *Garofalo*, C-69/96 à C-79/96, I, p. 5603, concl. D. Ruiz-Jarabo Colomer).

36 ***Le cas de l'arbitrage*** ◇ La question de savoir si l'arbitrage entrait dans le champ d'application du renvoi a donné lieu à des controverses qui ont divisé la doctrine. Il paraissait difficile d'assimiler, à la juridiction d'un État membre, un tribunal arbitral qui, outre le fait qu'il pouvait être constitué par des arbitres de nationalités différentes, ne possédait pas tous les caractères retenus par la jurisprudence pour qualifier une juridiction au sens de la réglementation du renvoi. Mais, d'un autre point de vue, on pouvait considérer que, compte tenu de l'importance de son usage en matière commerciale, il n'était pas satisfaisant que l'arbitrage se trouve exclu du champ d'application du renvoi, partant ne puisse pas bénéficier de la fonction impartie à celui-ci.

Appelée à trancher la question, la Cour a adopté une solution qui n'exclut pas l'arbitrage en tant que tel, mais résulte de la prise en considération des conditions propres dans lesquelles s'exécute chaque arbitrage. Ainsi, tout en relevant qu'en l'espèce l'arbitrage était organisé dans le cadre de la loi, que l'arbitre devait statuer en droit, que sa sentence aurait entre les parties autorité de chose jugée et pourrait, revêtue de l'exequatur, constituer titre exécutoire, la Cour a refusé l'assimilation d'un tel arbitrage à la juridiction d'un État membre au motif qu'il avait été librement choisi par les parties et que les autorités publiques n'étaient ni impliquées dans la procédure, ni appelées à intervenir d'office dans son déroulement (C.J.C.E., 23.03.1982, *Nordsee*, 102/81, p. 1095, concl. G. Reischl - D., 1983, 43, note J. Robert - Cah dr. eur., 1983, 2-3, note F. Dumon - Rev. arb., 1982, p. 390, note X. de Mello). Elle s'est donc déclaré incompétente.

Par application de la même analyse, elle a, au contraire, reconnu la qualité de juridiction au sens du traité à un tribunal arbitral catégoriel dont ni la composition, ni la compétence n'étaient laissées à l'initiative des parties

(C.J.C.E., 17.10.1989, *Handels-og Kontorfunktionaernes Forbund i Danmark*, 109/88, p. 3199, concl. C. O. Lenz).

La Cour a cependant rappelé que les parties à un contrat n'étaient pas libres de déroger au droit communautaire et elle a attiré l'attention sur le fait qu'il appartenait aux juridictions nationales, à l'occasion du concours qu'elles peuvent prêter aux tribunaux arbitraux ou du contrôle qu'elles exercent sur les sentences arbitrales, de vérifier si elles doivent la saisir de questions d'interprétation ou de validité (C.J.C.E., 23.03.1982, *Nordsee*, précité - C.J.C.E., 01.06.1999, *Eco Swiss China Ltd*, C-126/97, I, p. 3055, concl. A. Saggio).

Cette solution s'applique au cas d'une juridiction nationale qui, dans une hypothèse prévue par la loi, statue sur un recours formé contre une sentence arbitrale ; cette juridiction devant être considérée comme une juridiction au sens de l'article 234 (ex-art. 177), même lorsque, en vertu de la convention d'arbitrage conclue entre les parties, cette juridiction doit statuer comme amiable compositeur (C.J.C.E., 27-04-1994, *Commune d'Almelo*, C-393/92, I, p. 1477, concl. M. Darmon - AJDA, 1994, p. 639, note F. Hamon).

SECTION 2. **L'EXERCICE DE LA FONCTION JURIDICTIONNELLE**

37 ***Nature de la procédure devant le juge national*** ◇ La qualité de juridiction n'étant pas en cause, la question a pu se poser de savoir si un renvoi pouvait être prononcé, quelle que soit la procédure en vertu de laquelle statue le juge national.

Cette question se justifie par le fait que les textes régissant le renvoi lient celui-ci à la nécessité pour ce juge d'obtenir de la Cour une réponse « pour rendre son *jugement* ». S'il importe peu que ce jugement soit simplement déclaratoire (C.J.C.E., 16.12.1981, *Foglia c. Novello*, 244/80, p. 745, concl. G. Slynn - RTD eur., 1982, n° 3, p. 431, note A. Barav), devraient dès lors être exclues du renvoi des procédures qui, en raison de leur caractère sommaire ou d'urgence, ne conduisent pas à un véritable jugement ; cette question étant différente de celle de savoir quelles mesures le juge national pourrait décider à cette occasion (*infra*, n° 56).

Même si elles étaient plus ou moins évoquées devant elle, la Cour ne s'était d'abord pas arrêtée à ce genre de considérations. Elle avait ainsi accueilli des renvois, aussi bien en interprétation qu'en appréciation de validité, prononcés à l'occasion d'un référé (C.J.C.E., 12.11.1969, *Stauder*, 29/69, p. 419, concl. K. Roemer), d'une procédure gracieuse (C.J.C.E., 12.11.1974, *Haaga*, 32/74, p. 1201, concl. H. Mayras - RTD eur., 1975, p. 313, note R. Houin), d'une procédure en confirmation de saisie conservatoire (C.J.C.E., 30.10.1975, *Rey Soda*, 23/75, p. 1279, concl. H. Mayras), d'une procédure italienne de décret d'injonction (C.J.C.E., 17.12.1970, *S.A.C.E.*, 33/70, p. 1213, concl. K. Roemer - Rev. Marché commun, 1971, n° 144, p. 231, note Y. Cretien - Cah. dr. eur., 1971, n° 4, p. 453, note

D. de Ripainsel-Landi - JCP, G, 1972, 17188, note R. Kovar), enfin dans le cadre d'une instruction judiciaire (C.J.C.E., 24.04.1980, *Chatain*, 65/79, p. 1345, concl. F. Capotorti - Cah. dr. eur., 1981, p. 565, note Cl. J. Berr).

Finalement obligée de résoudre le problème, la Cour l'a fait en fonction de quatre considérations.

38 ***a) Caractère contradictoire de la procédure*** ◇ L'exigence du caractère contradictoire ou non de la procédure est illustrée par la procédure italienne du décret d'injonction qui, dans sa première phase, ne présente pas ce caractère. À son propos, la Cour, tout en rappelant que sa saisine sur renvoi ne dépend que du droit communautaire, a indiqué que si le renvoi n'était pas conditionné par ce caractère, il pouvait néanmoins s'avérer d'une bonne justice que les questions préjudicielles ne soient posées qu'à la suite d'un tel débat, ce point étant laissé à l'appréciation du juge national (C.J.C.E., 28.06.1978, *Simmenthal*, 70/77, p. 1453, concl. J. P. Warner - jurisp. const. - 20.10.1993, *Balocchi*, C-10/92, I, p. 5105, concl. F. G. Jacobs - 17.05.1994, *Corsica Ferries Italia*, C-18/93, I, p. 1783, concl. W. van Gerven - 19.10.1995, *Job Centre Coop.*, C-111/94, I, p. 3361, concl. M. B. Elmer).

La Cour n'en a pas moins réduit la portée d'une question mettant en cause le comportement d'une personne qui, n'étant pas encore partie au litige au principal, n'avait pas été mise en état de s'expliquer (C.J.C.E., 3.02.1977, *Benedetti*, 52/76, p. 163, concl. G. Reischl).

39 ***b) Possibilité pour le juge de tenir compte de la réponse*** ◇ La fonction du renvoi étant de permettre au juge national d'obtenir de la Cour une réponse qu'il doit pouvoir prendre en considération dans la décision qu'il devra rendre, cette exigence conditionne l'usage de ce renvoi dans les procédures d'urgence. Il en résulte en effet que de telles procédures ne doivent pas être d'ores et déjà clôturées et que le juge national, lorsqu'il pose la question, doit encore être en mesure de tenir compte de la réponse de la Cour aux fins d'une décision ultérieure de confirmation, de modification ou de rétractation de sa propre part et non de celle d'un autre juge (C.J.C.E., 21.04.1988, *Pardini*, 338/85, p. 2041, concl. M. Darmon - 4.10.1991, *Soc. for the protection of unborn Children*, C-159/90, I, p. 4685, concl. W. van Gerven - RTD eur., 1992, p. 167, note H. Gaudemet-Tallon).

40 ***c) Incidence sur l'obligation de renvoi*** ◇ Certaines juridictions nationales étant tenues de renvoyer (*infra*, n° 46), une troisième question est de savoir si cette obligation s'étend aux cas dans lesquels ces juridictions statuent suivant des procédures sommaires ou d'urgence. La Cour a décidé que, dans de tels cas, ces juridictions étaient libérées de leur obligation de renvoi, tout en en gardant la faculté, sous réserve qu'il appartienne à chacune des parties d'ouvrir une procédure au fond, ou d'en exiger l'ouverture : au cours de cette procédure, la question, provisoirement tranchée dans

la procédure sommaire, pourra être réexaminée et donner lieu à renvoi (C.J.C.E., 24.05. 1977, *Hoffmann-Laroche,* 107/76, p. 957, concl. F. Capotorti - 27.10.1982, *Morson et Jhanjan,* 35/82, p. 3723, concl. G. Slynn - RTD eur., 1984, n° 2, p. 292, note G. Druesne).

41 ***d) Prédominance de l'aspect institutionnel*** ◇ Enfin, de manière générale, la Cour a fait prévaloir l'aspect institutionnel sur les diversités procédurales (C.J.C.E., 9.11.1983, *San Giorgio,* 199/82, p. 3595, concl. F. Mancini - Cah. dr. eur., 1985, n° 1/2, p. 37, note M. Waelbroeck).

Ainsi a-t-elle décidé qu'elle pouvait répondre à une question posée par une juridiction agissant dans le cadre de sa mission générale de juger, en indépendance et conformément au droit, même si certaines des fonctions qui incombent à cette juridiction dans la procédure en cause n'avaient pas un caractère strictement juridictionnel, comme c'était le cas en l'espèce pour un magistrat cumulant les fonctions de ministère public et de juge d'instruction (C.J.C.E., 11.06.1987, *Pretore di Salo,* 14/86, p. 2545, concl. F. Mancini - 22.09.1988, *Pretura unificata de Turin,* 228/87, p. 5099, concl. C. O. Lenz).

SECTION 3. CARACTÈRE FACULTATIF OU OBLIGATOIRE DU RENVOI

42 ***Distinction suivant le régime des décisions rendues par les juges nationaux*** ◇ Les dispositions des traités de Rome régissant le renvoi opèrent entre les juridictions nationales une distinction qui, bien qu'elle en ait l'apparence, n'est pas fondée sur le rang de ces juridictions dans la hiérarchie à laquelle elles appartiennent, mais sur le régime des décisions qu'elles rendent. C'est en effet suivant que leurs décisions sont susceptibles ou non de recours juridictionnels de droit interne que le renvoi est, pour ces juridictions, facultatif ou obligatoire.

L'obligation est ainsi liée à la circonstance qu'en l'absence de recours juridictionnels de droit interne un renvoi ne sera plus ultérieurement possible. Elle vise à empêcher que ne s'établisse, dans l'un quelconque des États membres, une jurisprudence contraire au droit communautaire (C.J.C.E., 24.05.1977, *Hoffmann-Laroche,* 107/76, p. 957, concl. F. Capotorti). La faculté est au contraire liée à l'existence de tels recours, qui sauvegarde la mise en œuvre du renvoi.

En tout état de cause, les juges nationaux conservent toujours la faculté de renvoyer à la Cour du fait de l'autorité particulière qui s'attache aux arrêts préjudiciels de celle-ci (*infra,* n° 94 et 111).

§ 1. Renvoi facultatif

43 ***Liberté de décision du juge national*** ◇ Les juges nationaux pour lesquels le renvoi est facultatif disposent de ce fait d'une liberté de décision.

Cette liberté ne peut pas être affectée par des conventions entre parties dont l'objet serait de contraindre ces juges à prononcer un renvoi (C.J.C.E., 22.11.1978, *Mattheus*, 93/78, p. 2203, concl. H. Mayras). Elle ne saurait non plus être entravée par une règle de droit national qui lierait les juridictions ne statuant pas en dernière instance à des appréciations portées, en droit, par une juridiction supérieure, à moins que la question soit identique à celle déjà posée par cette dernière (C.J.C.E., 16.01.1974, *Rheinmühlen*, 166/73, p. 33, concl. J. P. Warner - JDI, 1976, p. 198, note R. Kovar).

Elle implique que le juge apprécie la pertinence d'une invocation du droit communautaire et la nécessité pour résoudre le litige dont il est saisi d'une réponse de la Cour aux questions que cette invocation soulève. Le juge national peut donc user de la faculté qui lui est reconnue de ne pas renvoyer, soit qu'il se considère à même de procéder à cette interprétation, soit qu'il estime que l'invocation du droit communautaire manque de pertinence, soit que la réponse à la question posée résulte déjà de la jurisprudence de la Cour dans des termes qui la rendent appropriée à la résolution du litige. À l'inverse, de sa propre initiative, il peut (C.J.C.E., 16.06.1981, *Salonia*, 126/80, p. 1563, concl. G. Reischl) et à notre avis il devrait (C.J.C.E., 14.12.1995, *Peterbroeck*, C-312/93, concl. F. G. Jacobs, I, p. 4599 - G. Canivet et J. G. Huglo, *L'obligation pour le juge judiciaire national d'appliquer d'office le droit communautaire au regard des arrêts Jereon Van Schijndel et Peterbroek*, Europe, Ed. techniques, avril 1996, p. 1), saisir la Cour d'une question que les parties n'auraient pas soulevée, après les avoir invitées à s'exprimer à cet égard.

44 ***Caractère facultatif du renvoi en appréciation de validité*** ◇ Si la liberté du juge national pour lequel le renvoi est facultatif s'exerce bien dans les conditions qui viennent d'être dites lorsqu'il s'agit d'un renvoi en interprétation, on pouvait nourrir quelque perplexité s'agissant du renvoi en appréciation de validité.

En effet, diverses dispositions du traité soulignent le caractère exclusif de la compétence de la Cour en matière de contrôle de la légalité. Citons ainsi les article 230, al. 1, C.E. (ex-art. 173, al. 1 C.E.), 231, al. 1, C.E. (ex-art. 174, al. 1 C.E.) et 241 C.E. (ex-art. 184 C.E).

Or, nous l'avons vu (*supra*, n° 25), l'article 234 C.E. (ex-art. 177 C.E.), pas plus que l'article 150 C.E.E.A., n'opère de distinction à cet égard entre le renvoi en interprétation et le renvoi en appréciation de validité, en sorte que ni l'une ni l'autre de ces dispositions ne fait « obligation » au juge ne statuant pas en dernier ressort de saisir la Cour dès lors que se pose devant lui un problème d'appréciation de validité d'une norme de droit dérivé.

Confrontée à cette « dissonnance », la Cour a décidé qu'en présence d'une question de validité soulevée devant un juge national pour lequel le renvoi est facultatif, celui-ci pourrait examiner la validité d'un acte communautaire et, s'il n'estimait pas fondés les moyens d'invalidité invoqués par les parties, les rejeter en concluant que l'acte est « pleinement valide », mais qu'en revanche il n'était pas compétent pour constater lui même l'invalidité des actes des institutions communautaires (C.J.C.E., 22.10.1987, *Foto-Frost*, 314/85, p. 4199, concl. F. Mancini)

45 ***Critique de cette solution*** ◇ Pour justifier sa décision, la Cour, après avoir affirmé que « l'article 177 n'a pas tranché la question du pouvoir » des juridictions ne statuant pas en dernier ressort « de constater elles-mêmes l'invalidité des actes des institutions communautaires », invoque l'exigence de l'application uniforme du droit communautaire, « particulièrement impérieuse lorsque la validité d'un acte communautaire est en cause », rappelle la compétence exclusive de la Cour pour annuler un tel acte, pour conclure que « les juridictions nationales ne sont pas compétentes pour constater elles-mêmes l'invalidité des actes des institutions communautaires ».

L'argument tiré de l'interprétation de l'article 234 (ex-art. 177) n'est pas sans faille. Cette disposition ne distingue pas, s'agissant de la compétence du juge national, l'interprétation de l'appréciation de validité. Au demeurant, il faut relever ici que le traité sur l'Union européenne n'a pas porté atteinte à ce parallélisme. Quoi qu'il en soit, l'exigence d'application uniforme vaut dans les deux domaines. Et s'il faut interpréter l'article 234 (ex-art. 177) à travers le prisme de la compétence exclusive de la Cour en matière d'annulation, ce qui ne manque pas de pertinence, ne faut-il pas aller jusqu'au bout de cette logique et refuser de reconnaître au juge national le pouvoir de conclure que l'acte contesté est « pleinement valide » ? Ce juge serait alors placé devant l'alternative suivante : ou bien il considérerait qu'un problème de validité se pose et il renverrait à la Cour le soin de le trancher ; ou bien il estimerait que tel n'est pas le cas et, sans se prononcer sur cette validité, il appliquerait l'acte en cause ou la règle nationale prise pour son application.

§ 2. Renvoi obligatoire

46 ***Généralité de l'obligation de renvoi*** ◇ L'obligation de renvoi s'impose à toute juridiction nationale dont les décisions ne sont pas susceptibles de recours juridictionnels de droit interne. Elle ne concerne donc pas seulement celles de ces juridictions qui occupent le sommet de la hiérarchie juridictionnelle, les cours suprêmes, mais tout juge dont les décisions présentent toujours ce caractère.

Elle s'applique indistinctement au renvoi en appréciation de validité et au renvoi en interprétation. Certains juges nationaux, en particulier le Conseil d'État français, ont cru pouvoir s'en dispenser par application de la doctrine dite de « l'acte clair » suivant laquelle un tel acte exclurait la nécessité d'une interprétation (*infra*, n° 47). S'il est vrai que le renvoi en interprétation à la Cour peut se justifier par la nécessité de dissiper d'éventuelles obscurités des textes, ce n'est cependant pas là sa fonction fondamentale. Cette fonction consiste à procurer du droit communautaire une interprétation qui en garantisse l'application uniforme dans tous les États membres. La clarté d'une disposition aux yeux de tel ou tel juge national, fût-il suprême dans son ordre, ne constitue pas une telle garantie.

47 ***Atténuations de l'obligation de renvoi*** ◇ L'obligation ainsi imposée aux juridictions nationales n'est pas pour autant d'exécution automatique. Il est en effet des hypothèses dans lesquelles l'obligation de renvoi irait au delà de l'objectif visé par cette procédure, dont elle alourdirait l'usage sans véritable utilité. La Cour a donc accepté d'en relever les juridictions nationales qui y sont assujetties, tout en leur laissant la faculté de l'interroger.

Outre le cas des procédures d'urgence (*supra*, n° 40), les juridictions nationales sont dispensées de leur obligation de renvoi dans trois hypothèses :

La première est celle dans laquelle la réponse à une question d'interprétation, quelle qu'elle soit, serait sans influence sur la résolution du litige.

La deuxième est celle dans laquelle la question est matériellement identique à une question qui a déjà donné lieu à un arrêt préjudiciel dans une espèce analogue ou celle dans laquelle le point de droit en cause a été résolu par une jurisprudence établie de la Cour, quelle que soit la nature des procédures qui ont donné lieu à cette jurisprudence et même à défaut d'une stricte identité des questions en litige.

La troisième, enfin, est celle où l'application correcte du droit communautaire s'impose avec une telle évidence qu'elle ne laisse place à aucun doute raisonnable (C.J.C.E., 6.10.1982, *C.I.L.F.I.T.*, 283/81, p. 3415, concl. F. Capotorti - RTD eur., 1983, n° 1, p. 159, note M. Lagrange - Cah. dr. eur., 1983, n° 4, p. 471, note K. Lenaerts - Rev. marché commun, 1983, p. 363, note J. Cl. Masclet).

Si cette troisième hypothèse paraît consacrer la doctrine de l'acte clair, les indications dont l'arrêt en accompagne la mention suffisent à en faire une éventualité plus théorique que réelle. En effet, la Cour a pris soin de rappeler les exigences qui président à l'interprétation du droit communautaire : comparaison des versions linguistiques, spécificité de la terminologie et des notions ; mise en situation par rapport au contexte, aux finalités et à l'état d'évolution du droit communautaire ; toutes exigences auxquelles il est douteux que le juge national puisse satisfaire sans rencontrer d'insurmontables difficultés.

SECTION 4. **PRONONCÉ DU RENVOI**

48 ***Division*** ◇ La décision de renvoi à prendre par le juge national comporte trois aspects principaux : celui du stade de la procédure où elle intervient, celui de sa présentation et de son contenu, celui enfin de son régime juridique propre.

§ 1. Stade de la procédure

49 ***Appréciation par le juge national*** ◇ C'est au juge national qu'il appartient de décider à quel stade de la procédure dont il est saisi, il convient d'interroger la Cour (jurisp. const. 27.06.1991, *Mecanarte,* C-348/89, I, p. 3277, concl. G. Tesauro).

Cependant la réponse de celle-ci devant être nécessaire à la résolution du litige et le juge national devant pouvoir en tenir compte à cette fin, un renvoi prononcé, alors que la procédure est close, ne serait pas recevable (V. *supra,* n° 39).

50 ***Indications de la Cour sur le stade de la procédure*** ◇ Tout en réservant la liberté d'appréciation du juge national, la Cour a indiqué qu'il pouvait être avantageux que les faits de l'affaire soient établis et que les problèmes de pur droit national soient tranchés au moment du prononcé du renvoi (C.J.C.E., 10.03.1981, *Irish Creamery,* 36 & 71/80, p. 735, concl. J. P. Warner - 10.07.1984, *Campus Oil,* 72/83, p. 2727, concl. G. Slynn - D. 1985, n° 9, p. 22, note L. Cartou - 11.06.1987, *Pretore di Salo,* 14/86, p. 2545, concl. F. Mancini - 16.07.1992, *Meilicke,* C-83/91, I, p. 4871, concl. G. Tesauro). Cette recommandation s'inspire du double souci de réduire les questions au seul droit communautaire, tout en les inscrivant dans un contexte précis de fait et de droit national.

§ 2. Présentation et contenu

51 ***Règle générale de présentation*** ◇ Les textes communautaires ne contiennent aucune prescription au sujet de la présentation des renvois. La Cour en a déduit que le juge national pouvait présenter sa demande dans une forme directe et simple qui lui laisse le soin de ne statuer sur cette demande que dans les limites de sa compétence (C.J.C.E., 6.04.1962, *R. Bosch,* 13/61, p. 89, concl. M. Lagrange - D., 1962, p. 359, note J. Robert - JCP, 1962, II, 12726, note F. C. Jeantet - RTD eur. 1962, n° 3, p. 529, note Y. Loussouarn - Rev. crit. DIP, 1962, n° 3, p. 416, note M. Walbroeck - JDI, 1963, n° 2, p. 390, note A. Françon).

Si cette formule laisse toute liberté de présentation au juge national, on remarquera qu'elle réserve aussi à la Cour la faculté d'adapter la question à l'exercice de sa propre compétence, faculté dont, comme on le verra (*infra,* n° 88), elle ne se fait pas faute d'user.

52 ***Formulation des questions*** ◇ La formulation des questions est fonction de l'objet du renvoi, étant précisé que chacun des deux renvois n'est pas exclusif de l'autre et que le juge national peut, par un seul et même renvoi, poser des questions d'interprétation et des questions de validité, ces deux aspects pouvant être liés.

Pour le renvoi en appréciation de validité, cette formulation est simple puisqu'elle consiste à demander si telle disposition du droit communautaire dérivé est valide ou ne l'est pas. Pour le renvoi en interprétation, au contraire, cette formulation peut être complexe puisqu'il s'agit de déterminer le sens et la portée de la disposition communautaire en cause. La demande peut donc comporter plusieurs questions ou sous-questions, alternatives ou consécutives.

53 ***Limitation des questions au seul droit communautaire*** ◇ Le juge national ne peut interroger la Cour que sur des points de droit communautaire. La Cour serait manifestement incompétente pour connaître d'un renvoi par lequel le juge national demanderait au président de la Cour de « donner exécution » à une ordonnance par laquelle il a prescrit une expertise (C.J.C.E. (Ord.), 9.02.1982, *CO.DE.MI.*, 229/81, p. 377).

Cette limitation au seul droit communautaire ne soulève pas de difficulté pour le renvoi en appréciation de validité qui, par hypothèse, ne peut que lui être conforme.

Il n'en va pas nécessairement de même pour le renvoi en interprétation, dès lors que celle-ci peut être sollicitée en vue de résoudre un problème de compatibilité du droit national avec les prescriptions du droit communautaire. Dans une telle hypothèse, le juge national doit formuler sa question de telle sorte qu'elle porte, non pas sur ce droit national, mais sur le seul droit communautaire dont il lui appartiendra de tirer les conséquences. Il reste que la Cour se réserve, comme on vient de l'indiquer et comme on le verra plus en détail ultérieurement (*infra*, n° 88), d'extraire, des questions imparfaitement formulées à cet égard, les éléments de droit communautaire entrant dans sa compétence.

54 ***Motivation des demandes*** ◇ En tant que décision juridictionnelle, la décision de renvoi doit évidemment être motivée. Mais cette exigence, inhérente à sa nature, doit être complétée ici en considération de la coopération dont elle est l'instrument.

La motivation de la demande doit donc comporter sa justification au regard du droit communautaire. S'agissant de l'interprétation, elle doit exposer en quoi le sens ou la portée du texte concerné est susceptible de plusieurs acceptions et en quoi la résolution du litige peut en dépendre, encore que la Cour puisse accepter de répondre à des questions qui ne font pas clairement apparaître cette conséquence (C.J.C.E., 12.06.1986, *Bertini*, 98/85, p. 1885, concl. J. Mischo). S'agissant de l'appréciation de validité, le juge national doit indiquer quelles sont les raisons qui peuvent faire douter de cette validité.

Mais dans l'un et l'autre renvoi, il importe que le juge national expose les éléments de fait et de droit qui caractérisent le litige. Cette exigence répond, spécialement dans le domaine de la concurrence, à une double nécessité : d'une part, permettre aux personnes disposant du droit de présenter des observations devant la Cour (*infra*, n° 66) de prendre position ; d'autre part, permettre à la Cour elle-même de connaître le cadre juridique dans lequel devra s'inscrire sa réponse (C.J.C.E., 12.07.1979, *Union laitière normande*, 244/78, p. 2663, concl. H. Mayras - jurisp. const. : 26.01.1993, *Telemarsicabruzzo*, C-320/90, I, p. 393, concl. C. Gulmann - 19.03.1993 (Ord.) *Banchero*, C-157/92, I, p. 1085 - 23.03.1995 (Ord.), *M. Sadik*, C-458/93, I, p. 513 - 20.03.1996, *C. Sunino*, C-2/96, I, p. 1543 - 25.06.1996 (Ord.) *Italia Testa*, C-101/96, I, p. 3081 - B. Mongin, *Le contrôle de la recevabilité des renvois préjudiciels par la Cour de justice des Communautés européennes*, Gaz. eur. du Palais n° 11, décembre 1995, p. 4).

Le caractère succinct de l'ordonnance de renvoi ne constitue cependant pas un obstacle dès lors que cette ordonnance s'inscrit dans un contexte déjà largement connu en raison d'un précédent renvoi préjudiciel opéré par la même juridiction et concernant le même justiciable (C.J.C.E., 5.10.1994, *A. Crispoltoni*, C-113/93, I, p. 4863, concl. F. G. Jacobs).

§ 3. Régime de la décision de renvoi

55 ***Application du droit national*** ◇ La décision de renvoi est régie par le droit national. À cet égard, la Cour ne prend pas en considération la question de savoir si les règles d'organisation et de compétence posées par ce droit ont été respectées (C.J.C.E., 14.01.1982, *Reina*, 65/81, p. 33, concl. G. Slynn - RTD eur., 1982, p. 337, note G. Druesne - 20.10.1993, *Balocchi*, C-10/92, I, p. 5105, concl. F. G. Jacobs - 3.03.1994, *Enrico Italia*, C-332/92, I, p. 711, concl. M. Darmon).

De son côté, une juridiction nationale, saisie d'un litige concernant le droit communautaire et qui constate l'inconstitutionnalité d'une disposition de son propre droit, n'est pas privée de la faculté ou dispensée de l'obligation de saisir la Cour de justice de questions concernant l'interprétation ou la validité du droit communautaire du fait que cette constatation est soumise à un recours obligatoire devant la Cour constitutionnelle (C.J.C.E., 27.06.1991, *Mecanarte*, C-348/89, I, p. 3277, concl. G. Tesauro. V. également n° suivant).

Cependant la réglementation communautaire du renvoi présentant cette décision comme suspendant la procédure et saisissant la Cour, la portée de cette suspension a nécessité une double précision, l'une tenant à la possibilité pour le juge national de décider des mesures provisoires dans l'attente de la réponse de la Cour à son renvoi ; l'autre, aux conséquences des éventuels recours de droit national dont pourrait faire l'objet la décision de renvoi.

56 ***Mesures provisoires ordonnées en cas de renvoi*** ◇ Dans une perspective purement contentieuse, la question qui se pose est de savoir si la suspension de la procédure que comporte la décision de renvoi fait obstacle à ce que le juge national puisse néanmoins ordonner des mesures provisoires dans l'attente de la réponse de la Cour.

En réalité, la réponse à cette question dépend de l'atteinte que de telles mesures sont susceptibles de porter à l'autorité du droit communautaire.

1. Une telle hypothèse peut se présenter dans le cas où le juge national interroge la Cour sur l'interprétation de ce droit parce qu'il estime que le droit national lui est contraire, alors que celui-ci ne lui permet pas de décider des mesures provisoires tant que cette contrariété n'a pas été judiciairement établie. Se fondant sur les exigences de primauté et de pleine efficacité du droit communautaire, la Cour a décidé, en termes de principe, qu'une juridiction nationale qui, saisie d'un litige concernant le droit communautaire, estime que le seul obstacle à ce qu'elle ordonne des mesures provisoires est une règle de droit national, doit écarter l'application de cette règle (C.J.C.E., 19.06.1990, *Factortame,* C-213/89, I, p. 2433, concl. G. Tesauro – A.J.D.A., 1990, p. 730, note Le Mire – Rev. marché commun, 1990, p. 591, note D. Simon et A. Barav – Rev. fr. dt. adm., 1990, p. 912 note J. C. Bonichot, p. 920, note J. Bell – D.S. 1990 n° 39, note J. C. Fourgoux).

2. Une telle hypothèse peut également se présenter lorsque le juge national éprouve des doutes sérieux sur la validité du droit communautaire dont l'acte national qui lui est déféré est une application. La Cour a résolu la question par référence aux règles régissant devant elle le référé tendant à ce que soit ordonné un sursis à exécution (*infra,* n° 298). En conséquence, elle a décidé que, si l'article 249 (ex-art. 189) du traité C.E. ne fait pas obstacle à ce qu'un juge national prononce le sursis à exécution d'un acte administratif national pris sur la base d'un règlement communautaire, il ne peut cependant ordonner un tel sursis que moyennant la réunion d'un certain nombre d'éléments : s'il a des doutes sérieux sur la validité de l'acte communautaire ; à la condition, si la question de validité n'a pas déjà été posée à la Cour, de l'en saisir lui-même ; s'il y a urgence et si le requérant est menacé d'un préjudice grave et irréparable ; enfin, en tenant compte de l'intérêt de la Communauté (C.J.C.E., 21.02.1991, *Zuckerfabrick Süderdithmarschen,* C-143/88, I, p. 415, concl. C. O. Lenz – A.J.D.A., 1991, n° 3 et 11, note P. Le Mire). Cette jurisprudence applicable au sursis à exécution a été confirmée et étendue aux mesures provisoires aménageant ou régissant les situations juridiques ou les rapports de droit litigieux au sujet d'un acte administratif national fondé sur un règlement communautaire (C.J.C.E., 9.11.1995, *Atlanta,* C-465/93, I, p. 3799, concl. M. B. Elmer).

En revanche, le traité n'autorise pas les juridictions nationales à prescrire des mesures provisoires dans le cadre d'une procédure tendant à l'octroi d'une protection provisoire, par voie de référé, jusqu'à ce que la Commission ait adopté un acte juridique, le traité n'ayant pas prévu la possibilité d'un renvoi préjudiciel pour faire constater la carence d'une institution communautaire (C.J.C.E., 26.11.1996, *T. Port,* C-68/95, I, p. 6065, concl. M. B. Elmer).

On aura remarqué que, dans cette hypothèse, le renvoi en appréciation de validité est obligatoire de la part d'un juge saisi d'une demande de sursis à exécution d'un acte national fondée sur l'invalidité prétendue de l'acte communautaire dont cet acte national constitue l'application, nonobstant le fait que ce juge appartienne à la catégorie de ceux pour lesquels la jurisprudence *Foto-Frost* (*supra,* n° 35) estime qu'un tel renvoi demeure facultatif. Il est vrai que ce juge doit éprouver des doutes sérieux sur la validité de l'acte communautaire en cause. Mais cela ne change rien au fait que l'obligation de renvoi lui est ici imposée comme l'une des conditions d'exercice de sa propre compétence.

57 ***Recours de droit interne contre la décision de renvoi*** ◇ Bien que, comme on le sait, la réglementation du renvoi ait lié le caractère facultatif de celui-ci à l'existence de recours internes, elle ne comporte aucune indication sur les conséquences de la mise en œuvre de tels recours sur le déroulement de la procédure devant la Cour. Rappelons qu'en droit français, si un pourvoi en cassation à l'encontre d'une décision de sursis à statuer et de renvoi préjudiciel est déclaré irrecevable (Cass. Com. 26.04.1988, Gaz. Pal. 1988, n° 318-320, p. 772, note Fourgoux, Bull. Civ. IV n° 138, p. 98), un appel peut être formé en cas de motif grave et légitime avec l'autorisation du Premier Président de la Cour d'appel en application de l'article 380 du nouveau Code de procédure civile (sur le contrôle à cet égard de la Cour de Cassation, V. Cass. Com. 21.05.1996, Bull. Civ. IV n° 141, p. 123).

La difficulté tient à ce que, ces recours pouvant aboutir à la mise à néant de la décision de renvoi, on risque de se trouver en présence d'une situation absurde, que la Cour ait déjà rendu une réponse qui sera privée d'utilité ou qu'elle poursuive l'instruction d'une question sur la base d'une décision qui n'existe plus.

Après avoir posé le problème en termes d'indépendance des ordres juridiques, ce qui n'écartait pas ce risque mais au contraire en assurait l'éventualité, la jurisprudence a posé en principe que la procédure devant la Cour se poursuivait tant que la demande du juge national n'avait pas été retirée ou mise à néant (C.J.C.E., 30.01.1974, *Belgische Radio,* 127/73, p. 51, concl. H. Mayras), lors même que l'une des parties aurait interjeté appel de la décision nationale de renvoi (C.J.C.E., 6.10.1983, *Delhaize,* 2/82, p. 2973, concl. P. VerLoren van Themaat).

Toutefois, comme le renvoi est un instrument de coopération, la Cour, lorsqu'elle est avertie par le juge national de la mise en œuvre d'un recours, accepte de différer son jugement et, si le juge national la prévient du succès de ce recours, elle clôt la procédure en constatant qu'elle n'a plus d'objet (C.J.C.E. (Ord.), 16.06.1970, *Chanel,* 31/68, p. 403 - G.A., T. 1, n° 26).

Pour autant, le droit communautaire ne fait pas obstacle à ce que la juridiction de renvoi accepte de constater en vertu de son droit national qu'un acquiescement aux prétentions des appelants est intervenu et a, le cas échéant, entraîné l'extinction des instances au principal. Tant que la juridiction de renvoi n'a pas constaté que, en vertu de son droit national, l'acquiescement n'a pas entraîné une telle extinction, la Cour n'est pas compétente pour se prononcer sur les questions préjudicielles (C.J.C.E., 15.06.1995, *T.Z. Erasun,* C-422/93, I, p. 1567, concl. M. B. Elmer).

Enfin, l'article 234 C.E. (ex-art. 177 C.E.) ne s'oppose pas à ce qu'une juridiction nationale, qui a ordonné le sursis à l'exécution d'une décision administrative nationale fondée sur un acte communautaire et qui a saisi, conformément à l'obligation qui lui incombe, la Cour de justice d'une question préjudicielle relative à la validité de l'acte communautaire, autorise l'introduction d'un pourvoi contre sa décision (C.J.C.E., 17.07.1997, *Krüger*, C-334/95, I, p. 4517, concl. M. B. Elmer).

58 ***Indications bibliographiques*** ◇ P. Pescatore, *L'interprétation du droit communautaire et la doctrine de l'acte clair,* Bull. jurist. eur. 1971, p. 69. – J.-Cl. Masclet, *La Cour de justice tempère l'obligation de renvoi préjudiciel en interprétation faite aux Cours suprêmes,* Rev. marché commun, 1982, p. 363 – A. Kalogeropoulos, *Les sections et chambres des Cours et tribunaux nationaux sont-elles des juridictions au sens de l'article 177 C.E.E. ?,* RTD eur., 1987, p. 35 – L. Goffin, *De l'incompétence des juridictions nationales pour constater l'invalidité des actes des institutions communautaires,* Cah. dr. eur., 1990, p. 216 – G. Parléani, *le juge des référés face au droit communautaire,* DS, chr., 1990, n° 11, p. 65 – B. Mongin, *Le contrôle de la recevabilité des renvois préjudiciels par la Cour de justice des Communautés européennes,* Gaz. eur. du Palais n° 11, décembre 1995, p. 4 – Pierre Yves Monjal, *La nouvelle donne du renvoi préjudiciel : entre coopération et sanction,* P.A. 1996, n° 94, p. 8.

SECTION 5. **PRATIQUE FRANÇAISE**

59 ***Données statistiques*** ◇ Il a paru intéressant d'établir à partir du Recueil des arrêts de la Cour **(au 1er janvier 2000)** une statistique de la pratique du renvoi préjudiciel par les juridictions françaises. Cette statistique se décompose en trois éléments :

1. Renvois prononcés par des juridictions françaises 340 depuis le premier, prononcé par la Cour d'appel de Colmar en 1965.

2. Répartition des renvois suivant la juridiction française, auteur du renvoi :

* Cour de cassation	44
* Conseil d'État	12
* Cours d'appel	79
* Cours administrative d'appel	2
* Tribunaux de grande instance	84
* Tribunaux administratifs	38
* Tribunaux correctionnels	4
* Tribunaux de commerce	22
* Tribunaux d'instance	23
* Tribunaux de police	14
* Commissions S.S., Conseils des Prud'homes et Tribunaux affaires sociales	18

3. Domaines du droit communautaire principalement concernés

* Agriculture et pêche	80
* Questions sociales	54

* Concurrence	42
* Marchandises	31
* Droit douanier	29
* Liberté d'établissement et de services	19
* Convention de Bruxelles	15
* Libre circulation des travailleurs	8
* Fiscalité	18
* Rapprochement des législations	12
* Questions institutionnelles	3
* Politique commerciale	2
* Nucléaire	1

CHAPITRE 2
LE JUGEMENT DU RENVOI PAR LA COUR DE JUSTICE

60 ***Présentation*** ◇ Le jugement du renvoi par la Cour de justice est soumis à des règles particulières de procédure qu'il faut d'abord exposer avant de considérer l'exercice par la Cour de ses compétences et notamment l'arrêt qui en est le résultat. Ces points seront examinés en deux sections successives.

SECTION 1. LA PROCÉDURE DEVANT LA COUR

61 ***Caractères généraux*** ◇ Si elle se déroule bien, en principe, suivant le schéma ordinaire comportant une phase écrite, puis, le cas échéant, une phase orale (*infra,* n° 206), la procédure de jugement des renvois obéit néanmoins à des règles particulières qui tiennent à la nature propre de ceux-ci. La Cour en a résumé l'originalité en la caractérisant comme une procédure de coopération directe entre juges, de caractère non contentieux et étrangère à toute initiative des parties (C.J.C.E., 9.12.1965, *Hessische Knappschaft,* 44/65, p. 1191, concl. J. Gand – Jurisp. const. : 19.01.1994, *SAT Fluggesellschaft,* C-364/92, I, p. 55, concl. G. Tesauro).

62 ***Règles applicables*** ◇ Elles sont fixées par l'article 20 du Protocole portant statut de la Cour C.E. (21 Protocole C.E.E.A.) et par les articles 95 (attribution des recours aux chambres- *infra,* n° 178), 103 et 104 du Règlement de procédure qui régissent également les renvois au titre des protocoles qui, annexés à certaines conventions, ont étendu à celles-ci la compétence de la Cour en interprétation (*infra,* n° 117 et s.).

63 ***Saisine de la Cour*** ◇ La Cour est saisie par la transmission à son greffe de la décision de renvoi de la juridiction nationale, accompagnée du dossier de l'affaire. Cette transmission est opérée par le greffe de cette juridiction, ou par celui de ses organes qui en tient lieu.

64 ***Instruction du dossier*** ◇ Le greffier de la Cour notifie la décision de renvoi aux parties en cause, aux Etats membres et à la Commission, ainsi qu'au Conseil et à la B.C.E. si l'acte dont la validité ou l'interprétation est contestée émane de ceux-ci et au Parlement européen et au Conseil si l'acte dont la validité ou l'interprétation est contestée a été adopté conjointement par les deux institutions. La décision de renvoi est en outre notifiée par le

greffier aux États parties à l'accord sur l'E.E.E. autres que les États membres ainsi qu'à l'autorité de surveillance A.E.L.E., visée par ledit accord.

Les décisions de renvoi sont communiquées aux États membres dans la version originale accompagnée d'une traduction dans la langue officielle de l'État destinataire. Elles sont communiquées aux États parties à l'accord sur l'E.E.E. ainsi qu'à l'autorité de surveillance A.E.L.E. dans la version originale accompagnée d'une traduction dans l'une des langues de procédure à choisir par le destinataire.

Cette notification a pour objet de mettre les destinataires en mesure d'exercer leur droit de déposer devant la Cour des mémoires ou des observations écrites. L'exercice de ce droit est facultatif. Ses titulaires peuvent y renoncer, se borner à des observations au cours de la procédure orale ou ne présenter aucune observation, ni écrite, ni orale. Si la Cour l'estime nécessaire, elle peut cependant les inviter à prendre position (C.J.C.E., 10.10.1978, *Hansen*, 148/77, p. 1787, concl. F. Capotorti) comme elle peut également, si aucun des intéressés, informé de son droit, ne présente une demande indiquant les motifs pour lesquels il souhaite être entendu, décider, l'avocat général entendu, de supprimer la phase orale de la procédure (Règl. proc. Cour, art. 104, § 4).

Les mémoires ou observations doivent être rédigés dans la langue du juge national qui saisit la Cour (Règl. proc. Cour, art. 29, § 2). Par dérogation, les États membres sont autorisés à utiliser leur propre langue officielle. Les États parties à l'accord A.E.L.E. autres que les États membres et l'autorité de surveillance A.E.L.E. peuvent être autorisés à utiliser une autre langue parmi les langues de procédure. Ces dispositions s'appliquent tant aux documents écrits qu'aux déclarations orales. La traduction dans la langue de procédure est assurée dans chaque cas par les soins du greffier (Règl. proc. Cour, art. 29, § 3, al. 4 et 5). Ces mémoires ou observations doivent être déposés à la Cour dans les deux mois qui suivent la notification de la décision de renvoi (Règl. proc. Cour, art. 20, al. 2 et 3).

La Cour peut, l'avocat général entendu, demander des éclaircissements à la juridiction nationale (Règl. proc. Cour, art. 104, § 5).

65 ***Participation à la procédure*** ◇ Les destinataires de la notification de la décision de renvoi peuvent seuls participer à la procédure devant la Cour. Bien qu'il soit fréquent de désigner cette participation comme une « intervention », il s'agit là d'une terminologie inexacte dans la mesure où elle impliquerait techniquement que ces participants acquièrent de ce fait la qualité de partie dans une procédure qui n'en comporte pas.

La Cour oppose une fin de non-recevoir à des conclusions qui tendraient à mettre en cause d'autres personnes (19.12.1968, *de Sicco*, 19/68, p. 699, concl. J. Gand), aussi bien qu'à une demande de participation de la part d'une personne qui ne serait pas intervenue à la procédure devant le juge national (C.J.C.E. (Ord.), 3.06.1964, *Costa c. E.N.E.L.*, 6/64, p. 1197).

Le juge national étant seul compétent pour formuler les questions, les comparants devant la Cour ne peuvent pas, par leurs observations, viser à modifier la portée matérielle des questions telles qu'elles ont été posées par ce juge (C.J.C.E., 26.11.1975, *Coenen,* 39/75, p. 1547, concl. J. P. Warner – 5.10.1988, *Alsatel,* 247/86, p. 5987, concl. F. Mancini). Comme il appartient à la seule juridiction nationale de définir l'objet des questions qu'elle entend poser à la Cour, celle-ci ne saurait, à la demande d'une partie au litige au principal, examiner des questions qui ne lui ont pas été soumises par cette juridiction (C.J.C.E., 3.10.1985, *C.B.E.M.,* 311/84, p. 3261, concl. C. O. Lenz – 9.01.1990, *S.A.F.A.,* C-337/88, p. 2, concl. G. Tesauro). Ainsi, des questions préjudicielles posées personnellement par les parties au litige au principal sont irrecevables (C.J.C.E., 17.09.1998, *Kainuun Liikenne,* C-412/96, I, p. 5141).

La Cour tient compte des règles de procédure applicables devant les juridictions nationales qui l'ont saisie (Règl. proc. Cour, art. 104, § 2). Ainsi, si la représentation n'est pas obligatoire devant la juridiction nationale à l'origine du renvoi, les comparants seront admis à s'exprimer eux-mêmes (C.J.C.E., 26.11.1975, *Coenen,* 39/75, p. 1547, précité). La règle de l'article 104, § 2, du règlement de procédure est interprétée par la Cour en ce sens que le droit de représentation peut être étendu à ceux qui détiennent ce droit devant le juge *a quo* mais que les règles nationales ne peuvent restreindre la portée de l'article 17 du statut C.E. Ainsi la Cour n'a pas vu d'objection à la représentation par un « Scots Advocate » qui n'avait pas le pouvoir de représenter son client devant le juge *a quo* (C.J.C.E., 7.10.1982, *Du Pont de Nemours,* 234/81, p. 3515, concl. G. Slynn) ou à ce que, dans une procédure de renvoi décidé par le Conseil d'État français, la partie requérante au principal ait été représentée devant elle par un avocat qui n'avait pas la qualité d'avocat aux Conseils (C.J.C.E., 13.02.1980, *Damas,* 77/79, p. 247, concl. J. P. Warner).

66 ***Situation des parties au litige au principal*** ◇ Si les parties au litige principal ont le droit de présenter des observations, cette possibilité ne leur confère, pas plus qu'aux autres comparants et pour la même raison, la qualité de parties devant la Cour.

Il est évidemment exclu qu'elles puissent saisir directement la Cour, méconnaissant ainsi la compétence exclusive du juge national pour décider du renvoi (C.J.C.E., 14.12.1962, *Milchwerke Wöhrmann,* 31 et 33/62, p. 965, concl. K. Roemer, D. 1963, 11, jurisp. p. 489, note R. M. Chevallier). Comme on vient de le noter, c'est à ce juge seul qu'il appartient de définir l'objet des questions qu'il entend poser à la Cour, de sorte que celle-ci ne saurait, à la demande d'une partie au litige au principal, examiner des questions qui ne lui ont pas été soumises par le juge national (C.J.C.E., 3.10.1985, *CBEM,* 311/84, p. 3261 – 9.01.1990 *SAFA,* C-337/88, p. 2, précités – V. *infra,* n° 108).

Sont irrecevables de la part de ces parties, outre des conclusions qui tendraient à modifier la teneur des questions posées par le juge national (V. n° précédent), des conclusions visant à faire déclarer celles-ci sans objet (C.J.C.E., 6.04.1962, *Bosch,* 13/61, p. 89, concl. M. Lagrange), des conclusions contestant la compétence du juge national ou mettant en cause les motifs de l'arrêt de renvoi (19.01.1994, *SAT Fluggesellschaft*, C-364/92, I, p. 43, concl. G. Tesauro).

Les parties au litige principal ne peuvent pas non plus formuler des conclusions, ou même des suggestions, relatives aux dépens. La procédure de renvoi présentant un caractère incident par rapport à la procédure devant le juge national, c'est à celui-ci qu'il incombe d'en fixer les dépens, qui pour les États membres et les institutions ne donnent pas lieu à remboursement (26.11.1975, *Coenen*, 39/75, p. 1547, précité).

Enfin, il n'appartient pas à ces parties de demander directement à la Cour, par un recours en interprétation d'arrêt (*infra*, n° 352), des éclaircissements sur l'arrêt qu'elle a rendu sur renvoi, une telle possibilité n'appartenant qu'au juge national par le prononcé d'un nouveau renvoi (C.J.C.E. (Ord.), 16.05.1968, *Firma Becher*, 13/67, p. 289, concl. J. Gand).

67 ***Les mesures d'accélération de la procédure devant la Cour*** ◇ Le règlement de procédure de la Cour, surtout depuis la modification intervenue le 16 mai 2000, a prévu diverses mesures pour accélérer l'examen par la Cour des renvois préjudiciels.

La première tient à ce que, faute souvent d'une information suffisante, les juges nationaux soumettent à la Cour des questions auxquelles elle a déjà répondu et encombrent ainsi inutilement son prétoire. Pour y remédier, le Règlement de procédure (art. 104, § 3) prévoit que, lorsque la réponse à la question qui lui est posée peut être clairement déduite de la jurisprudence ou lorsque la réponse à la question ne laisse place à aucun doute raisonnable, la Cour peut statuer par voie d'ordonnance motivée comportant référence à l'arrêt précédent ou à la jurisprudence en cause, après avoir informé le juge national auteur du renvoi et entendu les intéressés admis à présenter des observations ainsi que l'avocat général.

La seconde mesure prévoit également (art. 104, § 4) que la Cour, sur rapport du juge rapporteur et après avoir entendu l'avocat général, peut, après avoir informé les intéressés et si aucun d'entre eux n'a présenté une demande indiquant les motifs pour lesquels il souhaite être entendu, décider de ne pas ouvrir la procédure orale.

Enfin, la modification du règlement de procédure intervenue le 16 mai 2000 crée une procédure accélérée. A la demande de la juridiction nationale, le président peut, exceptionnellement, sur proposition du juge rapporteur, l'avocat général entendu, décider l'ouverture d'une procédure accélérée, lorsque les circontances invoquées établissent l'urgence extraordinaire de statuer sur la question préjudicielle. Dans ce cas, la date de l'audience est fixée immédiatement par le président et communiquée aux parties au litige au principal, aux États membres et aux institutions admises à présenter des observations avec la signification de la décision de renvoi. Ceux-ci peuvent, dans un délai fixé par le président et qui ne peut être inférieur à quinze jours, présenter des observations écrites. Le président peut les inviter à limiter leurs observations aux points de droit essentiels.

Les mémoires ou observations écrites sont communiquées aux parties avant l'audience.

La Cour statue, l'avocat général entendu (Règl. proc. Cour, art. 104 bis).

Cette procédure accélérée répond à un besoin important des juridictions nationales qui peuvent, le cas échéant, hésiter à procéder à un renvoi préjudiciel compte tenu des délais habituels (18 mois à deux ans en moyenne) pour obtenir un arrêt de la Cour à titre préjudiciel. Elle comble la lacune du système juridictionnel communautaire que constitue l'absence d'une procédure de référé en matière préjudicielle. Le président de la Cour garde néanmoins le contrôle des conditions très strictes miss par le Règlement de procédure à l'ouverture de cette procédure d'urgence.

SECTION 2. **L'EXERCICE PAR LA COUR DE SA COMPÉTENCE**

68 ***Détermination de la compétence de la Cour*** ◇ Les dispositions relatives aux renvois définissent la compétence de la Cour par son domaine, par son objet et par sa nature. Cette compétence est limitée au droit communautaire. Elle a pour objet l'interprétation de celui-ci ou l'appréciation de validité de certains des actes qui le constituent. Enfin, cette compétence est une compétence préjudicielle.

Ces trois éléments contribuent ainsi à caractériser la compétence de la Cour. Chacun d'entre eux ne le fait cependant pas dans les mêmes conditions. Si, en effet, la réglementation du renvoi est la même, qu'il s'agisse d'interprétation ou d'appréciation de validité, il n'en reste pas moins que, différents par leur objet, ces deux renvois le sont également par leur domaine au sein du droit communautaire et par les conséquences qu'implique, pour chacun d'entre eux, la nature préjudicielle de la compétence exercée. Il paraît donc nécessaire de distinguer les deux renvois.

SOUS-SECTION 1. **Le renvoi en interprétation**

69 ***Caractères spécifiques*** ◇ La compétence de la Cour sur renvoi en interprétation présente des caractères spécifiques qui tiennent, comme on vient de le dire, à son domaine d'exercice, à son objet, enfin à sa nature préjudicielle. Elle sera donc examinée successivement de ces trois points de vue.

§ 1. **Domaine de la compétence d'interprétation**

70 ***La limitation au droit communautaire*** ◇ Telle qu'elle est définie par les textes régissant le renvoi, la compétence de la Cour s'applique à l'interprétation du traité (droit originaire), des actes pris par les institutions (droit

dérivé) et, depuis la modification apportée par le traité sur l'Union européenne à l'article 234 C.E. (ex-art. 177 C.E.), des actes pris par la Banque Centrale Européenne. Si cette définition a pour conséquence d'exclure de cette compétence le droit national, elle ne la limite pas aux seuls composantes du droit communautaire qui viennent d'être indiquées.

A. Exclusion du droit national

71 ***Principe*** ◇ Par une jurisprudence constante (V. C.J.C.E., 16.04.1991, *Euripharm,* C-347/89, p. 1747, concl. W. van Gerven), la Cour s'interdit de répondre à des questions portant sur l'interprétation d'une disposition déterminée de droit national, quand bien même cette disposition aurait été prise pour assurer la mise en œuvre d'une directive communautaire (C.J.C.E., 12.10.1993, *Vanacker et Lesage,* C-37/92, I, p. 4947, concl. C. O. Lenz).

À plus forte raison, refuse-t-elle de prononcer sur la validité de telles dispositions, alors que la question viserait à en vérifier la compatibilité avec le droit communautaire (V. par ex. C.J.C.E., 2.07.1987, *Lefèbvre,* 188/86, p. 2963, concl. M. Darmon - 21.01.1993, *Deutsche Shell,* C-188/91, I, p. 263, concl. W. van Gerven - (Ord.), 7.04.1995, *Grau Comis,* C-167/94, I, p. 1023). Aussi bien le droit communautaire s'oppose-t-il à l'application d'une règle de procédure nationale qui interdirait au juge national saisi dans le cadre de sa compétence d'apprécier d'office la compatibilité d'un acte de droit interne avec une disposition communautaire lorsque cette dernière n'a pas été invoquée par le justiciable dans un certain délai (C.J.C.E., 14.12.1995, *Peterbroeck,* C-312/93, I, p. 4599, concl. F. G. Jacobs).

À cet égard, des changements intervenus dans la législation en cause devant le juge national postérieurement à la décision de renvoi sont sans incidence sur l'interprétation demandée (C.J.C.E., 7.12.1993, *Pierrel,* C-83/92, I, p. 6419, concl. C. O. Lenz).

On verra cependant (*infra,* n° 88) que la Cour, en raison de la conception qu'elle adopte du caractère préjudiciel de sa compétence, ne refuse pas de répondre à de telles questions, dès lors qu'il lui est possible d'en extraire des éléments de droit communautaire susceptibles d'interprétation (jurisp. const. notamment, 28.11.1991, *Durighello,* C-186/90, I, p. 5773, concl. W. van Gerven - 4.02.1992, *Smithson,* C-243/90, I, p. 467, concl. G. Tesauro).

72 ***Exception : incorporation dans le droit national de dispositions communautaires*** ◇ Le principe suivant lequel la compétence de la Cour ne s'applique pas au droit national a pu faire problème dans le cas où ce droit a expressément incorporé des dispositions de droit communautaire. En réalité, une telle incorporation engendre une apparence trompeuse ; car, dans ce cas, ce qui est et demeure en cause ce n'est pas l'application du droit communautaire mais l'application du seul droit national, question dont la Cour ne devrait connaître à aucun titre.

Telle n'est cependant pas la solution que, contrairement aux conclusions des avocats généraux, la Cour a adoptée en se déclarant compétente (C.J.C.E., 26.09.1985, *Thomasdünger,* 166/84, p. 3001, concl. F. Mancini – 18.10.1990, *Massam Dzodzi,* C-297/88, I, p. 3763, concl. M. Darmon – 8.11.1990, *Gmurzynska-Bscher,* C-231/89, p. 4003, concl. M. Darmon – 24.01.1991, *Tomatis,* C-384/89, I, p. 127, concl. F. G. Jacobs – 17.07.1997, *Leur-Bloem,* C-28/95, I, p. 4161, concl. F. Jacobs – 17.07.1997, *Giloy,* C-130/95, I, p. 4291, concl. F. Jacobs – 3.12.1998, *Schoonbroodt,* C-247/97, I, p. 8095, concl. F. Jacobs).

Cette solution a été ultérieurement étendue à l'interprétation d'une disposition contractuelle renvoyant au contenu de normes communautaires, la compétence de la Cour étant limitée à l'examen de ces dernières, sans possibilité de tenir compte de l'économie du contrat, ni des dispositions du droit interne qui peuvent déterminer la portée des obligations contractuelles (C.J.C.E., 25.06.1992, *Federconsorzi,* C-88/91, p. 4035, concl. W. van Gerven).

La Cour de justice a toutefois adopté la solution inverse sur le terrain du Protocole du 3 juin 1971 lui attribuant compétence pour l'interprétation de la convention de Bruxelles (C.J.C.E., 28.03.1995, *Kleinwort Benson,* C-346/93, I, p. 615, concl. G. Tesauro – *infra,* n° 119). Elle s'est ainsi déclarée incompétente pour répondre à une question préjudicielle quant à l'interprétation de la convention de Bruxelles dès lors que le litige concernait la répartition des compétences entre les juridictions du Royaume Uni.

73 ***Critique de cette exception*** ◇ Pour justifier cette solution, la Cour, dans ces décisions, a fait, à propos de l'article 234 C.E. (ex-art. 177 C.E.), un exposé de principe qui, dans une suite de propositions, en passe en revue tous les aspects. En réalité, une seule de ces propositions concerne le problème en tant que tel. Elle expose qu'il ne ressort, ni des termes de cet article, ni de l'objet de la procédure de renvoi, que les auteurs du traité aient entendu exclure de la compétence de la Cour les renvois préjudiciels portant sur une disposition de droit communautaire dans le cas particulier où le droit national d'un État membre renvoie au contenu de cette disposition pour déterminer les règles applicables à une situation purement nationale.

Si telle est bien la justification, force est de considérer qu'elle n'est pas convaincante. Il est déjà malaisé d'admettre qu'une compétence puisse résulter *a contrario* d'un silence du texte qui la régit surtout lorsqu'il s'agit d'une compétence d'attribution. Il l'est tout autant de considérer que l'objet de la procédure de renvoi puisse, en interprétant une disposition empruntée au droit communautaire, consister à déterminer les conditions d'application du seul droit national à une situation purement interne à un État membre alors que, de ce fait, n'est nullement en question l'uniformité d'interprétation du droit communautaire dans le champ d'application qu'il détermine seul et qu'une réglementation nationale est impuissante à étendre de manière unilatérale et autonome.

(Sur la question dans le cadre de l'interprétation de la convention de 1968, V. *infra*, n° 119).

B. Le droit susceptible d'interprétation

74 ***Délimitation du droit interprétable*** ◇ En dehors des traités et des actes pris par les institutions qui constituent normalement le domaine de la compétence de la Cour, cette compétence connaît des extensions et rencontre des limites.

75 ***Les traités communautaires et leurs annexes*** ◇ Les textes régissant le renvoi en interprétation placent d'abord dans le domaine de celui-ci les traités.

La compétence de la Cour s'applique à ce titre aux traités institutifs, aussi bien dans leurs différentes stipulations que dans les notions et termes qu'ils utilisent, aux traités qui les ont modifiés et aux traités et actes d'adhésion des nouveaux États. Elle s'étend aux différents tableaux ou documents qui y sont annexés (C.J.C.E., 23.04.1956, *Gpement des ind. sidérurg. luxembourgeoises,* 7/54, p. 53, concl. K. Roemer) et plus spécialement au Protocole sur les privilèges et immunités (C.J.C.E., 25.02.1969, *Klomp*, 23/68, p. 43, concl. J. Gand - jurisp. const. 10.07.1986, *Wybot c/ E Faure*, 149/85, p. 2391, concl. M. Darmon).

S'agissant du traité sur l'Union européenne, elle ne s'étendait à l'origine qu'aux dispositions de ce traité modifiant les traités institutifs des trois Communautés, ainsi qu'au troisième alinéa de l'article K 3, § 2, point c) et aux dispositions des articles L à S (C.J.C.E. (Ord.), 7.04.1995, *J. C. Grau Gomis*, C-167/94, I, p. 1023). Depuis l'entrée en vigueur du traité d'Amsterdam, la compétence de la Cour de justice en interprétation du Titre VI du traité sur l'Union européenne peut être reconnue par les Etats membres (*infra*, n° 154 s.).

76 ***Les actes pris par les institutions*** ◇ La compétence de la Cour s'applique en deuxième lieu aux actes pris par les institutions. Le critère est à cet égard un critère organique déduit de la qualité de l'auteur de l'acte, étant précisé que, en vertu du traité sur l'Union européenne, cette compétence s'étend aux actes d'un organe, la Banque Centrale Européenne, alors que ce traité ne reconnaît pas la qualité d'institution à cette dernière.

Il en va ainsi des actes prévus par les nomenclatures des traités, alors même que ces actes n'auraient pas de caractère contraignant (C.J.C.E., 13.12.1989, *Grimaldi*, C-322/88, p. 4407, concl. J. Mischo, à propos d'une recommandation C.E.E.) et sans égard au fait qu'ils seraient ou non d'effet direct (C.J.C.E. 20.05.1976, *Mazzalai*, 111/75, p. 657, concl. G. Reischl).

S'agissant plus spécialement des directives, il a été jugé que la compétence de la Cour s'étendait à la détermination des catégories de sujets de droit à l'encontre desquels les dispositions d'un tel acte pouvaient être invoquées, alors qu'il incombe au juge national de décider si une partie à un litige dont il est saisi entre dans une des catégories ainsi définies (C.J.C.E., 12.07.1990, *Foster*, C-88/89, I, p. 3314, concl. W. van Gerven). Il en va également ainsi d'actes non prévus par ces nomenclatures, telle une résolution du Conseil (C.J.C.E., 24.10.1973, *Schlüter*, 9/73, p. 1135, concl. K. Roemer - Rev. Marché commun, 1974, p. 345, note R. Kovar).

La jurisprudence donne enfin des exemples d'interprétation d'actes du Parlement européen, notamment de son règlement intérieur en relation avec le Protocole sur les privilèges et immunités (C.J.C.E., 12.05.1964, *Wagner*, 101/63, p. 384, concl. M. Lagrange - 10.07.1986, 149/85, *R. Wybot c/ E. Faure*, 149/85, p. 2391, précité).

77 ***Extension de la notion d'actes pris par les institutions*** ◇ Pour pouvoir leur appliquer sa compétence en interprétation, la Cour a étendu aux accords conclus par le Conseil la qualification d'actes pris par les institutions.

Rentrent dès lors dans cette compétence, malgré leur nature conventionnelle, les accords visés par les articles 300 C.E. (ex-art. 228 C.E.) et 310 C.E. (ex-art. 238 C.E.), lors même qu'il s'agirait d'accords mixtes (C.J.C.E., 30.04.1974, *Haegemann*, 181/73, p. 449, concl. J. P. Warner, JDI, 1976, 1, note R. Kovar - 5.02.1976, *Bresciani*, 87/75, p. 129, concl. A. Trabucchi - 26.10.1982, *Kupferberg*, 104/81, p. 3641, concl. S. Rozès - 30.09.1987, *Demirel*, 12/86, p. 3719, concl. M. Darmon - 14.11.1989, *Grèce*, 30/88, p. 3711, concl. G. Tesauro). La Cour est également compétente pour se prononcer sur l'interprétation des décisions prises par l'organe institué par l'accord et chargé de sa mise en œuvre (C.J.C.E., 20.09.1990, *Sevince*, C-192/89, I, p. 3461, concl. M. Darmon) et sur l'interprétation des arrangements arrêtés pour l'application de la convention relative à un régime de transit commun C.E.E./A.E.L.E. par la commission instituée par cette convention alors même que ces arrangements seraient dépourvus de force obligatoire (C.J.C.E., 21.01.1993, *Deutsche Shell*, C-181/91, I, p. 363, concl. W. van Gerven).

Il en allait de même du G.A.T.T. et des accords tarifaires conclus dans son cadre, quelles qu'aient été les fins en vue desquelles l'interprétation était demandée (C.J.C.E., 16.03.1983, *S.P.I. et S.A.M.I.*, 267 à 269/81, p. 801 ; *Singer et Geigy*, 290 et 291/81, p. 847, concl. G. Reischl).

Désormais, il en va ainsi également de l'Accord sur les aspects de droits de propriété intellectuelle qui touchent au commerce (Accord TRIPs) qui figure en annexe à l'Accord instituant l'Organisation mondiale du commerce, approuvé par la Communauté et dont certaines dispositions concernent notamment la marque communautaire (C.J.C.E., 16.06.1998, *Hermès International*, C-53/96, I, p. 3603, concl. G. Tesauro). Cette compétence d'interprétation n'emporte pas reconnaissance de l'applicabilité directe des dispositions mêmes de l'Organisation mondiale du commerce et des accords annexes (C.J.C.E., 23.11.1999, *Portugal c. Conseil*, C-149/96, I, p. 8377, concl. A. Saggio ; V. P. Mengozzi, *Le GATS : un accord sans importance pour la*

Communauté européenne ? Rev. du marché unique européen 1997/2, p. 19 – P. Manin, *A propos de l'accord instituant l'Organisation mondiale du commerce et de l'accord sur les marchés publics : la question de l'invocabilité des accords internationaux conclu par la Communauté européenne,* RTD eur. 1997(3), p. 399 ; *infra,* n° 104).

78 ***Exclusion des conventions entre États membres*** ◇ En revanche, la compétence de la Cour en interprétation sur renvoi ne s'étend pas aux conventions conclues entre États membres en dehors du cadre communautaire (C.J.C.E., 27.11.1973, *Vandeweghe,* 130/73, p. 1329, concl. A. Trabucchi), quand bien même elles comporteraient des liens avec la Communauté (C.J.C.E., 15.01.1986, *D.G.E. Hurd,* 44/84, p. 47, concl. G. Slynn).

Elle ne s'étend pas non plus aux conventions entre États membres conclues dans le cadre communautaire à moins qu'un protocole spécial en ait attribué l'interprétation à la Cour et dans les conditions particulières qu'il prévoit (C.J.C.E. (Ord.), 9.11.1983, *Habourdin,* 80/83, p. 3639, *infra,* n° 118 s.).

79 ***Exclusion des conventions entre personnes privées*** ◇ Elle ne s'étend pas enfin à des conventions entre personnes privées, même si de telles conventions ont été prévues par une directive communautaire, dès lors que les institutions de la Communauté n'ont pas participé à sa conclusion (C.J.C.E., 6.10.1987, *Demouche,* 126/83, p. 3833, concl. G. Slynn).

§ 2. L'interprétation en tant qu'objet du renvoi

80 ***Nature juridictionnelle de l'interprétation*** ◇ La compétence de la Cour en interprétation est destinée à permettre à celle-ci de contribuer à l'administration de la justice. Elle ne consiste donc pas à émettre des opinions consultatives sur des questions générales ou hypothétiques (C.J.C.E., 16.12.1981, *Foglia c. Novello,* 244/80, p. 3045, concl. G. Slynn, RTD. Eur., 1982, p. 431, note A. Barav – 3 février 1983, *Robards,* 149/82, p. 171, concl. F. Mancini – 16.07.1992, *Lourenço Dias,* C-343/90, I, p. 4673, concl. G. Tesauro – jurisp. const. 23.03.1995 (Ord.), *M. Saddik,* I, p. 512 – 15.12.1995, *J. M. Bosman,* C-415/93, I, p. 4921, concl. C. O. Lenz).

81 ***Technique de l'interprétation*** ◇ Telle que la pratique la Cour, l'interprétation du droit communautaire met en œuvre l'ensemble des méthodes généralement appliquées à ce type d'opération. Cependant, ce sont les méthodes dites téléologiques qui prédominent au point d'être devenues à peu près exclusives.

Cette prédominance est une des conséquences des caractères propres du droit communautaire. Ce n'est pas la seule. Exposant en quoi l'interprétation de ce droit présente des exigences particulières, la Cour en a indiqué trois : d'abord en raison de la coexistence de versions linguistiques différentes faisant également foi, ce qui implique une comparaison de ces versions ; ensuite, du fait que la terminologie que ce droit utilise lui est propre, lors même qu'il utiliserait les mêmes termes que les droits nationaux ; enfin, dès lors que chaque disposition, devant être replacée dans son contexte, doit être interprétée à la lumière de l'ensemble des dispositions du droit communautaire, de ses finalités et de l'état de son évolution à la date à laquelle la disposition en cause doit être appliquée (C.J.C.E., 6.10.1982, *C.I.L.F.I.T.*, 283/81, p. 3415, concl. F. Capotorti).

82 ***Connexité entre interprétation et appréciation de validité*** ◇ Interprétation et appréciation de validité ne sont pas toujours indépendantes, la première pouvant conduire à la seconde et la déterminer.

Aussi bien, la réglementation des traités de Rome étant identique pour les deux renvois, le fait que le juge national ait formulé en termes d'interprétation des questions qui sont en réalité des questions de validité est sans conséquence (C.J.C.E., 1.12.1965, *Firma Schwarze,* 16/65, p. 1081, concl. J. Gand) et la Cour a, de sa propre initiative, répondu en validité à des questions d'interprétation (C.J.C.E., 15.10.1980, *Roquette,* 145/79, p. 2917, concl. H. Mayras, RTD. eur., 1982, p. 484, note H. Labayle – *infra,* n° 106).

Cette démarche n'en pose pas moins la question de savoir si la Cour est tenue, et dans quelle mesure, par les termes de la question que lui pose le juge national. On retrouvera cette question à propos de l'appréciation de validité (*infra,* n° 108). On remarquera ici que la Cour, interrogée en interprétation, peut vérifier la validité de la disposition réglementaire en cause lorsque le sens qu'elle se propose d'en donner conduirait à la considérer comme invalide (C.J.C.E., 27.09.1988, *Lenoir,* 313/86, p. 5391, concl. G. Slynn), ce qui peut l'amener, sans y avoir été invitée par le juge national, à en prononcer l'invalidité partielle « dans la mesure où... » (C.J.C.E., 14.06.1990, *Weiser,* C-37/89, I, p. 2395, concl. M. Darmon).

§ 3. Caractère préjudiciel de la compétence

83 ***Conséquences de la nature préjudicielle de la compétence de la Cour*** ◇ Sans jamais faire expressément mention de la nature préjudicielle de sa compétence, la Cour en avait très tôt énoncé les principales conséquences. Elle affirmait qu'il ne lui appartenait, ni d'apprécier les faits de l'espèce, ni de censurer les motifs de la demande, ni d'appliquer le droit communautaire à une espèce déterminée (C.J.C.E., 23.01.1975, *Van der Hulst's Zonen,* 51/74, p. 79, concl. A Trabucchi – 23.10.1975, *Matisa-Maschinen,* 35/75, concl. J. P. Warner).

Ces affirmations – dont la troisième ne s'applique pas en réalité à l'interprétation du Tarif douanier commun – n'ont pas cessé depuis d'être réitérées

(V. notamment, C.J.C.E., 23.04.1991, *Ryborg,* C-297/89, I, p. 1943, concl. G. Tesauro), en particulier pour marquer la différence de compétence de la Cour au titre de l'article 234 (ex-art. 177) et au titre de l'article 226 (ex-art. 169) (C.J.C.E., 12.11.1992, *Kerafina-Keramische- und Finanz Holding,* C-134/91, I, p. 5699, concl. G. Tesauro - *infra,* n° 536). Par une formule devenue de style, la Cour affirme que le juge national, qui est seul à avoir une connaissance directe des faits ainsi que des arguments avancés par les parties et qui devra assumer la responsabilité de la décision judiciaire à intervenir, est le mieux placé pour apprécier, en pleine connaissance de cause, la pertinence des questions de droit communautaire soulevées par le litige dont il est saisi et la nécessité d'une décision préjudicielle pour être en mesure de rendre son jugement (jurisp. const. V. C.J.C.E., 28.06.1984, *Moser,* 180/83, p. 2539, concl. G. Slynn - 8.11.1990, *Gmurzynska-Bscher,* C-231/89, I, p. 4003, concl. M. Darmon - 16.07.1992, *Meilicke,* C-83/91, I, p. 4871, concl. G. Tesauro - 30.11.1995, *Esso Española,* C-134/94, I, p. 4223, concl. G. Cosmas).

84 ***Incidences de la coopération judiciaire*** ◇ On aura remarqué que cette reconnaissance des attributions propres du juge national ne se fonde pas sur ce qui serait la compétence de celui-ci, mais repose sur cette considération, de pur fait, qu'il est le « mieux placé ». Cette considération traduit en réalité la conception que se fait la Cour d'une coopération qui, pour elle, est moins la conséquence d'un partage de compétences, avec la rigueur que cela devrait comporter, qu'une modalité de répartition des fonctions dont il lui appartient de déterminer les conditions suivant les exigences du droit communautaire.

Il en résulte un certain nombre d'atténuations des conséquences qu'elle affirme elle-même résulter de la nature préjudicielle de sa compétence et dont il était inévitable qu'elles se produisent. Contrairement, en effet, à ce qui caractérise d'ordinaire le renvoi préjudiciel dans lequel ce n'est pas le juge saisi du renvoi qui joue le rôle principal, c'est ici celui-ci, c'est-à-dire la Cour, qui joue ce rôle en raison de sa compétence en matière d'interprétation d'un droit qui l'emporte sur le droit national.

85 ***Prise en considération des faits*** ◇ Bien que la Cour se défende de connaître des faits qui caractérisent le litige dont est saisi le juge national, cette réserve doit s'interpréter en ce sens que la Cour se refuse à statuer sur ces faits (C.J.C.E., 16.03.1978, *Oehlschläger,* 104/77, p. 791, concl H. Mayras - 2.06.1994, *AC-ATEL,* C-30/93, I, p. 2305, concl. C. O. Lenz) et non pas qu'elle doive les ignorer. Ainsi, a-t-elle accepté de statuer sur l'effet juridique d'un avis émis par un expert désigné en vertu du droit communautaire (C.J.C.E., 27.05.1990, *Alimenta,* C-352/88, I, p. 2077, concl. G. Tesauro).

Elle estime au contraire que la connaissance des faits lui est indispensable pour déterminer le cadre juridique dans lequel devra se situer l'interprétation qui lui est demandée (C.J.C.E., 12.07.1979, *Union laitière normande,* 244/78, p. 2663, concl. H. Mayras) et, plus spécialement, pour être en mesure de tenir compte de ceux de ces faits qui peuvent revêtir de l'importance pour cette interprétation (C.J.C.E., 10.03.1981, *Irish Creamery*, 36/80, p. 735, concl. J. P. Warner).

S'il appartient à la Cour de définir les critères destinés à guider le juge national dans l'application d'une règle de droit communautaire, elle estime qu'il lui incombe également d'indiquer au juge national les conditions dans lesquelles les circonstances de fait mentionnées dans la question peuvent être prises en compte pour l'application de ces critères (C.J.C.E., 23.04.1991, *Ryborg*, C-297/89, I, p. 1943, précité). La Cour décide cependant qu'il appartient au juge national d'appliquer à un cas concret les règles de droit communautaire telles qu'interprétées par elle. Elle estime en effet qu'une telle application ne peut être opérée sans une appréciation des faits de l'affaire dans son ensemble (C.J.C.E., 8.02.1990, *Shipping and Forwarding*, C-320/88, I, p. 286, concl. W. van Gerven - 19.11.1991, *Morvan*, C-235/90, I, p. 5419, concl. J. Mischo).

Il faut bien reconnaître que la répartition des compétences à cet égard entre la Cour de justice et le juge national est assez mouvante, la Cour ayant ainsi décidé, en matière de responsabilité de l'Etat pour violation du droit communautaire, tantôt de renvoyer à la juridiction nationale le soin d'établir l'existence d'une méconnaissance grave et manifeste des limites qui s'imposent au pouvoir d'appréciation du législateur national (C.J.C.E., 05.03.1996, *Brasserie du Pêcheur*, C-46/93, I, p. 1029, concl. G. Tesauro), tantôt de constater elle même l'absence d'une telle méconnaissance (C.J.C.E., 26.03.1996, *British Telecommunications*, C-392/93, I, p. 1631, concl. G. Tesauro) ou, au contraire, son existence (C.J.C.E., 23.05.1996, *Hedley Lomas*, C-5/94, I, p. 2553, concl. P. Léger).

86 ***Contrôle sur le caractère réel du litige*** ◇ Si la Cour respecte bien l'appréciation portée par le juge national sur le litige dont il est saisi et notamment celle relative à la nécessité, pour résoudre ce litige, d'obtenir une réponse à une question d'interprétation, c'est sous la condition, qu'elle s'est reconnu le pouvoir de vérifier, que ce litige ne se présente pas comme une « construction procédurale arrangée » (C.J.C.E., 11.03. 1980, *Foglia c. Novello*, 104/79, p. 745, concl. J. P. Warner). Dans ce cas, en effet, la Cour refuse de répondre en estimant qu'il lui appartient de vérifier sa propre compétence afin d'éviter que la procédure de renvoi ne soit détournée de son but (C.J.C.E., 16.12.1981, *Foglia c. Novello*, 244/80, p. 3045, concl. G. Slynn, RTD eur., 1982, p. 431, note A. Barav).

Inaugurée dans l'affaire très particulière qui a donné lieu aux deux arrêts qui viennent d'être cités, cette jurisprudence a été depuis plusieurs fois confirmée dans des termes qui en font désormais une solution de principe (C.J.C.E., 12.06.1986, *Bertini*, 98/85, p. 1885, concl. J. Mischo - 21.09.1988, *Van Eycke*, 267/86, p. 4769, concl. F. Mancini - 8.11.1990, *Gmurzynska-Bscher*, C-231/89, I, p. 4003, concl. M. Darmon).

Pour autant, ne met pas en cause la réalité d'un litige au principal relatif à la compatibilité avec le droit communautaire d'un refus que l'une des parties a opposé à l'autre sur le fondement d'une disposition de droit national le fait que les parties s'accordent sur le résultat à obtenir (C.J.C.E., 9.02.1995, *Éd. Leclerc-Siplec,* C-412/93, I, p. 179, concl. F. G. Jacobs).

87 ***Pertinence, pour la résolution du litige, de la disposition communautaire à interpréter*** ◇ Après avoir tout d'abord décidé que la question de savoir si les dispositions ou les notions de droit communautaire dont l'interprétation est demandée sont effectivement applicables au cas d'espèce échappe à sa compétence (C.J.C.E., 9.07.1969, *Portelange,* 10/69, p. 309, concl. K. Roemer), à moins que l'évocation du texte mis en cause soit manifestement erronée (C.J.C.E., 19.12.1968, *Salgoil,* 13/68, p. 661, concl. J. Gand), la Cour n'avait plus mentionné cette dernière réserve.

Elle l'a réintroduite en déclarant que le rejet d'une demande formée par une juridiction nationale n'est possible que s'il apparaît d'une manière manifeste que l'interprétation du droit communautaire demandée n'a aucun rapport avec la réalité ou l'objet du litige principal (C.J.C.E., 16.06.1981, *Salonia,* 126/80, p. 1563, concl. G. Reischl - (Ord.) 26.02.1990, *Falciola,* C-286/88, I, p. 191 - jurisp. const. 28.11.1991, *Durighello,* C-186/90, I, p. 5773, concl. W. van Gerven - 16.07.1992, *Ass. esp. de Banca privada,* C-67/91, I, p. 4785, concl. F. G. Jacobs - (Ord.) 16-05-1994, *Monin Automobiles,* C-428/93, I, p. 1707 - 17.05.1994, *Corsica Ferries,* C-18/93, I, 1783, concl. W. van Gerven - 13.12.1994, *S. M. W. Winzersekt,* C-306/93, I, p. 5555, concl. C. Gulmann).

Exerçant donc à cet égard un contrôle sur les questions que lui pose le juge national, la Cour se réserve le droit, soit de ne pas répondre à une question d'interprétation qui n'a aucun rapport avec la réalité ou l'objet du litige au principal et ne peut donc pas contribuer à sa solution (C.J.C.E., 16.09.1982, *Vlaeminck,* 132/81, p. 2953, concl. P. VerLoren van Themaat - 26.09.1985, *Thomasdünger,* 166/84, p. 3001, concl. F. Mancini - 12.06.1996 (Ord.), *URSSAF,* C-95/196, non publiée), soit de ne pas prendre en considération une disposition communautaire visée par le juge national et qu'elle estime inapplicable au litige (C.J.C.E., 2.05.1990, *Bakker Hillegom,* C-111/89, I, p. 1735, concl. F. G. Jacobs - 27.10.1993, *Enderby,* C-127/92, I, p. 5535, concl. C. O. Lenz - (Ord.), 16.05.1994 C-428/93, *Monin Automobiles,* précité).

88 ***Adaptation des questions à la compétence de la Cour*** ◇ Dès lors que les questions que lui adresse le juge national portent sur l'interprétation du droit communautaire, la Cour est en principe tenue de statuer. Elle ne saurait en particulier refuser de fournir au juge de renvoi les éléments de droit communautaire dont il a besoin au motif que, au vu de sa réponse, ce juge pourrait être conduit à annuler des dispositions nationales et à créer ainsi un vide juridique dans l'ordre interne (C.J.C.E., 15.12.1994, *Stadt Lengerich,* C-399/92, I, p. 5727, concl. M. Darmon).

Par une formule qui est le corollaire de celle par laquelle elle définit le rôle du juge national (*supra,* n° 84), la Cour se réserve donc, en présence de questions formulées de manière impropre ou dépassant le cadre de sa compétence, la possibilité d'extraire des données fournies par le juge national les éléments de droit communautaire qui, compte tenu de l'objet du litige, appellent une interprétation (Jurisp. const. C.J.C.E., 20.03.1986, *Tissier*, 35/85, p. 1207, concl. C. O. Lenz - 27.03.1990 *Bagli Pennacchiotti*, C-315/88, I, p. 1323, concl. J. Mischo - 28.11.1991, *Durighello*, C-186/90, I, p. 5773 précité).

Une telle possibilité était implicitement visée lorsque, constatant que le traité ne prévoyait pas la forme dans laquelle le juge national devrait présenter ses questions, la Cour avait indiqué qu'il était loisible à ce juge de présenter ses demandes dans une forme directe et simple « qui laisse à la Cour de justice le soin de ne statuer sur cette demande que dans les limites de sa compétence » (C.J.C.E., 6.04.1962, *R. Bosch*, 13/61, p. 89, concl. M. Lagrange). Mais la possibilité, que le juge national devait ainsi laisser à la Cour, s'est transformée en une possibilité pour la Cour de faire subir aux questions du juge national tous les traitements nécessaires à l'exercice de sa compétence.

89 ***Illustrations de cette adaptation*** ◇ La jurisprudence multiplie les illustrations du traitement que la Cour peut faire subir aux questions posées par le juge national, non seulement pour les adapter à sa compétence, mais également pour les traiter dans l'ordre qu'elle estime approprié. On se bornera à en indiquer les principales hypothèses d'après quelques décisions pertinentes à cet égard.

C'est ainsi que la Cour complète les questions qui ne le seraient pas en y incluant d'elle-même des dispositions de droit communautaire que le juge national n'a pas visées (C.J.C.E., 20.03.1986, *Tissier*, 35/85, p. 1207, concl. C. O. Lenz - 4.07.1990, *Vleeswarenbedrijf Roermond*, C-356/88, I, p. 2753, concl. F. G. Jacobs - 12.12.1990, *Sarpp*, C-241/89, I, p. 4696, concl. G. Tesauro), ou les précise en identifiant elle-même le droit communautaire à interpréter (C.J.C.E., 20.04.1988, *Bekaert*, 204/87, p. 2029, concl. J. L. da Cruz Vilaça - 6.06.1990, *Spits*, C-342/88, I, p. 2259, concl. G. Tesauro).

C'est ainsi, d'autre part, qu'en cas de pluralité de questions, il lui arrive d'en modifier l'ordre de présentation choisi par le juge national (C.J.C.E., 27.03.1990, *Carborobica*, C-189/88, I, p. 1259, concl. G. Tesauro - 7.05.1992, *Aguirre Borrell et a*, C-104/91, I, p. 3003, concl. F. G. Jacobs), de les bloquer pour y apporter une réponse globale (C.J.C.E., 3-06-1992, *Paletta*, C-45/90, I, p. 3423, concl. J. Misho - C. Gulmann) ou de laisser sans réponse certaines d'entre elles au motif que, compte tenu de la réponse donnée à une autre question, ces questions n'ont plus lieu d'être posées (C.J.C.E., 14.12.1995, *Peterbroeck*, C-312/93, I, p. 4599, concl. F. G. Jacobs).

§ 4. L'arrêt sur renvoi en interprétation

90 ***Caractéristiques de forme*** ◇ L'arrêt sur renvoi en interprétation comporte trois parties. La première rappelle dans quelles conditions le juge national a été conduit à interroger la Cour et reproduit le texte des questions qu'il lui a posées. La deuxième est consacrée à l'examen de ces questions et expose les motifs qui justifient la réponse qui doit leur être donnée. La troisième, qui constitue le dispositif, reprend les conclusions auxquelles la Cour est parvenue lors de cet examen.

Ce dispositif n'est pas introduit par la formule « La Cour déclare et arrête » mais par la formule « La Cour, statuant sur les questions à elle soumise par... *dit pour droit...* » et répond ainsi aux questions posées par le juge national, telles qu'au besoin la Cour en a corrigé l'énoncé, modifié l'ordre ou réduit le nombre. Si ce dispositif doit évidemment être compris à la lumière des motifs (C.J.C.E., 16.03.1978, *R. Bosch*, 135/77, p. 855, concl. J. P. Warner), ceux-ci revêtent souvent une ampleur que nécessite la démarche interprétative mais qui, pouvant aller au delà de ce qu'eût strictement exigé la réponse aux questions posées, soulève le problème de leur propre autorité.

91 ***Problème d'autorité*** ◇ Ce problème n'est qu'un aspect particulier de celui plus général que pose l'autorité de ces arrêts, tant en eux-mêmes, qu'en ce qui concerne les effets dans le temps des interprétations qu'ils délivrent.

A. Autorité des arrêts en interprétation

92 ***La thèse de l'autorité de chose jugée*** ◇ La question de l'autorité des arrêts sur renvoi préjudiciel en interprétation s'est très tôt posée à la Cour dans des conditions purement circonstancielles. La Cour ayant été saisie de questions d'interprétation auxquelles elle avait déjà répondu par un précédent arrêt dans une espèce analogue, il s'agissait de savoir si, comme le soutenait la Commission, ce deuxième renvoi était à rejeter faute d'objet, ou si la Cour devait y répondre, quitte, ce qu'elle décida, à renvoyer le juge national à son arrêt antérieur.

Pour trancher cette question, l'avocat général M. Lagrange, s'appuyant sur une combinaison des caractères du renvoi avec le principe de l'autorité relative de la chose jugée, avait conclu que la Cour ne pouvait pas rejeter le deuxième renvoi mais devait y répondre. Il est assez remarquable qu'à cette occasion, M. Lagrange ait pu se demander s'il n'y aurait pas lieu de distinguer entre l'autorité de chose jugée par la Cour à l'égard d'elle-même, autorité qui ne serait que relative, et l'autorité de chose jugée vis-à-vis des juridictions nationales, qui serait au contraire absolue et qu'il ait de surcroît mis en garde contre une solution qui donnerait à la procédure préjudicielle un caractère contentieux (Sur tous ces points, V. Rec, 1963, pp. 81 et s.).

À elles seules, de telles considérations suffisaient à montrer que la question de l'autorité des arrêts en interprétation ne devait, ni ne pouvait être posée en termes de chose jugée. Aussi bien, la Cour, dans son arrêt, ne fit-elle aucune allusion à quelque autorité de chose jugée que ce soit, mais simplement à « l'autorité de l'interprétation » (C.J.C.E., 27.03.1963, *Da Costa*, 28/62, p. 59, concl. M. Lagrange - D. 1963, jurisp., p. 642, note J. Robert - Sur la persistance d'une opinion contraire dans le sens d'une autorité relative, V. concl. C. O. Lenz, dans C.J.C.E., 11.07.1991, *Laboratori Bruneau*, C-351/88, I, p. 3650).

93 ***Critique de cette thèse*** ◇ Bien que la Cour, n'opérant aucune distinction entre les renvois, attribue l'autorité de chose jugée à ses arrêts en interprétation comme à ses arrêts en appréciation de validité (*infra*, n° 110), il semble bien que les premiers ne soient pas revêtus d'une telle autorité.

Sans doute, le juge national qui a posé la question doit-il tenir compte de la réponse qui lui a été faite dans le jugement du litige dont il est saisi (C.J.C.E., 3.02.1977, *Benedetti*, 52/76, p. 163, concl. G. Reischl). L'autorité de chose jugée n'en est pas moins inutile pour justifier cette obligation. Il est tout simplement logique que ce juge, qui s'est par avance lié lui-même en estimant nécessaire de poser la question, tienne compte de la réponse qu'il a ainsi sollicitée. Au surplus, son obligation est toute relative puisqu'il peut toujours saisir la Cour de nouvelles questions d'interprétation avant de prononcer son jugement. Cette possibilité conduit à formuler d'autres considérations.

On remarquera tout d'abord qu'il est surprenant d'évoquer la chose jugée pour qualifier l'autorité de décisions rendues suivant une procédure que la Cour elle-même a décrite comme se déroulant exclusivement entre juges, ne comportant pas de parties au sens propre du terme et surtout dépourvue de tout caractère contentieux (C.J.C.E., 9.12.1965, *Hessische Knappschaft*, 44/65, p. 1191), ce qui prive ces décisions d'éléments auxquels est précisément rattachée une telle autorité.

On observera ensuite que ces décisions peuvent toujours être remises en cause par n'importe quel juge national, même par celui qui a posé les questions, et que cette remise en cause ne s'opère pas par voie de révision, procédure qui doit son caractère exceptionnel au fait qu'elle porte atteinte à l'autorité de chose jugée, mais qu'elle s'opère tout simplement par un nouveau renvoi.

Si l'on remarque enfin que n'importe quel juge national, y compris celui pour qui le renvoi est obligatoire et qui est, dans ce cas, dispensé de cette obligation (*supra*, n° 40, 47), peut appliquer purement et simplement une interprétation déjà délivrée, on achève de se convaincre que la référence à l'autorité de chose jugée manque d'autant plus de pertinence que les conditions n'en sont pas réunies et que cette autorité devrait être simultanément relative et absolue.

94 ***Autorité de l'arrêt ou autorité de l'interprétation*** ◇ Si l'on persiste à se référer à l'autorité de chose jugée, c'est, semble-t-il, par une confusion

entre autorité de l'arrêt et autorité de l'interprétation, car ce qui est finalement en cause n'est pas la première mais la seconde.

Il convient de se rappeler à cet égard que l'arrêt sur renvoi préjudiciel n'a pas pour objet de trancher un litige. L'interprétation, à laquelle cet arrêt confère un caractère authentique, si l'existence d'un litige concret en a bien révélé la nécessité, n'en doit pas moins demeurer abstraite. C'est d'ailleurs à cette condition que cette interprétation doit de faire corps avec le texte interprété qui devra désormais être lu dans le sens qu'elle lui a conféré. S'il en est bien ainsi, il s'en déduit une double conséquence.

D'une part, tout nouveau renvoi ne met pas en cause l'autorité d'un précédent arrêt. Il vise seulement à l'interprétation du texte tel que ce précédent arrêt a contribué à en déterminer un sens qui s'y trouve incorporé. De même, en appliquant purement et simplement une précédente interprétation, le juge national ne fait en réalité qu'appliquer ce texte, tel qu'il doit désormais être compris. C'est bien en ce sens que s'est prononcée la Cour en visant, comme on l'a précédemment relevé, l'autorité de l'interprétation et non pas l'autorité de l'arrêt. Et il n'y a en effet aucun obstacle à admettre que cette interprétation, incorporée au texte, suive le sort de celui-ci, qu'elle puisse, comme lui, s'imposer à tout juge national, mais que tout juge national puisse aussi en remettre en question la portée, comme il peut le faire de ce texte lui-même.

D'autre part, l'incorporation de l'interprétation au texte interprété a pour deuxième conséquence que c'est à celui-ci qu'elle emprunte son autorité spécifique. C'est ce qui résulte clairement du soin pris par la Cour, interrogée sur le sens d'un terme inscrit dans un règlement, de rappeler, à titre préalable, les caractères propres de cette catégorie d'actes (C.J.C.E., 17.04.1986, *F. Reed*, 59/85, p. 1283, concl. C. O. Lenz). Une telle précaution était inutile s'il s'était agi de l'autorité de l'arrêt. Elle était nécessaire pour caractériser l'autorité de l'interprétation qui pourrait être donnée.

B. Effets dans le temps des interprétations

95 ***Position de la question*** ◇ La question des effets dans le temps des interprétations est d'un ordre différent.

Si l'on doit en effet considérer que, du fait de son caractère abstrait, l'interprétation, indépendante du litige concret qui en a révélé la nécessité, s'incorpore au texte interprété, on doit en déduire que celui-ci ne pourra être lu dans le sens et la portée que lui a conférés l'interprétation qu'à compter de la date où celle-ci a revêtu une valeur authentique, c'est-à-dire à compter de la date de l'arrêt.

Or une telle solution a l'inconvénient de laisser subsister pour le passé un texte dont le sens et la portée ne sont pas ce qu'ils devraient être. Si, pour remédier à cet inconvénient, on admet, au contraire, que ce texte a toujours revêtu le sens et la portée que son interprétation n'a fait que révéler, on reconnaît à cette interprétation un caractère rétroactif, portant ainsi atteinte à la sécurité juridique.

96 ***Solution de principe : applicabilité rétroactive*** ◇ Pour éviter que le droit communautaire ne subisse des distorsions d'application dans le temps, la Cour a décidé que l'interprétation qu'elle est conduite à formuler peut et doit être appliquée par le juge national, même à des rapports nés ou constitués avant l'arrêt en interprétation.

Il reste qu'une telle solution demeure conditionnée par les dispositions du droit national pour autant que celles-ci permettent de porter devant le juge des actions destinées à tirer les conséquences du texte communautaire, tel qu'il aurait dû être compris et appliqué, notamment dans le cas de perception de taxes que l'interprétation prive de base légale (C.J.C.E., 27.03.1980, *Denkavit Italiana,* 61/79, p. 1205, concl. G. Reischl).

97 ***Exception : limitation à l'avenir de l'applicabilité de l'interprétation*** ◇ Comme on l'a dit, la solution de principe qui vient d'être exposée a pour conséquence, comme toute rétroactivité, de porter atteinte à la sécurité juridique et à des droits qui, par hypothèse, ne peuvent avoir été acquis que de bonne foi puisqu'ils l'ont été sur le fondement d'un texte dont le sens et la portée n'avaient pas encore été déterminés de manière différente.

C'est en considération de cette conséquence que la Cour a été conduite à limiter l'applicabilité de l'interprétation à partir de la date de l'arrêt qui la délivre (C.J.C.E., 8.04.1976, *G. Defrenne,* 43/75, p. 455, concl. A. Trabucchi, RTD eur., 1976, p. 529, note Chr. Philip - Cah. dr. eur., 1977, p. 131, note W. van Gerven ; p. 180, note O. Stocker).

Cette solution n'en présente pas moins un caractère exceptionnel. Seule la Cour peut en décider, à l'exclusion tant du juge que du législateur national (C.J.C.E., 2.02.1988, *Blaizot,* 24/86, p. 379, concl. G. Slynn). Cette décision doit être prise dans l'arrêt interprétatif lui-même et ne peut pas l'être dans un arrêt ultérieur provoqué par un nouveau renvoi interrogeant la Cour sur une limitation dans le temps que le précédent arrêt n'avait pas décidée (C.J.C.E., 2.02.1988, *Barra,* 309/85, p. 355, concl. G. Slynn - 17.05.1990, *Barber,* C-262/88, I, p. 1889, concl. W. van Gerven).

Il reste qu'une telle limitation à l'avenir présente encore l'inconvénient de ne pas permettre de résoudre, conformément à ce que devrait être l'application du droit communautaire, les contentieux déjà liés. La Cour a donc décidé d'en exclure ceux-ci, qu'ils résultent d'un recours juridictionnel ou d'une réclamation équivalente, pour lesquels dès lors redevient applicable le principe de rétroactivité de l'interprétation (C.J.C.E., 2.02.1988, *Blaizot,* 24/86, p. 379, précité - en matière d'invalidité, *infra* n° 114 s.).

Aussi bien, cette limitation dans le temps suppose qu'à l'époque considérée le droit communautaire pouvait être raisonnablement compris comme n'interdisant pas une mesure nationale dont l'arrêt en interprétation fait ressortir au contraire l'incompatibilité (C.J.C.E., 31.03.1992, *Dansk Denkavit,* C-200/90, I, p. 2217, concl. G. Tesauro). Il en va différemment dans le cas où la portée du droit communautaire demeurait incertaine (16.07.1992, *Legros et a.,* C-163/90, I, p. 4625, concl. F. G. Jacobs).

La règle, constamment rappelée par la Cour et suivant laquelle il ne lui appartient pas d'appliquer le droit communautaire à une espèce déterminée, semble avoir ainsi atteint sa limite, si elle ne l'a pas déjà dépassée.

98 ***Règlement des dépens*** ◇ Compte tenu de sa nature particulière, l'arrêt rendu sur question préjudicielle et qui ne met pas fin à l'instance devant le juge national, ne statue pas sur les dépens. Il appartient au juge national d'appliquer son propre droit pour déterminer le caractère récupérable des frais indispensables exposés par les parties devant la Cour (Règl. proc. Cour art. 104, § 5. - C.J.C.E., 6.04.1962, *Bosch*, 13/61, p. 89, concl. M. Lagrange - 1.03.1972, *Bollmann*, 62/72, p. 269, concl. K. Roemer - 26.11.1975, *Coenen*, 39/75, p. 1547, concl. J. P. Warner). En pratique les frais des institutions et des États membres restant à leur charge, seuls les frais des autres parties ayant présenté des observations sont à prendre en considération.

SOUS-SECTION 2. **Le renvoi en appréciation de validité**

99 ***Caractères spécifiques*** ◇ Si, de la même manière que pour le renvoi en interprétation, la compétence de la Cour sur renvoi en appréciation de validité est déterminée dans son domaine, dans son objet et par sa nature, elle présente à l'égard de ces trois éléments des caractères spécifiques qui justifient que, malgré une identité de réglementation, elle fasse l'objet d'une présentation particulière.

On reprendra donc chacun de ces trois éléments pour conclure sur l'arrêt rendu au titre de ce renvoi.

§ 1. **Domaine de l'appréciation de validité**

100 ***Limitation aux actes pris par les institutions*** ◇ L'appréciation de validité sur renvoi ne concerne que les actes pris par les institutions et, depuis le traité sur l'Union européenne, les actes de la Banque Centrale européenne. Elle apparaît ainsi comme une modalité particulière du contrôle juridictionnel du respect de la légalité communautaire et en épouse les limites.

En sont évidemment exclus, outre le droit national, les traités eux-mêmes. Quant à l'assimilation, opérée par la Cour, des accords conclus par le Conseil à des actes pris par les institutions en matière d'interprétation (*supra,* n° 77), elle ne s'applique pas à l'appréciation de validité de tels accords, encore que la Cour ait pu en évoquer l'éventualité dans son *avis 1/75* (rec., p. 1355).

§ 2. L'appréciation de validité en tant qu'objet du renvoi

101 ***Assimilation de la validité à la légalité*** ◇ La question s'est posée de savoir si le terme validité visait le même contrôle que le terme légalité ; autrement dit, si la validité devait s'entendre comme limitée à la validité purement formelle ou, au contraire, comme s'étendant également à la validité matérielle, s'identifiant ainsi à la légalité.

Cette question devait être examinée par l'avocat général K. Roemer dans ses conclusions dans l'affaire Internationale Crediet- en Handelsvereniging « Rotterdam » (C.J.C.E., 18.02.1964, 73/63, p. 1). Il n'y a pas lieu de revenir sur cet examen approfondi qui devait justifier l'identité des deux notions, sauf pour en retenir une considération qui, semble-t-il, devait plus tard être un peu oubliée et suivant laquelle le renvoi en appréciation de validité remplit « une fonction tout à fait essentielle, celle de compenser en partie la limitation peu heureuse de la protection juridictionnelle de l'article 173 » (devenu l'article 230 ; sur celui-ci, *infra*, n° 393 et s.).

L'assimilation de la validité à la légalité, plusieurs fois confirmée par les avocats généraux, a été appliquée par la Cour, comme cela résulte, sinon d'une décision de principe, du moins de l'étendue du contrôle exercé.

102 ***Références du contrôle de validité*** ◇ Identifié au contrôle de légalité, le contrôle de validité sur renvoi s'opère en fonction de toutes ses composantes.

C'est ce qui résulte d'une interprétation de l'article 234 C.E. (ex-art. 177 C.E.) suivant laquelle la compétence de la Cour ne comporte à cet égard aucune limite quant aux causes sur la base desquelles la validité des actes des institutions peut être contestée (C.J.C.E., 12.12.1972, *International Fruit*, 21/72, p. 1219, concl. H. Mayras - Cah. dr. eur., 1973, 4, p. 465, note J. Rideau - Rev. Marché commun, 1974, p. 345, note R. Kovar).

Ce contrôle s'étend ainsi aux mêmes griefs que ceux que peut sanctionner le recours en annulation (*infra*, n° 443), sous réserve des particularités résultant de la procédure de renvoi. On notera à cet égard que la Cour s'est déclarée incompétente pour connaître d'une éventuelle violation des principes relatifs à la protection des droits de la défense et au respect du contradictoire par des règles de procédure d'une réglementation nationale qui se situait en dehors du champ d'application du droit communautaire (13.06.1996, *J. L. Maurin*, C-144/95, I, p. 2909, concl. M. A. La Pergola).

103 ***Exclusion du droit national*** ◇ Indépendamment du fait que la Cour n'est pas compétente pour en connaître, la primauté du droit communautaire et sa nécessaire uniformité d'application excluent que la validité des actes institutionnels puisse être appréciée par rapport à des règles de droit national, même constitutionnelles (C.J.C.E., 17.12.1970, *Internationale Handelsgesellschaft*, 11/70, p. 1125, concl. A. Dutheillet de Lamothe - 8.10.1986, *Keller*, 234/85, p. 2897, concl. J. Mischo).

104 ***Validité au regard du droit international*** ◇ En constatant que sa compétence s'étend à toutes les causes sur la base desquelles la validité des actes institutionnels pouvait être contestée, la Cour en avait déduit qu'elle était tenue d'examiner si cette validité pouvait être affectée du fait de la contrariété de ces actes avec une règle de droit international (C.J.C.E., 12.12.1972, *International Fruit,* 21/72, p. 1219, précité).

Elle avait cependant subordonné son contrôle à la condition que la règle de droit international, dont la méconnaissance était invoquée, lie la Communauté et qu'elle soit de nature à engendrer pour les justiciables de celle-ci le droit de s'en prévaloir en justice (*idem*).

Si cette condition permet de contester la validité d'un acte institutionnel pour méconnaissance d'un acte conventionnel auquel la Communauté est partie, soit qu'elle ait été substituée aux États membres comme ce fut le cas pour le G.A.T.T., soit qu'elle ait elle-même conclu un tel acte comme c'est le cas pour les accords des articles 300 et 310 C.E. (ex-art. 228 et 238 C.E.), cette contestation ne peut aboutir à une déclaration d'invalidité que si cet acte conventionnel confère directement des droits aux justiciables, ce qui dépend de ses dispositions propres telles que les aura interprétées la Cour.

Ainsi, de la solution négative adoptée par l'arrêt International Fruit à propos de l'article XI du G.A.T.T. (V. en ce qui concerne la solution identique adoptée pour l'Accord sur l'Organisation mondiale du commerce : C.J.C.E., 23.11.1999, *Portugal c. Conseil,* C-149/96, I, p. 8377, concl. A. Saggio) et qu'il traduit par un dispositif consistant à dire que, comme cet article ne produit pas un tel effet, la validité des règlements contestés ne saurait être affectée par lui. Il eût sans doute été préférable de dire que, faute d'en tirer des droits, le justiciable n'a pas de titre à se fonder sur une disposition de droit international pour contester la validité d'un acte communautaire qui en constitue l'application, cet acte fût-il lui-même directement applicable.

Ce n'est que dans l'hypothèse où la Communauté a entendu donner exécution à une obligation particulière assumée dans le cadre de l'OMC ou du GATT, ou dans l'occurrence où l'acte communautaire renvoie expressément à des dispositions précises de ces accords, qu'il appartient à la Cour de justice de contrôler la légalité de l'acte communautaire en cause au regard des règles de ces Accords (C.J.C.E., 22.06.1989, *Fédiol c. Csion,* 70/87, p. 1781 ; 07.05.1991, *Nakajima c. Conseil,* C-69/89, I, p. 2069 ; 23.11.1999, *Portugal c. Conseil,* précité).

La question est différente lorsqu'il s'agit d'apprécier la compatibilité d'une législation nationale avec une convention internationale à laquelle la Communauté n'est pas partie et qu'il n'apparaît pas qu'en vertu du traité la Communauté ait assumé les compétences précédemment exercées par les États membres dans le domaine d'application de cette convention (C.J.C.E., 14.07.1994, *M. Peralta,* C-379/92, I, p. 3453, concl. C. O. Lenz).

§ 3. Caractère préjudiciel de la compétence

105 ***Conséquences de la nature préjudicielle de la compétence*** ◇ La Cour n'opérant aucune distinction entre renvoi en interprétation et renvoi en appréciation de validité, les conséquences de la nature préjudicielle de sa compétence devraient être les mêmes et subir les mêmes atténuations, déduites des exigences de la coopération judiciaire, que celles qui ont déjà été indiquées lors de l'examen du premier de ces renvois (*supra*, n° 83). Il n'en est cependant pas exactement ainsi en raison précisément de la spécificité de l'appréciation de validité.

106 ***Adaptation des questions à la compétence de la Cour*** ◇ Comme les questions de validité sont par hypothèse des questions simples – telle disposition est-elle valide ou non ? – ces questions ne sont guère susceptibles d'un traitement qui doive les adapter à l'exercice par la Cour de sa compétence. Si un juge national a estimé nécessaire d'interroger celle-ci sur la validité d'un acte institutionnel, les conditions du renvoi se trouvent remplies (C.J.C.E., 17.05.1983, *C.E.C.A. c. Faillite Ferriere Sant'Anna,* 168/82, p. 1681, concl. P. VerLoren van Themaat).

La Cour ne s'en est pas moins reconnu certains pouvoirs à l'égard de telles questions. Outre le cas, déjà signalé (*supra,* n° 82), où elle procède à une requalification destinée à répondre en validité à des questions d'interprétation, elle estime devoir replacer l'acte dont la validité est contestée dans son contexte et l'interpréter afin de fournir au juge national des indications utiles pour la solution du litige dont il est saisi. Lorsqu'un tel examen la conduit à la conclusion que la disposition communautaire dont la validité est contestée est sans pertinence pour cette solution, elle le constate par un non-lieu à statuer (C.J.C.E., 21.03.1985, *Celestri,* 172/84, p. 963, concl. C. O. Lenz – 24.10.1985, *Gerlach,* 239/84, p. 3507, concl. P. VerLoren van Themaat).

107 ***Examen par la Cour : griefs exposés par les parties au principal*** ◇ Telles qu'elles sont posées par le juge national, les questions de validité devraient exposer les motifs qui ont conduit ce juge à douter de cette validité.

Il se peut cependant que l'arrêt de renvoi n'ait indiqué que de manière très générale les justifications d'une éventuelle invalidité. Dans une semblable hypothèse, la Cour a considéré qu'il lui était possible d'examiner la validité du texte entrepris sous l'angle des griefs exposés par le requérant au principal dans ses observations devant la Cour (C.J.C.E., 11.07.1990, *Sermès,* C-323/88, I, p. 3027, concl. W. van Gerven).

Cette solution n'implique nullement que les parties au principal aient le moindre droit d'obtenir que la Cour se prononce sur des moyens d'invalidité qu'elles proposeraient et qui ne seraient pas mentionnés dans la décision de renvoi. Aussi bien la Cour a-t-elle refusé d'examiner des arguments des parties au principal contestant la validité d'un règlement par rapport aux principes supérieurs de droit reconnus dans l'ordre juridique communautaire au motif qu'il s'agissait d'un problème « qui ne se situe pas dans le cadre de la question préjudicielle posée à la Cour » (C.J.C.E., 28.10.1982, *Dorca Marina et a,* 50/82, p. 3949, concl. F. Capotorti).

108 ***Examen de la Cour : limitation aux griefs exposés dans sa question par le juge national*** ◇ Si, en principe, l'examen de la Cour ne peut porter que sur les griefs formulés par le juge national dans son renvoi, la question ne se pose pas moins de savoir si cet examen doit s'y limiter. Il est arrivé à la Cour de se le demander pour conclure qu'en l'espèce il ne convenait pas d'évoquer d'office une autre cause d'invalidité que celle invoquée par le juge national (C.J.C.E., 30.11.1978, *Welding,* 87/78, p. 2457, concl. F. Capotorti).

Cette question devrait être résolue par l'affirmative. Outre que le juge national ne dispose pas de la compétence pour apprécier la légalité des actes institutionnels et que, par conséquent, ses propositions à ce sujet n'ont d'autre valeur que celle d'une opinion, le respect de la légalité communautaire est d'ordre public, de sorte que la Cour ne saurait se considérer comme tenue par les seuls griefs qu'invoque ce juge. S'il lui incombe certainement de les examiner, elle devrait, le cas échéant, rechercher s'il n'en existe pas d'autres.

La question est en réalité un peu plus complexe. Il n'est pas discutable que, le juge national ayant seul le pouvoir d'interroger la Cour, c'est à lui seul qu'il appartient de délimiter le débat ; que c'est par rapport aux motifs qu'il expose que la Cour est appelée à décider de la validité et qu'il n'appartient pas aux parties au litige au principal d'invoquer devant elle d'autres griefs.

Il reste cependant que, même s'ils ne sont pas expressément invoqués, certains griefs ne sauraient échapper à l'examen de la Cour. Il en est ainsi de ceux qui, précisément au regard du contrôle de la légalité communautaire, doivent être considérés comme d'ordre public. Ainsi, comme on le verra ultérieurement (*infra,* n° 444 et 453), de l'incompétence et de la violation des formes substantielles. Il paraît au contraire exclu que la Cour puisse soulever d'office le détournement de pouvoir à raison même de son caractère subjectif et la question de la violation du traité demeure douteuse suivant que les griefs avancés pour la caractériser sont de pur droit ou supposent une appréciation de fait (sur tous ces points, v. concl. J. Gand dans C.J.C.E., 13.03.1968, *W. Beus,* 5/67, p. 125).

En pratique, la jurisprudence ne donne pas d'exemple d'un examen systématique général même si le juge national a interrogé la Cour sur la validité d'un acte considéré globalement. La formule suivant laquelle l'examen de la question posée n'a pas révélé d'élément de nature à affecter la validité de l'acte entrepris doit s'entendre en fonction des arguments exposés par cette question. Lorsque cette question vise certaines dispositions, l'examen se borne à celles-ci. Si elle met en cause l'acte tout entier, la Cour en individualise celles des dispositions qui, compte tenu des griefs exposés par le juge national, justifient son examen.

Cependant, on a déjà observé (*supra*, n° 82) que la Cour peut examiner d'office la validité d'une disposition d'un règlement dont le juge national s'était borné à lui demander l'interprétation dès lors que celle-ci pourrait mettre en cause cette validité.

§ 4. L'arrêt en appréciation de validité

109 ***Caractéristiques de forme*** ◇ L'arrêt sur renvoi en appréciation de validité se présente en la forme de la même manière que l'arrêt sur renvoi en interprétation (*supra*, n° 90). De la même manière, il comporte le rappel de la question posée par le juge national, un examen des griefs d'invalidité fait à l'acte institutionnel entrepris tels que la Cour les a déterminés et un dispositif qui, suivant le cas, constate ou ne constate pas l'invalidité.

Ce dispositif est introduit par la même formule « dit pour droit », dont il n'est pas certain qu'elle se soit imposée dans ce cas, sinon pour assurer une identité entre arrêts rendus sur renvoi préjudiciels, malgré leur différence d'objet.

110 ***Problèmes d'autorité*** ◇ La Cour qualifie elle-même l'autorité de ses arrêts en appréciation de validité d'autorité de chose jugée, en en tirant des conséquences qui d'ailleurs tiennent moins à celle-ci qu'aux caractères de la procédure préjudicielle (C.J.C.E. (Ord.), 5.03.1986, *Wünsche Handelsgesellschaft*, 69/85, p. 947). Or si ces caractères peuvent cependant suggérer quelques doutes à cet égard (*supra*, n° 93), ils sont moins déterminants que ne le sont ceux de l'opération que le renvoi provoque et qui en justifient l'existence.

Bien que la Cour ait pu considérer que ce renvoi assume, au même titre que celui en interprétation, une fonction de sauvegarde de l'uniformité du droit communautaire, elle a dû constater qu'en réalité il participait du contrôle du respect de la légalité qui exige qu'un acte illégal ne produise pas d'effets. Sans doute, l'appréciation de validité diffère-t-elle du recours en annulation par son régime et sa sanction. Il n'en reste pas moins que l'opération de contrôle est de la même nature ; qu'elle porte de la même manière sur les éléments objectifs qui conditionnent la légalité des actes et qu'elle conduit à une décision destinée à confirmer ou à infirmer la présomption de validité dont ces actes bénéficient.

Pour toutes ces raisons, une telle décision devrait être revêtue de la même autorité que celle qui s'attache au recours en annulation, c'est-à-dire une autorité absolue ou *erga omnes*. Aussi bien, une telle autorité résoudrait la question d'uniformité avant même qu'elle ne se pose.

Telle n'est cependant pas la solution de la jurisprudence qui, partant d'une conception ambiguë de l'autorité des arrêts en invalidité, en déduit des conséquences qui peuvent être discutables.

111 ***Autorité spécifique*** ◇ Par des motifs déduits de l'uniformité et des exigences de sécurité juridique, l'arrêt de principe en la matière, reflétant les

incertitudes et les contradictions des thèses soutenues à son occasion, consacre une solution qui confère à l'arrêt constatant une invalidité une autorité dont la nature est ambiguë (C.J.C.E., 13.05.1981, *International Chemical Corp.*, 66/80, p. 1191, concl. G. Reischl).

Il en résulte d'abord qu'un tel arrêt, « bien qu'il ne soit adressé directement qu'au juge qui a saisi la Cour, constitue une raison suffisante pour tout autre juge de considérer cet acte comme non valide pour les besoins d'une décision qu'il doit rendre ». L'autorité de cet arrêt serait donc à la fois relative mais virtuellement absolue. Elle est même moins que cela, car la Cour ajoute que la constatation d'invalidité « n'ayant pas pour effet d'enlever aux juridictions nationales la compétence que leur reconnaît l'article 177, il appartient à ces juridictions d'apprécier l'existence d'un intérêt à soulever à nouveau une question déjà tranchée par la Cour dans le cas où celle-ci a constaté précédemment l'invalidité d'un acte. Un tel intérêt pourrait notamment exister s'il existait des questions relatives aux motifs, à l'étendue et éventuellement aux conséquences de l'invalidité précédemment constatée ».

L'existence d'un arrêt constatant l'invalidité d'un acte ne fait donc pas obstacle à ce que puisse être remise en cause cette invalidité pour les raisons ainsi énoncées, qui en concernent la portée.

112 ***Justifications de la remise en cause d'une invalidité déjà constatée*** ◇ Les trois possibilités de remise en cause d'une invalidité déjà constatée, retenues ici à titre d'ailleurs purement indicatif, n'ont pas la même justification.

S'agissant des motifs, on peut éprouver des doutes dès lors que, l'invalidité résultant d'un examen objectif qui devrait avoir pris en considération tous les vices dont l'acte pourrait être affecté sans se limiter à ceux invoqués par le juge national, il importerait peu d'y revenir. Mais, outre que, comme on l'a vu, la Cour borne son examen aux griefs exposés par la question, il arrive que l'invalidité prononcée le soit, non pas à raison de ce que l'acte décide, mais à raison de ce qu'il ne décide pas, un tel motif pouvant dès lors appeler des précisions.

Quant à l'étendue de l'invalidité constatée, il peut en être de même dans la mesure où la Cour, interrogée sur la validité d'un texte, n'en a retenu qu'une disposition et n'en a prononcé l'invalidité que « pour autant que ».

Aussi bien, la jurisprudence donne des exemples d'invalidité implicite (C.J.C.E., 22.05.1985, *Fragd*, 33/84, p. 367, concl. C. O. Lenz), comme elle en avait précédemment donnés de renvois concernant des dispositions déjà déclarées invalides (C.J.C.E., 3.02.1977, *Strehl*, 62/76, p. 211, concl. J. P. Warner - 20.10.1977, *Giuliani*, 32/77, p. 867, concl. J. P. Warner).

La possibilité d'un nouveau renvoi justifié par les conséquences de l'invalidité déjà constatée est d'une autre sorte et revêt deux aspects : l'un tient au droit applicable ; l'autre aux effets dans le temps des invalidités.

113 ***Conséquences d'une déclaration d'invalidité sur le droit applicable par le juge national*** ◇ Que le juge national ne puisse pas appliquer une disposition de droit communautaire déclarée invalide ne résout pas la question de savoir en fonction de quelles dispositions de ce droit ce juge doit résoudre le litige qui demeure pendant devant lui.

Les traités ne contiennent aucune indication concernant cette situation, l'article 233 C.E. (ex-art. 176 C.E.), qui fait aux institutions obligation de prendre les mesures que comportent les arrêts de la Cour, ne visant que les arrêts en annulation et en carence.

Il se peut que, comme on l'a précédemment relevé, l'illégalité du nouveau texte résulte, non pas de ce qu'il décide, mais de ce qu'il ne décide pas. En présence d'une telle situation, la Cour avait cru pouvoir distinguer entre illégalité et incompatibilité et, retenant cette seconde qualification, se borner à enjoindre aux institutions d'y remédier (C.J.C.E., 19.10.1977, *Ruckdeschel*, 117/76, p. 1753, concl. F. Capotorti). Cette solution, déduite par analogie de l'article 233 précité, dont elle méconnaissait le principe - qu'il implique - de séparation de l'administration et du juge, avait surtout l'inconvénient de laisser le juge national dans l'expectative, en ne lui fournissant pas d'indications qui lui permettent de résoudre le litige dont il était saisi.

Cette conséquence a entraîné une évolution. Tout en maintenant sa jurisprudence de l'injonction, la Cour a cru pouvoir arrêter elle-même le régime juridique applicable à titre provisoire (C.J.C.E., 29.06.1988, *Van Landschoot*, 300/86, p. 3443, concl. M. Darmon), solution qui, au regard du principe de séparation, a pu soulever des doutes plus importants encore que ceux relatifs aux injonctions. Un arrêt ultérieur, répondant cette fois à la question du droit applicable, expressément posée par un nouveau renvoi du juge national suite à une précédente déclaration d'invalidité, décide que l'invalidité d'une disposition établissant une exception a pour conséquence de rendre applicable le régime général, nonobstant la présence, dans l'énoncé de celui-ci, d'une réserve constituant elle-même une exception qui, par les mêmes motifs, devait être considérée comme implicitement invalidée (C.J.C.E., 2.03.1989, *Pinna*, 359/87, p. 585, concl. C. O. Lenz).

114 ***Limitation dans le temps des effets des invalidités*** ◇ L'appréciation de validité n'étant qu'une modalité du contrôle de la légalité et portant ainsi sur les caractères objectifs de l'acte entrepris, l'invalidité qu'elle constate devrait, comme en matière d'annulation, rétroagir à la date où l'acte est entré dans l'ordonnancement juridique et, sinon l'en exclure, du moins le priver d'effet à cette date.

Cependant, comme on le verra (*infra*, n° 479), l'article 231 C.E. (ex-art. 174 C.E.), après avoir posé le principe de l'effet rétroactif des annulations, prévoit que la Cour peut indiquer ceux des effets des règlements annulés qui doivent être considérés comme définitifs. La Cour a estimé que cette dérogation, propre à l'annulation des règlements et au demeurant limitée puisqu'elle ne vise que certains effets des règlements annulés, était transposable par analogie au renvoi en appréciation de validité.

Ainsi, d'abord de sa propre autorité en répondant à une question que le juge national n'avait pas posée (C.J.C.E., 15.10.1980, trois arrêts : *Providence agricole de la Champagne,* 4/79, p. 2823 – *Maïseries de Beauce,* 109/79, p. 2883 – *Roquette,* 145/79, p. 2917 concl. contraires H. Mayras), puis en réponse à une telle question (C.J.C.E., 27.02.1985, *Sté des produits du maïs,* 112/83, concl. M. Darmon, p. 719 – 22.05.1985, *Fragd,* 33/84, p. 1605, concl. C. O. Lenz), la Cour a-t-elle décidé que l'invalidité de règlements qu'elle prononçait ne permettait pas de remettre en cause les mesures nationales d'exécution des règlements invalidés pour la période antérieure à la date de son arrêt constatant cette invalidité.

Cette solution présentait de graves inconvénients, tant pour le juge national qu'elle plaçait dans une position incohérente puisqu'il devrait rejeter un recours visant à la restitution de sommes dont il était jugé que le requérant avait dû les payer en application d'un texte communautaire dont l'illégalité était établie, que, plus encore, pour les justiciables, dont les intérêts seraient désormais définitivement compromis (C.J.C.E., 30.05.1989, *Roquette,* 20/88, p. 1553, concl. M. Darmon). Elle paraît d'ailleurs clairement incompatible avec la notion de procès équitable telle qu'elle résulte de l'article 6 de la convention européenne des droits de l'homme auquel renvoie désormais expressément l'article 6 du traité sur l'Union européenne depuis l'entrée en vigueur du traité d'Amsterdam (*infra,* n° 169).

115 ***Aménagement de cette limitation*** ◇ Procédant comme elle l'avait fait pour l'interprétation, la Cour a cependant admis que, lorsqu'elle faisait usage de la possibilité de limiter l'effet dans le passé d'une constatation d'invalidité, il lui appartenait de déterminer si une exception à cette limitation des effets dans le temps conférée à son arrêt, pouvait être prévue en faveur, soit de la partie qui avait introduit le recours devant la juridiction nationale, soit de tout autre opérateur économique qui aurait agi de manière analogue avant la constatation d'invalidité ou si, à l'inverse, même pour des opérateurs économiques qui auraient pris en temps utile des initiatives en vue de sauvegarder leurs droits, une déclaration d'invalidité ayant effet seulement pour l'avenir constituait un remède adéquat (C.J.C.E., 27.02.1985, *Sté des produits du maïs,* précité – 10.03.1992, *Lomas et a,* C-38/90, I, p. 1781, concl. G. Tesauro).

Tout en réitérant cette solution et ses motifs, une décision plus récente en matière de perception des montants compensatoires marque néanmoins une évolution. La Cour y constate qu'une limitation des effets dans le temps d'une déclaration préjudicielle d'invalidité aurait pour conséquence le rejet par le juge national du recours dirigé contre l'avis de perception de tels montants, alors même que le règlement sur le fondement duquel cet avis a été adopté a été déclaré invalide dans le cadre de la même instance. Elle ajoute que l'opérateur se verrait ainsi privé du droit à une protection juridictionnelle effective en cas de violation par les institutions de la légalité communautaire de sorte que l'effet utile de l'article 234 (ex-art. 177) se trouverait compromis. Ces constatations rejoignent très précisément les inconvénients précédemment signalés et les critiques qui avaient pu en être déduites.

La Cour en tire dès lors cette conséquence d'une part qu'un opérateur, qui avant la date de l'arrêt constatant l'invalidité a introduit devant une juridiction nationale un recours contre un avis de perception de montants compensatoires, est en droit de se prévaloir de l'invalidité constatée dans le cadre du litige au principal et que le même droit est ouvert aux opérateurs qui, avant la date de ce même arrêt, ont présenté une réclamation administrative pour obtenir le remboursement de montants compensatoires monétaires qu'ils ont payés sur le fondement du règlement déclaré invalide (C.J.C.E., 26.04.1994, *Roquette*, C-228/92, I, p. 1445, concl. M. Darmon).

116 ***Règlement des dépens*** ◇ Les règles sont les mêmes qu'en matière de renvoi en interprétation (*supra* n° 98).

117 ***Indications bibliographiques*** ◇ A. Trabucchi, *L'effet erga omnes des décisions préjudicielles rendues par la Cour de justice des Communautés européennes*, RTD eur., 1974, p. 65. – J.-F. Couzinet, *Le renvoi en appréciation de validité devant la Cour de justice des Communautés européennes*, RTD.eur., 1976, p. 648 – J. Boulouis, *Compétence du juge national et compétence de la Cour de justice des Communautés statuant sur renvoi en appréciation de validité*, D. 1982, jurisp. p. 9 – *Nouvelles réflexions à propos du caractère « préjudiciel » de la compétence de la Cour de justice des Communautés européennes statuant sur renvoi des juridictions nationales*, Mél. P.-H. Teitgen, 1984, p. 23 – C. Mégret, *La portée juridique et les effets de droit de la déclaration d'invalidité d'un acte communautaire prononcée par la Cour de justice des Communautés européennes dans le cadre de la procédure instituée par l'article 177 du traité C.E.E.*, Mél. P.-H. Teitgen, 1984, p. 311 – J.-Cl. Masclet, *La jurisprudence « Roquette » à l'épreuve des juridictions françaises*, RTD eur., 1986, p. 161 – G. Isaac, *La modulation par la Cour de justice des effets dans le temps de ses arrêts d'invalidité*, Cah. dr. eur., 1987, p. 444 – D. Simon, *L'effet dans le temps des arrêts préjudiciels de la Cour de justice des Communautés européennes : enjeu ou prétexte d'une nouvelle guerre des juges ?* Liber amicorum Pierre Pescatore, Du droit international au droit de l'intégration, Nomos, 1987, p. 651 – P. Le Mire, *La limitation dans le temps des effets des arrêts de la Cour de justice des Communautés européennes*, Mél. R. Chapus, 1992, p. 367 – L. Weitzel, *La reformulation de la question préjudicielle*, Inst. europ. d'adm. publ., 10.09.1992. – B. Mongin, *le contrôle de la recevabilité des renvois préjudiciels par la C.J.C.E.*, Gaz. Pal. Gaz. eur., n° 11, déc. 1995.

CHAPITRE 3
LES EXTENSIONS DE LA COMPÉTENCE EN INTERPRÉTATION DE LA COUR DE JUSTICE ANTÉRIEURES AU TRAITÉ D'AMSTERDAM

118 ***Présentation*** ◇ Les États membres de l'Union peuvent conclure entre eux des conventions dont les objets sont déterminés par l'article 293 C.E. (ex-art. 220 C.E.). Comme il ne s'agit pas d'actes des Institutions, même au sens que la jurisprudence donne à cette qualification pour permettre le renvoi en interprétation des accords de la Communauté avec les tiers (*supra,* n° 77), la Cour n'est pas normalement compétente pour interpréter de telles conventions. Il va cependant sans dire qu'une interprétation uniforme de ce droit « complémentaire » est particulièrement souhaitable.

La compétence nécessaire peut être attribuée à la Cour par des protocoles annexés à ces conventions, comme c'est le cas des protocoles du 3 juin 1971, pour la convention du 29 février 1968 sur la reconnaissance mutuelle des sociétés et personnes morales et pour la convention du 27 septembre 1968, des protocoles du 19 décembre 1988 pour la convention du 19 juin 1980, du Protocole 34 annexé à l'accord portant création de l'Espace Économique Européen (E.E.E.), de deux protocoles signés le même jour que la convention elle-même pour la convention relative à la signification et à la notification des actes judiciaires et extrajudiciaires du 26 mai 1997 et pour la convention concernant la compétence et l'exécution des décisions en matière matrimoniale du 28 mai 1998 (Bruxelles II), du protocole du 24 juillet 1996 pour la convention Europol, ou par ces conventions elles-mêmes, ce qui est le cas de l'accord de Luxembourg du 15 décembre 1989 en matière de brevet communautaire et de l'article 111, § 3, de l'accord E.E.E. précité.

SECTION 1. L'INTERPRÉTATION DE LA CONVENTION DU 27 SEPTEMBRE 1968

119 ***Instruments susceptibles d'interprétation*** ◇ L'article 1 du protocole du 3 juin 1971 attribue compétence à la Cour pour l'interprétation de la convention du 27 septembre 1968 concernant la compétence judiciaire et l'exécution des décisions en matière civile et commerciale, dite « convention

de Bruxelles », pour celle de ce protocole et pour celle de la convention de Luxembourg du 9 octobre 1978 relative à l'adhésion du Danemark, de l'Irlande et du Royaume Uni, de la convention du 25 octobre 1982 relative à l'adhésion de la Grèce et de la convention de Saint Sébastien du 26 mai 1989, relative à l'adhésion de l'Espagne et du Portugal, de la convention du 29 novembre 1996, relative à l'adhésion de l'Autriche, de la Finlande et de la Suède (pour une version consolidée de la convention : J.O.C.E., 26.01.1998, C 27, p. 1).

La Cour s'est déclarée incompétente pour donner une interprétation à l'occasion d'un litige devant être tranché par application d'une loi nationale ne faisant que s'inspirer de la convention et n'imposant pas au juge national l'adoption de l'interprétation délivrée par la Cour (C.J.C.E., 28.03.1995, *Kleinwort Benson*, C-346/93, I, p. 615, concl. G. Tesauro).

120 ***Le renvoi en interprétation*** ◇ L'article 3 du protocole institue un renvoi préjudiciel devant la Cour de justice sur le modèle de l'article 234 C.E. (ex-art. 177 C.E.). Comme pour celui-ci, ce renvoi est soit facultatif, soit obligatoire.

Le renvoi est facultatif pour les juridictions des États contractants visées à l'article 2, §§ 2 et 3 du protocole, c'est-à-dire ces juridictions lorsqu'elles statuent en appel et, dans les cas prévus à l'article 37 de la convention, les juridictions mentionnées audit article.

Le renvoi est obligatoire pour les juridictions visées à l'article 2, § 1, du protocole. Il s'agit pour la France de la Cour de cassation et du Conseil d'État.

Un renvoi prononcé par une juridiction de première instance est irrecevable (C.J.C.E. (Ord.), 9-11-1983, *Habourdin International*, 80/83, p. 3639 – 18.03.1984, *von Gallera*, 56/84, p. 1769).

Les dispositions du traité C.E. et celles du protocole portant statut de la Cour qui y est annexé sont applicables à ce renvoi pour autant que le protocole du 3 juin n'en dispose pas autrement. Lui sont également applicables les dispositions de l'article 103, § 2, du règlement de procédure de la Cour.

L'interprétation donnée par la Cour s'impose aux juridictions nationales.

121 ***Le renvoi consultatif dans l'intérêt de la loi*** ◇ L'article 4 du protocole du 3 juin prévoit que la Cour puisse être appelée à se prononcer sur des questions d'interprétation par l'autorité compétente d'un État contractant si des décisions rendues par les juridictions de cet État sont en contradiction avec l'interprétation donnée, soit par la Cour, soit par une décision d'une juridiction d'un autre État contractant statuant souverainement ou en appel. Cette disposition ne concerne que les décisions passées en force de chose jugée.

Sont compétents pour saisir la Cour les procureurs généraux près les cours de cassation des États contractants ou toute autre autorité désignée par l'un de ces États.

Le greffier de la Cour notifie la demande aux États contractants, à la Commission et au Conseil de l'Union européenne qui, dans les deux mois qui suivent cette notification, ont le droit de déposer devant la Cour des mémoires ou observations écrites.

L'interprétation donnée par la Cour est sans effet sur les décisions à l'occasion desquelles l'interprétation lui a été demandée.

122 ***Relations avec la convention de Lugano*** ◇ La convention concernant la compétence judiciaire et l'exécution des décisions en matière civile et commerciale conclue à Lugano le 16 septembre 1988 entre les États membres des Communautés et les États de l'A.E.L.E. n'attribue pas de compétence supplémentaire à la Cour de justice.

Toutefois une déclaration des gouvernements des États signataires membres des Communautés, annexée à la convention, indique que ces gouvernements « considèrent approprié que la Cour de justice des Communautés européennes, en interprétant la convention de Bruxelles, tienne dûment compte des principes contenus dans la jurisprudence résultant de la convention de Lugano ». De façon réciproque, une déclaration des représentants des gouvernements des États signataires, membres de l'A.E.L.E., indique que ces gouvernements « considèrent approprié que leurs tribunaux en interprétant la convention de Lugano tiennent dûment compte des principes contenus dans la jurisprudence de la Cour de justice des Communautés européennes et des tribunaux des États membres des Communautés européennes relative aux dispositions de la convention de Bruxelles qui sont reproduites en substance dans la convention de Lugano ».

À cet effet, le protocole n° 2 sur l'interprétation uniforme de la convention met en place un système d'échange d'informations concernant les décisions rendues en application de la convention de Lugano ainsi que les décisions pertinentes rendues en application de la convention de Bruxelles. Pour ce faire, un organisme central, le greffier de la Cour de justice, se voit transmettre par les autorités compétentes les décisions rendues par les tribunaux de dernière instance et par la Cour de justice ainsi que d'autres décisions particulièrement importantes passées en force de chose jugée. Cet organisme est chargé de classer ces décisions et d'en publier, dans la mesure nécessaire, des traductions et des résumés. Il lui incombe également de communiquer le matériel documentaire aux autorités nationales compétentes de tous les États signataires ainsi qu'à la Commission des Communautés.

L'entrée en vigueur de la convention de Lugano et du protocole n° 2 s'est effectuée le 1er janvier 1992 entre la Suisse, la France et les Pays-Bas et s'est ensuite étendue à d'autres pays, tant de la Communauté que de l'A.E.L.E. (Hélène Gaudemet-Tallon, *op. cit.* n° 13 et 15, V. n° suivant).

123 ***Indications bibliographiques*** ◇ G. Droz, *Compétence judiciaire et effets des jugements dans le marché commun (études de la convention de Bruxelles du 29-09-1968)*, Paris, Dalloz, 1972 – P. Gothot et D. Holleaux, *La convention de Bruxelles du 27-09-1968, compétence judiciaire et effets des jugements dans la C.E.E.*, Paris, Jupiter 1985. – J. Herbots et G. Kremlis, *La convention de Lugano*, Cah. dr. eur. 1990, n° 1 et 2 – D. Alexandre, Encyclopédie Dalloz,

Droit communautaire, V° *Convention de Bruxelles (généralités)*, Paris Dalloz, 1992 – Actes du colloque sur *l'interprétation de la convention de Bruxelles par la Cour de justice européenne dans la perspective de l'espace judiciaire européen*, Cour de justice, Luxembourg, 11 & 12.03.1991, Butterworths, 1993 – H. Gaudemet-Tallon, *Les conventions de Bruxelles et de Lugano, compétence internationale, reconnaissance et exécution des jugements en Europe*, Paris, L.G.D.J., 2e éd., 1996.

SECTION 2. L'INTERPRETATION DE LA CONVENTION DU 19 JUIN 1980

124 ***Instruments susceptibles d'interprétation*** ◇ Sont susceptibles d'interprétation par la Cour, la convention sur la loi applicable aux obligations contractuelles, dite « convention de Rome », ouverte à la signature le 19 juin 1980, les conventions relatives à l'adhésion à cette convention des États devenus membres des Communautés européennes après cette dernière date et le premier protocole concernant l'interprétation de la convention par la Cour de justice, signé à Bruxelles le 19 décembre 1988 et annexé à la convention.

125 ***Le renvoi préjudiciel*** ◇ L'article 2 du premier protocole ouvre le renvoi, d'une part aux juridictions qu'il énumère sous a), c'est-à-dire pour la France, la Cour de cassation et le Conseil d'État ; d'autre part, aux juridictions des États contractants lorsqu'elles statuent en appel. Si ce renvoi ne peut donc pas être prononcé par les juridictions de première instance, il n'est pas obligatoire pour les juridictions statuant en dernier ressort.

Le deuxième protocole, également signé à Bruxelles le 19 décembre 1988, déclare applicables à ce renvoi le protocole sur le statut de la Cour de justice des Communautés et le règlement de procédure de celle-ci, au besoin adapté et complété (V. article 1, § 2).

126 ***Le renvoi consultatif dans l'intérêt de la loi*** ◇ De la même manière que le protocole du 3 juin pour la convention de Bruxelles, le premier protocole (article 3) prévoit pour l'autorité compétente d'un État contractant la faculté de demander à la Cour de justice de se prononcer sur une question d'interprétation des dispositions que comportent les instruments précités si des décisions rendues par des juridictions de cet État sont en contradiction avec l'interprétation donnée soit par la Cour de justice, soit par une décision d'une juridiction d'un autre État contractant statuant en appel ou en dernier ressort, ces dispositions ne s'appliquant qu'aux décisions passées en force de chose jugée.

La réglementation est identique à celle précédemment décrite sous le n° 121. De la même manière, il est également précisé que l'interprétation donnée par la Cour de justice est sans effet sur les décisions à l'occasion desquelles l'interprétation a été demandée.

127 ***Indications bibliographiques*** ◇ H. Gaudemet-Tallon, *Le nouveau droit international privé européen des contrats*, RTD eur., 1958, p. 215. - M. Giuliano et P. Lagarde, *Rapport concernant la convention sur la loi applicable aux obligations contractuelles*, J.O.C.E., 1980, n° C 282. - P. Lagarde, *Le nouveau droit international privé des contrats après l'entrée en vigueur de la convention de Rome du 19 juin 1980*, R.G.D.I.P., 1991, p. 287 - J. Foyer, *Entrée en vigueur de la Convention de Rome du 19 juin 1980 sur la loi applicable aux obligations contractuelles*, J.D.I., 1991, p. 601 - H. Gaudemet-Tallon, *Convention de Rome du 19.06.1980 sur la loi applicable aux obligations contractuelles*, RTD eur., 1992, p. 529.

SECTION 3. L'ACCORD DE LUXEMBOURG DU 15 DÉCEMBRE 1989 EN MATIÈRE DE BREVET COMMUNAUTAIRE

128 ***Dispositions intéressant la Cour de justice*** ◇ L'accord en matière de brevet communautaire, signé à Luxembourg le 15 décembre 1989, modifiant la convention sur le brevet communautaire signée le 15 décembre 1975 et qui n'était jamais entrée en vigueur (la convention de 1975 est annexée à celle de 1989), comporte un certain nombre de dispositions intéressant la Cour de justice. Ces dispositions sont de trois ordres.

129 ***Application de la procédure de l'article 234 C.E. (ex-art. 177 C.E.)*** ◇ Selon l'article 2 de l'accord, s'il existe un risque d'interprétation discordante de ce dernier par rapport au traité C.E., la Cour d'appel commune, instituée pour assurer l'interprétation et l'application uniformes de cet accord et des dispositions prises pour assurer son application, est tenue de saisir la Cour de justice à titre préjudiciel « conformément à l'article 177 du traité C.E.E. » (devenu l'article 234).

Un État membre ou la Commission des Communautés, s'ils estiment qu'une décision de la Cour d'appel commune, qui met fin à la procédure devant elle, ne respecte pas cette obligation ou est de nature à faire échec à l'application du traité C.E., peuvent former un recours devant la Cour de justice. La décision de celle-ci est sans effet sur la décision de la Cour d'appel commune.

130 ***Renvoi préjudiciel des juridictions nationales*** ◇ Selon l'article 3 de l'accord, la Cour de justice est compétente pour statuer à titre préjudiciel sur l'interprétation des dispositions en matière de compétence applicables aux actions relatives aux brevets communautaires portées devant les tribunaux nationaux, contenues dans la sixième partie, chapitre 1, de la convention annexée à l'accord ainsi que dans le protocole annexé sur les litiges.

131 ***Différends entre États*** ◇ L'article 14 prévoit enfin que tout État contractant, en présence d'un différend avec un autre État contractant

concernant l'interprétation ou l'application de l'accord, peut, après une procédure préalable devant le comité restreint ou le comité administratif visés à l'article 11, porter le différend devant la Cour de justice. Si celle-ci reconnaît qu'un État contractant a manqué à une des obligations qui lui incombent en vertu de l'accord, cet État est tenu de prendre les mesures que comporte l'exécution de l'arrêt de la Cour.

SECTION 4. L'ACCORD INSTITUANT L'ESPACE ÉCONOMIQUE EUROPÉEN

132 ***Dispositions de l'article 111, § 3, de l'Accord*** ◇ L'article 111, § 3, de l'accord instituant l'E.E.E., prévoit que si un différend porte sur l'interprétation des dispositions de cet accord, qui sont identiques en substance aux règles correspondantes du traité instituant la C.E., ou des actes adoptés en application de ce traité et de cet accord, et si le différend n'a pas été réglé dans les trois mois après qu'il a été porté devant le Comité mixte de l'E.E.E., les Parties contractantes, parties au différend, peuvent se mettre d'accord pour demander à la Cour de justice de se prononcer.

L'article 123 bis du Règlement de procédure de la Cour fixe la procédure applicable dans ce cas.

La Cour est saisie par une demande introduite par les parties contractantes, parties au différend. La demande est signifiée aux autres parties contractantes, à la Commission, à l'Autorité de surveillance A.E.L.E. et, le cas échéant, aux autres intéressés auxquels un renvoi préjudiciel soulevant la même question d'interprétation de la législation communautaire serait notifié.

Le président fixe un délai aux parties contractantes et autres intéressés auxquels la demande est signifiée pour la présentation d'observations écrites. La demande est introduite dans l'une des langues de procédure, les dispositions des §§ 3 à 5 de l'article 29 du Règlement de procédure étant applicables (*infra,* n° 196). Les dispositions de l'article 104 de ce règlement sont applicables *mutatis mutandis*.

Dès la présentation de la demande, le président désigne le juge rapporteur. Aussitôt après, le premier avocat général attribue la demande à un avocat général. La Cour rend sur la demande une décision motivée en chambre du conseil, l'avocat général entendu.

La décision de la Cour, signée par le président, par les juges ayant pris part aux délibérations et par le greffier est signifiée aux parties contractantes et aux autres intéressés déjà visés.

133 ***Dispositions de l'article 1er du Protocole 34*** ◇ Pour sa part, l'article premier du Protocole 34, annexé à l'accord sur l'E.E.E., dispose que lorsqu'une question d'interprétation des dispositions de cet accord qui sont identiques en substance à celles des traités établissant les Communautés européennes, tels que modifiés ou complétés, ou des actes adoptés en vertu de ces traités, est soulevée dans une affaire pendante devant l'une des

juridictions d'un État de l'A.E.L.E., cette juridiction peut, si elle l'estime nécessaire, demander à la Cour de justice des Communautés européennes de se prononcer sur cette question.

L'article 123 ter du Règlement de procédure fixe la procédure applicable dans ce cas.

La demande de la juridiction nationale est signifiée aux parties en cause, aux parties contractantes, à la Commission, à l'Autorité de surveillance A.E.L.E. et, le cas échéant, aux autres intéressés auxquels un renvoi préjudiciel soulevant la même question d'interprétation de la législation communautaire serait notifié. Si la demande n'est pas présentée dans l'une des langues de procédure de la Cour, elle est accompagnée d'une traduction dans l'une de ces langues.

Dans un délai de deux mois à compter de la signification, les parties, les parties contractantes, et autres intéressés précédemment visés ont le droit de présenter des mémoires ou observations écrites. La procédure suit le cours défini par le Règlement de procédure à ce titre, sous réserve des adaptations imposées par la nature de la demande.

SECTION 5. L'INTERPRÉTATION DE LA CONVENTION RELATIVE À LA SIGNIFICATION ET À LA NOTIFICATION DES ACTES JUDICIAIRES ET EXTRAJUDICIAIRES EN MATIÈRE CIVILE OU COMMERCIALE

134 ***Instruments susceptibles d'interprétation*** ◇ L'article 17 de la convention du 26 mai 1997 relative à la signification et à la notification dans les États membres de l'Union européenne des actes judiciaires et extrajudiciaires en matière civile ou commerciale établit la compétence de la Cour de justice pour interpréter la convention. Toutefois, l'unanimité sur ce principe de compétence n'ayant pu être recueillie, les règles relatives aux modalités de sa saisine sont contenues dans un protocole signé le même jour (J.O.C.E. C-261/17 du 27 août 1997). L'article 1er de ce protocole établit donc la compétence de la Cour de justice pour interpréter la convention et le protocole lui-même.

Seules les juridictions et autorités des États membres qui auront ratifié à la fois la convention et le protocole pourront saisir la Cour de justice.

135 ***Le renvoi en interprétation*** ◇ L'article 2 du protocole institue un renvoi en interprétation identique à celui prévu par le protocole du 3 juin 1971 pour l'interprétation de la convention du 27 septembre 1968 (Bruxelles I). Les juridictions statuant en appel et les Cours suprêmes des États membres, c'est-à-dire pour la France le Conseil d'État et la Cour de cassation, ont le pouvoir de demander à la Cour de justice de statuer à titre préjudiciel sur une question d'interprétation de la convention si une décision sur ce point leur est nécessaire pour rendre leur jugement.

Le renvoi est obligatoire pour les Cours suprêmes (article 3, § 1 du protocole).

Le protocole sur le statut de la Cour de justice et le règlement de procédure sont applicables à ce renvoi préjudiciel.

136 ***Le renvoi consultatif dans l'intérêt de la loi*** ◇ L'article 4, § 1 du protocole prévoit que l'autorité compétente d'un État membre a la faculté de demander à la Cour de justice de se prononcer sur une question d'interprétation si des décisions rendues par des juridictions de cet État sont en contradiction avec l'interprétation donnée, soit par la Cour de justice, soit par une décision d'une juridiction d'un autre État membre ayant ratifié le protocole. Cette disposition ne concerne que les décisions passées en force de chose jugée.

Sont compétents pour saisir la Cour de justice les procureurs généraux près les Cours de Cassation des États membres ou toute autre autorité désignée par l'État membre.

Le greffier de la Cour de justice notifie la demande aux États membres, à la Commission et au Conseil qui, dans les deux mois qui suivent cette notification, ont le droit de déposer des mémoires ou observations écrites.

L'interprétation donnée est sans effet sur les décisions à l'occasion desquelles l'interprétation lui a été demandée.

137 ***Le remplacement de la convention par le règlement*** ◇ Les dispositions de cette convention ayant été reprises par le règlement n° 1348/2000 du Conseil du 29 mai 2000 (J.O.C.E., L 160 du 30 juin 2000, p. 37), dont l'entrée en vigueur a été fixée au 31 mai 2001, le protocole du 26 mai 1997 sera inutile, dès lors que la compétence en interprétation de la Cour de justice résulte de l'article 68 nouveau C.E., le règlement relevant du domaine de la coopération judiciaire dans les matières civiles visé par l'article 65 nouveau C.E. (V. *infra* n° 148).

SECTION 6. L'INTERPRÉTATION PAR LA COUR DE JUSTICE DE LA CONVENTION CONCERNANT LA COMPÉTENCE, LA RECONNAISSANCE ET L'EXÉCUTION DES DÉCISIONS EN MATIÈRE MATRIMONIALE

138 ***Instruments susceptibles d'interprétation*** ◇ L'article 45 de la convention du 28 mai 1998 concernant la compétence, la reconnaissance et l'exécution des décisions en matière matrimoniale (Bruxelles II) prévoit la compétence de la Cour de justice pour interpréter la convention. Toutefois, certains États membres étaient, lors des négociations, hostiles à cette compétence et d'autres États souhaitaient limiter la possibilité de saisir la Cour de justice aux seules Cours suprêmes, à l'exclusion des juridictions statuant en appel, à la différence de ce qui prévaut dans le protocole du 3 juin 1971

pour l'interprétation de la convention de Bruxelles I. Le compromis a donc consisté à ne prévoir dans la convention que la compétence de la Cour de justice alors que les règles de sa mise en œuvre sont fixées par le protocole signé le même jour. Par conséquent, seules les juridictions et autorités des États membres qui ratifieront à la fois la convention et le protocole pourront saisir la Cour de justice.

Selon l'article 1er du protocole, la Cour de justice est compétente pour interpréter la convention et le protocole lui-même (pour le texte de la convention, du protocole ainsi que du rapport explicatif de la convention, voir J.O.C.E. C-221/1 du 16 juillet 1998).

139 ***Le renvoi en interprétation*** ◇ A la différence des protocoles concernant l'interprétation de la convention de Bruxelles I (V. *supra,* Section 1) ou l'interprétation de la convention relative à la signification et à la notification des actes judiciaires et extrajudiciaires en matière civile ou commerciale (V. *supra,* Section 5), les États membres ont la faculté de réserver aux seules Cours suprêmes le droit de saisir à titre préjudiciel la Cour de justice, soit en France le Conseil d'État ou la Cour de Cassation, ou de choisir d'accorder cette possibilité également aux juridictions statuant en appel (article 2).

Le renvoi est obligatoire pour les Cours suprêmes.

Le protocole sur le statut de la Cour de justice et le règlement de procédure sont applicables à ce renvoi.

140 ***Le renvoi consultatif dans l'intérêt de la loi*** ◇ L'article 6 du protocole institue un renvoi dans l'intérêt de la loi, ouvert aux procureurs généraux près les Cours de Cassation des États membres ou toute autre autorité désignée par un État membre, en tous points identiques à celui prévu dans le protocole concernant la convention de Bruxelles I (*supra,* Section 1) ainsi que dans le protocole concernant la convention relative à la signification et à la notification des actes judiciaires et extrajudiciaires en matière civile ou commerciale (*supra,* Section 5).

141 ***Le remplacement de la convention par le règlement*** ◇ Les dispositions de cette convention ayant été reprises par le règlement n° 1347/2000 du Conseil du 29 mai 2000 relatif à la compétence, la reconnaissance et l'exécution des décisions en matière matrimoniale et en matière de responsabilité parentale des enfants communs (J.O.C.E., L 160, du 30 juin 2000, p. 19), dont l'entrée en vigueur a été fixée au 1er mars 2001, le protocole du 28 mai 1998 sera inutile, dès lors que la compétence de la Cour de justice résultera de l'article 68 nouveau C.E., le règlement relevant du domaine de la coopération judiciaire dans les matières civiles visé par l'article 65 nouveau C.E. (V. *infra* n° 148).

142 ***Indications bibliographiques*** ◇ P. de Vareilles Sommières, *La libre circulation des jugements rendus en matière matrimoniale en Europe,* Gaz. eur. du Palais n° 21, 17 et 18 décembre 1999, p. 14.

SECTION 7. L'INTERPRÉTATION PAR LA COUR DE JUSTICE DE LA CONVENTION PORTANT CRÉATION D'UN OFFICE EUROPÉEN DE POLICE

143 ***Une compétence facultative*** ◇ Selon une formule qui allait être reprise dans le traité d'Amsterdam (*infra,* chapitre 4 : Les extensions de la compétence de la Cour de justice instituées par le traité d'Amsterdam, Section 2 : La compétence de la Cour de justice à l'égard du Titre VI du traité sur l'Union européenne, § 2, n° 157), le protocole du 23 juillet 1996 donne la faculté aux États membres d'accepter la compétence de la Cour de justice pour interpréter à titre préjudiciel la convention portant création de l'Office européen de police (article 2, § 1 ; voir J.O.C.E. C-299/1 du 9 octobre 1996).

Les États membres peuvent limiter le droit de renvoi préjudiciel aux seules juridictions dont les décisions ne sont pas susceptibles d'un recours juridictionnel de droit interne ou, au contraire, reconnaître ce droit à toutes les juridictions de l'État membre.

Le renvoi préjudiciel est toujours une simple faculté, y compris pour les Cours suprêmes.

Le protocole sur le statut de la Cour de justice et le règlement de procédure sont applicables.

Tout État membre, même s'il n'a pas reconnu la compétence de la Cour de justice, a le droit de présenter un mémoire ou des observations écrites dans les affaires dont la Cour est saisie.

144 ***Entrée en vigueur*** ◇ Le protocole entre en vigueur quatre-vingt-dix jours après la notification de la ratification par le troisième État membre de la convention. Le protocole ne peut pas entrer en vigueur avant la convention Europol elle-même (article 4, § 3). La convention est entrée en vigueur le 1er octobre 1998 et le protocole le 29 décembre 1998.

SECTION 8. L'INTERPRÉTATION PAR LA COUR DE JUSTICE DES CONVENTIONS RELATIVES À LA PROTECTION DES INTÉRETS FINANCIERS DES COMMUNAUTES EUROPÉENNES ET À L'EMPLOI DE L'INFORMATIQUE DANS LE DOMAINE DES DOUANES

145 ***Une compétence facultative*** ◇ Deux protocoles du 29 novembre 1996 permettent aux États membres qui le souhaitent de reconnaître la compétence de la Cour de justice pour interpréter à titre préjudiciel la convention relative à la protection des intérêts financiers des Communautés européen-

nes (J.O.C.E. C-151/1 du 20 mai 1997) et la convention sur l'emploi de l'informatique dans le domaine des douanes (J.O.C.E. C-151/15 du 20 mai 1997). Le système prévu est en tout point identique à celui du protocole relatif à l'interprétation de la convention portant création d'un Office européen de police (*supra*, Section 7).

Toutefois, par une déclaration annexée à ces deux protocoles, certains États membres (Allemagne, Grèce, Pays-Bas, Autriche, Danemark, Espagne) se sont réservés la faculté de prévoir que les juridictions suprêmes seront tenues de saisir la Cour de justice en interprétation.

CHAPITRE 4
LES EXTENSIONS DE LA COMPÉTENCE DE LA COUR DE JUSTICE INSTITUÉES PAR LE TRAITÉ D'AMSTERDAM

146 ***La reconnaissance de la compétence de la Cour de justice*** ◇ Une des caractéristiques du système de Schengen institué par l'Accord du 14 juin 1985 et la convention du 19 juin 1990 était l'absence d'un contrôle juridictionnel unique dont le Parlement européen s'était d'ailleurs ému (résolution du 6 avril 1995, J.O.C.E. 1995 C-109, p. 163). Afin de pallier les risques d'interprétations nationales divergentes, les négociateurs du traité d'Amsterdam ont décidé d'attribuer une certaine compétence à cet égard à la Cour de justice des Communautés européennes, laquelle compétence devenait particulièrement légitime dans la mesure où le traité d'Amsterdam, d'une part, « communautarise » une partie du troisième pilier en introduisant dans le traité C.E. un nouveau Titre IV relatif aux visas, à l'asile, à l'immigration et à d'autres politiques liées à la libre circulation des personnes et, d'autre part, procède à l'intégration de l'acquis de Schengen dans l'Union européenne. Pour autant, la crainte d'amoindrir l'efficacité des États membres dans le maintien de l'ordre public a conduit les négociateurs du traité d'Amsterdam à déroger aux règles traditionnelles qui gouvernent dans le traité C.E. tant le mécanisme du renvoi préjudiciel que celui du recours en annulation ou du recours en manquement.

Compte tenu de la complexité de la matière désormais répartie entre le traité C.E. et le traité sur l'Union européenne, il convient d'examiner successivement les attributions de compétence de la Cour de justice quant au nouveau Titre IV du traité C.E. (Section 1), quant au Titre VI modifié du traité sur l'Union européenne (Section 2), quant aux coopérations renforcées (Section 3), à l'égard de l'intégration de l'acquis de Schengen dans l'Union européenne (Section 4)et, enfin, quant aux droits fondamentaux (Section 5).

SECTION 1. LA COMPÉTENCE DE LA COUR DE JUSTICE QUANT AU TITRE IV DU TRAITÉ C.E.

147 ***L'adaptation des compétences traditionnelles*** ◇ Le nouveau Titre IV du traité C.E. (article 61 à 67) attribue au Conseil la compétence pour arrêter, dans les cinq ans qui suivent l'entrée en vigueur du traité d'Amster-

dam, des mesures concernant essentiellement l'immigration, l'asile, la politique des visas, les contrôles aux frontières extérieures de la Communauté, l'absence de contrôle pour le franchissement des frontières intérieures. L'insertion de ces nouvelles dispositions au sein du traité C.E. implique dès lors que la compétence traditionnelle de la Cour de justice est applicable. Celle-ci subit cependant une notable adaptation. Ainsi, l'article 68 nouveau du traité C.E. attribue une compétence d'interprétation et d'appréciation de validité à la Cour de justice au moyen d'un mécanisme de renvoi préjudiciel très différent de celui de l'article 234 (ex-article 177). Par ailleurs, en matière d'interprétation est instaurée une nouvelle voie de droit ouverte seulement aux institutions et aux États membres assez comparable à un pourvoi dans l'intérêt de la loi. Enfin, les article 64, § 1 et 68, § 2 limitent le contrôle juridictionnel de la Cour en matière de recours directs.

§ 1. Un renvoi préjudiciel limité

148 ***Un renvoi préjudiciel limité à certaines juridictions*** ◇ Selon l'article 68, § 1 nouveau du traité C.E., le mécanisme de l'article 234 (ex-article 177) est applicable vis-à-vis des actes pris par les institutions de la Communauté et fondés sur le Titre IV du traité C.E. Toutefois, seules les juridictions nationales dont les décisions ne sont pas susceptibles d'un recours juridictionnel de droit interne sont habilitées à poser une question d'interprétation ou de validité à la Cour de justice. L'exclusion des autres juridictions nationales a pu être qualifiée de « régression » du contrôle juridictionnel (H. Labayle, *Un espace de liberté, de sécurité et de justice,* RTD eur. 1997/4, p. 813, voir p. 862). Sans doute la volonté de ne pas paralyser l'action des États membres en matière de maintien de l'ordre public par l'existence de renvois préjudiciels devant les juridictions de première instance a-t-elle justifié cette limitation considérable de la faculté de renvoi, plus importante encore que celle qui existe en matière de convention de Bruxelles (*supra,* Chapitre 3 Les extensions de la compétence en interprétation de la Cour de justice, Section 1, L'interprétation de la convention du 27 septembre 1968, n° 120). Il reste que l'article 67, § 2 nouveau du traité C.E. accorde le droit au Conseil, après une période de cinq ans à compter de l'entrée en vigueur du traité d'Amsterdam, statuant à l'unanimité après consultation du Parlement européen, « d'adapter les dispositions relatives aux compétences de la Cour de justice ».

149 ***Caractère obligatoire du renvoi*** ◇ Les commentateurs du traité d'Amsterdam sont divisés sur le point de savoir si l'article 68, § 1 institue une simple faculté ou une obligation pour les juridictions nationales suprêmes de saisir la Cour de justice (V. J. L. Sauron, *Le traité d'Amsterdam : une réforme inachevée ?*, Rec. Dalloz 1998, p. 74 ; J. M. Favret, *Le Traité d'Amsterdam : une révision a minima de la « Charte constitutionnelle » de l'Union européenne. De l'interprétation à l'incantation*, Cah. dr. europ. 1997, p. 566 ;

C. Curti Gialdino, *Schengen et le troisième pilier : le contrôle juridictionnel organisé par le traité d'Amsterdam*, Revue du Marché unique européen, 1998/2, p. 89). Il nous semble que le mécanisme est identique à celui de l'article 234 (ex-article 177) du traité C.E. En effet, la phrase « si elle estime qu'une décision sur ce point est nécessaire pour rendre son jugement » ne signifie nullement que le renvoi est une simple faculté mais a pour effet de subordonner le renvoi au caractère nécessaire de la question préjudicielle posée. Par ailleurs, l'expression « demande à la Cour » correspond en langage juridique français à une obligation. Il n'en demeure pas moins que la jurisprudence C.I.L.F.I.T. (C.J.C.E., 6.10.1982, 283/81, p. 3415, concl. F. Capotorti ; *supra*, Chapitre 1. Le renvoi par le juge national, Section 3, Caractère facultatif ou obligatoire du renvoi, n° 46 et 47) paraît applicable et que les juridictions nationales suprêmes ne seront pas tenues avant chaque application du droit communautaire sur ce point de saisir la Cour de justice en interprétation, en raison de la place faite par cette jurisprudence à la théorie de l'acte clair.

150 ***Exclusion de certaines mesures prises par le Conseil*** ◇ L'article 68, § 2 nouveau C.E. introduit une seconde limitation du contrôle juridictionnel. Selon cette disposition, « la Cour de justice n'est pas compétente pour statuer sur les mesures ou décisions prises en application de l'article 62, point 1, portant sur le maintien de l'ordre public et la sauvegarde de la sécurité intérieure ». Les décisions prises sur le fondement de l'article 62, point 1, sont les décisions du Conseil visant à assurer l'absence de tout contrôle des personnes, qu'il s'agisse de citoyens de l'Union ou de ressortissants de pays tiers, lorsqu'elles franchissent les frontières intérieures. Cette exclusion, tant de l'interprétation que de l'appréciation de validité, vise les seules décisions du Conseil, par exemple si celui-ci autorisait un État membre à maintenir certains contrôles aux frontières. Toute appréciation de validité serait alors exclue pour la Cour de justice. L'absence de tout contrôle juridictionnel sur ce point paraît assez peu conforme au principe d'une Communauté de droit mais, s'agissant d'une disposition du traité, la Cour de justice n'aura évidemment aucun moyen de la remettre en cause (en ce qui concerne toutefois le contrôle des actes nationaux adaptés en conséquence, V. n° 152).

§ 2. **Le renvoi en interprétation dans l'intérêt de la loi**

151 ***Une nouvelle voie de droit*** ◇ L'article 68, § 3 nouveau institue une procédure de renvoi en interprétation, ouverte seulement au Conseil, à la Commission et aux États membres, et limitée à l'interprétation du Titre IV et des actes pris par les institutions de la Communauté sur la base de celui-ci, à l'exclusion de toute appréciation de validité. Il s'agit donc d'une voie de droit originale, qui s'apparente à une procédure pour avis ou de pourvoi dans

l'intérêt de la loi, puisqu'elle s'exerce en dehors de tout litige précis et que l'article 68, § 3 précise que l'arrêt rendu par la Cour de justice en réponse à une telle demande n'est pas applicable aux décisions des juridictions des États membres qui ont force de chose jugée.

A contrario, il est certain que l'arrêt qui sera rendu par la Cour aura valeur juridique obligatoire, erga omnes, pour toutes les juridictions nationales qui seraient amenées à appliquer la norme communautaire interprétée par la Cour et que cette interprétation devra par ailleurs être appliquée dans les procédures nationales qui sont encore en cours.

La question demeure posée de savoir si la notion de décision passée en force de chose jugée devra être interprétée en fonction des droits procéduraux internes de chaque État membre (par exemple quant à la prise en compte ou non de l'existence d'une voie de recours non suspensive) ou si elle constitue une notion communautaire qu'il appartiendra à la Cour de justice de définir.

La Cour statue sur cette demande d'interprétation, après signification de la question à la Commission, au Conseil et aux États membres, la désignation d'un juge rapporteur et d'un avocat général (Règl. proc. Cour, art. 109 bis, § 1 et § 2). La procédure peut comporter une phase orale, à la demande d'une des Institutions ou d'un État membre. La Cour statue par voie d'arrêt, après présentation des conclusions de l'avocat général (Règl. proc. Cour, art. 109 bis, § 3).

§ 3. La limitation du contrôle juridictionnel en matière de recours directs

152 ***La limitation du recours en manquement*** ◇ Aux termes de l'article 64, § 1, le Titre IV « ne porte pas atteinte à l'exercice des responsabilités qui incombent aux États membres pour le maintien de l'ordre public et la sauvegarde de la sécurité intérieure ». L'on retrouve ici la même exclusion que pour les actes du Conseil pris sur le fondement de l'article 62, § 1 mais qui paraît à cet égard plus admissible. En effet, si cette disposition implique qu'un État membre ne pourra pas être poursuivi utilement en manquement par la Commission devant la Cour dès lors que les comportements ou décisions nationaux litigieux participent du maintien de l'ordre public et de la sauvegarde de la sécurité intérieure, il reste que ces actes internes sont soumis au contrôle juridictionnel des juridictions nationales, du moins au regard du droit national et de la convention européenne des droits de l'homme, alors que les actes du Conseil ne feront l'objet d'aucun autre contrôle.

Néanmoins, cette disposition crée ainsi une catégorie d'actes nationaux qui échappent en partie au contrôle de conformité communautaire puisque tant la Cour de justice que les juridictions nationales ne pourront pas sanctionner une violation par un État membre d'une norme communautaire adoptée sur le fondement du Titre IV si cette violation peut être justifiée par les nécessités de l'ordre public ou de la sécurité intérieure. Rien n'interdira en revanche à ces juridictions de sanctionner un acte national au regard des dispositions du traité C.E. autres que celles du Titre IV, par exemple celles fondant le principe de non-discrimination, ou celles relatives à la libre circulation des personnes.

153 ***La limitation du recours en annulation*** ◇ A côté de cette limitation du contrôle en matière de recours en manquement, s'ajoute l'exclusion par l'article 68, § 2 de tout contrôle juridictionnel, notamment à l'égard du recours en annulation, vis-à-vis des décisions du Conseil prises sur le fondement de l'article 62, § 1 et portant sur le maintien de l'ordre public et la sauvegarde de la sécurité intérieure. Cette disposition que nous venons d'examiner, bien qu'elle figure dans un paragraphe suivant celui qui réglemente le mécanisme du renvoi préjudiciel, paraît applicable de manière générale et exclut donc la possibilité de déférer ces décisions en annulation devant la Cour de justice.

SECTION 2. LA COMPÉTENCE DE LA COUR DE JUSTICE À L'ÉGARD DU TITRE VI DU TRAITÉ SUR L'UNION EUROPÉENNE

154 ***Une amélioration sensible du contrôle juridictionnel*** ◇ Avant l'adoption du traité d'Amsterdam, les seules dispositions de nature à conférer une compétence à la Cour de justice étaient celles des articles L et M anciens du traité sur l'Union européenne, selon lesquelles la Cour était compétente pour vérifier que les actions engagées par les institutions communautaires sur le fondement du troisième pilier n'affectaient pas les dispositions du traité C.E. C'est ainsi que la Cour de justice s'est déclarée compétente pour examiner un recours en annulation formé par la Commission à l'encontre d'une action commune adoptée par le Conseil sur le fondement de l'article K.3 ancien du traité sur l'Union européenne (devenu l'article 34 UE), dès lors que le recours était fondé sur la violation de l'article 100 C du traité C.E., c'est-à-dire sur la circonstance que le Conseil, selon la Commission, aurait dû fonder sa décision sur cette dernière disposition (C.J.C.E., 12.05.1998, *Commission c. Conseil*, C-170/96, I, p. 2763, concl. M. N. Fennely).

Même si les dispositions du Titre VI nouveau du traité sur l'Union européenne sont désormais plus réduites, du fait de l'instauration du Titre IV nouveau dans le traité C.E., et visent essentiellement des actions de coopération en matière pénale, tant policière que judiciaire, il convient de saluer l'amélioration que constitue la reconnaissance d'une certaine compétence du juge communautaire. Celui-ci se voit ainsi reconnaître une compétence obligatoire de contrôle de légalité par l'instauration d'un recours en annulation. Par ailleurs, des compétences facultatives peuvent lui être attribuées, en matière d'interprétation, par l'acceptation par chaque État membre d'une possibilité de renvoi préjudiciel ainsi qu'en cas de différends entre États membres. La compétence, toutefois, de la Cour en matière de manquement, bien que défendue par certains (V. C. Curti Gialdino, précité, p. 113), paraît exclue.

§ 1. Le recours en annulation

155 ***Un recours réservé aux requérants privilégiés*** ◇ Aux termes de l'article 35, § 6 nouveau du traité sur l'Union européenne, la Cour de justice est compétente pour contrôler la légalité des décisions-cadre (équivalent des directives du traité C.E., sous la réserve de l'absence d'effet direct) et des décisions lorsqu'un recours est formé par un État membre ou la Commission pour incompétence, violation des formes substantielles, violation du traité U.E. ou de toute règle de droit relative à son application, ou détournement de pouvoir. Les recours doivent être formés dans le délai de deux mois à compter de la publication de l'acte.

Ce recours en annulation, qui n'est pas ouvert aux particuliers, suivra, semble-t-il, le régime du recours en annulation de l'article 230 du traité C.E. (ex-art. 173 C.E.), notamment en ce qui concerne les effets de l'arrêt d'annulation et de l'obligation pour l'institution dont l'acte a été annulé de prendre les mesures que comporte l'exécution de l'arrêt. Les dispositions des article 231 et 233 (ex-art. 174 et 176) du traité C.E. paraissent ainsi applicables par analogie.

156 ***Recevabilité du Parlement européen à agir en annulation*** ◇ Le Parlement européen n'est pas cité parmi les institutions habilitées à introduire un recours en annulation. Il semble néanmoins qu'il sera recevable à introduire un recours en annulation destiné à faire respecter ses propres prérogatives, en application de la jurisprudence traditionnelle de la Cour (C.J.C.E., 22.05.1990, *Parlement c. Conseil*, C-70/88, I, p. 2041, concl. W. Van Gerven ; *infra*, Titre II Les actions, Chapitre 1 L'action en annulation, Sous-section 1 La recevabilité du recours en annulation, n° 392). En effet, l'article 39, § 1 nouveau U.E. fait obligation au Conseil de consulter le Parlement européen avant toute adoption d'une décision-cadre, d'une décision ou d'une convention sur le fondement de l'article 34, § 2.

§ 2. Le renvoi préjudiciel facultatif

157 ***Un renvoi en interprétation et en appréciation de validité*** ◇ Sans doute résultat des difficultés de la négociation, l'article 35 nouveau U.E., dans ses paragraphes 1 à 3, organise la possibilité de voir reconnaître à la Cour de justice une compétence préjudicielle pour statuer sur l'interprétation et l'appréciation de validité des décisions-cadre, des décisions et des mesures prises en application des conventions adoptées sur le fondement de

l'article 34, § 2 U.E., ainsi que sur l'interprétation, à l'exclusion de toute appréciation de validité, de ces conventions. Cette disposition ne vise pas parmi les textes interprétables les dispositions mêmes du Titre VI du traité U.E. mais cela ne devrait pas empêcher la Cour de justice d'y procéder car l'on discerne mal comment le juge communautaire pourrait apprécier la validité d'une décision ou d'une décision-cadre sans pouvoir interpréter l'article du traité U.E. qui constitue sa base juridique.

158 ***Les options ouvertes aux États membres*** ◇ Chaque État membre a ainsi le droit de reconnaître la compétence préjudicielle de la Cour de justice, soit par une déclaration faite au moment de la signature du traité d'Amsterdam, ou à tout autre moment postérieur. L'État membre peut choisir d'accorder le droit de renvoi préjudiciel à toutes ses juridictions ou seulement à celles dont les décisions ne sont pas susceptibles d'un recours juridictionnel de droit interne (art. 35, § 3 U.E.). Dans cette dernière hypothèse, ces dernières ne sont pas tenues de poser une question préjudicielle, l'article 35, § 3 a) employant expressément les termes « a la faculté de ». Néanmoins, par la Déclaration n° 10 annexée au traité d'Amsterdam, la Conférence a noté que les États membres pouvaient, au moment de faire la déclaration de l'article 35, § 2, prévoir que leurs juridictions suprêmes seront tenues de saisir la Cour. Si ces dispositions constituent un progrès indéniable par rapport à l'état du droit antérieur, elles comportent le risque d'affecter singulièrement l'uniformité d'application du droit communautaire au sein de l'Union.

159 ***Participation à la procédure*** ◇ Il reste que, même si un État a choisi de ne pas reconnaître la compétence préjudicielle de la Cour de justice en cette matière, rien n'interdira à ses juridictions de s'inspirer de la jurisprudence de la Cour de justice. C'est sans doute du fait de cette considération que l'article 35, § 4 U.E. reconnaît à tout État membre, qu'il ait ou non accepté la compétence préjudicielle de la Cour, le droit de présenter devant elle des mémoires ou observations écrites dans les affaires préjudicielles dont elle serait saisie.

Il ne semble pas par ailleurs que cet article puisse être interprété comme excluant le droit pour la Commission et, le cas échéant, le Conseil et la Parlement de présenter des observations devant la Cour puisqu'il trouve sa raison d'être dans la faveur ainsi faite à des États membres qui n'ont pas reconnu la compétence préjudicielle de la Cour. L'article 20 du Statut C.E. de la Cour paraît applicable par analogie, même si l'article 35 U.E., en instituant cette possibilité de compétence préjudicielle, ne renvoie pas à l'article 234 C.E. (ex-article 177 C.E.) comme le fait l'article 68 C.E. dans le cadre du nouveau Titre IV du traité C.E.

§ 3. La compétence en matière de différends entre États membres et la Commission

160 ***La compétence en matière de différends*** ◇ L'article 35, § 7 U.E. prévoit la compétence de la Cour de justice pour statuer sur tout différend entre États membres concernant l'interprétation ou l'application des actes adoptés au titre de l'article 34, § 2, dès lors que ce différend n'a pu être réglé au sein du Conseil dans les six mois qui ont suivi la saisine de celui-ci par un de ses membres.

La Cour est également compétente pour statuer sur tout différend entre États membres et la Commission concernant l'interprétation ou l'application des conventions établies en vertu de l'article 34, § 2 d).

En cas de différends entre États membres, la demande est signifiée aux autres États ainsi qu'à la Commission. En cas de différends entre États membres et la Commission, la demande est également signifiée au Conseil (Règl. proc. Cour, art 109 ter, § 1). Le président fixe un délai aux parties pour présenter leurs observations écrites. Un juge rapporteur et un avocat général sont désignés. La procédure comporte, le cas échéant, une phase orale lorsqu'un État membre ou une des Institutions le demande (Règl. proc. Cour, art. 109 ter, § 1, § 2 et § 3).

La Cour statue par voie d'arrêt, après présentation des conclusions de l'avocat général (Règl. proc. Cour, art. 109 ter, § 3).

§ 4. L'absence de compétence en matière de recours en manquement

161 ***L'ambiguïté des nouvelles dispositions*** ◇ Les auteurs sont divisés sur le point de savoir si la Cour de justice est compétente pour statuer sur le manquement par un État membre à une de ses obligations qui trouverait son fondement sur le Titre VI du traité sur l'Union européenne (pour l'affirmative : C. Curti Gialdino, précité, p. 113 ; contra : H. Labayle, précité, p. 876). La difficulté n'est pas résolue par les nouvelles dispositions de l'article 35, § 5 U.E. qui précisent que la Cour de justice n'est pas compétente pour vérifier la validité ou la proportionnalité d'opérations menées par la police ou d'autres services répressifs dans un État membre, ni pour statuer sur l'exercice des responsabilités qui incombent aux États membres pour le maintien de l'ordre public et la sauvegarde de la sécurité intérieure.

Il ne nous semble pas que, les voies de droit traditionnelles du traité C.E. n'étant pas applicables au troisième pilier sauf dispositions spécifiques contraires (cf. l'article 46 nouveau du traité U.E.), la Cour de justice puisse être saisie d'un recours en manquement relatif à la violation par un État membre d'obligations résultant du Titre VI U.E. Cette disposition de l'article 35, § 5 ne pourra trouver à s'appliquer, semble-t-il, que dans le cadre des différends entre États membres ou entre la Commission et un État membre dont elle serait saisie, ou dans le cadre d'un renvoi préjudiciel, même si cette voie de droit est destinée à interpréter le droit communautaire et non à statuer sur le comportement d'un État membre dans la mesure où l'on sait que, même saisie à titre préjudiciel, la Cour se reconnaît le droit indirectement d'indiquer au juge national que son droit interne est incompatible.

Cette exclusion de la compétence de la Cour de justice n'interdit pas tout contrôle juridictionnel puisque les actes nationaux ainsi visés restent soumis au contrôle des juridictions nationales, y compris quant à leur conformité avec les règles communautaires, notamment celles arrêtées en application du Titre VI U.E., dès lors que l'article 35, § 5 se borne à exclure la compétence de la Cour et non, comme l'article 64, § 1 nouveau C.E., à exclure tout contrôle du respect des dispositions communautaires pertinentes (*supra,* section 1, § 3 La limitation du contrôle juridictionnel en matière de recours directs, n° 152).

SECTION 3. **LA COMPÉTENCE EN MATIÈRE DE COOPÉRATIONS RENFORCÉES**

162 ***Caractère général de la coopération renforcée*** ◇ L'article 40 nouveau U.E. institue une possibilité pour certains États membres de prévoir entre eux une coopération renforcée dans le domaine du troisième pilier. La même possibilité existe dans le cadre du traité C.E. (article 11 nouveau) mais n'a pas donné lieu à des dispositions spécifiques concernant la compétence de la Cour de justice puisque celle-ci est déjà prévue de manière générale dans ce traité.

163 ***Une large compétence de la Cour de justice*** ◇ Selon l'article 40, § 4 U.E., les dispositions de l'article 35 U.E. instituant une certaine compétence de la Cour pour le troisième pilier sont applicables à la coopération renforcée. La Cour de justice sera donc compétente pour contrôler la légalité des actes adoptés en cette matière et les États membres pourront, s'ils le désirent, lui reconnaître une compétence préjudicielle (*supra,* section 2). Par ailleurs, les dispositions du traité C.E. concernant la compétence de la Cour de justice et l'exercice de cette compétence sont rendues applicables aux paragraphes 1 à 3 de l'article 40 U.E., c'est-à-dire que la Cour pourra vérifier que la coopération renforcée « respecte les compétences de la Communauté européenne » (art. 40, § 1 U.E.) ou que la procédure prévue à l'article 40, § 2 (avis de la Commission, consultation du Parlement européen) a été respectée.

164 ***L'exclusion des décisions du Conseil européen*** ◇ Plus délicat sera en revanche l'exercice d'un contrôle juridictionnel sur la mise en œuvre des dispositions de l'article 40, § 2 deuxième alinéa qui permet à un État membre, pour des raisons de politique nationale importantes, de s'opposer à l'adoption à la majorité qualifiée d'une coopération renforcée. La décision,

dans ce cas, peut être transmise par le Conseil au Conseil européen. La Cour pourrait ainsi être conduite à examiner les « raisons de politique nationale importantes » invoquées par un État membre, mais il est difficile d'imaginer à cet égard un réel contrôle juridictionnel. En ce qui concerne la décision du Conseil européen, aucune disposition du traité C.E. n'attribuant de compétence à la Cour pour contrôler ces actes, aucun recours en annulation ne pourra être formé à son encontre.

SECTION 4. L'INTÉGRATION DE L'ACQUIS DE SCHENGEN DANS L'UNION EUROPÉENNE

165 ***L'intégration de l'acquis dans les traités C.E. et U.E*** ◇ Le Protocole n° 2 intégrant l'acquis de Schengen dans le cadre de l'Union européenne, annexé au traité d'Amsterdam, dispose qu'à compter de l'entrée en vigueur du traité l'acquis de l'Accord de Schengen s'applique immédiatement aux treize États membres (c'est-à-dire tous les États membres de la Communauté sauf le Royaume-Uni et l'Irlande). Le Conseil, statuant à l'unanimité, détermine, conformément aux dispositions pertinentes des traités, la base juridique pour chacune des dispositions ou décisions qui constituent l'acquis de Schengen. Dans l'attente de cette répartition des dispositions du système Schengen entre le traité C.E. et le troisième pilier modifié du traité U.E., celles-ci sont considérées comme des actes fondés sur le Titre VI du traité U.E.

166 ***Compétences distributives de la Cour de justice*** ◇ Selon l'article 2, § 1 du Protocole, la Cour de justice exerce les compétences qui lui sont conférées par les dispositions pertinentes des traités, c'est-à-dire soit le traité C.E., soit le traité U.E., en fonction de la base juridique déterminée par le Conseil pour chacune des dispositions ou décisions constituant l'acquis de Schengen. Il convient de mesurer l'ampleur de l'amélioration ainsi instituée quant à l'existence d'un contrôle juridictionnel dans le système Schengen.

167 ***Contrôle du choix de la base juridique*** ◇ Il semble par ailleurs que la Cour de justice pourra contrôler le choix de la base juridique effectuée par le Conseil, en application de sa jurisprudence récente Commission c. Conseil (C.J.C.E., 12.05.1998, C-170/96, précité), puisque ce choix est de nature à affecter les compétences de la Communauté dans l'hypothèse où le Conseil choisirait irrégulièrement une base juridique relevant du traité U.E. (*supra*, Section 2).

168 ***Exclusion de certaines mesures*** ◇ L'article 2 du Protocole précise que la Cour de justice n'est pas compétente pour statuer sur les mesures ou décisions portant sur le maintien de l'ordre public et la sauvegarde de la sécurité intérieure. Cette exclusion semble viser à la fois les mesures natio-

nales et les décisions que le Conseil pourrait prendre. Elle est l'écho des dispositions de l'article 35, § 5 U.E. nouveau, en ce qui concerne le troisième pilier, et de celles de l'article 68, § 2 C.E. nouveau. Cet article du Protocole témoigne plus des préoccupations des négociateurs du traité d'Amsterdam qu'il n'instaure une nouvelle limitation du contrôle juridictionnel puisque, la Cour étant compétente en ce qui concerne l'acquis de Schengen soit sur le fondement du traité C.E. soit sur celui des nouvelles compétences qui lui sont reconnues par le nouveau Titre VI du traité U.E., les limitations du contrôle juridictionnel déjà prévues par les article 68, § 2 C.E. et 35, § 5 U.E. sont de toute façon applicables.

SECTION 5. LA COMPÉTENCE DE LA COUR DE JUSTICE EN MATIÈRE DE DROITS FONDAMENTAUX

169 ***La reconnaissance communautaire des droits fondamentaux*** ◇ Le nouvel article 6 du traité sur l'Union européenne, issu du traité d'Amsterdam, dispose, dans un paragraphe 2, que « l'Union respecte les droits fondamentaux, tels qu'ils sont garantis par la Convention européenne des droits de l'homme et des libertés fondamentales, signée à Rome le 4 novembre 1950, et tels qu'ils résultent des traditions constitutionnelles communes aux États membres, en tant que principes généraux du droit communautaire ». Par ailleurs, l'article 46, d), nouveau du traité de l'Union européenne prévoit la compétence de la Cour de justice pour l'application de ces dispositions en ce qui concerne l'action des institutions, dans la mesure où la Cour est compétente en vertu des traités établissant les Communautés européennes et en vertu du traité sur l'Union européenne.

170 ***La consécration de la jurisprudence traditionnelle*** ◇ Ces dispositions ont d'abord pour conséquence de constitutionnaliser la jurisprudence de la Cour de justice dans le domaine communautaire. Celle-ci a en effet reconnu de longue date la nécessité pour les institutions communautaires de respecter les droits fondamentaux, tels qu'ils résultent des traditions constitutionnelles communes aux États membres et des instruments internationaux ratifiés par tous les États (C.J.C.E., 12.11.1969, *Stauder*, 22/69, p. 419, concl. K. Roemer ; 17.12.1970, *Internationale Handelsgesellschaft*, 11/70, p. 1125, concl. A. Dutheillet de Lamothe). La convention européenne des droits de l'homme, ratifiée par tous les États membres de la Communauté, revêt à cet égard « une signification particulière » (C.J.C.E., 29.05.1997, *Kremzow*, C-299/95, I, p. 2629, concl. A. La Pergola).

171 ***La compatibilité des actes nationaux*** ◇ Le fait que le texte de l'article 46 nouveau U.E. vise « l'action des institutions » ne paraît pas devoir être interprété comme excluant la nécessité pour les autorités nationales, dans le

champ d'application du droit communautaire, de respecter les droits fondamentaux et la compétence de la Cour pour répondre à une question préjudicielle d'un juge national portant sur la compatibilité d'un acte de droit interne avec les droits fondamentaux reconnus par l'ordre juridique communautaire (V. en ce sens H. Labayle, article précité, p. 823). Du fait du recours fréquent en droit communautaire à l'administration mixte, dans ces hypothèses, les autorités nationales exercent un pouvoir procédant des institutions communautaires et sont donc, elles aussi, tenues au respect des droits fondamentaux. Cette disposition de l'article 46 ne remet donc pas en cause la jurisprudence E.R.T. de la Cour de justice (C.J.C.E., 18.06.1991, C-260/89, I, p. 2925 ; voir aussi C.J.C.E., 4.10.1991, *Grogan*, C-150/90, I, p. 4685, concl. W. Van Gerven), d'autant que l'article 47 prévoit qu'aucune disposition du traité sur l'Union européenne n'affecte les traités instituant les Communautés européennes auxquels il convient d'assimiler la jurisprudence de la Cour de justice. Selon cette jurisprudence, lorsqu'une réglementation nationale entre dans le champ d'application du droit communautaire, la Cour, saisie à titre préjudiciel, doit fournir tous les éléments d'interprétation nécessaires à l'appréciation, par la juridiction nationale, de la conformité de cette réglementation avec les droits fondamentaux dont elle assure le respect, tels qu'ils résultent en particulier de la convention européenne des droits de l'homme.

172 ***L'extension de compétence en matière de troisième pilier*** ◇ Ces dispositions, en revanche, assurent un notable progrès du droit dans le domaine du traité sur l'Union européenne puisque la Cour voit ainsi reconnue sa compétence pour contrôler en la matière les actes des institutions au regard des droits fondamentaux, ce qu'elle ne pouvait pas faire jusqu'à l'entrée en vigueur du traité d'Amsterdam (V. sur ce point C. Curti Gialdino, article précité, p. 122).

173 ***Une interprétation autonome de la convention européenne des droits de l'homme ?*** ◇ Certains auteurs estiment que cette « communautarisation » de la convention européenne des droits de l'homme permet désormais à la Cour de justice de développer une interprétation autonome de la convention par rapport à celle de la Cour européenne des droits de l'homme (F. Sudre, *La Communauté européenne et les droits fondamentaux après le traité d'Amsterdam : vers un nouveau système européen de protection des droits de l'homme ?* JCP, éd. G, 1998, I, p. 100 ; V. aussi J. Andriantsimbazovina, *La convention européenne des droits de l'homme et la Cour de justice des Communautés européennes après le traité d'Amsterdam : de l'emprunt à l'appropriation ?*, Europe, Éditions techniques, octobre 1998, p. 3). L'on remarquera d'une telle possibilité de distorsion entre les exigences de la convention telle qu'interprétée par la Cour de Strasbourg et les droits fondamentaux tels que définis par la Cour de justice des Communautés européennes existe déjà (par exemple, en matière de protection des locaux commerciaux, V. sur ce point W. P. J. Wils, *La compatibilité des procédures*

communautaires en matière de concurrence avec la convention européenne des droits de l'homme, Cah. dr europ. 1996, p. 329, voir p. 352 ; J. G. Huglo, *Droits fondamentaux et ordre juridique communautaire. A propos de deux décisions récentes*, Gaz. eur. du Palais n° 23, 7 et 8 juin 2000, p. 34). Il est à souhaiter que l'interprétation de la convention par la Cour de justice des Communautés soit la moins « autonome » possible par rapport à celle de la Cour de Strasbourg car les juridictions nationales, elles, sont tenues de respecter à la fois les prescriptions relevant des deux ordres juridiques. Toute interprétation autonome les mettrait donc dans une situation très délicate (voir, sur cette "congruence" nécessaire : F. Zampini, *La Cour de justice des Communautés européennes, gardienne des droits fondamentaux « dans le cadre du droit communautaire »*, RTD eur. 1999/4, p. 659.

174 ***Les situations ne relevant pas du droit communautaire*** ◇ Enfin, ces dispositions qui se réfèrent expressément aux seules situations où la Cour de justice est compétente en vertu du traité sur l'Union européenne ou des traités communautaires semblent consacrer la jurisprudence de la Cour selon laquelle celle-ci n'est pas compétente pour fournir à un juge national, à l'occasion d'une question préjudicielle, les éléments d'interprétation de la convention européenne des droits de l'homme dès lors que la réglementation nationale contestée à ce titre concerne une situation qui ne relève pas du champ d'application du droit communautaire (C.J.C.E., 29.05.1997, *Kremzow*, précité).

175 ***Indications bibliographiques*** ◇ H. Labayle, *Un espace de liberté, de sécurité et de justice*, RTD eur. 1997/4, p. 813 ; C. Curti Gialdino, *Schengen et le troisième pilier : le contrôle juridictionnel organisé par le traité d'Amsterdam*, Rev. Marché unique européen 1998/2, p. 89 ; P. Girerd, *L'article 68 C.E. : un renvoi préjudiciel d'interprétation et d'application incertaines*, RTD eur. 1999 (2), p. 239 ; P. Wachsmann, *Les droits de l'homme*, RTD eur. 1997 (4), p. 883 ; F. Zampini, *La Cour de justice des Communautés européennes, gardienne des droits fondamentaux « dans le cadre du droit communautaire »*, RTD eur. 1999/4, p. 659.

DEUXIÈME PARTIE

LE CONTENTIEUX DIRECT

TITRE 1
LES RÈGLES DE PROCÉDURE

176 ***Division*** ◇ Les règles de procédure sont communes à tous les recours portés directement devant le Tribunal ou la Cour. Il convient de les analyser en premier lieu, étant précisé que celles relatives aux délais et aux prescriptions et concernant les conditions de recevabilité des recours qui sont différentes selon les voies de droit, seront examinées dans chacun des développements consacrés à celles-ci.

177 ***Sources*** ◇ Les règles de procédure figurent dans trois séries d'instruments de nature juridique différente : d'une part, dans chacun des trois traités institutifs des Communautés et dans les trois protocoles portant statut de la Cour qui leur sont annexés ; d'autre part, dans les deux règlements de procédure, celui de la Cour complété par un règlement additionnel et celui du Tribunal ; enfin dans les instructions au greffier de la Cour (4.12.1974, *JO* L. 350, p. 33, mod. 3.10.1986, *JO*, C 286, p. 4) et au greffier du Tribunal (3.03.1994 – *JO*, L. 78 du 22 mars 1994, p. 32).

Bien que les protocoles portant statut de la Cour participent de la nature des traités auxquels ils sont respectivement annexés, leurs titres III, consacrés à la procédure, peuvent être modifiés par le Conseil statuant à l'unanimité sur demande de la Cour et après consultation de la Commission et du Parlement européen. Ainsi en a-t-il été le 22 décembre 1994 à la suite de l'entrée en vigueur du traité sur l'Union européenne et de l'accord sur l'Espace Économique européen (Décision 94/993 CE – J.O.C.E. L. 379 du 31.12.1994) et le 6 juin 1995 (J.O.C.E., L. 131, du 15.06.1995).

Les règlements de procédure sont élaborés respectivement par chacune des juridictions, celui du Tribunal en accord avec la Cour. Ils doivent recevoir l'approbation unanime du Conseil. Le règlement de la Cour, dans sa version du 19 juin 1991 a fait l'objet de plusieurs modifications, en dernier lieu le

16 mai 2000 (*JO* L. 122/43 du 24.05.2000 ; pour une version codifiée mais ne tenant pas compte de cette dernière modification : J.O.C.E. n° C-65, 06.03.1999, p. 1). Celui du Tribunal, dans sa version du 2 mai 1991 a également été modifié plusieurs fois, en dernier lieu, le 17 mai 1999 pour l'institution du juge unique (J.O.C.E. L. 135 du 29.05.1999, p. 92).

178 ***Indications bibliographiques*** ◇ G. Vandersanden et A. Barav, *Contentieux communautaire,* Bruxelles 1977 – J. Biancarelli, *Le règlement de procédure du Tribunal de première instance des Communautés européennes : le perfectionnement dans la continuité,* RTD eur., 1991, p. 543 – F. Picod, *Cour de justice (procédure),* Dalloz, encyclopédie droit communautaire 1992 – M. Chr. Bergerès, *Contentieux communautaire,* 2ᵉ édit. 1994 – R. Kovar, *Cour de justice-procédure,* J. Cl. Europe, fasc. 320 – J. Rideau et F. Picod, *Code de procédures communautaires,* Litec 1994. – A. Rigaux, *Le Tribunal de première instance-Relations avec la Cour de justice-procédure,* J. Cl. Europe, fasc. 301 – J. L. Sauron, *Droit et pratique du contentieux communautaire,* Doc. Fse, réflexe Europe, 1997 – D. Simon, *Le système juridique communautaire,* P.U.F., 2ᵉ éd., 1998.

CHAPITRE 1

DISPOSITIONS GÉNÉRALES

179 ***Règles communes aux procédures ordinaires et aux procédures spéciales*** ◇ Certaines des règles de la procédure sont applicables, de manière générale, aussi bien aux procédures spéciales, telles que le référé ou le pourvoi devant la Cour contre un arrêt du Tribunal, qu'aux procédures ordinaires des actions portées devant la Cour ou le Tribunal et visant à obtenir une décision sur le fond.

Ces règles sont celles relatives à la représentation et à l'assistance des parties, à l'assistance judiciaire et à la gratuité de la procédure, à la langue de procédure, au caractère non suspensif des recours, à l'attribution des recours aux chambres ; enfin au calcul des délais. Elles seront examinées dans cet ordre.

SECTION 1. LA REPRÉSENTATION DES PARTIES

180 ***Principe de la représentation obligatoire*** ◇ Les statuts de la Cour (C.E., art. 17 – C.E.E.A., art. 17 et 30), applicables en cela au Tribunal, posent le principe de la représentation obligatoire des parties.

Les États ainsi que les institutions des Communautés sont représentés par un agent nommé pour chaque affaire, l'agent pouvant être assisté d'un conseil ou d'un avocat inscrit à un barreau de l'un des États membres. Les États parties à l'accord sur l'E.E.E. autres que les États membres, ainsi que l'autorité de surveillance A.E.L.E. visée par ledit accord, sont représentés de la même manière. Sous peine d'irrecevabilité, les autres parties doivent être représentées par un avocat. Seul un avocat habilité à exercer devant une juridiction d'un État membre ou d'un autre État partie à l'accord sur l'E.E.E. peut représenter ou assister une partie.

Cette règle de la représentation obligatoire a pour but de « garantir que la Cour n'entendra que des opinions juridiques et des explications de fait qu'un avocat a *examinées* et qui lui ont paru de nature à être exposées » (concl. K. Roemer, dans C.J.C.E., 2.12.1964, *A. Merlini*, XI-1, p. 20).

Il en résulte que la présence de la partie personne physique n'est pas requise, de sorte que les frais de déplacement et de séjour à Luxembourg d'un requérant n'entrent pas, en principe, dans les dépens récupérables, sauf si cette présence est indispensable aux fins de la procédure (C.J.C.E. (Ord.), 17.09.1981, *Oberthür*, 24/79, p. 2229).

L'obligation vaut tant pour les actes de procédure que pour les plaidoiries. La requête et les mémoires sont signés par le représentant de la partie qui les présente (Règl. proc. Cour, art. 37, § 1 – T.P.I., art. 43, § 1). Les parties ne peuvent plaider que par l'organe de leur représentant (Statuts C.E., art. 29 - C.E.E.A., art. 30 - *infra,* n° 147).

181 ***Exceptions*** ◇ Il en existe deux.

La première, commune à la Cour et au Tribunal, concerne les demandes d'assistance judiciaire gratuite qui sont dispensées du ministère d'avocat (Règl. proc. Cour, art. 76, § 2 - T.P.I., art. 94, § 2 - V. *infra,* 150 et s.).

La seconde, propre à la Cour, concerne la procédure de renvoi préjudiciel. Dans celle-ci, la Cour tient compte des règles de procédure applicables devant les juridictions nationales qui l'ont saisie (Règl. proc. Cour, art. 104, § 2). Ainsi, si la représentation des parties n'est pas obligatoire devant la juridiction nationale auteur du renvoi, ces parties sont admises à formuler elles-mêmes leurs observations devant la Cour (C.J.C.E., 26.11.1975, *Coenen e.a.,* 39/75, p. 1547, concl. J. P. Warner, *supra,* n° 65).

§ 1. Modalités de la représentation

182 ***La représentation par un agent*** ◇ Les États et les institutions communautaires sont représentés, comme on vient de le noter, par un agent nommé pour chaque affaire. Cet agent peut être assisté d'un avocat inscrit à un barreau de l'un des États membres ou d'un conseil.

Les États et les institutions disposent d'une grande liberté dans le choix de leurs représentants. En pratique, les institutions sont généralement représentées par un membre de leur service juridique mais l'agent peut leur être extérieur. La pratique des États membres est variable. Si certains, comme la France, la Belgique ou le Luxembourg se font généralement représenter par des fonctionnaires, d'autres, comme le Royaume-Uni ou l'Irlande, se font représenter par des fonctionnaires assistés d'avocats ; d'autres enfin, comme l'Italie ou l'Espagne, par un corps spécial de fonctionnaires, les avocats de l'État.

La même liberté existe pour le choix du conseil qui peut être un professeur de droit à qui le droit national ne reconnaît pas le droit de plaider (C.J.C.E., 22.05.1985, *Parlement c. Conseil,* 13/83, p. 1513, concl. C. O. Lenz).

183 ***La représentation par un avocat*** ◇ La même diversité ne se retrouve pas chez les parties autres que les États et les institutions qui ont l'obligation de se faire représenter par un avocat habilité à exercer devant une juridiction d'un État membre ou d'un autre État partie à l'accord sur l'E.E.E. Les professeurs, ressortissants des États membres, lorsque leur législation leur reconnaît le droit de plaider, sont assimilés aux avocats (Statuts C.E., art. 17 - C.E.E.A., art. 17 - Règl. proc. Cour, art. 36 - T.P.I. art. 42).

En revanche, la grande diversité que connaissent les États membres dans la définition et l'organisation de la profession d'avocat rend délicat le recours à un concept unique. D'autant que la notion d'avocat, au sens de l'article 17 du Statut C.E. (17 C.E.E.A.), ne coïncide pas toujours avec les dénominations retenues par la directive du Conseil du 22 mars 1977 (77/248) tendant à faciliter l'exercice de la prestation de services par les avocats et que l'exercice de la profession devant la juridiction communautaire n'est pas organisé par les statuts et les règlements de procédure.

La question s'est révélée délicate au Royaume-Uni où il s'agissait de savoir ce que recouvrait le terme « lawyer » utilisé dans la version anglaise de l'article 17, al. 2 du Statut C.E. Il semble que la Cour ait une conception large de la notion de lawyer et ne s'estime pas liée par les règles internes régissant la répartition des compétences entre barristers et solicitors.

L'avocat peut être d'une nationalité autre que celle de la partie qu'il représente. Le ressortissant d'un État tiers aux Communautés ne pourra se faire représenter par un avocat de sa nationalité que si celui-ci est habilité à exercer devant une juridiction d'un État membre ou d'un autre État partie à l'accord sur l'E.E.E..

Lorsque la capacité d'un avocat à plaider devant la Cour est contestée parce qu'il a fait l'objet d'une sanction disciplinaire, la Cour se réfère à la loi nationale de l'avocat incriminé (C.J.C.E., 20.03.1959, *Nold*, 18/57, p. 89, concl. K. Roemer).

La question de savoir si un avocat partie à une affaire peut plaider sa propre cause est longtemps restée sans réponse, les quelques rares illustrations de cette hypothèse n'étant pas concluantes. La pratique du greffe tendait à faire régulariser la requête par le requérant, c'est-à-dire à lui faire constituer avocat. Par ordonnances du 5 décembre 1996 (C.J.C.E. (Ord.) *Lopes*, C-174 et 175/96 P, I, p. 6401 et I, p. 6409) la Cour affirme « l'obligation faite à une « partie », y compris lorsqu'elle a la qualité d'avocat, de recourir à un tiers pour assurer sa représentation » devant elle.

§ 2. Statut des représentants des parties

184 ***Droits, privilèges et obligations*** ◇ Selon les statuts de la Cour (C.E., art. 17 - C.E.E.A., art. 17), le statut des agents, conseils et avocats comparant devant la juridiction communautaire est formé de droits et d'obligations liés à l'exercice indépendant de leurs fonctions. Ces droits et obligations sont définis par les règlements de procédure (Règl. proc. Cour, art. 32 à 36 - T.P.I., art. 38 à 42).

A. Droits et immunités

185 ***Immunité*** ◇ Les agents, les conseils et les avocats qui se présentent devant les juridictions communautaires, ou devant une autorité judiciaire commise par elles en vertu d'une commission rogatoire, jouissent de l'immunité pour les paroles prononcées et les écrits produits relatifs à la cause ou aux parties (Règl. proc. Cour, art. 32, § 1 - T.P.I., art. 38, § 1).

186 ***Autres privilèges et facilités*** ◇ Les agents, conseils et avocats jouissent en outre des privilèges et facilités suivants :

a) tous papiers et documents relatifs à la procédure sont exempts de fouille et de saisie. En cas de contestation, les préposés de la douane et de la police peuvent sceller les papiers et documents en question qui sont alors transmis sans délai à la juridiction pour qu'ils soient vérifiés en présence du greffier et de l'intéressé,

b) les agents, conseils et avocats ont droit à l'attribution des devises nécessaires à l'accomplissement de leur tâche,

c) ils jouissent de la liberté de déplacement dans la mesure nécessaire à l'accomplissement de leur tâche (Règl. proc. Cour, art. 32, § 2 – T.P.I., art. 38, § 2).

187 ***Conditions de jouissance*** ◇ Les privilèges, immunités et facilités sont accordés exclusivement dans l'intérêt de la procédure. Pour en bénéficier les intéressés doivent justifier préalablement de leur qualité,

a) les agents, par un document officiel délivré par leur mandant qui en notifie immédiatement copie au greffier,

b) les conseils et avocats, par une pièce de légitimation signée par le greffier. La durée de validité de cette pièce est limitée à un délai fixe ; elle peut être étendue ou restreinte selon la durée de la procédure (Règl. proc. Cour, art. 33 – T.P.I. art. 39). Les avocats assistant ou représentant une partie n'ont pas à produire une procuration en bonne et due forme, sauf à justifier de ce pouvoir en cas de contestation (C.J.C.E., 16.02.1965, *E. Barge*, 14/64, XI-4, concl. K. Roemer – T.P.I., 26.09.1990, *Virgilli-Schettini*, T-139/89, II, p. 535 – C.J.C.E., 5.11.1991, C-348/90 P, I, p. 5211).

Les juridictions n'ont pas le pouvoir de lever les privilèges et les facilités visés au numéro précédent. Elles peuvent en revanche lever l'immunité visée *supra* au numéro 185 lorsqu'elles estiment que cette levée n'est pas contraire à l'intérêt de la procédure (Règl. proc. Cour, art. 34 – T.P.I. art. 40). Dans le silence du texte il semble que dans ce cas la procédure applicable soit celle de l'article 91 du règlement de procédure sur les incidents de procédure (Règl. proc. T.P.I., art. 114). Le point n'est pas tranché de savoir si cette levée d'immunité pourrait être ordonnée d'office ou uniquement à la demande d'un tiers à la procédure.

B. Obligations

188 ***Sanction du comportement à l'égard de la juridiction*** ◇ À l'égard des conseils et des avocats qui se présentent devant elles, les juridictions communautaires jouissent des pouvoirs normalement reconnus aux cours et tribunaux dans les conditions déterminées par les règlements de procédure (Statuts C.E. art. 17 – C.E.E.A., art. 17).

Le conseil ou l'avocat dont le comportement devant la Cour, une chambre ou un magistrat (le Tribunal, le président, un juge ou le greffier) est incompatible avec la dignité de la Cour (du Tribunal), ou qui use des droits qu'il tient de ses fonctions à des fins autres que celles pour lesquelles ces droits lui ont été reconnus, peut à tout moment être exclu de la procédure par ordonnance prise par la Cour ou la chambre (par le Tribunal), l'avocat général entendu, la défense de l'intéressé assurée. Les conditions dans lesquelles cette défense est assurée ne sont pas précisées. Cette ordonnance est immédiatement exécutoire.

La décision d'exclusion a pour effet de priver la partie de son défenseur. La procédure est en conséquence suspendue jusqu'à l'expiration d'un délai fixé par le président pour permettre à la partie de désigner un autre conseil ou avocat.

Cette décision peut être rapportée, sans que les règlements de procédure précisent les conditions de ce retrait.

Les règlements de procédure ne traitent pas du point de savoir si le pouvoir disciplinaire des juridictions s'étend aux agents. Ce point reste discuté en doctrine.

189 ***Responsabilité de la procédure*** ◇ L'avocat a la responsabilité de la procédure. N'est donc pas recevable à titre de réplique un mémoire qui, de l'aveu même de l'avocat, a été rédigé par son client (C.J.C.E., 21.01.1965, *Merlini*, 108/63, XI-1, concl. K. Roemer).

SECTION 2. GRATUITÉ. ASSISTANCE JUDICIAIRE GRATUITE

190 ***Gratuité de la procédure*** ◇ La procédure devant les juridictions communautaires est en principe gratuite, sous réserve des dispositions suivantes (Règl. proc. Cour, art. 72 - T.P.I., art. 90) :

a) si la Cour (ou le Tribunal) a exposé des frais qui auraient pu être évités, elle (ou il) peut condamner la partie qui les a provoqués à les rembourser,

b) les frais de tout travail de copie et de traduction effectué à la demande d'une partie, considérés par le greffier comme extraordinaires, sont remboursés par cette partie sur la base du tarif du greffe. Ce tarif est établi par la juridiction sur proposition du greffier.

191 ***Assistance judiciaire gratuite*** ◇ Afin d'assurer le principe de l'égalité d'accès à la justice, les règlements de procédure instituent une assistance judiciaire gratuite (Règl. proc. Cour, art. 76 - T.P.I., art. 94 et s.). À ces dispositions intéressant les recours directs, le règlement de la Cour ajoute que, dans des cas particuliers, celle-ci peut accorder au titre de l'assistance judiciaire une aide destinée à faciliter la représentation ou la comparution d'une partie dans la procédure préjudicielle (Règl. proc. Cour, art. 104, § 6).

192 ***Demande d'attribution*** ◇ La demande, qui peut être présentée à tout moment, est accompagnée de tous renseignements établissant l'état de besoin, notamment d'un certificat de l'autorité compétente justifiant la

situation d'indigence (Règl. proc. Cour, art. 76, § 1 – T.P.I., art. 94, § 1). Lorsque la demande est présentée antérieurement au recours que l'intéressé se propose d'intenter, elle expose sommairement l'objet de ce recours (Règl. proc. Cour, art. 76, § 2 – T.P.I., art. 94, § 2).

Cette demande est dispensée du ministère d'avocat (*idem*). Toutefois, en règle générale, le recours au principal nécessite l'assistance d'un avocat et le demandeur doit joindre une estimation des frais qui comprennent notamment la rémunération du ou des conseils, ce qui limite en pratique l'intérêt d'une telle disposition.

La demande d'assistance judiciaire ne suspend pas le délai pour introduire le recours. Il n'en va autrement que si cette demande est présentée sans ministère d'avocat dans le délai du recours, mais antérieurement à l'introduction de celui-ci. Dans ce cas, ce délai est suspendu jusqu'à notification au demandeur de l'ordonnance du Tribunal (T.P.I. (Ord.) 14.01.1993, *Lallemand-Zeller*, T-92/92 AJ, II, p. 31).

193 ***Attribution*** ◇ Devant la Cour, le président désigne le juge rapporteur. La chambre dont ce juge fait partie décide, après avoir pris connaissance des observations écrites de l'autre partie, l'avocat général entendu, de l'admission totale ou partielle au bénéfice de l'assistance judiciaire gratuite ou de son refus.

Si l'action au fond est manifestement mal fondée ou irrecevable (C.J.C.E., (Ord.) 26.02.1981, *Farrall*, 10/81, p. 717), la juridiction peut déclarer la demande d'assistance judiciaire irrecevable dès avant la communication de la requête à la partie défenderesse (C.J.C.E. (Ord.), 21.10.1982, *K*, 233/82, p. 3637).

La chambre statue par voie d'ordonnance non motivée et non susceptible de recours (Règl. proc. Cour, art. 76, § 3 – T.P.I., art. 94, § 2).

Devant le Tribunal, c'est au président de décider, après avoir pris connaissance des observations de l'autre partie, de l'admission ou de son refus. Il examine si l'action n'est pas manifestement mal fondée. Il peut déférer la question au Tribunal. La décision est prise par voie d'ordonnance non motivée, non susceptible de recours (Règl. proc. T.P.I., art. 94, § 2, nouveau).

Le bénéfice de l'assistance judiciaire gratuite peut être retiré à tout moment, soit d'office, soit sur demande, si les conditions qui l'ont fait admettre se modifient en cours d'instance (Règl. proc. Cour, art. 76, § 4 – T.P.I., art. 96).

194 ***Modalités*** ◇ La juridiction, dans l'ordonnance par laquelle elle décide l'admission au bénéfice de l'assistance judiciaire, ordonne qu'un avocat sera désigné pour assister l'intéressé. Si celui-ci ne propose pas lui-même un avocat ou si la juridiction estime qu'il n'y a pas lieu d'entériner son choix, le greffier adresse une expédition de l'ordonnance et une copie de la demande d'assistance judiciaire à l'autorité compétente de l'État intéressé, qui est pour la France le ministre de la justice. Au vu des propositions transmises par

cette autorité, la juridiction procède à la désignation d'office de l'avocat chargé d'assister l'intéressé (Règl. proc. add. Cour, art. 4 - T.P.I. Règl. proc. art. 95, § 2).

En cas d'admission au bénéfice de l'assistance judiciaire, la caisse de la juridiction avance les frais. La juridiction statue sur les débours et honoraires de l'avocat. Le président peut ordonner qu'une avance soit faite à ce dernier.

La décision qui statue sur les dépens peut prononcer la distraction au profit de la caisse de la juridiction des sommes versées au titre de l'assistance judiciaire gratuite (Règl. proc. Cour, art. 76, § 5 - T.P.I., art. 97, § 3). Ces sommes sont récupérées par le greffier contre la partie qui a été condamnée à les payer, même si la partie qui a succombé est indigente (C.J.C.E., 18.10.1977, *Schertzer*, 25/68, p. 1729, concl. H. Mayras - (Ord.) 23.09.1987, *De Naeyer*, 43/83, p. 3569).

SECTION 3. **LANGUES DE PROCÉDURE**

195 ***Désignation*** ◇ Les règlements de procédure (Cour, art. 29, § 1 - T.P.I., art. 35, § 1) énumèrent les langues de procédure. Ce sont l'allemand, l'anglais, le danois, l'espagnol, le finnois, le français, le grec, l'irlandais, l'italien, le néerlandais, le portugais et le suédois.

196 ***Conditions d'emploi*** ◇ La langue de procédure est choisie par le requérant sous réserve des dispositions suivantes :

a) si, devant la Cour, le défendeur est un État membre ou une personne physique ou morale ressortissant d'un État membre, la langue de procédure est la langue officielle de cet État. Dans le cas où il existe plusieurs langues officielles, le requérant a la faculté de choisir celle qui lui convient (Règl. proc. Cour art. 29, § 2) ;

b) à la demande conjointe des parties, l'emploi, pour tout ou partie de la procédure d'une autre des langues indiquées au numéro précédent peut être autorisé (Règl. proc. Cour art. 29, § 2 - T.P.I., art. 35, § 2) ;

c) à la demande d'une partie, l'autre partie et l'avocat général entendus, devant la Cour, par dérogation aux dispositions sous a) et b), devant le Tribunal par dérogation aux dispositions sous b), l'emploi total ou partiel comme langue de procédure d'une autre des langues mentionnées au numéro précédent peut être autorisé. Une telle demande doit être accompagnée d'une motivation circonstanciée et spécifique démontrant que, en l'absence d'une telle dérogation, il serait porté atteinte aux droits de la partie qui la sollicite (T.P.I. (Ord.), 13.05.1993, *Ladbroke Racing*, T-74/92, II, p. 535). La dérogation peut n'être accordée que pour la phase orale de la procédure (T.P.I. (Ord.), 6.02.1995, *Auditel*, T-66/94, II, p. 239).

Cette demande ne peut être introduite par l'une des institutions des Communautés (Règl. proc. Cour art. 29, § 2 - T.P.I., art. 35, § 2). Ces dernières sont censées pouvoir s'exprimer dans toutes les langues des Communautés (C.J.C.E., 10.05.1960, *FERAM*, 1/60, p. 351, concl. M. Lagrange).

La décision sur les demandes visées *supra* sous b) et c) peut être prise par le président. Celui-ci peut, ou, s'il veut y faire droit sans l'accord de toutes les parties, doit déférer la demande à la juridiction (Règl. proc. Cour, art. 29, § 2 – T.P.I., art. 35, § 2).

Il n'est rien prévu lorsque le demandeur est le ressortissant d'un État tiers.

Par dérogation, les États membres sont autorisés à utiliser leur propre langue officielle lorsqu'ils interviennent à un litige pendant devant la Cour ou lorsqu'ils participent aux procédures de renvoi préjudiciel (*supra,* n° 64). Les États parties à l'accord sur l'E.E.E. autres que les États membres, ainsi que l'autorité de surveillance A.E.L.E., peuvent être autorisés dans les mêmes circonstances à utiliser l'une des langues de procédure autre que celle de l'instance.

197 ***Usage*** ◇ Les règles concernant la langue de procédure ne sont pas d'ordre public (C.J.C.E., 10.05.1960, *FERAM,* 1/60, p. 351, précité).

La langue de procédure est notamment employée dans les mémoires et plaidoiries des parties, y compris les pièces et documents annexés ainsi que les procès-verbaux et décisions de la Cour et du Tribunal. Toute pièce et tout document produits ou annexés et rédigés dans une langue autre que la langue de procédure sont accompagnés d'une traduction dans la langue de procédure. Toutefois, dans le cas de pièces et documents volumineux, des traductions en extrait peuvent être présentées. À tout moment la Cour, une chambre ou le Tribunal peuvent exiger une traduction plus complète ou intégrale, soit d'office, soit à la demande d'une des parties. La dérogation prévue au bénéfice des États membres (numéro précédent) s'applique tant aux documents écrits qu'aux déclarations orales. La traduction dans la langue de procédure est assurée dans ce cas par les soins du greffier (Règl. proc. Cour, art. 29, § 3 – T.P.I., art. 35, § 3).

Lorsque les témoins ou experts déclarent qu'ils ne peuvent pas s'exprimer convenablement dans une des langues mentionnées comme langue de procédure (*supra,* n° 195), la Cour, la chambre ou le Tribunal peuvent les autoriser à formuler leurs déclarations dans une autre langue. Le greffier assure la traduction dans la langue de procédure (Règl. proc. Cour, art. 29, § 4 – T.P.I., art. 35, § 4).

Les présidents pour la direction des débats, le juge rapporteur pour le rapport préalable et le rapport d'audience, les juges et les avocats généraux lorsqu'ils posent des questions et ces derniers pour leurs conclusions peuvent employer une des langues mentionnées *supra,* n° 195 autre que la langue de procédure. Le greffier assure la traduction dans la langue de procédure (Règl. proc. Cour, art. 29, § 5 – T.P.I., art. 35, § 5).

Le greffier veille à ce que soit effectuée, à la demande d'un des juges, de l'avocat général ou d'une partie, la traduction dans les langues de leur choix, mentionnées *supra,* n° 195, de ce qui est dit ou écrit pendant la procédure devant la Cour, une chambre ou le Tribunal (Règl. proc. Cour, art. 30 – T.P.I., art. 36).

SECTION 4. CARACTÈRE NON SUSPENSIF DES RECOURS

198 ***Dispositions des traités*** ◇ Les traités (C.E. art. 242 (ex-art. 185) – C.E.E.A., art. 157) décident que les recours formés devant la juridiction communautaire n'ont pas d'effet suspensif. Celle-ci peut cependant ordonner le sursis à l'exécution de l'acte attaqué (V. *infra,* n° 298).

Le titre IV des statuts de la Cour relatif au Tribunal de première instance précise que le pourvoi devant la Cour contre les arrêts du Tribunal n'a pas non plus d'effet suspensif (*infra,* n° 311).

SECTION 5. L'ATTRIBUTION DES RECOURS AUX CHAMBRES

199 ***Règles devant la Cour*** ◇ La réglementation de cette question devant la Cour a suivi une évolution dont la dernière étape a été marquée par le traité sur l'Union européenne qui a modifié l'article 165 C.E. (devenu depuis le traité d'Amsterdam l'art. 221) (art. 137 C.E.E.A.). Celui-ci dispose en son deuxième alinéa : « La Cour de justice siège en séance plénière. Toutefois, elle peut créer en son sein des chambres composées chacune de trois ou de cinq juges, en vue, soit de procéder à certaines mesures d'instruction, soit de juger certaines catégories d'affaires, dans les conditions prévues par un règlement établi à cet effet ».

L'alinéa trois modifié ajoute : « La Cour de justice siège en séance plénière lorsqu'un État membre ou une institution de la Communauté qui est partie à l'instance le demande ». La Cour n'a donc pas obtenu que, comme elle le souhaitait, cette question soit extraite des traités pour être exclusivement régie par règlement de procédure.

Celui-ci comporte à cet égard deux ordres de dispositions. Il décide d'abord (art. 9) que le président attribue les affaires, dès le dépôt de la requête, à une chambre en vue des mesures d'instruction éventuelles et désigne en son sein le juge rapporteur (§ 2) et ajoute (§ 3) que « la Cour fixe des critères selon lesquels les affaires sont en principe réparties entre les chambres ».

Il détermine ensuite, conformément à cette disposition, les modalités de cette répartition (art. 95). Peuvent ainsi être renvoyés par la Cour devant les chambres les pourvois formés contre les décisions du Tribunal, les renvois préjudiciels ainsi que toute autre affaire, dans la mesure où sa difficulté ou son importance ou des circonstances particulières ne demandent pas que la Cour statue en séance plénière.

La décision portant renvoi est prise par la Cour à l'issue de la procédure écrite, sur le vu du rapport préalable présenté par le juge rapporteur, l'avocat général entendu. Comme indiqué précédemment, ce renvoi n'est toutefois pas admissible lorsqu'un État membre ou une institution, partie à l'instance, a demandé que l'affaire soit tranchée en séance plénière. Par partie à l'instance, il y a lieu d'entendre, au sens de cette disposition, tout État membre ou toute institution qui est partie ou partie intervenante au litige même, ou qui a déposé des observations écrites dans le cadre des procédures préjudicielles. Cette demande ne peut pas être formée dans les litiges entre les Communautés et leurs agents (art. 95, § 2).

La chambre peut à tout stade de la procédure renvoyer une affaire devant la Cour (art. 95, § 3). Cette faculté a déjà été utilisée, y compris après les conclusions de l'avocat général (C.J.C.E., 3.12.1987, *Newstead,* 192/85, p. 4753 concl. M. Darmon - 10.03.1992, *Powell Duffryn,* C-214/89, I, p. 1745 concl. G. Tesauro - 8.04.1992, *Cato,* C-55/90, I, p. 2533, concl. M. Darmon - 30.04.1996, *Cabanis-Issarte,* C-308/93, I, p. 2097, concl. G. Tesauro). En pareil cas, la Cour ordonne la réouverture de la procédure orale.

200 ***Règles devant le Tribunal*** ◇ La décision du Conseil du 24 octobre 1988 instituant le Tribunal dispose (art. 2, § 4) que celui-ci siège en chambres composées de trois ou de cinq juges et que le règlement de procédure détermine la composition des chambres et l'attribution des affaires à ces dernières. Le texte ajoute que ce règlement détermine les cas dans lesquels le Tribunal peut siéger en formation plénière.

Dès le dépôt de la requête, le président du Tribunal attribue les affaires à une chambre. Le président de la chambre propose au président du Tribunal, pour chaque affaire attribuée à la chambre, la désignation d'un juge rapporteur ; le président du Tribunal statue (Règl. proc. art. 13).

L'article 12 du règlement de procédure dispose que « le Tribunal fixe les critères selon lesquels les affaires sont réparties entre les chambres » par décision publiée au J.O.C.E. Pour la période allant du 1.10.2000 au 30.08.2001, sont attribuées aux chambres composées de cinq juges les affaires d'aides et de défense commerciale, les autres affaires étant déférées aux chambres à trois juges (V. J.O.C.E. C 259, 09.09.2000, p. 14) Les articles 14 et 51 permettent une application souple de ces critères. L'article 14 précise, en effet, que « lorsque la difficulté en droit ou l'importance de l'affaire ou des circonstances particulières le justifient, une affaire peut être renvoyée à la formation plénière ou à une chambre composée d'un nombre différent de juges ». Dans les mêmes cas, la chambre saisie de l'affaire peut, à tout stade de la procédure, soit d'office, soit à la demande d'une partie, proposer à la formation plénière le renvoi de l'affaire à celle-ci ou à une chambre composée d'un nombre différent de juges. La formation plénière décide sur le renvoi, les parties et l'avocat général entendus (Règl. proc. art. 51).

Outre les cas qui viennent d'être indiqués, les affaires peuvent, dans certaines hypothèses, être attribuées à la formation plénière pour le jugement des demandes en référé (Règl. proc. art. 106, *infra,* n° 273), pour le jugement des affaires sur renvoi après annulation sur pourvoi (Règl. proc., art. 118, *infra,* n° 323), pour le jugement des demandes en tierce opposition (Règl. proc., art. 124, *infra,* n° 359), en révision (Règl. proc., art. 127, *infra,* n° 364) et en interprétation d'arrêt (Règl. proc., art. 129, *infra,* n° 354).

201 ***Le juge unique*** ◇ Depuis la modification du règlement de procédure du Tribunal de première instance intervenue le 17 mai 1999 (JOCE n° L 135 du 29 mai 1999, p. 92), les affaires dévolues à des chambres à trois juges peuvent, sur décision unanime de la chambre, les parties entendues, être attribuées à un juge unique, lequel est dans ce cas le juge rapporteur (art. 51, Règl. Proc. T.P.I.). Lorsqu'un Etat membre ou une institution communautaire, partie à l'instance, s'oppose à ce renvoi au juge unique, l'affaire est maintenue devant la chambre (art. 51, Règl. Proc. T.P.I.).

Cette dévolution à un juge unique est possible pour les recours des agents des Communautés, les recours en annulation et en carence des personnes physiques ou morales, les recours en responsabilité extracontractuelle des Communautés et les litiges résultant d'une clause compromissoire. En ce qui concerne les recours en annulation et en carence des particuliers ainsi que le recours en responsabilité extracontractuelle, il est exigé que le litige ne soulève que des questions déjà clarifiées par une jurisprudence établie ou relève d'une série d'affaires ayant le même objet et dont l'une a déjà été décidée avec force de chose jugée (art. 14, Règl. Proc. T.P.I.). Dans cette perspective, l'institution du juge unique est destinée à permettre au Tribunal de faire face à un contentieux répétitif, tel celui sur les quotas laitiers.

La dévolution à un juge unique est exclue pour les affaires qui soulèvent des questions relatives à la légalité d'un acte de portée générale, pour les affaires concernant la mise en œuvre des règles de concurrence et de contrôle des concentrations, des règles concernant les aides accordées par les Etats, des règles visant les mesures de défense commerciale, des règles relatives à l'organisation commune des marchés agricoles à l'exception des recours relatifs à une série d'affaires ayant le même objet et dont l'une a déjà été décidée avec force de chose jugée, pour les recours contre les décisions de l'Office d'harmonisation dans le marché intérieur (marques, dessins et modèles) et de l'Office communautaire des variétés végétales (art. 14, Règl. Proc. T.P.I.).

Le juge unique renvoie l'affaire devant la chambre s'il constate que les conditions de la dévolution ne sont plus réunies (art. 14, Règl. Proc. T.P.I.).

Pour les affaires dévolues à un juge unique, celui-ci exerce les pouvoirs attribués au président, à l'exception du sursis et des autres mesures provisoires ordonnées en référé (art. 16, Règl. Proc. T.P.I.). Le juge unique est également compétent pour les requêtes en interprétation de sa décision (art. 129, § 2, Règl. Proc. T.P.I.), les demandes en tierce opposition (art. 124, Règl. Proc. T.P.I.) et en révision (art. 127, § 1, Règl. Proc. T.P.I.).

Lorsque la Cour de justice annule une décision rendue par un juge unique, le président du Tribunal attribue l'affaire à une chambre à trois juges dont le juge unique ne fait pas partie (art. 118, § 2 bis, Règl. Proc. T.P.I.).

SECTION 6. LE CALCUL DES DÉLAIS

202 ***Modes de calcul*** ◇ Suivant l'article 80 du Règlement de procédure de la Cour (art. 101, Règl. proc. T.P.I.), les délais de procédure prévus par les

traités, les statuts de la Cour et les règlements de procédure sont calculés de la façon suivante :

a) si un délai exprimé en jours, en semaines, en mois ou en années est à compter à partir du moment où survient un événement ou s'effectue un acte, le jour au cours duquel survient cet événement ou se situe cet acte n'est pas compté dans le délai ;

b) un délai exprimé en semaines, en mois ou en années prend fin à l'expiration du jour qui, dans la dernière semaine, dans le dernier mois ou dans la dernière année, porte la même dénomination ou le même chiffre que le jour au cours duquel est survenu l'événement ou a été effectué l'acte à partir desquels le délai est à compter. Si dans un délai exprimé en mois ou en années, le jour déterminé pour son expiration fait défaut dans le dernier mois, le délai prend fin à l'expiration du dernier jour de ce mois ;

c) lorsqu'un délai est exprimé en mois et en jours, il est d'abord tenu compte des mois entiers, puis des jours. Un délai de recours exprimé en mois de calendrier expire à la fin du jour qui, dans le mois indiqué par le délai, porte le même chiffre que le jour qui a fait courir le délai (C.J.C.E. 15.01.1987, *Misset*, 152/85, p. 223, concl. F. Mancini - (Ord.), 5.02.1992, *France*, C-59/91, I, p. 525) ;

d) les délais comprennent les jours fériés légaux, les dimanches et les samedis ;

e) les délais ne sont pas suspendus pendant les vacances judiciaires.

Si le délai prend fin un samedi ou un jour férié légal, l'expiration en est reportée à la fin du jour ouvrable suivant.

Les délais impartis pour l'introduction des recours contre un acte d'une institution commencent à courir, en cas de notification, le lendemain du jour où l'intéressé a reçu notification de l'acte et, en cas de publication, le quatorzième jour suivant la parution de l'acte au J.O.C.E. En cas de notification par lettre recommandée avec avis de réception, c'est la date de signature de cet avis qui doit être considérée comme date de la notification, sans qu'il faille prendre en considération la date de renvoi par le destinataire d'un formulaire d'accusé de réception ordinaire joint à la décision pour pallier une éventuelle défaillance des services postaux (C.J.C.E., 15.12.1994, *Bayer*, C-195/91 P, I, p. 5619, concl. C. Gulmann).

C'est à la partie qui se prévaut de la tardiveté d'une requête de faire la preuve de la date à laquelle la décision a été notifiée (C.J.C.E., 5.06.1980, *Belfiore*, 128/79, p. 1769, concl. H. Mayras - 13.07.1989, *Olbrecht*, 58/88, p. 2643, concl. W. van Gerven).

203 ***Prorogation*** ◇ Les délais fixés en vertu du règlement de procédure peuvent être prorogés par l'autorité qui les a arrêtés. Le président de la Cour et les présidents de chambre, le président du Tribunal peuvent donner délégation de signature au greffier pour fixer certains délais qu'il leur appartient d'arrêter en vertu du règlement de procédure ou pour en accorder la prorogation- (Règl. proc. Cour, art. 82 - T.P.I. art. 103).

Aucune déchéance tirée de l'expiration des délais ne peut être opposée lorsque l'intéressé établit l'existence d'un cas fortuit ou de force majeure (Statuts C.E., art. 42 - C.E.E.A., art. 43). Pour que cette disposition soit applicable il faut que l'on se trouve en présence de difficultés anormales, indépendantes de la volonté du requérant et apparaissant inévitables, « alors même que toutes les diligences auraient été mises en œuvre » (C.J.C.E. (Ord.) 5.02.1992, *France,* C-59/91, I, p. 525, précité - 15.12.1994, *Bayer,* C-195/91 P, I, p. 5619, précité).

Les délais de recours ne relevant que du droit communautaire, un requérant ne saurait se prévaloir d'une cause de prorogation prévue par le droit national (C.J.C.E. (Ord.), 21.11.1990, *Infortec,* C-12/90, I, p. 4265).

204 ***Jours fériés*** ◇ La liste en est fixée par la décision de la Cour en vertu de l'article 80 du Règlement de procédure dont elle constitue l'annexe 1. Au sens de cet article sont jours fériés légaux : le jour de l'an, le lundi de Pâques, le 1er mai, l'Ascension, le lundi de Pentecôte, le 23 juin, le 24 juin lorsque le 23 juin est un dimanche, le 15 août, le 1er novembre, le 25 décembre, le 26 décembre. Cette décision est applicable au Tribunal de première instance (Règl. proc. art. 101, § 2).

205 ***Délais de distance*** ◇ Une décision de la Cour prise en application de l'article 81, § 2, du Règlement de procédure relatif aux délais de procédure à raison de la distance et qui constitue l'annexe 2 de ce Règlement dispose que, sauf si les parties ont leur résidence habituelle au grand-duché de Luxembourg, les délais de procédure sont augmentés à raison de la distance dans les conditions suivantes :

– dans le royaume de Belgique : de deux jours ;

– dans la République fédérale d'Allemagne, sur le territoire européen de la République française et sur le territoire européen du royaume des Pays Bas : de six jours ;

– sur le territoire européen du royaume du Danemark, dans le royaume d'Espagne, en Irlande, dans la République hellénique, dans la République italienne, dans la République d'Autriche, dans la République portugaise (à l'exception des Açores et de Madère), dans la République de Finlande, dans le royaume de Suède et dans le Royaume-Uni : de dix jours ;

– dans les autres pays et territoires d'Europe : de deux semaines ;

– dans les régions autonomes des Açores et de Madère de la République portugaise : de trois semaines ;

– dans les autres pays, départements et territoires : d'un mois.

Ces délais sont applicables au Tribunal de première instance (Règl. proc. art. 102, § 2).

L'attribution des délais de distance doit se faire en fonction de l'endroit où les parties sont habituellement installées et où sont prises les décisions relatives à leurs activités. Ainsi, la Commission doit-elle bénéficier du délai de distance prévu pour les personnes ayant leur résidence habituelle en Belgique.

CHAPITRE 2 LE DÉROULEMENT DE LA PROCÉDURE

206 ***Phases de la procédure*** ◇ Les statuts (C.E., art. 18 - C.E.E.A., art. 18) prévoient que la procédure devant la Cour comporte en règle générale deux phases, l'une écrite, l'autre orale. Ces dispositions ont été rendues applicables au T.P.I. respectivement par les articles 5, 7 et 9 de la décision 88/591, instituant le Tribunal.

Si la phase écrite peut s'étendre à des mesures d'instruction à l'issue desquelles s'ouvre la phase orale, la procédure devant le Tribunal présente la particularité de comporter en outre des « mesures d'organisation de la procédure » destinées à assurer une meilleure mise en état des dossiers et qui, au même titre que les mesures d'instruction, peuvent être organisées au cours de l'une et l'autre phases (*infra,* n° 225 s).

207 ***Jonction*** ◇ Le président, les parties et l'avocat général entendus, peut à tout moment, pour cause de connexité, ordonner la jonction de plusieurs affaires portant sur le même objet aux fins de la procédure écrite ou orale ou de l'arrêt qui met fin à l'instance. Il peut les disjoindre à nouveau (Règl. proc. Cour, art. 43 - T.P.I., art. 50).

SECTION 1. PROCÉDURE ÉCRITE

208 ***Règles générales de présentation des actes de procédure*** ◇ L'original de tout acte de procédure doit être signé par l'agent ou l'avocat de la partie.

Cet acte, accompagné de toutes les annexes qui y sont mentionnées, est présenté avec cinq copies pour la juridiction et autant de copies qu'il y a de parties en cause. Ces copies sont certifiées conformes par la partie qui les dépose.

Les institutions produisent en outre, dans les délais fixés par la juridiction, des traductions dans les autres langues visées à l'article premier du règlement n° 1 du Conseil, de tout acte de procédure accompagné de toutes les annexes qui y sont mentionnées en cinq copies pour la juridiction et d'autant de copies qu'il y a de parties en cause. Ces copies sont certifiées par la partie qui les dépose.

Tout acte de procédure est daté. Au regard des délais de procédure, seule la date du dépôt au greffe est prise en considération.

À tout acte de procédure est annexé un dossier contenant les pièces et documents invoqués à l'appui et accompagné d'un bordereau de ces pièces et documents. Si, en raison du volume d'une pièce ou d'un document, il n'en est annexé à l'acte que des extraits, la pièce ou le document entier, ou une copie complète est déposé au greffe (Règl. proc. Cour, art. 37 - T.P.I., art. 43).

209 ***Significations*** ◇ Les significations prévues aux articles précités des règlements de procédure sont faites par les soins du greffier au domicile élu du destinataire, soit par envoi postal recommandé, avec accusé de réception, d'une copie de l'acte à signifier, soit par remise de cette copie contre reçu.

Les copies de l'original à signifier sont dressées et certifiées conformes par le greffier, sauf le cas où elles émanent des parties elles-mêmes, conformément aux articles précités des règlements de procédure (Règl. proc. Cour, art. 79 - T.P.I., art. 100).

§ 1. La requête introductive d'instance

210 ***Conditions de forme propres à la requête*** ◇ L'instance est introduite par voie de requête adressée au greffier. Cette requête doit satisfaire à certaines conditions de forme.

Elle doit ainsi contenir l'indication du nom et du domicile du requérant, la désignation de la partie contre laquelle la requête est formée, l'objet du litige et l'exposé sommaire des moyens invoqués, les conclusions du requérant et, s'il y a lieu, les offres de preuve. Elle contient également élection de domicile au lieu où la juridiction a son siège, c'est-à-dire à Luxembourg, et indique le nom de la personne qui est autorisée et qui a consenti à recevoir toutes significations (Statuts C.E. et C.E.E.A., art. 19). Si la requête n 'est pas conforme aux conditions relatives à l'élection de domicile, toutes les significations aux fins de la procédure à la partie concernée, tant que ce défaut n'a pas été régularisé, sont faites par envoi postal recommandé adressé à l'agent ou à l'avocat de la partie. Par dérogation aux articles respectifs des règlements de procédure relatifs aux significations, la signification régulière est alors réputée avoir lieu par le dépôt de l'envoi recommandé au lieu où la Cour (le Tribunal) a son siège (Règl. proc. Cour, art. 38, §§ 1 et 2 - T.P.I., art. 44, §§ 1 et 2).

211 ***Autres exigences de forme*** ◇ Elles sont relatives, d'une part au requérant et à son avocat, d'autre part aux documents qui doivent être joints.

Si le requérant est une personne morale de droit privé, il doit joindre à sa requête, outre ses statuts ou un extrait récent du registre du commerce, ou un extrait récent du registre des associations ou toute autre preuve de son existence juridique, la preuve que le mandat *ad litem* a été donné à l'avocat par un représentant qualifié à cet effet. Quant à l'avocat, assistant ou représentant une partie, il est tenu de déposer au greffe un document de légitimation certifiant qu'il est habilité à exercer devant une juridiction d'un État membre ou d'un autre État partie à l'accord sur l'E.E.E. (Règl. proc.

Cour, art. 38, §§ 3 et 5 - T.P.I., art. 44, §§ 3 et 5). Cette exigence constitue une formalité substantielle dont l'inobservation, à l'issue du délai imparti à l'intéressé pour régulariser sa requête, entraîne l'irrecevabilité du recours (T.P.I. (Ord.), 8.02.1993, *Stagakis,* T-101/92, II, p. 63).

Lorsqu'il s'agit d'un recours en annulation, le requérant doit produire l'acte dont l'annulation est demandée. S'il s'agit d'une action en carence, le requérant doit justifier de la date de la saisine préalable de l'institution mise en cause. Enfin, lorsque la juridiction statue en vertu d'une clause compromissoire, celle-ci doit être produite. Il en est de même lorsque la Cour statue sur la base d'un compromis conclu entre États membres.

212 ***Requêtes collectives*** ◇ Une requête collective est recevable si les requérants entreprennent une même décision sur les mêmes points en invoquant les mêmes moyens (C.J.C.E., 21.06.1958, *Wirtschaftsvereiningung Eisen und Stahlindustrie,* 13/57, p. 261, concl. M. Lagrange - 3.07.1985, *Abrias e.a.,* 3/83, p. 1995, concl. M. Darmon).

213 ***Régularisation*** ◇ Le greffier de la juridiction vérifie la régularité formelle de la requête.

Si celle-ci n'est pas conforme aux conditions qui ont été indiquées, il fixe au requérant un délai raisonnable pour la régulariser ou fournir les pièces manquantes. Ainsi, a-t-il été jugé qu'une requête pouvait être régularisée par la production des statuts de l'une des parties requérantes au moment de la réplique seulement (C.J.C.E., 11.05.1989, *Maurissen,* 193/87, p. 1045, concl. M. Darmon).

S'il n'est pas satisfait à cette demande dans le délai fixé, la Cour, l'avocat général entendu, décide si l'inobservation de ces conditions entraîne l'irrecevabilité formelle de la requête (Règl. proc. Cour, art. 38, § 7 - C.J.C.E. (Ord.), 17.11.1983, *Stavridis,* 73/83, p. 3803 - 10.07.1984, *Gaarm,* 289/83, p. 2789). Devant le Tribunal (Règl. proc. T.P.I., art. 44, § 6), la même décision incombe à celui-ci.

Cette faculté de régularisation ne s'applique pas aux délais de procédure (C.J.C.E., 5.04.1979, *ALA,* 220/78, p. 1693, concl. F. Capotorti).

214 ***Identification du défendeur*** ◇ La requête doit permettre d'identifier précisément le défendeur. Dans le contentieux des agents, le défendeur est l'institution en tant qu'autorité investie du pouvoir de nomination, dite AIPN (C.J.C.E., 19.03.1964, *Schmitz,* 18/63, p. 163, concl. M. Lagrange). Dans le contentieux de la responsabilité extra-contractuelle, la requête doit être introduite contre l'institution auteur de l'acte ou du comportement considéré comme préjudiciable (C.J.C.E., 13.11.1973 *Werhahn,* 63/72, p. 1229, concl. K. Roemer, *infra,* n° 510).

Le requérant ne peut étendre son recours à d'autres défendeurs que celui mentionné dans la requête. Ainsi, un recours introduit contre la Commission ne peut pas être élargi au Conseil (C.J.C.E. (Ord.), 10.11.1977, *Stimming,* 90/77, p. 2113, concl. H. Mayras).

215 ***Exposé sommaire des moyens*** ◇ Les textes des statuts imposent, comme on l'a vu, que la requête comporte un « exposé sommaire des moyens ».

La Cour a estimé que cette formule imposait que la requête explicite en quoi consistait le moyen sur lequel se fondait le recours (C.J.C.E., 15.12.1961, *Fives Lille Cail,* 19/60, p. 559, concl. K. Roemer) ; autrement dit, que la requête permette de dégager les griefs que le requérant entendait faire valoir ainsi que l'essentiel des arguments invoqués à leur appui (C.J.C.E., 13.07.1965, *Lemmerz Werke,* 111/63, p. 835, concl. K. Roemer).

La Cour se montre assez libérale à cet égard. Ainsi une requête est déclarée recevable dès lors qu'elle « mentionne avec une clarté suffisante les principes de droit qui, selon le requérant, auraient été enfreints... », même si celui-ci a « omis d'indiquer exactement les moyens invoqués et... les règles de droit qui auraient été violées » (C.J.C.E., 15.12.1966, *Serio,* 62/65, p. 813, concl. K. Roemer). De même, quelques imperfections dans la requête ne sauraient suffire à la faire déclarer irrecevable dès lors qu'elles ne sont pas de nature à empêcher le défendeur d'organiser sa défense et la Cour d'exercer son contrôle (C.J.C.E., 14.05.1975, *C.N.T.A.,* 74/74, p. 533, concl. A. Trabucchi).

L'exposé sommaire des moyens peut comporter, à titre complémentaire, renvoi à des arguments développés dans d'autres affaires (C.J.C.E., 28.04.1971, *Lütticke,* 4/69, p. 325, concl. A. Dutheillet de Lamothe) et il n'est pas nécessaire que le requérant indique expressément les dispositions du traité aux termes desquelles il est habilité à intenter son action (C.J.C.E., 16.12.1963, *San Michele,* 2/63, p. 661, concl. K. Roemer). En revanche, est irrecevable une requête qui, aux fins d'exposer les éléments essentiels de l'argumentation en droit, comporte un renvoi global à l'ensemble de ses annexes (T.P.I. (ord.), 28.04.1993, *De Hoe,* T-85/92, II, p. 523 – (Ord.) 29.11.1993, *Casper Koelman,* T-56/92, II, p. 1267).

La seule énonciation abstraite des moyens ne répond pas à ces exigences et rend la requête irrecevable (C.J.C.E., 5.03.1991, *Grifoni,* C-330/88, I, p. 1045, concl. G. Tesauro). Ainsi, encore, s'agissant d'une action en réparation, d'une requête ne précisant, ni la nature du préjudice prétendûment subi, ni le fait générateur de ce préjudice (C.J.C.E. (Ord.) 3.12.1992, *TAO/AFI,* C-322/91, I, p. 6373).

216 ***Présentation des conclusions*** ◇ Les conclusions doivent être exposées de manière précise et non équivoque, faute de quoi le juge serait exposé à statuer *infra* ou *ultra petita* et les droits du défendeur risqueraient d'être méconnus (C.J.C.E., 14.12.1962, *Meroni,* 46/59, p. 783, concl. M. Lagrange).

Ainsi, une demande en réparation tendant à obtenir une indemnité quelconque manque de la précision nécessaire et doit par conséquent être déclarée irrecevable (T.P.I., 10.07.1990, *Automec,* T-64/89, II, p. 367).

Une requête en annulation doit nécessairement indiquer les mesures susceptibles d'être annulées. La Cour de justice a ainsi jugé que « si le requérant a bien voulu préciser que, parmi les actes aussi généralement définis, il n'entend s'attaquer qu'à ceux qui lui font grief, il s'est cependant toujours abstenu d'individualiser ces derniers, en laissant ainsi à la Cour la tâche de déceler ceux des actes indiqués qui font réellement l'objet du recours ; qu'évidemment la protection tant des droits de la défense que de ceux des tiers intéressés interdit l'admission de demandes aussi peu précises » (C.J.C.E., 28.05.1970, *Lacroix,* 30/68, p. 301, concl. K. Roemer). Il n'en reste pas moins que l'individualisation de l'acte attaqué peut résulter implicitement des mentions de la requête et de l'ensemble de son argumentation (C.J.C.E. (Ord.) 7.02.1994, *PIA Hifi,* C-388/93, I, p. 387).

Il ne saurait être reproché à l'auteur d'un recours en annulation de n'avoir pas précisé dans sa requête la date ni le contenu de la décision attaquée dès lors que ceux-ci ne lui ont jamais été notifiés (C.J.C.E., 4.06.1992, *Infortec,* C-157/90, I, p. 3525, concl. M. Darmon).

217 ***Prohibition des conclusions nouvelles*** ◇ La requête détermine l'objet du litige, qui ne peut être modifié par la suite. Des conclusions nouvelles en cours d'instance sont irrecevables (C.J.C.E., 8.07.1965, *Krawczynski,* 83/63, p. 773, concl. J. Gand - 16.03.1971, *Bernardi,* 48/70, p. 175, concl. K. Roemer - jurisp. const. : C.J.C.E., 7.03.1990, *Acerbis,* C-320/81, I, p. 563, concl. J. Mischo - T.P.I., 18.09.1992, *Asia motor,* T-28/90, II, p. 2285, concl. D. A. O. Edward), sauf si elles ne sont que le développement de celles de la requête dans lesquelles elles étaient implicitement contenues (C.J.C.E., 1.07.1964, *Degreef,* 80/63, p. 767, concl. K. Roemer).

La jurisprudence admet cependant que lorsque la décision attaquée a été modifiée en cours de procédure ou remplacée par une autre ayant le même objet, le requérant puisse adapter ses conclusions et moyens à cet élément nouveau (C.J.C.E., 3.03.1982, *Alpha Steel,* 14/81, p. 749, concl G. Reischl).

218 ***Publicité*** ◇ La requête, comme tous les actes de procédure, est inscrite sur un registre du greffe (Règl. proc. Cour, art. 16, § 1 - T.P.I., art. 24, § 1). Elle est signifiée au défendeur par le greffe (Règl. proc. Cour, art. 39 - T.P.I., art. 45).

Un avis est publié au J.O.C.E. indiquant la date de l'inscription de la requête, les nom et domicile des parties, l'objet du litige et des conclusions de la requête ainsi que l'indication des principaux arguments invoqués (Règl. proc. Cour, art. 16, § 6 - T.P.I., art. 24, § 6). Cette disposition a pour objet de faire connaître aux tiers l'existence d'un litige devant la juridiction communautaire et de leur permettre, le cas échéant, de faire valoir leur droit d'intervention. « Dès lors, toute personne intéressée qui était en mesure de participer au litige principal et qui a négligé d'intervenir ne saurait se prévaloir du droit de former tierce-opposition. Étant donné que la publication au *JO* de l'objet et des conclusions du recours a pour but de mettre les tiers en mesure de connaître l'existence des litiges portés devant les juridictions communautaires, c'est par rapport à cette publication que le tiers doit apprécier s'il a ou non intérêt à intervenir au litige principal » (T.P.I., (Ord.)

26.03.1992, *Ascazibar Zubizaretta,* T-35/89, II, p. 1599. *Adde :* C.J.C.E., 12.07.1962, *Belgique,* 9/60 T.O., p. 331, concl. K. Roemer et *infra,* n° 264 et s.).

§ 2. L'échange des mémoires

219 ***Mémoire en défense*** ◇ Le défendeur dispose d'un mois à compter de la signification de la requête pour présenter un mémoire en défense (Règl. proc. Cour, art. 40 - T.P.I. art. 46). Ce délai, qui ne commence à courir qu'à partir de la date de réception de la requête par la partie défenderesse (T.P.I., (Ord.), 14.12.1992, *Lenz,* T-47/92, II, p. 2523), peut être prorogé par le président à la demande motivée du défendeur (*idem*).

Ce mémoire contient les nom et domicile du défendeur, les arguments de fait et de droit invoqués, les conclusions du défendeur et les offres de preuve.

Les règles concernant l'élection de domicile des parties, l'inscription au barreau de leur conseil et les pièces à joindre à la requête (*supra,* n° 210) sont applicables au mémoire en défense. (Règl. proc. Cour, art. 40, § 1 - T.P.I., art. 46, § 1).

Le règlement de procédure du Tribunal (art. 46, § 2) exige en outre que dans les litiges entre les Communautés et leurs agents le mémoire en défense soit accompagné de la réclamation au sens de l'article 90, § 2 du statut des fonctionnaires et de la décision de rejet avec indication des dates d'introduction et de notification (*infra,* n° 424).

220 ***Réplique et duplique*** ◇ La requête et le mémoire en défense peuvent être complétés par une réplique du requérant et une duplique du défendeur à des dates déterminées par ordonnance du président. (Règl. proc. Cour, art. 41 - T.P.I., art. 47). La réplique et la duplique sont facultatives.

Les parties peuvent encore faire des offres de preuve dans la réplique et la duplique à condition de motiver leur retard à cet égard (Règl. proc. Cour, art. 42 - T.P.I., art. 48, § 1).

221 ***Moyens nouveaux*** ◇ La production de moyens nouveaux en cours d'instance est interdite. Cette interdiction s'applique également au défendeur. Il n'en va autrement que pour des moyens qui se fondent sur des éléments de droit et de fait qui se sont révélés pendant la procédure.

Dans ce dernier cas et afin d'assurer le respect du principe du contradictoire, le président peut, après l'expiration des délais normaux de la procédure, sur rapport du juge rapporteur, l'avocat général entendu, impartir à l'autre partie un délai pour répondre à ce moyen. La décision sur la recevabilité du moyen reste réservée à l'arrêt définitif (Règl. proc. Cour, art. 42, § 2 - T.P.I., art. 48, § 2).

Dans l'application de ces dispositions, la jurisprudence procède à une distinction entre arguments nouveaux et moyens nouveaux.

N'est pas un moyen nouveau ce qui apparaît comme le développement d'un moyen déjà énoncé, fût-ce à partir d'arguments qui ne seraient présentés pour la première fois que dans la réplique (C.J.C.E., 12.06.1958, *Hauts fourn. de Chasse,* 2/57, p. 129, concl. M. Lagrange - 15.12.1961, *Fives Lille Cail,* 19/60, p. 559, concl. K. Roemer - 19.05.1983, *Verros,* 306/81, p. 1755, concl. S. Rozès - T.P.I., 27.11.1991, *Generlich,* T-21/90, II, p. 1323).

Si des moyens nouveaux peuvent être produits en cours d'instance lorsqu'ils se fondent sur des éléments de droit et de fait qui se sont révélés pendant la procédure, ne répond pas à cette hypothèse un arrêt de la Cour constatant la validité d'un acte institutionnel puisqu'il confirme une situation de droit que le requérant connaissait au moment de l'introduction de son recours (C.J.C.E., 1.04.1982, *Dürbeck,* 11/81, p. 1251, concl. G. Reischl).

En revanche, doit être considéré comme un élément nouveau permettant au requérant d'adapter ses conclusions et moyens, le remplacement en cours de procédure d'une décision antérieure par une décision individuelle ayant le même objet (C.J.C.E., 3.03.1982, *Alpha Steel,* 14/81, p. 749, concl. G. Reischl - jurisp. const. : 14.07.1988, *Stahlwerke Peine-Salzgitter,* 103/85, p. 4131, concl. J. Mischo).

Quoi qu'il en soit, une partie ne peut en cours d'instance modifier l'objet même du litige (C.J.C.E, 25.09.1979, *Csion c. France,* 232/78, p. 2729, concl. G. Reischl - 18.10.1979, *G.E.M.A.,* 125/78, p. 3173, concl. F. Capotorti - jurisp. const. : T.P.I., 18.09.1992, *Asia Motor France,* T-28/90, II, p. 2285, concl. D. A. O. Edward).

222 ***Rapport préalable du juge rapporteur*** ◇ Après présentation de la duplique, le président fixe la date à laquelle le juge rapporteur présente un rapport préalable.

1) Devant la Cour, ce rapport présente l'affaire en examinant les conditions de recevabilité et les points de droit soulevés. Il propose éventuellement des mesures d'instruction ou des mesures préparatoires, les questions à poser aux parties, voire à un État membre ou à une institution qui ne sont pas parties à l'instance. Ce rapport formule également des propositions quant au renvoi de l'affaire à une chambre ou à la formation plénière. La Cour, l'avocat général entendu, statue sur les propositions du juge rapporteur. Elle statue également lorsque la réplique et la duplique n'ont pas été déposées dans les délais fixés ou lorsqu'une partie a renoncé à son droit de présenter une réplique ou une duplique. (Règl. proc. Cour, art. 44, § 1). Lorsque la partie requérante a renoncé au droit de présenter une réplique, la Cour peut s'estimer insuffisamment informée et, dans l'intérêt de la bonne administration de la justice, réserver sa décision sur certains points litigieux, renvoyant à cet égard à un arrêt ultérieur en invitant la partie requérante à déposer, dans un délai fixé par le président, une réplique sur ces points en litige, réplique à laquelle la partie défenderesse pourra répondre (C.J.C.E., 15.07.1982, *Csion c. Royaume Uni,* 40/82, p. 2793, concl. F. Capotorti).

2) Devant le Tribunal et sans préjudice du pouvoir du Tribunal de décider à tout stade de la procédure, l'avocat général entendu lorsqu'un avocat général a été désigné, toute mesure d'organisation de la procédure ou d'instruction ou prescrire le renouvellement ou l'ampliation de tout acte d'instruction, ce rapport comporte des propositions sur la question de savoir si l'affaire appelle des mesures d'organisation de la procédure ou d'instruction, ainsi que sur le renvoi éventuel de l'affaire à une formation plénière ou une autre chambre du Tribunal composée d'un nombre différent de juges (Règl. proc. T.P.I. art. 52, § 1). Le Tribunal, l'avocat général entendu, décide des suites à réserver aux propositions du juge rapporteur. La même procédure est appliquée si la réplique ou la duplique n'a pas été déposée à l'expiration du délai fixé ou si la partie intéressée déclare renoncer à son droit de présenter une réplique ou une duplique.

223 ***Décision sur l'ouverture de la procédure orale*** ◇ Sans préjudice de dispositions particulières, telles celles prévues en matière de renvoi (*supra*, n° 67), et sauf dans les cas spécifiques où la Cour, après présentation des mémoires en défense et le cas échéant des répliques et des dupliques, sur rapport du juge rapporteur, l'avocat général entendu et si aucune des parties ne présente une demande indiquant les motifs pour lesquels elle souhaite être entendue, la procédure devant la Cour comporte également une phase orale (Règl. proc. Cour, art. 44 bis). Si la Cour décide d'ouvrir une instruction et si elle n'y procède pas elle-même, elle en charge la chambre. Si la Cour décide d'ouvrir la procédure orale sans instruction, le président en fixe la date d'ouverture (Règl. proc. Cour, art. 44, § 2).

Sans préjudice des mesures d'organisation de la procédure ou d'instruction qui peuvent être organisées au stade de la procédure orale, lorsqu'au cours de la procédure écrite, il a été procédé à des mesures d'organisation de la procédure ou d'instruction et que celles-ci sont achevées, le président fixe la date d'ouverture de la procédure orale. Il en est de même si le Tribunal décide d'ouvrir la procédure orale sans procéder à des mesures d'organisation de la procédure et sans ouvrir d'instruction (Règl. proc. T.P.I., art. 53 et 54).

SECTION 2. LES MESURES D'INSTRUCTION

224 ***Division*** ◇ Avant d'examiner les mesures d'instruction et leur régime devant le T.P.I. et devant la Cour, il convient de faire une place particulière aux mesures d'organisation de la procédure qui, pratiquées sans texte devant la Cour, ont fait l'objet d'une réglementation devant le Tribunal.

SOUS-SECTION 1. Mesures d'organisation de la procédure devant le T.P.I.

225 ***Objet des mesures d'organisation de la procédure*** ◇ Le règlement de procédure du Tribunal contient des dispositions relatives à des mesures d'organisation de la procédure qui « visent à assurer, dans les meilleures conditions, la mise en état des affaires, le déroulement des procédures et le règlement des litiges » (Règl. proc. T.P.I., art. 64).

Ces mesures, qui sont décidées par le Tribunal, l'avocat général entendu, aussi bien au stade de la procédure écrite qu'au stade de la procédure orale, ont en particulier pour objet :

« a) d'assurer le bon déroulement de la procédure écrite ou orale et de faciliter l'administration des preuves ;

b) de déterminer les points sur lesquels les parties doivent compléter leur argumentation ou qui nécessitent une instruction ;

c) de préciser la portée des conclusions ainsi que des moyens et arguments des parties et de clarifier les points litigieux entre elles ;

d) de faciliter le règlement amiable des litiges » (sur ces deux derniers points, V. T.P.I., 29.01.1990, *Yorck von Wartenburg*, T-59/89, II, p. 25).

226 ***Consistance et mise en œuvre*** ◇ Ces mesures « peuvent notamment consister à :

a) poser des questions aux parties ;

b) inviter les parties à se prononcer par écrit ou oralement sur certains aspects du litige ;

c) demander des informations ou renseignements aux parties ou à des tiers ;

d) demander la production de documents ou de toute pièce relative à l'affaire ;

e) convoquer les agents des parties ou les parties en personne à des réunions » (Règl. proc. T.P.I., art. 64, § 3).

Comme l'adverbe « notamment » le souligne, il ne s'agit là que d'une énumération purement indicative. Ces mesures sont en effet décidées de manière informelle par la formation de jugement compétente et mises en œuvre par une simple lettre du greffe.

Chaque partie peut, à tout stade de la procédure, proposer l'adoption ou la modification de mesures d'organisation de la procédure. Dans ce cas, les autres parties sont entendues avant que ces mesures ne soient ordonnées. Lorsque les circonstances de la procédure l'exigent, le Tribunal informe les parties des mesures envisagées et leur donne l'occasion de présenter oralement ou par écrit leurs observations (Règl. proc. T.P.I., art. 64, § 4).

Si le Tribunal statuant en formation plénière décide d'ordonner de telles mesures et s'il n'y procède pas lui-même, il en charge la chambre à laquelle l'affaire a été initialement attribuée ou le juge rapporteur. Si une chambre prend cette même décision et si elle n'y procède pas elle-même, elle en charge le juge rapporteur. L'avocat général prend part à ces mesures (Règl. proc. T.P.I., art. 64, § 5).

SOUS-SECTION 2. Les mesures d'instruction

227 ***Nomenclature des mesures d'instruction*** ◇ Sans préjudice des dispositions des statuts de la Cour (art. 21 et 22 C.E. – 22 et 23 C.E.E.A.), les règlements de procédure de la Cour et du Tribunal comportent une énumération identique des mesures d'instruction (Règl. proc. Cour, art. 45 – T.P.I., art. 65). Celles-ci comprennent :

a) la comparution personnelle des parties
b) La demande de renseignements et la production de documents
c) la preuve par témoins
d) l'expertise
e) la descente sur les lieux.

228 ***Mise en œuvre*** ◇ La Cour (le Tribunal), l'avocat général entendu, fixe les mesures qu'elle (il) juge convenir par voie d'ordonnance articulant les faits à prouver. Avant que la Cour (le Tribunal) décide les mesures d'instruction visées aux c), d) et e) du numéro précédent, les parties sont entendues. L'ordonnance est signifiée aux parties.

La Cour procède aux mesures d'instruction qu'elle ordonne ou en charge le juge rapporteur. Si le Tribunal statuant en formation plénière décide d'ouvrir une instruction et s'il n'y procède pas lui-même, il en charge la chambre à laquelle l'affaire a été initialement attribuée ou le juge rapporteur. Si une chambre décide d'ouvrir une instruction et si elle n'y procède pas elle-même, elle en charge de juge rapporteur. L'avocat général prend part aux mesures d'instruction (Règl. proc. Cour, art. 45, § 3 – T.P.I., 67, § 1). Les parties peuvent assister aux mesures d'instruction.

La preuve contraire et l'ampliation des offres de preuve restent réservées (Règl. proc. Cour, art. 45, § 4 – T.P.I., art. 66, § 2).

Comme on peut le constater, plusieurs de ces mesures sont identiques à celles prévues au titre de l'organisation de la procédure devant le T.P.I., à ceci près qu'elles sont cette fois décidées par ordonnance. D'autre part, certaines d'entre elles, comme la descente sur les lieux ou la comparution personnelle des parties, qui ne sont pas réglementées sauf en ce qui concerne l'établissement d'un procès verbal, sont finalement assez exceptionnelles. (Pour des illustrations de la comparution personnelle V. C.J.C.E., 7.11.1985, *Adams*, 145/83, p. 3539, concl. F. Mancini – T.P.I. (Ord.), 29.01.1990, *Yorck von Wartenburg*, T-59/89, II, p. 25 – d'une descente sur les lieux. V. C.J.C.E., 22.03.1961, *S.N.U.P.A.T.*, 42/59, p. 99, concl. M. Lagrange).

§ 1. La demande de renseignements et la production de documents

229 ***Modalités*** ◇ Les juridictions communautaires peuvent demander aux parties de produire tous documents et de fournir toutes les informations qu'elles estiment désirables (Statuts C.E., art. 21 - C.E.E.A., art. 22). Cette demande, depuis la modification du règlement de procédure du 16 mai 2000, peut également être faite par le juge rapporteur et l'avocat général (Règl. proc. Cour, art. 54 bis). Les parties en sont avisées par lettre simple du greffier. Si elles s'abstiennent ou refusent de répondre, la juridiction en prend acte. Les articles 21 du statut C.E. et 22 du statut C.E.E.A., applicables au Tribunal, précisent qu'une telle demande peut également être adressée aux États membres et aux institutions qui ne sont pas parties au procès (C.J.C.E., 10.10.1978, *Hansen,* 148/77, p. 1787, concl. F. Capotorti).

La jurisprudence admet que le recours à l'article 45 du Règlement de procédure de la Cour n'est pas exclusif et que les parties peuvent, sans attendre la fin de la procédure écrite, demander des mesures d'instruction sur le fondement de l'article 91 de ce règlement régissant, comme on le verra, (*infra,* n° 255) les incidents.

Afin de respecter le principe du contradictoire, les documents obtenus sont communiqués aux autres parties.

230 ***Respect de la confidentialité*** ◇ La communication des documents aux autres parties, notamment aux intervenants, peut s'avérer délicate lorsque les documents en cause revêtent un certain caractère de confidentialité.

Suivant la jurisprudence, pour apprécier les conditions dans lesquelles un traitement confidentiel peut être accordé à certaines pièces du dossier, il importe de mettre en balance le souci légitime de la partie requérante d'éviter que ne soit portée une atteinte essentielle à ses intérêts commerciaux et le souci, tout aussi légitime, de la partie intervenante de disposer des informations nécessaires aux fins d'être pleinement en mesure de faire valoir ses droits et d'exposer sa thèse devant le juge (T.P.I. (Ord.) 4.04.1990, *Hilti,* T-30/89, II, p. 163 - T.P.I. (Ord.), 19.02.1993, *Langnese-Iglo,* T-7/93 R, II, p. 131 - 13.05.1993, *CMBT,* T-24/93 R, II, p. 543 - 6.02.1995, *Auditel,* T-66/94, II, p. 239).

§ 2. La preuve par témoins et l'expertise

231 ***Réglementation*** ◇ Les règles en sont homologues devant la Cour et devant le Tribunal (Règl. proc. Cour, art. 47 à 52 - T.P.I., art. 68 à 75). Elles se répartissent en règles propres à chacune des mesures et en règles qui leur sont communes.

A. La preuve par témoins

232 ***Décision sur la preuve par témoin*** ◇ Dans l'ordonnance fixant les mesures d'instruction, la juridiction peut décider, soit d'office, soit à la demande des parties et après avoir entendu l'avocat général, quels faits seront vérifiés par témoins. L'ordonnance énonce les faits à établir. Les témoins sont cités par la juridiction, soit d'office, soit à la demande des parties ou de l'avocat général. La demande d'une partie tendant à l'audition d'un témoin indique avec précision les faits sur lesquels il y a lieu de l'entendre et les raisons de nature à justifier son audition.

233 ***Citation et audition des témoins*** ◇ Les témoins dont l'audition est reconnue nécessaire sont cités en vertu d'une ordonnance de la juridiction. Cette ordonnance contient :

a) les nom, prénoms, qualité et demeure des témoins ;

b) l'indication des faits sur lesquels les témoins seront entendus ;

c) éventuellement la mention des dispositions prises par la juridiction pour le remboursement des frais exposés par les témoins et des peines applicables aux témoins défaillants.

Signification de cette ordonnance est faite aux parties et aux témoins (Règl. proc. Cour, art. 47, § 2 - T.P.I. art. 68, § 2 - V. par ex. C.J.C.E. 27.11.1984, *Agricola commerciale olio,* 232/81, p. 3881, concl. C. O. Lenz - 7.11.1985, *Adams,* 145/83, p. 3539, concl. F. Mancini). La citation des témoins dont l'audition est demandée par les parties peut être subordonnée au dépôt à la caisse de la juridiction d'une provision garantissant la couverture des frais taxés. La caisse de la juridiction avance les fonds nécessaires à l'audition des témoins cités d'office (Règl. proc. Cour, art. 47, § 3 - T.P.I., art. 68, § 3).

Les parties sont convoquées pour l'audition du témoin. Si l'article 47, § 4, du Règlement de procédure prévoit que les témoins sont entendus par la Cour, ceux-ci le sont généralement par une chambre et peuvent l'être également par le seul juge rapporteur (Règl. proc. Cour, art. 45, § 3 - T.P.I., art. 67, § 1 - C.J.C.E., 22.09.1983, *Csion c. S.A. Royale belge,* 23/81, p. 2685, concl. G. Slynn).

Après la déposition, le président, chaque juge et l'avocat général peuvent, à la demande des parties ou d'office, poser des questions aux témoins. Sous l'autorité du président, des questions peuvent être également être posées par les représentants des parties (Règl. proc. Cour, art. 47, § 4 - T.P.I., art. 68, § 4).

Le greffier établit un procès-verbal de chaque déposition signé tant par lui-même que par le président ou le juge rapporteur chargé de procéder à l'audition. Le témoin doit être mis en mesure de vérifier le contenu de ce document avant de le signer. Ce procès-verbal constitue un acte authentique (Règl. proc. Cour, art. 47, § 6 - T.P.I., art. 68, § 6).

234 ***Obligations des témoins – sanctions*** ◇ Les témoins régulièrement cités sont tenus de déférer à la citation et de se présenter à l'audience.

Lorsqu'un témoin dûment cité ne se présente pas devant la juridiction, celle-ci peut lui infliger une sanction pécuniaire dont le montant maximum est de 5 000 écus (euros) et ordonner une nouvelle citation du témoin aux frais de celui-ci. La même sanction peut être infligée à un témoin qui, sans motifs légitimes, refuse de déposer, de prêter serment ou de faire la déclaration solennelle en tenant éventuellement lieu.

Le témoin qui produit devant la juridiction des excuses légitimes peut être déchargé de la sanction pécuniaire qui lui a été infligée. Cette sanction peut être réduite à la demande du témoin lorsque celui-ci établit qu'elle est disproportionnée par rapport à ses revenus.

L'exécution forcée des sanctions ou mesures ainsi prononcées est poursuivie conformément aux dispositions des traités relatifs à l'exécution forcée des arrêts.

B. L'expertise

235 ***Décision sur l'expertise*** ◇ La Cour (le Tribunal) peut, soit d'office, soit à la demande d'une partie qui devra justifier de la pertinence de sa demande (C.J.C.E., 6.03.1974, *I.C.I.*, 6/73, p. 223, concl. J. P. Warner), ordonner une expertise. L'expertise ne peut servir à pallier une carence dans l'administration de la preuve et la partie qui la demande doit appuyer ses dires par un début de preuve (C.J.C.E., 8.07.1965, *Satya Prakash*, 19/63, p. 677, concl. J. Gand).

Le choix de l'expert n'est soumis à aucune condition : la juridiction peut désigner toute personne, corps, bureau, commission ou organe de son choix (Statuts C.E., art. 22, C.E.E.A., art. 23). Ainsi, dans l'affaire Commission c. S.A. Royale belge (23/81, p. 2685, précité), la Cour a décidé d'entendre un expert à désigner par les deux parties dans un délai d'un mois, ou, à défaut d'accord dans ce délai, deux experts à proposer par chacune des parties. Il n'existe pas de liste d'experts agréés auprès de la Cour ou du Tribunal.

L'ordonnance qui nomme l'expert précise la mission de celui-ci et lui fixe un délai pour la présentation de son rapport. La juridiction peut demander aux parties, ou à l'une d'elles, le dépôt d'une provision garantissant la couverture des frais de l'expertise (Règl. proc. Cour, art. 49 - T.P.I., art. 70).

236 ***Exécution de sa mission par l'expert*** ◇ L'ordonnance est signifiée aux parties et à l'expert qui reçoit toutes les pièces nécessaires à sa mission.

L'expert est placé sous le contrôle du juge rapporteur qui peut assister aux opérations d'expertise et est tenu au courant du déroulement de la mission confiée à l'expert.

Celui-ci ne peut pas procéder lui-même à l'audition de témoins mais il peut demander de le faire à la juridiction, qui demeure libre d'apprécier la suite à donner à cette demande. L'expert ne peut donner son avis que sur les points qui lui sont expressément soumis.

Après la présentation du rapport, la juridiction peut ordonner que l'expert soit entendu, les parties convoquées. Sous l'autorité du président, des questions peuvent être posées à l'expert par les représentants des parties (*idem*).

C. Dispositions communes

237 ***Prestation de serment*** ◇ Le témoin après sa déposition, l'expert après la présentation du rapport, prêtent serment. Le serment des témoins est le suivant : « je jure d'avoir dit la vérité, toute la vérité, rien que la vérité » ; celui des experts : « je jure d'avoir accompli ma mission en conscience et en toute impartialité ». On remarquera que ces serments ne sont pas préalables. La juridiction peut, les parties entendues, dispenser les témoins ou les experts de prêter serment.

Les témoins ou experts prêtent serment dans les termes qui viennent d'être indiqués ou dans les formes prévues par leur législation nationale. Si cette législation prévoit la possibilité de faire, en matière de procédure judiciaire, outre le serment, en ses lieu et place ou conjointement avec lui, une déclaration tenant lieu de serment, les témoins ou experts peuvent faire cette déclaration dans les conditions et formes de leur législation nationale. Si la législation nationale ne prévoit ni la possibilité de prêter serment ni celle de faire une telle déclaration, le président enjoint les personnes appelées à prêter serment devant la juridiction en qualité de témoins ou d'experts de dire la vérité ou de remplir leur mission en conscience et en toute impartialité et attire leur attention sur les conséquences pénales prévues par leur législation nationale en cas de violation de ce devoir (Règl. proc. Cour, art. 124 - T.P.I., art. 71).

238 ***Dénonciation des violations de serment*** ◇ Suivant les articles 6 et 7 du règlement additionnel de la Cour, dont l'article 72 du règlement de procédure du Tribunal reprend les termes, la Cour (le Tribunal), l'avocat général entendu, peut décider de dénoncer à l'autorité compétente de l'État dont les juridictions sont compétentes aux fins d'une poursuite répressive (pour la France, le ministre de la justice) tout faux témoignage ou toute fausse déclaration d'expert commis sous serment devant elle (lui), compte tenu des dispositions précitées de l'article 124 du règlement de procédure de la Cour (71 du règlement de procédure du Tribunal).

La décision de la juridiction est transmise par les soins du greffier. Elle expose les faits et circonstances sur lesquels la dénonciation est fondée.

239 ***Récusation*** ◇ Si une des parties récuse un témoin ou un expert pour incapacité, indignité ou toute autre cause ou si un témoin ou un expert refuse de déposer, de prêter serment ou de faire la déclaration solennelle en tenant lieu, la juridiction statue. La récusation d'un témoin ou d'un expert est opposée dans le délai de deux semaines à compter de la signification de l'ordonnance qui cite le témoin ou nomme l'expert, par acte contenant les causes de récusation et les offres de preuve (Règl. proc. Cour, art. 50 - T.P.I., art. 73).

240 ***Frais et rémunération*** ◇ Les témoins et experts ont droit au remboursement de leurs frais de déplacement et de séjour. Une avance peut leur être accordée sur ces frais par la caisse de la juridiction.

Les témoins ont droit à une indemnité pour manque à gagner et les experts à des honoraires pour leurs travaux. Ces indemnités sont payées par la caisse de la juridiction aux témoins et experts après l'accomplissement de leurs devoirs ou de leur mission (Règl. proc. Cour, art. 51 - T.P.I., art. 74).

241 ***Commissions rogatoires*** ◇ Les dispositions régissant les commissions rogatoires se trouvent dans le règlement de procédure (Règl. proc. Cour, art. 52) et le règlement additionnel de la Cour (Règl. add., art. 1 à 3), dont les termes se retrouvent dans le règlement de procédure du Tribunal (art. 75).

La Cour (le Tribunal) peut, à la demande des parties ou d'office, délivrer des commissions rogatoires pour l'audition de témoins ou d'experts.

La commission rogatoire est délivrée par voie d'ordonnance qui contient les nom, prénoms, qualité et adresse des témoins ou experts, indique les faits sur lesquels les témoins ou experts seront entendus, désigne les parties, leurs agents, avocats ou conseils ainsi que leur domicile élu et expose sommairement l'objet du litige. Signification de l'ordonnance est faite aux parties par le greffier.

Le greffier adresse l'ordonnance à l'autorité compétente de l'État membre sur le territoire duquel l'audition des témoins ou experts doit être faite (pour la France, le ministre de la justice). Le cas échéant, il assortit l'ordonnance d'une traduction dans la ou les langues officielles de l'État membre destinataire. Cette autorité transmet l'ordonnance à l'autorité judiciaire compétente selon son droit interne. Celle-ci exécute la commission rogatoire conformément aux dispositions de son droit interne et, après exécution, retransmet à la première l'ordonnance portant commission rogatoire, les pièces de l'exécution et un bordereau des dépens. Ces documents sont adressés au greffe de la juridiction communautaire. La traduction des pièces dans la langue de procédure est assurée par les soins du greffier.

La juridiction assume les frais de la commission rogatoire, sous réserve de les mettre, le cas échéant, à la charge des parties. (C.J.C.E. (Ord.), 14.02.1985, *Oryzomyli Kavallas*, 160/84, p. 675).

SECTION 3. LA PROCÉDURE ORALE

242 ***Ordre d'examen*** ◇ Après accomplissement des mesures d'instruction, le président fixe la date d'ouverture de la procédure orale.

Mises à part les procédures de référé, les affaires sont examinées au fur et à mesure de la clôture des procédures écrites ou, le cas échéant, des instructions. Entre plusieurs affaires dont l'instruction est simultanément terminée, l'ordre est déterminé par la date d'inscription au registre des requêtes (Règl. proc. Cour, art. 55, § 1 - T.P.I., art. 55, § 1).

Le président peut, en considération de circonstances particulières, décider de faire juger une affaire par priorité. Il peut également, les parties et l'avocat général entendus, décider, soit d'office, soit à la demande d'une partie, de faire reporter une affaire pour être jugée à une date ultérieure (Règl. proc., Cour, art. 55, § 2 - T.P.I., art. 55, § 2).

243 ***Publicité des audiences*** ◇ Les audiences sont publiques sauf décision de la juridiction ordonnant le huis clos, soit d'office, soit à la demande d'une des parties pour motifs graves. Dans ce cas, les débats ne sont pas publiés (art. 28, statut C.E., 29, statut C.E.E.A. - Règl. proc. Cour, art. 56, § 2 - T.P.I., art. 57).

Les débats sont ouverts et dirigés par le président qui exerce la police de l'audience (Règl. proc. Cour, art. 56, § 1 - T.P.I., art. 56).

244 ***Déroulement de la procédure*** ◇ La procédure orale commence théoriquement par la lecture du rapport présenté par le juge rapporteur (art. 18, statut C.E. - 18, statut C.E.E.A.).

En pratique, ce rapport, qui est un exposé objectif des faits et de la procédure écrite, n'est pas lu publiquement, à moins qu'une partie le demande, mais mis à la disposition des membres de la juridiction et communiqué aux parties avant l'audience, ce dont il est pris acte. Cette communication permet aux parties de vérifier que le rapport est à la fois objectif et complet et, le cas échéant, de suggérer qu'il y soit apporté certaines modifications ou ajouts.

L'audience débute par les plaidoiries, les membres de la juridiction pouvant poser des questions aux parties présentes (Règl. proc. Cour, art. 57 - T.P.I., art. 58).Le débat oral a en effet pour objet de développer les points les plus importants ou les plus discutés du litige.

Après les plaidoiries et les réponses aux questions, l'avocat général présente devant la Cour ses conclusions orales motivées. En règle générale, cette présentation a lieu quelques semaines après l'audience de plaidoiries et sous la simple forme de la lecture de leur dispositif. Lorsqu'un avocat général a été désigné devant le Tribunal, il peut présenter ses conclusions par écrit. Dans ce cas, il les dépose au greffe qui les communique aux parties.

Après le prononcé de ses conclusions par l'avocat général ou après leur dépôt, ou, devant le Tribunal, dès la fin des débats lorsqu'un avocat général n'a pas été désigné, le président prononce la clôture de la procédure orale (Règl. proc. Cour, art. 59, § 2 - T.P.I., art. 60-61).

245 ***L'avocat général et le principe du contradictoire*** ◇ Dans une ordonnance du 4 février 2000 (C.J.C.E., *Emesa Sugar*, C-17/98, I, p. 665), la Cour de justice a refusé d'accorder aux parties le droit de présenter des observations à la suite des conclusions de l'avocat général, en estimant inapplicable à la Cour de justice la jurisprudence de la Cour européenne des droits de l'homme sur les avocats généraux devant certaines Cours suprêmes

nationales (voir, pour la Cour de Cassation belge : CEDH, 20.02.1996, *Vermeulen*, Recueil 1996 I, p. 224 ; 25.06.1997, *Van Orshoven*, Recueil 1997 III, p. 1040 ; pour la Cour suprême du Portugal : CEDH, 20.02.1996, *Lobo Machado*, Recueil 1996 I, p. 195, pour la Hof van Cassatie néerlandaise : CEDH, 27.03.1998, *J.J. c. Pays-Bas*, Recueil 1998 II, p. 604 ; 27.03.1998, *K. D. B. c. Pays-Bas*, Recueil 1998 II, p. 621 et pour les avocats généraux devant la Cour de Cassation française : CEDH, 31.03.1998, *Slimane Kaïd*, Recueil 1998 II, p. 666 ; voir notamment les commentaires suivants : J. F. Flauss, AJDA 1996, chron. p. 1013 ; F. Sudre, JCP 1997 I. 4000 ; F. Benoît-Rohmer, RTD eur. 1997(2), p. 373). La Cour s'est fondée sur le fait que les avocats généraux ne constituaient pas un parquet indépendant de la juridiction et qu'ils étaient membres de la Cour à part entière. Son ordonnance a semble-t-il été inspirée à cet égard par la jurisprudence du Conseil d'Etat français en ce qui concerne le commissaire du Gouvernement (voir C.E., 29 juillet 1998, *Esclatine* ; voir F. Rolin, AJDA 20 février 1999, jurisprudence, p. 69 ; J.-C. Bonichot et R. Abraham, *Le commissaire du Gouvernement dans la juridiction administrative et la convention européenne des droits de l'homme*, JCP 1998 I.176). Rien n'interdit toutefois, comme la Cour le relève dans son ordonnance Emesa Sugar, de rouvrir la procédure orale si l'avocat général soulève dans ses conclusions un élément nouveau, afin d'assurer l'application du principe de la contradiction (V. J. G. Huglo, *Droits fondamentaux et ordre juridique communautaire. À propos de deux décisions récentes*, Gaz. eur. du Palais n° 23, 7 et 8 juin 2000, p. 34).

246 ***Procès-verbaux des audiences*** ◇ Le greffier établit un procès-verbal de chaque audience. Ce procès-verbal est signé par lui et par le président. Il constitue un acte authentique. Les parties peuvent en prendre connaissance au greffe et en obtenir copie à leurs frais (Règl. proc. Cour, art. 62 - T.P.I., art. 63).

247 ***Réouverture de la procédure orale*** ◇ La Cour -ou le Tribunal- l'avocat général entendu, peuvent ordonner la réouverture de la procédure orale (Règl. proc. Cour, art. 61 - T.P.I., art. 62).

Les conditions de cette réouverture sont liées à l'existence d'éléments nouveaux (C.J.C.E., 17.02.1976, *Rewe Zentrale,* 45/75, p. 181, concl. G. Reischl - (Ord.) 4.02.1981, *A.M. & S.*, 155/79, Rec. 1982, p. 1616, concl. J. P. Warner).

Cette réouverture s'impose devant la Cour lorsqu'une chambre décide, après clôture de la procédure orale, de renvoyer l'affaire devant la Cour plénière (C.J.C.E., 3.12.1987, *Newstead,* 192/85, p. 4753, concl. M. Darmon - 7.06.1988, *Roviello*, 20/85, p. 2805, concl. F. Mancini).

SECTION 4. SUSPENSION DES PROCÉDURES

248 ***Hypothèses d'application*** ◇ Les statuts de la Cour (art. 47 C.E., 48 C.E.E.A.) disposent (al. 3) en termes identiques :

« ... Lorsque la Cour et le tribunal sont saisis d'affaires ayant le même objet, soulevant la même question d'interprétation ou mettant en cause la validité du même acte, le tribunal, après avoir entendu les parties, peut suspendre la procédure jusqu'au prononcé de l'arrêt de la Cour. Lorsqu'il s'agit de demandes visant à l'annulation du même acte, le tribunal peut aussi se dessaisir afin que la Cour puisse statuer sur ces demandes. Dans les cas visés au présent alinéa, la Cour peut également décider de suspendre la procédure dont elle est saisie ; dans ce cas, la procédure devant le tribunal se poursuit ».

249 ***Mise en œuvre devant la Cour*** ◇ L'article 82 bis du Règlement de procédure de la Cour décide que la procédure peut être suspendue d'une part par ordonnance de la Cour ou de la chambre à laquelle l'affaire a été renvoyée prise, l'avocat général entendu, dans les cas prévus par ces statuts ; d'autre part, dans tous les autres cas, par décision du président prise après avoir entendu l'avocat général et, sauf pour les renvois préjudiciels, les parties.

La reprise de la procédure peut être ordonnée ou décidée selon les mêmes modalités. Les ordonnances ou décisions sont notifiées aux parties. La suspension de la procédure prend effet à la date indiquée dans l'ordonnance ou la décision de suspension ou, à défaut d'une telle indication, à la date de cette ordonnance ou décision. Pendant la période de suspension, aucun délai de procédure n'expire à l'égard des parties.

Lorsque l'ordonnance ou la décision de suspension n'en a pas fixé le terme, la suspension prend fin à la date indiquée dans l'ordonnance ou la décision de reprise de la procédure ou, à défaut d'une telle indication, à la date de cette ordonnance ou décision. A compter de la date de reprise, les délais de procédure recommencent à courir dès le début.

250 ***Mise en œuvre devant le Tribunal*** ◇ L'article 77 du Règlement de procédure du Tribunal envisage plusieurs hypothèses de suspension.

Les unes le sont par renvoi à ses articles 123, § 4, 128 et 129, § 4, régissant les voies de recours extraordinaires. Le premier dispose que, lorsqu'un pourvoi devant la Cour et une demande en tierce opposition devant le Tribunal sont dirigés contre le même arrêt du Tribunal, le Tribunal, les parties entendues, peut suspendre la procédure jusqu'au prononcé de l'arrêt de la Cour. Le deuxième dispose de la même manière pour une demande en révision et le troisième pour une demande en interprétation d'arrêt.

Les autres hypothèses sont, outre celles prévues par les statuts de la Cour (*supra*, n° 248), celle d'un pourvoi devant la Cour contre une décision du Tribunal tranchant partiellement un litige au fond, mettant fin à un incident de procédure portant sur une exception d'incompétence ou d'irrecevabilité, ou rejetant une intervention et celle d'une demande conjointe des parties.

La décision de suspension de la procédure est prise par ordonnance du président, les parties et l'avocat général entendu. Le président peut déférer la question au Tribunal. La décision de reprise de la procédure est prise selon les mêmes modalités. Les ordonnances ainsi visées sont signifiées aux parties (Règl. proc. art. 78).

La suspension de procédure prend effet à la date indiquée dans l'ordonnance de suspension ou, à défaut d'une telle indication, à la date de cette ordonnance. Pendant la période de suspension, aucun délai de procédure n'expire, à l'exception du délai d'intervention. Lorsque l'ordonnance n'en a pas fixé le terme, la suspension prend fin à la date indiquée dans l'ordonnance de reprise de la procédure ou, à défaut d'une telle indication, à la date de cette ordonnance. A compter de la date de reprise, les délais de procédure recommencent à courir dès le début (Règl. proc., art. 79).

251 ***Dessaisissement du Tribunal*** ◇ L'article 80 du Règlement de procédure du Tribunal précise que les décisions de dessaisissement visées par les articles précités des statuts de la Cour (*supra,* n° 248) sont prises par le Tribunal statuant par voie d'ordonnance signifiée aux parties.

La jurisprudence la plus récente illustre l'hypothèse dans laquelle la Cour ayant été saisie d'un recours par un État membre, ayant rejeté comme irrecevable la demande en intervention de personnes physiques ou morales ayant formé devant le Tribunal un recours contre le même acte et n'ayant pas suspendu la procédure dont elle était saisie, le Tribunal a estimé qu'il était dans l'intérêt d'une bonne administration de la justice que la juridiction compétente – la Cour en l'occurrence – pour connaître d'un recours formé par un État membre puisse être en mesure de prendre en considération les différents moyens et arguments invoqués par les personnes physiques ou morales à l'appui de leur demande d'annulation du même acte et, ayant le choix entre suspension et dessaisissement, a opté pour le dessaisissement (T.P.I. (Ord.), 1.02.1995, *Sté Commerciale des potasses et de l'azote,* T-88/94, II, p. 221 -23.02.1995, *Hanseatische Industrie-Beteiligungen,* T-488/93, II, p. 469 – T.P.I. (Ord.) 16.11.1998, *Antillean Rice Mills,* T-41/97, II, p. 4117).

CHAPITRE 3
LES INCIDENTS. LE DÉSISTEMENT

252 ***Réglementation*** ◇ Les incidents de procédure sont régis devant la Cour par le chapitre 2 du titre troisième de son Règlement de procédure (art. 91 et 92). L'article 91 distingue entre l'exception qui, si elle est reconnue fondée, met fin au litige sans débat au fond et les autres incidents soulevés par les parties. Pour sa part, l'article 92 porte sur les incidents soulevés d'office par la Cour. Le règlement de procédure du Tribunal consacre à ces incidents le chapitre 2 de son titre III (art. 111 à 114).

Quant au désistement, il est régi par les articles 77 et 78 du règlement de procédure de la Cour (art. 98 et 99, Règl. proc. T.P.I.).

SECTION 1. LES INCIDENTS SOULEVÉS PAR LES PARTIES

253 ***Conception*** ◇ La notion d'incident, que le règlement de procédure ne définit pas, est une notion aux contours imprécis. Les auteurs, adoptant une attitude pragmatique, l'ont interprétée largement. (V. Vandersanden et Barav, *op. cit.*, p. 46).

Constitue, selon nous, un incident de procédure, au sens de l'article 91, toute question de procédure, notamment de compétence ou de recevabilité, soulevée par les parties en cours d'instance avant que l'affaire ne soit tranchée au fond par le juge, dès lors qu'elle ne relève pas d'une autre disposition du règlement de procédure.

On examinera successivement ce que recouvre la notion d'exception et d'incident au sens du règlement de procédure et les règles applicables à ces incidents.

§ 1. Les notions d'exception ou d'incident

254 ***Exception de procédure*** ◇ Constitue une exception de procédure tout moyen de défense qui tend, soit à faire déclarer la procédure irrégulière ou éteinte, soit à en suspendre le cours.

Elle peut s'appuyer sur des raisons tirées du déroulement de la procédure, telle l'exception de litispendance (C.J.C.E., 19.09.1985, *Hoogovens Groep,* 172 et 226/83, p. 2831, concl. G. Slynn – 22.09.1988, *France,* 358/85, p. 4821, concl. F. Mancini), ou sur des raisons tirées des conditions de recevabilité de la demande, tels l'expiration du délai (C.J.C.E., 5.02.1992 (Ord.), *France,* C-59/91, I, p. 525) ou le fait que le requérant qui poursuit l'annulation d'un règlement ne parvient pas à établir que ce texte le concerne directement et individuellement (C.J.C.E. (Ord.), 12.07.1993, *A E F M A*, C-107/93, I, 3999).

255 ***Incidents de procédure*** ◇ L'incident de procédure, qui ne tend pas à mettre fin à l'instance, recouvre des situations de fait extrêmement variées. Il est le plus souvent relatif à l'administration de la preuve ou au retrait de pièces versées au dossier de la procédure, ainsi qu'aux demandes de traitement confidentiel de documents.

Les mesures d'instruction, telles la comparution personnelle des parties, la demande de renseignements et la production de documents, la preuve par témoins, l'expertise et la descente sur les lieux sont normalement ordonnées par la Cour à la fin de la procédure écrite suivant les règles énoncées à l'article 45, § 1, du règlement de procédure de la Cour (art. 65 et 66, Règl. proc. T.P.I. *supra*, n° 227).

Mais, comme on l'a indiqué précédemment (*supra*, n° 229 s), la jurisprudence admet que le recours à ces dispositions n'est pas exclusif et que les parties, sans attendre la fin de la procédure écrite, peuvent demander des mesures d'instruction sur le fondement de l'article 91 du Règlement de procédure (art. 114, Règl. proc. T.P.I.). Ainsi en est-il pour une demande de communication de documents (C.J.C.E., 10.07.1985, *CMC*, 118/83, p. 2325, concl. P. VerLoren van Themaat).

Les demandes fondées sur l'article 91 peuvent viser la communication de pièces détenues par l'autre partie. La Cour n'admet la production de documents internes aux institutions communautaires qu'à titre exceptionnel (C.J.C.E. (Ord.), 18.06.1986, *Bat et Reynolds*, 142-156/84, p. 1899 - (Ord.), 6.12.1990, *Zwartveld*, C-2/88, Imm, I, p. 4405).

L'article 91 a également été utilisé pour obtenir le retrait de documents versés aux débats par une partie (C.J.C.E. (Ord.) 28.03.1979, *Distillers Company Ltd*, 30/78, citée dans C.J.C.E., 10.07.1980, rec., p. 2229) ou la suppression de passages de conclusions portant atteinte à l'honorabilité d'une partie intervenante (V. Par ex., C.J.C.E., (Ord.) 3.02.1988, *Belasco*, 246/86, non publiée).

§ 2. Procédure applicable aux exceptions et aux incidents

256 ***Réglementation*** ◇ Lorsqu'une partie demande que la Cour statue sur une exception ou un incident sans engager le débat au fond, elle présente sa demande par acte séparé (Règl. proc. Cour, art. 91, § 1, al. 1 - T.P.I. art. 114, § 1).

La requête doit remplir les conditions de forme prévues par les articles 37 et 38 du règlement de procédure de la Cour applicables à tous les actes de procédure adressés à celle-ci. Elle doit contenir l'exposé des moyens de fait et de droit sur lesquels elle est fondée, les conclusions et, en annexe, les pièces invoquées à l'appui (Règl. proc. Cour, art. 91, § 1, al. 2 – T.P.I., art. 114, § 1, al. 2).

Dès la présentation de l'acte introduisant la demande, le président fixe un délai à l'autre partie pour présenter par écrit ses moyens et conclusions (Règl. proc. Cour, art. 91, § 2 – T.P.I., art. 114, § 2). Sauf décision contraire de la juridiction, la suite de la procédure sur la demande est orale (Règl. proc. Cour, art. 91, § 3 – T.P.I., art. 114, § 3).

La Cour, l'avocat général entendu, statue sur l'incident ou le joint au fond. Cette jonction est utile lorsque la décision sur l'incident risque de préjuger du fond. Si la Cour rejette la demande ou la joint au fond, le président fixe de nouveaux délais pour la poursuite de l'instance (Règl. proc. Cour, art. 91, § 4).

Les règles devant le Tribunal (art. 114, § 4, Règl. proc.) sont identiques, sous réserve d'une disposition particulière prévoyant que l'affaire est renvoyée à la Cour lorsqu'elle relève de la compétence de cette dernière.

SECTION 2. LES INCIDENTS SOULEVÉS D'OFFICE PAR LE JUGE

257 ***Les fins de non-recevoir d'ordre public*** ◇ Les règlements de procédure permettent à la Cour (Règl. proc., art. 92, § 2) et au Tribunal (Règl. proc., art. 113) d'examiner d'office à tout moment les fins de non-recevoir d'ordre public, ou constater, les parties entendues, que le recours est devenu sans objet et qu'il n'y a pas lieu de statuer. La décision est prise dans les conditions prévues respectivement par l'article 91, §§ 3 et 4, de son règlement pour la Cour et par l'article 114, §§ 3 et 4, de son règlement pour le Tribunal.

Ces dispositions permettent aux juridictions de sanctionner d'office le non-respect de délais impératifs, le défaut de qualité ou de capacité pour agir, etc...

En cas d'incompétence ou d'irrecevabilité manifestes, la juridiction, l'avocat général entendu, peut, sans poursuivre la procédure et sans entendre les parties, statuer par voie d'ordonnance motivée (Règl. proc. Cour, art. 92, § 1 – T.P.I., art. 111). Il en est de même en cas de pourvoi contre les arrêts du Tribunal de première instance manifestement irrecevables ou manifestement dépourvus de tout fondement en droit (Règl. proc., art. 119 – C.J.C.E. (Ord.), 30.09.1992, *Sebastiani*, C-294/91 P, p. 4997).

La procédure de l'article 92 du Règlement de procédure n'est pas applicable aux recours relevant manifestement de la compétence du Tribunal de première instance, la Cour étant dans ce cas tenue de renvoyer le recours au Tribunal qui ne peut décliner sa compétence (Statut C.E., art. 47, § 1).

258 ***Illustrations jurisprudentielles*** ◇ Outre les applications que l'on retrouvera à l'occasion de l'étude de chacune des actions, illustrent notamment l'incompétence manifeste : un recours en annulation dirigé contre un acte d'une autorité nationale (C.J.C.E. (Ord.), 25.02.1992, *Borelli*,

C-97/91, mentionnée dans l'arrêt du 3.12.1992, I, p. 6313), ou un recours dirigé par un particulier contre un État membre et visant à l'annulation de décisions rendues par des juridictions nationales (C.J.C.E. (Ord.), 27.02.1991, *Tsitouras,* C-285/90, I, p. 787), ou encore un recours d'un particulier visant à obtenir le prononcé d'injonctions à l'adresse d'institutions communautaires, d'États membres ou de personnes physiques ou morales, la condamnation d'États membres ou de personnes physiques ou morales et l'annulation d'accords conclus par ces dernières (T.P.I. (Ord.) 29.11.1993, *Casper-Koelman,* T-56/92, II, p. 1267).

Illustrent d'autre part l'irrecevabilité manifeste un recours en annulation dirigé contre une simple lettre, se bornant à faire part des conseils de services de la Commission, qui ne produit pas d'effets juridiques obligatoires et ne constitue pas une décision faisant grief (C.J.C.E. (Ord.), 13.06.1991, *Sunzest,* C-50/90, I, p. 2917), ou un renvoi préjudiciel ne permettant pas de déceler avec certitude les questions sur lesquelles le juge national souhaite que la Cour se prononce (C.J.C.E. (Ord.), 21.12.1995, *M. Mara Fashion Group,* C-307/95, I, p. 5083), ou un recours d'un particulier contre le refus de la Commission d'engager une action en manquement (C.J.C.E. (Ord.), 12.06.1992, *Asia Motor,* C-29/92, I, p. 3935), ou encore un recours présenté par un agent sans que la procédure précontentieuse se soit déroulée conformément aux articles 90 et 91 du statut (T.P.I. (Ord.), 6.02.1992, *Cl. Castelleti e.a.,* T-29/91, II, p. 77).

SECTION 3. LE DÉSISTEMENT

259 ***Réglementation*** ◇ Il peut être mis fin à la procédure par désistement. Les règlements de procédure prévoient deux types de désistement.

Aux termes de l'article 77 du règlement de procédure de la Cour (art. 98, Règl. proc. T.P.I.), le désistement d'action peut résulter d'un accord survenu entre les parties avant que la juridiction ne statue. Les parties informent celle-ci qu'elles renoncent à toute prétention. L'affaire est alors radiée du registre par le président qui statue sur les dépens. Ces dispositions visent principalement les affaires qui ont fait l'objet d'un accord amiable (C.J.C.E., 16.05.1990, *Maclaine Watson,* C-241/87, I, p. 1797, concl. M. Darmon). Elles ne s'appliquent, ni au recours en annulation, ni au recours en carence. Dans ces matières le désistement ne nécessite pas l'accord du défendeur.

Le désistement peut également être le résultat d'une initiative unilatérale du requérant qui renonce à l'instance. Le désistement peut être partiel (C.J.C.E., 24.03.1988, *Csion c. Italie,* 104/86, p. 1799, concl. G. Slynn). La renonciation doit être portée à la connaissance de la juridiction par écrit. Le président ordonne la radiation de l'affaire du registre et statue sur les dépens (V. n° 340) (art. 78 Règl. proc. Cour – 99, Règl. Proc. T.P.I.).

260 ***Indications bibliographiques*** ◇ Louterman et Febvre, *Les incidents de procédure au sens de l'article 91 du règlement de procédure de la Cour de justice des Communautés européennes,* Gaz. Pal. 1989, doctr., p. 276.

CHAPITRE 4
L'INTERVENTION

261 ***Notion*** ◇ L'intervention permet à un tiers intéressé de se joindre à une procédure pendante devant le juge.

Elle doit être distinguée de la tierce opposition qui entraîne le réexamen de l'affaire alors que le jugement est déjà rendu. Elle doit l'être également de la participation prévue par la réglementation de la procédure de renvoi préjudiciel permettant aux États membres et aux institutions de présenter des mémoires ou observations écrites dans cette procédure (*supra,* n° 64). Il ne s'agit pas là en effet d'une véritable intervention, cette procédure n'étant pas contentieuse.

On notera que la jurisprudence a admis l'intervention dans une procédure en interprétation d'arrêt (*infra,* n° 352 s), malgré le caractère accessoire de celle-ci (C.J.C.E. (Ord.), 29.09.1983, *Cour des comptes,* 9/81 interprétation, p. 2859).

262 ***Réglementation*** ◇ L'intervention est régie dans des termes identiques par chacun de deux protocoles portant statut de la Cour (Statut C.E., art. 37 ; C.E.E.A., art. 38).

Seule l'intervention volontaire est admise par les règlements de procédure. Des conclusions tendant à une intervention forcée sont irrecevables (C.J.C.E., 10.12.1969, *Wonnerth,* 12/69, p. 577, concl. K. Roemer – T.P.I., 20.03.1991, *Pérez-Minguez Casariego,* T-1/90, II, p. 143).

SECTION 1. PERSONNES ADMISES À INTERVENIR

263 ***Personnes admises à intervenir*** ◇ Les articles 37 du statut C.E. et 38 du statut C.E.E.A. disposent que « les États membres et les institutions de la Communauté peuvent intervenir aux litiges soumis à la Cour. Le même droit appartient à toute autre personne justifiant d'un intérêt à la solution d'un litige soumis à la Cour, à l'exclusion des litiges entre États membres, entre institutions de la Communauté, ou entre États membres d'une part, et institutions de la Communauté d'autre part ». L'article 37 ajoute que, sans préjudice de ces dispositions, les États parties à l'accord sur l'E.E.E. autres que les États membres ainsi que l'autorité de surveillance A.E.L.E. visée par ledit accord peuvent intervenir aux litiges soumis à la Cour lorsque ceux-ci concernent un des domaines d'application de cet accord.

Il s'ensuit que les personnes physiques ou morales autres que les États membres et les institutions de la Communauté n'ont pas qualité pour intervenir dans des litiges relevant des articles 226 et 227 C.E. (ex-art. 169 et 170 C.E.) et 141 et 142 C.E.E.A. régissant l'action en manquement (C.J.C.E.. (Ord.) 6.12.1989, *PSIITENSM*, C-147/86, TO 3, p. 4119).

La Cour n'exige pas que les personnes visées par la formule « toute autre personne justifiant d'un intérêt » possèdent la personnalité juridique pourvu qu'elles soient dotées des éléments qui en constituent la base, telles que notamment l'autonomie et la responsabilité. Ainsi a-t-elle admis à intervenir sur cette base une union nationale de consommateurs, non dotée de la personnalité juridique (C.J.C.E. (Ord.), 11.12.1973, *S.A. Générale sucrière*, 41/73, p. 1465).

SECTION 2. L'INTÉRÊT À INTERVENIR

264 ***Exigence d'un intérêt*** ◇ Dans le cadre des articles 37 du statut C.E. et 38 du statut C.E.E.A, les États membres et les Institutions communautaires, nous venons de le voir, n'ont pas à justifier d'un intérêt pour intervenir dans la procédure.

En revanche, toutes les autres interventions – c'est-à-dire celles des personnes autres que les États membres et les Institutions – doivent être justifiées par un intérêt à intervenir.

265 ***Intérêt des intervenants autres que les États membres ou les Institutions communautaires*** ◇ L'intervenant devant conclure au soutien des conclusions de l'une des parties (*infra*, n° 268), il en résulte que l'intérêt doit exister par rapport auxdites conclusions et non pas par rapport aux moyens ou arguments invoqués (C.J.C.E. (Ord.) 12.04.1978, *Amylum*, 116/77, p. 893). La jurisprudence exige que cet intérêt soit « suffisamment caractérisé » (C.J.C.E. (Ord.), 3.07.1986, *France c. Parlement*, 358/85, p. 2149). La question s'est posée dans le cadre de différentes actions.

S'agissant d'abord du *recours en annulation*, la notion d'intérêt à la solution du litige doit s'entendre comme un intérêt direct et actuel au sort réservé aux conclusions concernant spécifiquement l'acte dont l'annulation ou la suspension est demandée (T.P.I. (Ord.), 10.10.1994, *Candiotte*, T-108/94, II, p. 863).

Le droit d'intervention a été reconnu à celui des destinataires de la décision attaquée qui n'a pas exercé de recours autonome contre celle-ci en application de l'article 230, al. 4, C.E. (ex-art. 173, al. 2, C.E.), les droits de l'intervenant étant toutefois limités au soutien des conclusions de la partie requérante (T.P.I. (Ord.), 28.11.1991, *Eurosport*, T-35/91, II, p. 1359). De même, a été admise la demande d'intervention d'un État tiers (la Dominique) dans une procédure en annulation d'une décision de la Commission autorisant un État membre à exclure du traitement communautaire les bananes fraîches originaires de certains pays de la zone dollar (C.J.C.E. (Ord.), 23.02.1983, *Chris International Foods*, 91/82, p. 417).

En revanche, des membres du Parlement européen n'ont pas été admis à intervenir à l'appui des conclusions de celui-ci dans une action en annulation dirigée contre l'une de ses résolutions relative aux infrastructures nécessaires à la tenue de réunions à Bruxelles (C.J.C.E. (Ord.), 3.07.1986, *France c. Parlement,* 358/85, p. 2149, précité). De même, un fonctionnaire de la Communauté n'a aucun intérêt à intervenir dans une procédure tendant à l'annulation du bulletin de rémunération d'un autre fonctionnaire (T.P.I. (Ord.) 15.06.1993, *Rijnoudt,* T-97/92, II, p. 587).

La jurisprudence illustre ensuite l'admission de l'intervention de compagnies aériennes dans le cadre d'un *recours en carence* dirigé contre la Commission (C.J.C.E., 10.06.1982, *Lord Bethell,* 246/81, p. 2277, concl. G. Slynn).

Elle illustre aussi l'hypothèse dans laquelle un tiers a été admis à intervenir dans un *recours en interprétation d'arrêt* (C.J.C.E (Ord.) 29.09.1983, *Williams,* 9/81, p. 2859).

A encore été admise l'intervention d'une société qui dépose plainte pour infraction à l'article 81 C.E. (ex-art. 85 C.E.) auprès de la Commission à l'encontre de concurrents au soutien des conclusions de cette dernière dans la procédure de référé visant au sursis à exécution de sa décision (T.P.I. (Ord.), 8.05.1992, *Langnese-Iglo,* T-24/92, II, p. 1713).

Notons enfin que la Cour a jugé qu'il résulte de l'article 49 du statut C.E. que les intervenants devant le T.P.I. sont considérés comme des parties devant cette juridiction, ce qui les dispense en cas de pourvoi de devoir présenter une nouvelle requête en intervention devant la Cour (C.J.C.E., 22.12.1993, *Pincherle,* C-244/91 P, I, p. 6965, concl. contraires M. Darmon – *infra,* n° 322).

266 ***Intérêt collectif*** ◇ L'intérêt peut être collectif.

Ainsi ont été admises l'intervention de transporteurs routiers dans une action en annulation au motif qu'ils étaient « touchés directement par la décision (attaquée) et que leur intérêt à l'issue du litige (était) certain » (C.J.C.E. (Ord.), 19.02.1960, *Pays-Bas,* 25/59, p. 787) ; celle de l'assemblée permanente des chambres d'agriculture qui, en tant qu'organisme représentatif auprès des pouvoirs publics, a « un intérêt légitime à défendre les intérêts des producteurs agricoles français » (C.J.C.E. (Ord.), 24.10.1962, *Conf. nat. des producteurs de fruits et légumes,* 16/62, p. 937). Ainsi encore pour une union nationale de consommateurs qui « peut avoir intérêt à la correcte application des dispositions communautaires en matière de concurrence, qui tendent, non seulement à permettre le bon fonctionnement du marché commun, mais encore à profiter aux consommateurs » (C.J.C.E. (Ord.), 11.12.1973, *S.A. Générale sucrière,* 41/73, p. 1465, précité).

En revanche, a été refusée l'intervention d'un syndicat de salariés qui prétendait qu'en cas de succès, l'action à laquelle il demandait à intervenir aurait un effet favorable sur la prospérité économique des entreprises concernées et sur le niveau de l'emploi, au motif qu'un « pareil intérêt, de caractère indirect et lointain, n'(apparaissait) pas comme étant suffisamment caractérisé pour justifier une intervention » (C.J.C.E. (Ord.), 8.04.1981, *Ludwigshafener Walzmühle*, 197/80, p. 1041).

Quant aux organisations syndicales de fonctionnaires des Communautés, elles sont largement admises à intervenir « lorsque la solution du litige est de nature à affecter un intérêt collectif » (jurisp. const. V. T.P.I. (Ord.), 12.03.1992, *Meskens*, T-84/91, II, p. 1565).

267 ***Intérêt moral*** ◇ Le juge communautaire a eu à connaitre de demandes d'intervention fondées sur l'intérêt moral (pour un cas d'irrecevabilité, v. C.J.C.E. (Ord.) 4.10.1979, *Mme P.*, 40/79, p. 3299).

SECTION 3. DROITS DE LA PARTIE INTERVENANTE

268 ***Objet des conclusions*** ◇ Aux termes des articles 37 du statut C.E. et 38 du statut C.E.E.A., l'intervention ne peut avoir pour objet que le soutien des conclusions de l'une des parties. Les règlements de procédure mentionnent à la fois le soutien et le rejet (Règl. proc. Cour, art. 93, § 5, a) - T.P.I., art. 116, § 4, a).

L'intervenant ne peut donc présenter des conclusions distinctes de celles des parties. Il ne peut élargir l'objet du recours. L'intervenant ne réclame aucune condamnation à son profit et se contente de prendre fait et cause pour une des parties principales. Il s'agit donc en principe d'une intervention dite accessoire ou conservatoire.

L'intervenant doit accepter le litige dans l'état où il se trouve lors de son intervention (Règl. proc. Cour, art. 93, § 4 - T.P.I., art. 116, § 3). Tous les actes de la procédure antérieure lui sont opposables.

269 ***Moyens et arguments nouveaux*** ◇ Si l'intervenant ne peut conclure qu'au soutien ou au rejet des conclusions d'une partie principale, il peut cependant faire valoir des moyens et des arguments nouveaux.

La Cour a ainsi reconnu que « ce serait vider la procédure d'intervention de tout contenu que d'interdire à la partie intervenante tout argument qui n'aurait pas été utilisé par la partie qu'elle soutient » (C.J.C.E., 23.02.1961, *De Gezamenlijke Steenkolenmijnen*, 30/59, p. 1, concl. M. Lagrange).

La Cour a également admis que la partie intervenante pouvait soulever des exceptions d'irrecevabilité bien que la partie principale à laquelle elle s'est jointe ne l'ait pas fait (C.J.C.E., 22.03.1961, *SNUPAT*, 42/59, p. 99, concl. M. Lagrange - V. aussi C.J.C.E. 11.07.1990, *Neotype Techmashexport*, C-305/86, I, p. 2945, concl. W. van Gerven).

SECTION 4. PROCÉDURE

270 ***La requête en intervention*** ◇ La requête en intervention doit être présentée au plus tard avant l'expiration d'un délai de trois mois à compter

du jour de la publication au Journal officiel de l'avis indiquant l'inscription de la requête introductive d'instance (Règl. proc. Cour, art. 93, § 1 – T.P.I. art. 115, § 1).

Elle doit contenir l'indication de l'affaire, des parties, les nom et domicile de l'intervenant, l'exposé des raisons justifiant l'intérêt de l'intervenant à la solution du litige sous réserve des articles 37 du statut C.E et 38 du statut C.E.E.A., les conclusions tendant au soutien ou au rejet des conclusions d'une des parties au litige principal, les offres de preuve et les pièces à l'appui, enfin l'élection de domicile de l'intervenant (Règl. proc. Cour 93, § 1 – T.P.I., art. 115, § 2).

La représentation de la partie intervenante obéit aux mêmes règles que celles applicables aux parties principales.

271 ***Développement de la procédure*** ◇ La requête en intervention est signifiée aux parties principales. L'avis de celles-ci recueilli, le président ou, s'il lui défère la demande, la juridiction statue sur la recevabilité de l'intervention par voie d'ordonnance (Règl. proc. Cour, art. 93, § 2 – T.P.I. art. 116, § 1). Lorsque l'intervention est déclarée recevable, l'intervenant reçoit communication de tous les actes de procédure signifiés aux parties.

À la demande d'une partie, le président peut cependant exclure de cette communication des pièces secrètes ou confidentielles (Règl. proc. Cour, art. 93, § 3 – T.P.I., art. 116, § 2), telles celles relevant du secret des affaires (T.P.I. (Ord.), 19.02.1993, *Langnese-Iglo,* T-7/93 R, II, p. 131 – 13.05.1993, *CMBT,* T-24/93 R, II, p. 543). La jurisprudence estime que « pour apprécier les conditions dans lesquelles il peut être fait usage de cette dérogation, il importe de déterminer, pour chaque pièce du dossier pour laquelle un traitement confidentiel est demandé, dans quelle mesure seront effectivement conciliés le souci légitime de la requérante d'éviter que ne soit portée une atteinte essentielle à ses intérêts commerciaux et le souci, tout aussi légitime, des parties intervenantes de disposer des informations nécessaires aux fins d'être pleinement en mesure de faire valoir leurs droits et d'exposer leur thèse devant le Tribunal » (T.P.I. (Ord.), 4.04.1990, *Hilti,* T-30/89, II, p. 165 – jurisp. const. : T.P.I., 6.02.1995, *Auditel,* T-66/94, II, p. 239).

Dans le délai fixé par le président, l'intervenant peut présenter son mémoire en intervention contenant ses conclusions tendant au soutien ou au rejet, total ou partiel, des conclusions d'une des parties, les moyens et arguments qu'il invoque et les offres de preuve s'il y a lieu (Règl. proc. Cour, art. 93, § 5 – T.P.I., art. 116, § 4).

CHAPITRE 5
LE RÉFÉRÉ

272 ***Caractères généraux*** ◇ Destinée à obtenir des mesures provisoires afin de prévenir un préjudice grave et irréparable, cette voie de droit, qui n'est pas particulière à la juridiction communautaire, est essentielle afin de conserver au recours principal dont est saisi le juge toute son efficacité malgré le temps habituellement nécessaire pour statuer sur le fond du litige. La possibilité d'octroyer des mesures provisoires participe, selon la jurisprudence, du droit fondamental à une protection juridictionnelle effective (C.J.C.E., (Ord.) 3.05.1996, *Allemagne c. Csion*, C-399/95 R, I, p. 2441).

Ainsi se dégagent les deux traits spécifiques du référé, à savoir son caractère provisoire et son caractère accessoire à la procédure suivie au principal.

273 ***Réglementation*** ◇ Les articles 242 et 243 C.E. (ex-art. 185 et 186 C.E.), 157 et 158 C.E.E.A. attribuent à la Cour de justice compétence, d'une part pour prononcer des sursis à exécution, d'autre part, pour prescrire des mesures provisoires. Ces dispositions sont reprises et complétées par les statuts de la Cour, respectivement aux articles 36 C.E. et 37 C.E.E.A. et dans le règlement de procédure de la Cour aux articles 83 à 90.

La décision 88/591 du Conseil instituant le Tribunal de première instance (art. 4) rend applicables à celui-ci les dispositions précitées des traités et des statuts. Le règlement de procédure du Tribunal (art. 104 à 110) en fixe les conditions d'exécution.

274 ***Domaine*** ◇ Les termes des articles précités des traités donnent à penser que la juridiction communautaire peut ordonner des mesures provisoires dans toutes les affaires dont elle est saisie. À cet égard il importe cependant de préciser plusieurs points.

1. – Le mécanisme de renvoi préjudiciel se prête mal à l'octroi par la Cour de mesures provisoires qui relèvent de la juridiction nationale saisie au principal. On a vu précédemment (*supra*, n° 56) dans quelles conditions cette dernière peut accorder des sursis dans des litiges mettant en cause le droit communautaire.

2. – La possibilité pour la Cour d'ordonner des mesures provisoires dans le cadre d'une action en manquement a été reconnue tant en ce qui concerne l'action de l'article 226 C.E. (ex-art. 169 C.E.) (C.J.C.E. (Ord.) 22.05.1977 et 13.07.1977, *Csion c. Irlande*, 61/77 R, p. 937 et 1411, concl. G. Reischl), qu'en ce qui concerne l'action de l'article 88 C.E. (ex-art. 93 C.E.) (C.J.C.E. (Ord.), 21.05.1977, *Csion c. Royaume Uni*, 31 et 53/77 R., p. 921, concl. H. Mayras) ou le manquement simplifié de l'article 298 C.E. (ex-art. 225 C.E. ; C.J.C.E. (Ord.) 29.06.1994, *Csion c. Grèce*, C-120/94 R, I, p. 3037).

Cette jurisprudence a été constamment confirmée par la suite (*infra*, n° 575).

3. – Depuis l'institution du T.P.I. qui, comme on vient de le dire, s'est également vu reconnaître la possibilité d'octroyer sursis et mesures provisoires, la Cour peut être saisie d'un pourvoi entreprenant les ordonnances de référé rendue par le Tribunal (statuts, articles 50 C.E. et 51 C.E.E.A.). Il est statué sur ce pourvoi suivant la même procédure que celle applicable aux demandes de mesures provisoires portées directement devant la Cour (*infra*, n° 308).

SECTION 1. **PROCÉDURE**

§ 1. **La demande**

275 ***Formes*** ◇ La demande doit être présentée par acte séparé répondant aux conditions de forme des articles 37 et 38 du règlement de procédure (Règl. proc. Cour, art. 83, § 3, *supra*, n° 210). La règle est identique devant le Tribunal (Règl. proc. T.P.I., art. 104, § 3).

Toute demande de référé présentée dans le même acte que le recours principal est irrecevable (C.J.C.E., 21.01.1965, *A. Merlini*, 108/63, p. 1, concl. K. Roemer – 17.06.1965, *Italie*, 32/64, p. 473, concl. K. Roemer), sans que le requérant soit invité à régulariser sa demande, ce qui donne à penser que la Cour considère une telle demande de mesures provisoires comme inexistante.

La demande doit être présentée par un avocat et comporter élection de domicile au lieu où la Cour (le Tribunal de première instance) a son siège. Outre les mentions visées aux articles précités des règlements de procédure, elle doit spécifier l'objet du litige, les circonstances établissant l'urgence ainsi que les moyens de fait et de droit justifiant à première vue l'octroi de la mesure provisoire à laquelle elle conclut.

L'omission de l'une de ces formes donne lieu à l'application de l'article 38, § 7, du règlement de procédure qui fait obligation au greffier de fixer au requérant un délai raisonnable de régularisation. A défaut, il revient au président de décider, l'avocat général entendu, si l'inobservation de ces conditions entraîne l'irrecevabilité formelle de la requête (C.J.C.E. (Ord.), 26.02.1981, *Farral*, 10/81, p. 717).La règle est identique devant le Tribunal (Règl. proc., art. 44, § 6).

276 ***Moment de la demande*** ◇ La partie intéressée a le choix du moment où elle entend présenter sa demande de mesures provisoires.

Toutefois, comme les dispositions des traités exigent que le juge soit saisi de l'affaire à propos de laquelle ces mesures sont demandées, une demande présentée avant le recours au principal s'expose à une irrecevabilité (C.J.C.E. (Ord.), 30.01.1959, *Niederrheinische Hütte*, 2/59 R, rec. 1960, p. 345), conséquence du caractère accessoire de la procédure. À l'inverse, une demande tardive sera déclarée irrecevable dans la mesure où le préjudice allégué est déjà réalisé (C.J.C.E., (Ord.) 22.04.1994, *Csion c. Belgique*, C-87/94 R, I, p. 1395). Dans cette décision, la Cour semble avoir fait peser sur la Commission une véritable « obligation de diligence ».

En principe, la présentation de la demande peut avoir lieu jusqu'au prononcé de l'arrêt mettant fin au litige au principal. Une ordonnance a cependant rejeté une demande de mesures provisoires introduite après la procédure orale sur le fond, à un moment où la Cour avait déjà entamé sa délibération sur l'arrêt sur le recours au principal (C.J.C.E. (Ord.), 11.04.1960, *Barbara Erzbergbau*, 3/58, p. 459).

§ 2. Instruction

277 ***Caractère contradictoire*** ◇ La demande de mesures provisoires est signifiée à l'autre partie à laquelle le président de la juridiction fixe un bref délai pour la présentation de ses observations écrites ou orales (Règl. proc. Cour, art. 84, § 1 - T.P.I., art. 105, § 1).

Le président peut faire droit à la demande avant même que l'autre partie ait présenté ses observations (*idem*, § 2). Cette entorse au principe du contradictoire se justifie par la nécessité d'adopter, dans des circonstances particulières, une décision dans les plus brefs délais. Cette faculté est utilisée de façon exceptionnelle et, en régle générale, une seconde ordonnance est rendue après observations de l'autre partie, parfois même pour se borner à confirmer la première décision (V. par ex. : C.J.C.E. (Ord.), 28.06.1990 et 13.07.1990, *Csion c. Allemagne* 195/90 R, I, p. 2715 et 3351). Les règlements de procédure précisent d'ailleurs que le président peut, le cas échéant d'office, modifier ou rapporter l'ordonnance prise avant les observations de l'autre partie.

278 ***Déroulement de la procédure*** ◇ Le président décide s'il y a lieu ou non d'ordonner l'ouverture d'une instruction.

Les pouvoirs du président sont exercés par la Cour lorsque ce dernier décide de déférer à celle-ci la demande de mesures provisoires. Dans ce cas la Cour doit statuer toutes affaires cessantes. En cas d'absence ou d'empêchement du président, ses pouvoirs sont exercés par un des présidents de chambre suivant leur rang (Règl. proc. Cour, art. 85 renvoyant à l'article 11 - V. *supra*, n° 11). Devant le Tribunal, le président statue lui-même ou défère la demande à la chambre à laquelle l'affaire au principal a été attribuée ou à la formation plénière si l'affaire au principal a été attribuée à celle-ci. En cas d'absence ou d'empêchement du président, celui-ci est remplacé par le président ou le juge le plus ancien, au sens de l'article 6 du règlement de procédure, de la formation du Tribunal à laquelle l'affaire a été attribuée (Règl. proc. T.P.I., art. 106). La formation du Tribunal à laquelle est déférée la demande doit statuer toutes affaires cessantes.

En pratique, une audience est souvent organisée au cours de laquelle le requérant et l'autre partie peuvent présenter des observations orales sur le bien-fondé de la demande de mesures provisoires. Cette audience n'est cependant pas obligatoire (V. par ex., C.J.C.E. (Ord.), 15.03.1988, *Maindiaux,* 63/88 R, p. 1659 - 23.03.1988, *La Terza,* 76/88 R., p. 1741).

Le juge rapporteur et l'avocat général désignés pour le recours au principal assistent à cette procédure orale, posent des questions s'ils l'estiment utile et peuvent donner leur opinion sur la demande. Aucun texte n'oblige cependant le président à en tenir compte, ni même à solliciter leur avis, sauf si le président a déféré la demande à la Cour, celle-ci étant alors obligée d'entendre l'avocat général.

L'audience est en principe publique mais le président peut décider qu'elle se déroulera à huis clos (C.J.C.E. (Ord.), 19.07.1983, *Raznoimport,* 120/83 R, p. 2573 - (Ord.), 31.07.1989, *S.,* 206/89 R, p. 2841).

Les dispositions concernant la langue de procédure (*supra,* n° 196) sont applicables.

279 ***Intervention*** ◇ L'intervention de tiers à la procédure de référé obéit aux mêmes régles que celles applicables aux recours directs. Il suffit de rappeler que l'intervention des États membres et des institutions communautaires est de droit alors que les personnes physiques ou morales doivent justifier d'un intérêt à la solution du litige.

Illustrent des procédures de référé dans lesquelles l'intervention de telles personnes a été admises les ordonnances suivantes : C.J.C.E. (Ord.), 14.03.1973 *I.C.I., 6/77* R, p. 357 - (Ord.), 22.10.1975, *National Carbonising,* 109/75 R, p. 1193 - (Ord.), 14.10.1977, *NTN Toyo,* 113/77 R et 113/77 R Int, p. 1721.

Il semble que si toute partie intervenante à une procédure au principal est *ipso facto* considérée comme intervenante en référé et reçoit donc copie de la demande de mesures provisoires (C.J.C.E. (Ord.), 11.10.1973, *Miles Druce,* 160/73 R, p. 1049), en revanche la partie admise à intervenir dans cette dernière procédure n'a pas, de façon automatique, la qualité d'intervenant dans le recours au principal et doit donc demander l'admission de son intervention (C.J.C.E. (Ord.), 23.10.1974, *Nederlandse Vereniging voor Fruit,* 71/74, Int. p. 1095).

§ 3. L'ordonnance

280 ***Caractères*** ◇ L'ordonnance prise par le président ou par la juridiction est motivée. Elle est immédiatement signifiée aux parties et n'est pas susceptible de recours sauf, bien évidemment, lorsqu'elle émane du Président du Tribunal de première instance ou du Tribunal lui-même. Il semble que ces dispositions valent également pour les ordonnances prises avant même que l'autre partie ait présenté ses observations (*supra,* n° 277 - En ce sens B. Pastor et E. van Ginderachter, p. 615, *op. cit. infra,* n° 304).

L'ordonnance n'a qu'un caractère provisoire et ne préjuge en rien la décision au principal. Elle peut fixer une date à partir de laquelle la mesure ordonnée cessera de recevoir application. En l'absence d'une telle précision, cette mesure cesse ses effets dès le prononcé de l'arrêt mettant fin à l'instance.

Une ordonnance accordant une mesure provisoire peut à tout moment être modifiée ou rapportée à la demande d'une partie par suite d'un changement de circonstances (Règl. proc. Cour, art. 87 – T.P.I., art. 108). N'illustre pas un tel changement l'intervention d'une législation nationale ayant les mêmes effets que les actes de l'administration dont la mesure provisoire a ordonné la suspension (C.J.C.E. (Ord.), 12.06.1992, *Csion c. Italie,* C-272/91 R, I, p. 3929).

281 ***Exécution : constitution de caution*** ◇ Les règlements de procédure (Cour : art. 86, § 2 – T.P.I. : art. 107, § 2) permettent de subordonner l'exécution de l'ordonnance à la constitution par le demandeur d'une caution dont le montant et les modalités sont déterminés par l'ordonnance.

Une telle mesure n'est envisageable que dans le cas où la partie à laquelle elle est imposée est le débiteur de sommes dont la caution doit garantir le paiement et où cette partie risque de se révéler insolvable (C.J.C.E. (Ord.), 12.07.1990, *Csion c. Allemagne,* C-195/90 R, I, p. 3351). Elle est souvent ordonnée en matière de sursis à exécution lorsque l'acte attaqué impose au requérant le paiement d'une somme d'argent, comme il en va en matière de droits antidumping (C.J.C.E. (Ord.) 14.10.1977, *NTN Toyo,* 113/77 R., p. 1721 – T.P.I. (Ord.), 24.02.1995, *Ind. des poudres sphériques,* T-2/95 R, II, p. 485) ou dans le cas d'imposition d'une amende pour violation des régles du droit de la concurrence où la constitution d'une caution est quasi obligatoire (C.J.C.E., (Ord.) 6.05.1982, *AEG Telefunken,* 107/82 R, p. 1549 – (Ord.), 7.05.1982, *Hasselblad,* 86/82 R, p. 1555 – (Ord.), 11.11.1982, *Klöckner Werke,* 263/82 R, p. 3995 – (Ord.) 7.03.1986, *Finsider,* 392/85 R, p. 959).

La dispense de constitution d'une caution peut être admise au profit d'une entreprise de petite taille, ayant des charges financières importantes et travaillant uniquement en sous-traitance (C.J.C.E. (Ord.), 15.03.1983, *Ferriere di Roè Volciano,* 234/82 R, p. 725).

282 ***Exécution : autres conditions*** ◇ La Cour s'est reconnu le droit de soumettre le sursis à l'exécution de la décision attaquée à d'autres conditions que la constitution d'une caution.

Ainsi de l'absence d'application des pénalités prévues par un accord qualifié d'entente au sens de l'article 81 § 1 C.E. (ex-art. 85, § 1, C.E.) (C.J.C.E., (Ord.), 15.10.1974, *Nederlandse Vereniging voor de Fruit en Groentenimporthandel,* 71/74 R, et RR, p. 1031 – 31.03.1982, *VBVB et VBBB,* 43 et 63/82 R, p. 1241).

283 ***Dépens*** ◇ Il est statué sur les dépens dans l'arrêt ou dans l'ordonnance qui met fin à l'instance (Règl. proc. Cour, art. 69, § 1 – T.P.I., art. 87, § 1). La pratique des ordonnances de référé est donc de réserver les dépens.

Certaines ordonnances rejetant la demande de mesures provisoires ont toutefois condamné immédiatement le requérant aux dépens (C.J.C.E., (Ord.), 7.12.1982, *Klöckner Werke,* 263/82 R, II, p. 4225 - (Ord.), 27.06.1986, *Epichiriseon,* 121/86 R, p. 2063).

284 ***Autorité*** ◇ Bien qu'elle soit provisoire et ne préjudicie pas au principal, l'ordonnance de référé produit certains effets de chose jugée. Ainsi, si elle ne lie pas le juge saisi du litige au fond, s'impose-t-elle aux parties. Le rejet de la demande de mesures provisoires n'empêche pas le requérant de présenter une nouvelle demande fondée sur des faits nouveaux (C.J.C.E. (Ord.), 10.07.1979, *Buttner,* 51/79 R, II, p. 2387).

L'ordonnance de référé peut faire l'objet d'une exécution forcée.

SECTION 2. LES CONDITIONS DE FOND

285 ***Détermination*** ◇ Les règlements de procédure (Règl. proc. Cour, art. 83, § 2 - T.P.I., art. 104, § 2) exigent que les demandes de mesures provisoires indiquent l'objet du litige, les circonstances établissant l'urgence, ainsi que les moyens de fait et de droit justifiant à première vue l'octroi de telles mesures. Cette exigence permet au juge des référés de vérifier l'existence des conditions de fond ainsi visées.

À ces conditions, la jurisprudence a ajouté de façon prétorienne la mise en balance des intérêts en cause (« balancing test »), à savoir d'un côté l'intérêt du requérant aux mesures provisoires et de l'autre l'intérêt du défendeur ou l'intérêt général de la Communauté à l'absence de telles mesures (V. *infra,* n° 295).

Avant d'examiner l'ensemble de ces conditions de fond auxquelles est soumise une demande de mesures provisoires, il convient de signaler l'incidence que peut avoir sur la recevabilité de la demande l'éventuelle irrecevabilité du recours au principal.

§ 1. La recevabilité du recours au principal

286 ***Rejet pour irrecevabilité du recours au principal*** ◇ Le rejet pour irrecevabilité du recours au principal sur lequel se greffe une demande en référé rend cette dernière elle-même irrecevable (C.J.C.E. (Ord.), 12.10.1992, *Landbouwschap,* C-295/92 R, I, p. 5069 (Ord.), 16.07.1993, *A E F M A,* C-107/93 R, I, p. 4177).

287 ***Examen de la recevabilité du recours au principal*** ◇ Il est de jurisprudence constante que la recevabilité du recours au principal n'a pas en principe à être prise en considération dans le cadre de la procédure de référé sous peine de préjuger le fond (C.J.C.E. (Ord.), 30.11.1972, *Perin-*

ciolo, 75/72 R, p. 1201 - (Ord.), 3.11.1980, *Suss*, 186/80 R, p. 3501 - (Ord.) 8.04.1987, *Pfizer*, 65/87 R, p. 1691 - (Ord.), 25.10.1990, *Italsolar*, C-257/90 R, I, p. 3841).

Il n'en est autrement que dans le cas où serait soulevée l'irrecevabilité manifeste du recours au principal, le juge devant alors rechercher les éléments susceptibles de le conduire à considérer qu'à première vue la recevabilité de ce recours n'est pas totalement exclue (C.J.C.E. (Ord.), 16.10.1986, *Grpe des droites européennes*, 221/86 R, p. 2969 - (Ord.), 8.05.1987, *Autexpo*, 82/87 R, p. 2131 - jurisp. const. : T.P.I., (Ord.), 15.12.1992, *Grandes sources*, T-96/92 R, II, p. 2579 - (Ord.), 2.04.1993, *C.C.E. Vittel et C.E. Pierval*, T-12/93 R, II, p. 449).

Au cas d'irrecevabilité manifeste du recours au principal, les éléments favorables faisant défaut, la demande en référé est rejetée. Il en est ainsi, notamment, lorsque le recours au principal a été introduit hors délai ou par une société n'existant pas encore (C.J.C.E. (Ord.), 23.05.1984, *Bensider*, 50/84 R, p. 2247), parce que ce recours est tardif (C.J.C.E. (Ord.), 8.11.1988, *Valle Fernandez*, 264/88 R, p. 6341), ou au contraire prématuré (C.J.C.E. (Ord.), 31.01.1985, *Strack*, 259/84 R, p. 453 - 26.09.1986, *Breda Geomineraria*, 231/86 R, p. 2639), ou encore lorsque le requérant demande l'annulation d'un acte à portée générale ne le concernant pas personnellement (C.J.C.E. (Ord.), 27.01.1988, *Distrivet*, 376/87 R, p. 209), ou en présence d'une simple décision préparatoire (T.P.I. (Ord.), 26.08.1996, *Söktas c. Csion*, T-75/96 R, II, p. 859). Il s'agit dans de telles hypothèses d'éviter que le requérant puisse obtenir, par le biais d'une demande de mesures provisoires, un résultat que manifestement le recours au principal ne lui permettrait pas d'atteindre.

§ 2. Le lien avec le recours au principal

288 ***Conception*** ◇ Le juge des référés doit vérifier que les mesures provisoires demandées ont bien un lien avec l'objet du litige au principal. Une demande en référé ne se situant pas dans le cadre de la décision finale sur le recours au principal, ne relevant pas dès lors de la compétence du juge des référés, sera déclarée irrecevable (T.P.I. (Ord.) 27.02.1996, *A. Golstein*, T-235/95 R, non publiée).

Une demande formée par un agent auxiliaire ayant fait l'objet d'un refus d'intégration d'interdire à l'institution défenderesse de recruter tout fonctionnaire titulaire pour le poste en cause est rejetée au motif qu'en cas d'intégration le requérant n'aurait pas de titre à un poste déterminé et qu'en conséquence la mise du poste en cause au concours ne résulte pas directement de la décision attaquée au principal (C.J.C.E. (Ord.), 16.07. 1963, *Leroy*, 35/62 R, p. 433 - (Ord.), 28.03.1974, *Küster*, 23/74 R, p. 331).

La Cour a parfois atténué l'exigence d'un lien avec l'objet du litige au principal en acceptant d'octroyer le sursis à exécution d'un avis de vacance d'un poste de fonctionnaire alors que le précédent titulaire, requérant dans la procédure de référé, avait seulement attaqué au principal la décision le mutant dans un autre emploi (C.J.C.E. (Ord.), 8.04.1965, *Gutmann*, 18/65 R, rec.1966 p. 195 – V. aussi en matière d'acquisition de caution (Ord.), 19.10.1976, *Sté pour l'exportation des sucres*, 88/76 R, p. 1585 – en matière de fixation de quotas de production d'acier (Ord.), 16.12.1980, *Rumi*, 258/80 R, p. 3867) ou lorsque la demande de mesures provisoires accessoire à un recours en indemnité vise à prévenir la continuation du dommage (T.P.I. (Ord.) 12.12.1995, *Connoly c. Csion*, T-203/95 R, II, p. 2919).

§ 3. Le caractère nécessaire des mesures sollicitées

289 ***Interprétation de cette condition*** ◇ Interprétant les dispositions des articles 243 C.E. (ex-art. 186 C.E.) et 83, § 1 Régl. proc Cour, l'avocat général F. Capotorti, dans ses conclusions dans les affaires jointes 24 et 97/80 R, (Rec. 1980, p. 1337), se plaçant dans le cadre de l'article 228 C.E. (ex-art. 171 C.E.), devait observer que l'exigence d'un lien entre l'affaire principale et la demande de mesures provisoires signifie en réalité que la mesure provisoire doit se situer à l'intérieur d'une affaire déterminée et tend à éviter que l'utilité concrète de la décision au principal soit mise en péril par une situation incompatible avec la réalisation du droit d'une partie.

Cette conception aurait été implicitement consacrée par la Cour (C.J.C.E. (Ord.), 12.12.1968, *Renckens*, 27/68 R, rec. 1969, p. 275) rejetant une demande de sursis au motif que celle-ci n'était pas indispensable aux fins de garantir l'effet plein et entier de l'arrêt qui serait prononcé.

Outre l'ordonnance dans les affaires jointes précitées qui illustre un rejet fondé sur la circonstance que la mesure sollicitée n'était pas nécessaire parce qu'elle correspondait en substance à l'application d'un arrêt en constatation de manquement déjà rendu par la Cour (*infra*, n° 581), la jurisprudence donne des exemples de rejets de demandes de mesures considérées comme inutiles ou sans objet (C.J.C.E. (Ord.), 27.11.1990, *Csion Albani*, C-242/90 P-R, I, p. 4329 – (Ord.), 25.10.1990, *Italsolar*, I, p. 3841, précité).

§ 4. L'urgence

290 ***Notion*** ◇ La jurisprudence définit cette notion, qui est de l'essence même du référé, comme « l'imminence d'un préjudice grave et irréparable » (C.J.C.E. (Ord.), 17.01.1980, *Fratelli Pardini*, 809/79 R, p. 139).

Cette condition d'urgence, qui ne sera évidemment pas remplie si l'arrêt sur le recours au principal peut, même en l'absence de mesures provisoires, donner pleine satisfaction au requérant (C.J.C.E. (Ord.), 13.06.1989, *Gonzalez Holguera*, 171/89 R, p. 1705), comporte un double aspect d'imminence et de gravité du préjudice.

291 ***L'imminence*** ◇ Le moment où la demande de mesures provisoires est présentée n'est pas sans influence sur l'appréciation par le juge de l'immi-

nence du préjudice. Présentée trop tôt, cette demande peut être rejetée au motif qu'il n'est pas certain que le juge ne puisse statuer sur le recours principal en temps voulu et décider de toute mesure opportune (C.J.C.E. (Ord.), 21.03.1972, *Europemballage et Continental Can,* 6/72 R, p. 157). Présentée tardivement, elle peut être rejetée au motif que l'urgence ne peut être reconnue. Tel serait le cas pour une demande de sursis à exécution introduite après l'entrée en vigueur de la décision et plusieurs mois après l'introduction du recours au principal (C.J.C.E. (Ord.), 21.12.1976, *Geist,* 61/76 R, II, p. 2075). Il en irait également ainsi dans le cas où il ne serait pas prouvé qu'une atteinte à l'environnement ne résulte pas de travaux déjà accomplis (C.J.C.E. (Ord.), 16.08.1989, *Csion c. Allemagne,* 57/89 R, p. 2849) ou dans celui où la décision dont le sursis est demandé a déjà épuisé ses effets (C.J.C.E. (Ord.), 22.05.1978, *Simmenthal,* 92/78 R, p. 1129 - (Ord.), 5.02.1982, *Mogensen,* 10/82 R, p. 325 - (Ord.), 30.06.1983, *Fabius,* 39/83 R, p. 2147).

L'imminence du préjudice peut également disparaître si la partie défenderesse s'engage à ne pas faire application de la décision attaquée et si le juge accepte cet engagement (C.J.C.E. (Ord.), 28.03.1984, *EISA,* 45/84 R, p. 1759 - (Ord.), 22.05.1992, *Csion c. Royaume Uni,* C-40/92 R, I, p. 3389). Tel est le cas notamment des décisions prises par la Commission en matière de concurrence, cette jurisprudence étant également appliquée au cas où l'engagement est pris par un tiers admis à intervenir à l'instance au principal (C.J.C.E. (Ord.), 11.10.1973, *Miles Druce,* 160/73 R, p. 1049).

C'est au requérant qu'il incombe en principe de démontrer l'imminence du préjudice. Toutefois, la jurisprudence s'attache parfois au fait que le défendeur n'a pas prouvé que l'octroi des mesures provisoires lui causerait un préjudice considérable, sans que l'on sache si cela doit s'analyser comme un renversement de la charge de la preuve (en ce sens, B. Pastor et E. van Ginderachter, *op. cit.,* 598, note 110) ou comme participant de la balance des intérêts (C.J.C.E. (Ord.), 14.10.1977, *NTN Toyo,* 113/77 R, p. 1721, précité - (Ord.), 9.11.1977, *Nachi Fujikoshi,* 121/77 R, p. 2107).

292 ***Caractères du préjudice*** ◇ La doctrine est divisée sur le point de savoir si l'urgence et l'exigence d'un préjudice grave et irréparable sont deux conditions distinctes (*infra,* n° 304, pour : M. Waelbroeck, J. V. Louis et G. Vandersanden, *op. cit.,* 370 - G. Vandersanden et A. Barav, *op. cit.,* 441 - contre : A. Tizzano, *op. cit.,* 398 - P. Pescatore, *op. cit.,* 338 - B. Pastor et E. van Ginderachter, *op. cit.,* 597).

Elle estime, en revanche, de façon générale que les deux qualificatifs « grave » et « irréparable » recouvrent la même notion, le requérant devant en fait prouver qu'en l'absence de mesures provisoires l'arrêt définitif à l'issue du recours au principal ne suffirait pas à le rétablir dans ses droits antérieurs au litige (P. Pescatore, précité, 339 - F. Capotorti, concl. dans 28.03.1980, 24/80 R, p. 1334, précité).

Le préjudice peut être le cas échéant moral (C.J.C.E. (Ord.), 20.07.1981, *Alvarez,* 206/81 R, p. 2187 - T.P.I. (Ord.), 11.03.1994, *Ryan-Sheridan,*

T-589/93 R, II FP, p. 257). Il doit être propre au requérant (C.J.C.E. (Ord.), 4.05.1964, *Ley,* 12 et 29/64 R, rec. 1965, p. 175). Des décisions paraissent admettre qu'il ne soit pas besoin d'en rapporter la preuve à l'appui d'une demande de suspension d'actes « auxquels manquerait même l'apparence de la légalité » (C.J.C.E. (Ord.), 7.07.1981, *IBM,* 60 et 190/81 R, p. 1857 - (Ord.), 26.03.1987, *Hoechst,* 46/87 R, p. 1549). À l'égard des demandes de mesures provisoires présentées par des associations d'entreprise, le préjudice grave et imminent doit affecter des intérêts que les associations sont amenées à défendre (T.P.I., (Ord.) 2.04.1998, *Arbeitgemeinschaft Deutscher Luftfahrt-Unternehmen et Hapag Lloyd c. Csion,* T-86/96 R, II, p. 641).

Les États membres sont admis à invoquer le préjudice causé à une industrie déterminée (C.J.C.E. (Ord.), 28.08.1978, *Italie,* 166/78 R, p. 1745 - (Ord.), 29.06.1993, *Allemagne,* C-280/93 R, I, p. 3667), mais ils ne peuvent se fonder sur le préjudice subi par une seule entreprise nationale, par exemple en matière de sursis à l'exécution de décisions ordonnant le retrait ou la modification d'une aide (C.J.C.E., (Ord.), 15.06.1987, *Belgique,* 142/87 R, p. 2589 - (Ord.), 8.05.1991, *Belgique,* 356/90 R, I, p. 2423).

Les institutions communautaires sont dans une situation encore plus favorable puisqu'elles sont admises à invoquer le préjudice subi par les ressortissants communautaires, notamment ceux d'autres États membres dont les droits reconnus par les traités sont affectés par la mesure nationale dont la suspension est demandée (C.J.C.E. (Ord.), 13.07.1977, *Csion c. Irlande,* 61/77 R II, p. 1411 - (Ord.), 20.09.1983, *Csion c. France,* 171/83 R, p. 2621 - (Ord.), 7.06.1985, *Csion c. Italie,* 154/85 R, p. 1753 - (Ord.), 25.10.1985, *Csion c. Belgique,* 293/85 R, p. 3521). La Commission n'est toutefois pas recevable à invoquer le préjudice subi par un Etat tiers (C.J.C.E., (Ord.) 29.06.1994, *Csion c. Grèce,* C-120/94, I, p. 3037).

En matière d'institution de droits anti-dumping, il semble que les conditions exigées par la jurisprudence pour la démonstration de l'existence d'un préjudice grave et irréparable soient particulièrement strictes. Puisqu'il est dans la nature même du droit anti-dumping d'entraîner un coût financier et un renchérissement des produits importés en cause, il est exigé non seulement un préjudice particulier, mais également la preuve que la mesure sollicitée ne causerait pas un préjudice appréciable aux intérêts de l'industrie communautaire (C.J.C.E. (Ord.), 17.12.1984, *Nippon Seiko,* 258/84 R, p. 4357 - (Ord.), 18.10.1985, *Brother industries,* 250/85 R, p. 3459 - (Ord.), 9.04.1987, *Technointorg,* 77/87 R, p. 1793).

293 ***Préjudice purement financier*** ◇ Lorsque le préjudice allégué est purement financier, il n'est considéré comme grave et irréparable que s'il n'est pas de nature à être entièrement réparé pour le cas où le requérant obtiendrait gain de cause dans l'affaire au principal (C.J.C.E. (Ord.), 19.12.1990, *Compagnia Italiana alcool,* C-358/90 R, I, p. 4887 - T.P.I. (Ord.), 29.09.1993, *Hogan,* T-497/93 R II, p. 1005). Tel est le cas en présence de la perte quasi définitive de parts de marché (T.P.I. (Ord.) 21.03.1997, *Antillean Rice Mills c. Csion,* T-41/97 R, II, p. 447).

La Cour prend en considération la taille de l'entreprise et les répercussions qu'aurait sur la poursuite de son activité l'absence de mesures provisoires (C.J.C.E. (Ord.), 10.06.1988, *Sofrimport,* 152/88 R, p. 2931 - (Ord.) 3.02.1989, *Csion c. Italie,* 352/88 R, p. 267 - (Ord.), 23.05.1990, *Comos-Tank,* C-51/90 R et C-59/90 R, I, p. 2167). Elle peut également prendre en considération le préjudice financier allégué par un État membre comparé à son déficit budgétaire général (C.J.C.E. (Ord.), 26.04.1989, *Grèce,* 32/89 R, p. 985).

En l'absence de tels éléments, la charge financière qui résulterait du rejet de la demande de mesures provisoires peut être souvent réparée par l'arrêt dans l'affaire au principal, surtout si le recours au fond est un recours en indemnité ou participe du contentieux de pleine juridiction comme en matière de concurrence. La seule circonstance qu'il existe dans l'ordre juridique communautaire des actions permettant l'allocation de dommages et intérêts en raison d'un préjudice subi ne suffit toutefois pas pour exclure *ipso facto* l'existence d'un préjudice irréparable (C.J.C.E. (Ord.), 21.08. 1981, *Agricola Commerciale Olio,* 232/81 R, p. 2193).

§ 5. **Moyens justifiant à première vue l'octroi de mesures provisoires**

294 ***Fumus boni juris*** ◇ Expressément visés à l'article 83, § 2, du règlement de procédure de la Cour (art. 104, § 2, règl. T.P.I.), les moyens « justifiant à première vue l'octroi de la mesure provisoire », traditionnellement appelés le « fumus boni juris », doivent permettre au juge d'apprécier le caractère sérieux des moyens présentés dans le recours au principal. (Sur une opinion selon laquelle il ne s'agit nullement d'apprécier, même sommairement, les mérites du recours au fond mais seulement ceux de la demande de mesures provisoires : V. P. Pescatore *op. cit.*, p. 340).

Le degré de la probabilité selon laquelle le recours sera accueilli demeure évidemment difficile à déterminer. Les formulations retenues par les ordonnances de référé sont d'ailleurs variables. Il est souvent constaté que « au stade du référé le recours n'apparaît pas comme dépourvu de tout fondement » (C.J.C.E. (Ord.), 13.06.1989, *Publishers Association,* 56/89 R, p. 1693), ou que « les moyens invoqués... ne sont pas, à première vue, sans fondement sérieux » (C.J.C.E. (Ord.), 31.01.1991, *Parlement c. Hanning,* C-345/90 P R, I, p. 231), ou encore que la qualification des faits dans la décision entreprise « soulève à première vue... des doutes sérieux » pour le juge des référés (T.P.I. (Ord.), 5.04.1993, *Peixoto,* T-21/93 R, II, p. 463), ou qu'il n'est pas nécessaire d'examiner si les moyens ont « une apparence de bon droit » (T.P.I. (Ord.), 7.07.1994, *Geotronics,* T-185/94 R, II, p. 521).

Il arrive que le juge prenne en considération le fait que l'institution défenderesse « a pris une décision de nature à soulever des questions délicates quant à la portée exacte » d'un article du traité (C.J.C.E. (Ord.), 11.05.1989, *Radio Téléfis Eireann,* 76/89 R, p. 1141).

Il semble que soit abandonnée la jurisprudence selon laquelle la Cour devait s'assurer qu'il existait « une forte présomption en faveur du bien fondé de la demande au principal » (C.J.C.E. (Ord.), 20.10.1959, *Van Lachmuller*, 43/59 R, rec. 1960, p. 983).

§ 6. **La balance des intérêts**

295 ***Conception*** ◇ Cette condition trouve son origine dans la pratique des juridictions des pays de « common law ». Elle est également une illustration du principe général de proportionnalité qu'applique le droit communautaire.

La jurisprudence met ainsi en balance l'intérêt du demandeur à obtenir la mesure provisoire qu'il sollicite et l'intérêt du défendeur, voire l'intérêt d'un tiers à la procédure (T.P.I. (Ord.), 15.12.1992, *C.C.E. Sté Gén. des Grandes Sources*, T-96/92 R, II, p. 2579), telles certaines catégories de ressortissants communautaires titulaires de droits reconnus par les traités et qu'il convient de sauvegarder.

Ainsi, le demandeur à la suspension d'un droit anti-dumping doit-il prouver l'absence d'un préjudice appréciable aux intérêts de l'industrie communautaire (C.J.C.E. (Ord.), 9.04.1987 *Technointorg*, 77/87 R, p. 1793 – (Ord.), 18.10.1985, *Brother industries*, 250/85 R, p. 3459). Le juge des référés prend aussi en considération l'intérêt général, tels les impératifs de la santé publique (C.J.C.E., (Ord.) 12.07.1996, *Royaume-Uni c. Csion*, C-180/96 R, I, p. 3903).

Ainsi, dans les recours de fonctionnaires, l'intérêt du demandeur est-il confronté à l'intérêt du service, lequel se voit souvent préféré (C.J.C.E. (Ord.), 15.03.1988, *Maindiaux*, 63/88 R, p. 1659, précité – (Ord.), 31.01.1991 *Parlement c. Hanning*, C-345/90 P R, I, p. 232), mais pas toujours (T.P.I. (Ord.), 5. 04.1993, *Peixoto*, T-21/93, II, p. 463, précité).

Ainsi, encore, en matière d'attribution des marchés publics, les conséquences résultant d'un blocage des fonds affectés à l'exécution du projet ont pu être considérées comme « une réaction sans commune mesure » avec les doutes pesant sur la régularité de la procédure d'adjudication (C.J.C.E. (Ord.), 5.08.1983, *CMC*, 118/83 R, p. 2583), surtout lorsque le retard dans la passation du marché public en cause était de nature à aggraver les risques existants pour la santé et la sécurité de la population (C.J.C.E. (Ord.), 13.03.1987, *Csion c. Irlande*, 45/87 R, p. 1369).

SECTION 3. **MESURES SUSCEPTIBLES D'ÊTRE ORDONNÉES**

296 ***Détermination*** ◇ Les traités (art. 242 et 243 C.E. (ex-art. 185 et 186 C.E.), 157 et 158 C.E.E.A.) visent d'une part le sursis à exécution et d'autre part les mesures provisoires. Cette distinction est reprise dans le titre III des

statuts de la Cour (Statuts C.E., art. 36 - C.E.E.A., art. 37), comme tels applicables au Tribunal.

La doctrine reprend en général cette distinction entre les deux catégories de mesures selon qu'elles ont un caractère strictement négatif, comme le sursis à exécution dont l'objet est de paralyser momentanément les effets de l'acte entrepris, ou qu'elles obligent au contraire la partie défenderesse à adopter une attitude déterminée et comportent donc à son égard une obligation positive, telles les mesures provisoires. Il convient de souligner que ces dernières ne sont pas précisées par les textes et que le juge des référés n'est pas à cet égard lié par la demande (C.J.C.E. (Ord.), 24.09.1996, *Royaume Uni,* C-239/96 R, I, p. 4475).

§ 1. **Les sursis**

297 ***Domaines*** ◇ Les statuts de la Cour (C.E., art. 36 – C.E.E.A., art. 37) visent à ce titre, d'une part les sursis à exécution des actes institutionnels, d'autre part la suspension de l'exécution forcée respectivement prévue par les articles 256 C.E. (ex-art. 192 C.E.) et 164 C.E.E.A.. *Mutatis mutandis,* ces dispositions sont applicables au Tribunal.

A. **Le sursis à l'exécution des actes institutionnels**

298 ***Application*** ◇ Le sursis à exécution peut être ordonné à l'égard de tout acte d'une institution attaqué devant le juge communautaire. La jurisprudence a admis la possibilité de demander le sursis à l'exécution d'un acte autre que celui dont l'annulation est demandée à titre principal (C.J.C.E. (Ord.), 8.04.1965, *Gutmann,* Rec. 1966, p. 195, précité).

Il s'agit le plus souvent de suspendre l'application d'une décision de la Commission ou du Conseil en matière de concurrence ou de dumping, ou de toute institution en matière de fonction publique communautaire. L'acte suspendu cesse de produire ses effets jusqu'à l'expiration du sursis ainsi ordonné.

Toutefois, la demande de sursis à l'exécution d'une décision préparatoire, telle que la décision de la Commission d'ouvrir une procédure d'examen en matière de concentration, sera souvent rejetée au motif qu'elle conduirait à interdire à l'institution communautaire compétente l'exercice de ses attributions et remettrait en cause la répartition des compétences entre la Cour de justice, *lato sensu,* et les autres institutions communautaires (T.P.I. (Ord.) 12.07.1997, *Sogecable c. Csion,* T-52/96 R, II, p. 797).

299 ***Décisions négatives*** ◇ Lorsque l'acte attaqué refuse d'accorder un titre au requérant, la jurisprudence refuse, en règle générale, d'en ordonner le sursis à exécution, ce qui conduirait le juge à prendre la décision aux lieu et place de l'institution concernée (C.J.C.E. (Ord.), 5.10.1969, *Allemagne,*

50/69 R, p. 449 : mesures de sauvegarde de l'art. 226 C.E.E. V. également (Ord.), 19.08.1988, *Co-Frutta,* 191/88 R, p. 4551 - 22.10.1975, *National Carbonising,* 109/75 R, p. 1193 - comp. 8.04.1987, *Pfizer,* 65/87 R, p. 1691).

De même, en matière de concurrence, le juge ne saurait, par le biais d'une suspension d'une décision de la Commission constatant une infraction à l'article 81, § 1 (ex-art. 85, § 1), valider l'entente en cause dont la conformité à l'article 81 est précisément contestée (C.J.C.E. (Ord.), 15.10.1974, *Fruit- en Groentenimporthandel,* 71/74 R, p. 1031 - 30.10.1978 (Ord.), *Van Landewyck,* 209/78 R, p. 2111). Les parties liées par cet accord, en cas de suspension de la décision d'incompatibilité prise par la Commission, sont donc libres de se dégager des contraintes instituées par l'accord litigieux sans se voir appliquer les pénalités contractuelles qu'il prévoit.

Enfin, lorsqu'il est demandé le sursis à l'exécution d'une décision négative, par exemple le refus d'une admission à concourir, la demande de mesures provisoires ne saurait conduire à rendre le recours principal sans objet, le juge ne pouvant que suspendre la procédure d'engagement et non ordonner l'admission à concourir (C.J.C.E., 15.10.1976, *Lacroix,* 91/76 R, p. 1563 ; pour une ordonnance rendant *ipso facto* sans objet le recours principal, V. C.J.C.E. (Ord.), 17.01.1980, *Camera Care,* 792/79 R, p. 119, concl. J. P. Warner).

B. Autres sursis

300 ***Sursis à l'exécution forcée*** ◇ Sont également régies par les dispositions des règlements de procédure relatives au référé les demandes tendant à surseoir à l'exécution forcée d'une décision de la Cour (ou du Tribunal) ou d'un acte d'une autre institution comportant des obligations pécuniaires.

À la différence des mesures précédemment étudiées, ces décisions ne se rattachent pas à une procédure pendante devant la juridiction et elles ne visent pas à préserver l'effectivité pratique d'une décision à intervenir sur le fond d'une affaire dont la juridiction serait encore saisie.

301 ***Tierce opposition et pourvoi (renvoi)*** ◇ Sur les demandes de sursis à exécution présenté par le tiers opposant ou dans le cadre d'un pourvoi contre un arrêt du Tribunal (V. *infra,* n° 308).

§ 2. Autres mesures provisoires

302 ***Diversité et consistance*** ◇ Les traités ne précisent pas la nature des mesures provisoires qui peuvent être ordonnées par voie de référé et à cet égard le juge des référés n'est pas lié par la demande. On ne saurait donc faire état que d'illustrations.

Cette procédure peut viser à obtenir du juge qu'il ordonne telles mesures que nécessite la situation qui fait par ailleurs l'objet d'un recours, à la condition que ces mesures ne sortent pas du cadre du litige au principal et ne supposent pas à première vue une appréciation d'éléments étrangers à celui-ci (C.J.C.E. (Ord.) 17.05.1991, *CIRFS*, C-313/90 R, I, p. 2557).

Ces mesures peuvent consister dans le maintien provisoire d'une situation.

Elles se présentent plus généralement sous forme d'injonctions adressées à la partie défenderesse ou à la partie intervenante, qu'elle soit un État membre, une institution communautaire, une personne physique ou morale. La jurisprudence illustre même le cas d'une injonction adressée à un tiers, mais ceci dans le cadre très particulier du droit budgétaire (C.J.C.E. (Ord.), 17.03.1986, *Royaume Uni*, 23/86 R, p. 1085).

La mesure provisoire ne saurait conduire à obtenir le résultat visé par le recours principal (C.J.C.E. (Ord.), 28.05.1975 *Könecke*, 44/75 R, p. 637 – (Ord.), 15.10.1976, *Lacroix*, 91/76 R, p. 1563, précité – (Ord.), 3.02.1989, *Csion c. Italie*, 352/88 R, p. 267) ni, sous réserve de la situation particulière du référé lié à une action en manquement, excéder ce résultat (C.J.C.E. (Ord.), 2.07.1975, *De Dapper*, 54/75 R, p. 839). La Cour a admis, contrairement à ce qu'avait décidé le Tribunal de première instance, la possibilité pour le juge des référés d'accorder une provision à la suite d'une demande de mesures provisoires accessoire à un recours en indemnité (C.J.C.E. (Ord.) 29.01.1997, *Antonissen c. Conseil et Csion*, C-393/96 P R, I, p. 441, annulant T.P.I. (Ord.) 29.11.1996, T-179/96 R, II, p. 1641).

Le recours à l'article 243 C.E. (ex-art. 186 C.E.) ne saurait être utilisé pour obtenir d'une partie dans l'affaire au principal la production de documents (C.J.C.E. (Ord.), 20.02.1987, *Epichirisseon*, 121/86 R, p. 833 – comp. 2.07.1975, *De Dapper* précité) surtout lorsqu'une telle demande relève des mesures d'instruction prévues aux article 64 et 65 du règlement de procédure du Tribunal (T.P.I., (Ord.) 3.03.1997, *Comafrica et Dole Fresh Fruit Europe c. Csion*, T-6/97 R, II, p. 291).

Certaines mesures ayant des conséquences importantes pour les tiers sont parfois considérées comme dépassant le cadre d'une mesure urgente de référé (C.J.C.E., 23.07.1976, *Metro*, 26/76 R, p. 1353). La même problématique est ainsi examinée parfois sous l'angle de la balance des intérêts, parfois au regard de la nature des mesures provisoires pouvant être ordonnées (V. Ordonnances précitées dans les affaires *CMC et Commission c. Irlande*, *supra*, n° 295).

303 ***Mandat de l'article 81 C.E.E.A.*** ◇ L'article 81, al. 3, C.E.E.A., permet à la Commission, en cas d'opposition à l'exécution d'un contrôle effectué par ses inspecteurs, de demander au président de la Cour un mandat afin d'assurer par voie de contrainte l'exécution de ce contrôle à effectuer par ses inspecteurs sur le territoire des États membres.

Le président décide dans un délai de trois jours. S'il y a péril en la demeure, la Commission peut délivrer elle-même ce mandat qui doit cependant être soumis sans délai pour approbation au président de la Cour.

Le règlement de procédure (art. 90, § 1) précise que la demande doit indiquer les nom et domicile des personnes ou entreprises soumises au contrôle ainsi que l'objet et le but de celui-ci.

Le président statue par ordonnance motivée, insusceptible de recours. Cette ordonnance est immédiatement signifiée aux parties. En cas d'absence ou d'empêchement du président, il est fait application des mêmes dispositions que celles qui règlent cette hypothèse en matière de référé et, plus généralement, de l'ordre dans lequel est assurée la présidence de la Cour (Règl. proc. Cour, art. 11).

304 ***Indications bibliographiques*** ◇ J. G. Huglo, *Le référé*, J. Cl. Europe, fasc. 390, 1999 – R. Joliet, *Protection juridictionnelle provisoire et droit communautaire*, Riv. di Dir. europ. 2/1992, 253 – B. Pastor et E. Van Ginderachter, *La procédure en référé*, RTD eur., 1989, 561 – P. Pescatore, *Les mesures conservatoires et les référés*, in La juridiction internationale permanente, 1987, 315 -J. Rideau et F. Picod, *Code de procédures communautaires*, Litec, 1995, 420 – *Les mesures provisoires ordonnées par la juridiction communautaire*, Journ. Trib. Dt europ., 15.06.1995 – D. M. Tomasevic, *L'usage du référé devant la Cour de justice à l'encontre des États membres de la Communauté européenne*, Rev. du Marché unique européen 1999/4, p. 25 – G. Vandersanden et A. Barav, *Contentieux communautaire*, Bruylant, Bruxelles 1977, p. 427 – M. Waelbroeck, J. V. Louis et G. Vandersanden, in J. Mégret, *Le droit de la CEE*, vol. 10, p. 365.

CHAPITRE 6
LES POURVOIS CONTRE LES ARRÊTS DU TRIBUNAL DE PREMIÈRE INSTANCE

305 ***Réglementation*** ◇ L'Acte unique européen, en modifiant les traités communautaires, n'avait prévu l'adjonction à la Cour de justice d'un Tribunal de première instance que sous réserve d'un pourvoi porté devant la Cour et limité aux questions de droit. Cette disposition, insérée dans les articles 168 A du traité C.E. (devenu depuis le traité d'Amsterdam l'article 225) et 140 A du traité C.E.E.A. a été reprise avec certaines modifications par le traité sur l'Union.

La décision 88/591 du Conseil du 24 octobre 1988 instituant le Tribunal (*supra,* n° 13) a inséré dans chacun des trois protocoles portant statut de la Cour des dispositions régissant la formation et le jugement des pourvois, cependant que, de son côté, le règlement de procédure de la Cour était modifié pour tenir compte de cette nouvelle compétence.

Les dispositions actuellement applicables sont ainsi celles des titres IV de chacun des statuts de la Cour, celles du titre IV du règlement de procédure de celle-ci et celles du chapitre 4 du titre III du règlement de procédure du Tribunal consacrées aux arrêts du Tribunal après annulation et renvoi.

SECTION 1. FORMATION DU POURVOI

306 ***Dualité de réglementation*** ◇ La formation du pourvoi comporte trois aspects concernant respectivement les décisions qui peuvent être entreprises, les personnes admises à cette procédure, les délais et formes dans lesquels la Cour de justice doit être saisie. De la combinaison de ces éléments résulte un double régime, l'un général, l'autre particulier à certaines décisions.

307 ***Dispositions générales*** ◇ Ce régime est celui des décisions du Tribunal mettant fin à l'instance, tranchant partiellement le litige au fond ou mettant fin à un incident de procédure portant sur une exception d'incompétence ou d'irrecevabilité.

Ces décisions sont notifiées par le greffier du Tribunal à toutes les parties ainsi qu'à tous les États membres et aux institutions des Communautés, même si ceux-là et celles-ci ne sont pas intervenus au litige (Statut C.E., art. 48).

Le pourvoi contre ces décisions doit être formé dans le délai de deux mois à compter de cette notification (Statut C.E., art. 49). Un pourvoi incident formé dans le cadre d'un pourvoi dans le mémoire en réponse est assujetti à ce même délai de deux mois qui est celui du dépôt d'un tel mémoire et se compte à partir de la signification du pourvoi (Règl. proc. Cour, art. 115, § 1 V. C.J.C.E., 1.06.1994, *Csion / A. Brazzelli-Lualdi*, C-136/92 P, I, p. 1981, concl. C. O. Lenz).

Toute partie ayant partiellement ou totalement succombé dans ses conclusions peut former un pourvoi (Statut C.E., art. 49, al. 2). Des règles particulières concernent, d'une part les parties intervenantes autres que les États membres et les institutions, d'autre part ces derniers.

Les parties intervenantes autres que les États membres et les Institutions ne peuvent former de pourvoi que contre les décisions du Tribunal qui les affectent directement (*idem*).

Les États membres et les institutions peuvent également former un pourvoi alors qu'ils ne sont pas intervenus au litige devant le Tribunal, sauf pour les litiges opposant les Communautés à leurs agents (Statut C.E., art. 49, al. 3 ; pour un exemple de pourvoi intenté par un État membre qui n'était pas partie à la procédure devant le Tribunal, voir C.J.C.E., 21.01.1999, *Comafrica*, C-73/97 P, I, p. 185, concl. J. Mischo).

308 ***Dispositions particulières*** ◇ Des règles particulières concernent, d'une part les décisions du Tribunal rejetant une demande d'intervention, d'autre part celles prises en matière de sursis à exécution, de mesures provisoires et d'exécution forcée (Statut C.E., art. 50).

Pour les premières, le pourvoi ne peut être formé que par la personne dont la demande a été rejetée. Il doit l'être dans un délai de deux semaines à compter de la notification de la décision de rejet de la demande.

Contre les autres décisions, le pourvoi peut être formé par les parties à la procédure dans un délai de deux mois à compter de leur notification.

309 ***Exclusion des mesures d'administration judiciaire*** ◇ Il n'est pas prévu de recours à l'encontre des mesures d'administration judiciaire, notamment celles relatives aux délais, à l'assistance judiciaire, à la régularisation des actes, à l'instruction des affaires.

A été rejeté le moyen critiquant la décision du Tribunal sur le jugement immédiat ou la jonction au fond d'une exception d'irrecevabilité soulevée par la partie défenderesse (C.J.C.E., (Ord.) 27.02.1991, *Bocos Viciano c. Csion*, C-126/90 P, I, p. 781).

310 ***Formes*** ◇ Le pourvoi est formé par le dépôt d'une requête au greffe de la Cour ou du Tribunal (Règl. proc. Cour, art. 111, § 1). Cette requête doit mentionner les nom et domicile de la partie qui forme le pourvoi, appelée « partie requérante », ses moyens et arguments de droit. Elle doit en outre désigner les autres parties à la procédure devant le Tribunal. Les articles 37 et

38, § 2 et 3 du règlement de procédure de la Cour sont également applicables (*supra,* n° 210 et 211), ce qui implique notamment, pour la partie requérante, élection de domicile à Luxembourg et, pour son conseil, dépôt au greffe de la Cour d'un document certifiant l'habilitation à exercer devant les juridictions d'un État membre ou d'un autre État partie à l'accord sur l'E.E.E. La décision attaquée doit être annexée à la requête qui mentionne également la date à laquelle cette décision a été notifiée à la partie requérante.

Si la requête n'est pas conforme à ces prescriptions, le greffier fixe à la partie requérante un délai raisonnable afin qu'elle procède à la régularisation.

La requête déposée au greffe du Tribunal est transmise par celui-ci à la Cour, ainsi que le dossier de première instance.

311 ***Effets*** ◇ Sous réserve des procédures de référé et de sursis (C.J.C.E., (Ord.) 27.11.1990, *Csion c. Albani,* C-242/90 P.R., I, 4329), le pourvoi n'a pas d'effet suspensif.

Cependant les décisions du Tribunal annulant un règlement ne prennent effet qu'à compter de l'expiration du délai de pourvoi ou, si un tel pourvoi a été formé, à compter du rejet de celui-ci, sans préjudice de la faculté pour toute partie de saisir la Cour d'une demande de référé ou de sursis (Statut C.E., art. 53, al. 2).

SECTION 2. MOYENS

312 ***Limitation aux questions de droit*** ◇ Les articles 225 C.E. (ex-art. 168-A C.E.) et 140-A C.E.E.A., tels que modifiés par le traité sur l'Union, disposent que le pourvoi est limité aux questions de droit. La Cour se voit ainsi conférer une compétence semblable à celle d'un juge de cassation, sous réserve toutefois de la faculté qui lui est reconnue, lorsque le pourvoi est fondé, de statuer elle-même définitivement sur le litige, si celui-ci est en état d'être jugé (Statuts C.E., art. 54 - C.E.E.A., art. 55).

La limitation du pourvoi aux questions de droit est également applicable aux pourvois contre les ordonnances de référé rendues par le Président du Tribunal de première instance (C.J.C.E., (Ord.) 19.07.1995, *Csion c. Atlantic Container Line,* C-149/95 P R, I, p. 2165 ; (Ord.) 15.04.1998, *Camar c. Csion,* C-43/98 P R, I, p. 1815).

Les statuts de la Cour (art. 51 C.E., art. 52 C.E.E.A.) précisent en conséquence que le pourvoi peut être fondé sur des moyens tirés, soit de l'incompétence du Tribunal, soit d'irrégularités de procédure devant celui-ci portant atteinte aux intérêts de la partie requérante, soit de la violation du droit communautaire.

Sont formellement exclus des moyens portant sur la charge et le montant des dépens.

313 ***Spécificité des moyens*** ◇ Sont irrecevables et entraînent le rejet les moyens qui se bornent à une simple répétition des moyens et arguments

présentés devant le Tribunal (C.J.C.E. (Ord.) 26.04.1993, *Kupka Floridi c. C.E.S.*, C-244/92 P, I, p. 2041 - 22.12.1993, *Eppe c. Csion*, C-354/92 P, I, p. 7027 concl. M. Darmon - (Ord.) 7.03.1994, *De Hoe c. Csion*, C-338/93 P, I, p. 819).

314 ***Exclusion des demandes et moyens présentés pour la première fois*** ◇ Dans le cadre d'un pourvoi, la compétence de la Cour est limitée à l'appréciation de la solution légale qui a été donnée aux moyens débattus devant les premiers juges (C.J.C.E., 1.06.1994, *Csion c. A. Brazzelli-Lualdi*, C-136/92 P, I, p. 1981, concl. C. O. Lenz ; C.J.C.E. (Ord.), 20.01.2000, *Clauni SA*, C-171/99 P, non publiée au recueil). Les conclusions d'un pourvoi ne peuvent tendre qu'à l'annulation totale ou partielle de la décision du Tribunal ou à ce qu'il soit fait droit, en tout ou en partie, aux conclusions présentées en première instance, à l'exclusion de toute conclusion nouvelle (Règl. proc. Cour, art. 113 et 116).

Sont dès lors irrecevables, non seulement les demandes présentées pour la première fois devant la Cour (C.J.C.E., 2.03.1994, *Hilti c. Csion*, C-53/92 P, I, 667, concl. F. G. Jacobs), mais également les moyens ayant fait l'objet d'une renonciation en première instance ou d'une déclaration d'irrecevabilité, elle-même non contestée au même stade (C.J.C.E., 22.12.1993, *Eppe c. Csion*, C-354/92 P, I, p. 7027, précité), de même qu'une objection formulée pour la première fois devant la Cour à propos de l'audition de témoins non récusés devant le Tribunal (C.J.C.E. Ord. 26.04.1993, *Kupka Floridi c. Csion*, I, p. 2041, précité).Il en va de même de la demande reconventionnelle tendant à la condamnation d'une institution à réparer le préjudice du fait de l'introduction d'un pourvoi (C.J.C.E., 18.03.1993, *Parlement c. Fredericksen*, C-35/92 P, I, p. 991, concl. W. van Gerven précité).

Il n'en va pas ainsi lorsque le pourvoi se fonde sur un moyen qui peut être considéré comme le développement d'un argument déjà soulevé devant le Tribunal (C.J.C.E., 20.10.1994, *Scaramuzza c. Csion*, C-76/93 P, I, p. 5173, concl. F. G. Jacobs).

315 ***Moyens inopérants*** ◇ Sont inopérants des moyens qui entreprennent, soit des motifs de l'arrêt non nécessaires pour fonder son dispositif (C.J.C.E., 18.03.1993, *Parlement c. Frederiksen*, C-35/92 P, I, p. 991, concl. W. van Gerven - 22.12.1993, *Pincherle c. Csion*, C-224/91 P, I, p. 6965, concl., M. Darmon - 2.06.1994, *De Compte c. Parlement*, 326/91 P, I, p. 2091, concl. C. O. Lenz), soit des motifs entachés d'une violation du droit communautaire dès lors que le dispositif de l'arrêt est fondé pour d'autres motifs de droit (C.J.C.E., 9.06.1992, *Lestelle c. Csion*, C-30/91 P, I, p. 3755, concl. G. Tesauro –19.05.1994, *S.E.P. c. Csion*, C-36/92 P, I, p. 1911, concl. F. G. Jacobs). De même le pourvoi sera rejeté lorsque le dispositif de l'arrêt entrepris est justifié par un motif, même surabondant (C.J.C.E., (Ord.) 24.01.1994, *Boessen c. C.E.S.*, C-275/93 P, I, p. 159).

316 ***Exclusion des moyens fondés sur une appréciation erronée des faits*** ◇ La limitation du pourvoi aux questions de droit a pour conséquence que le Tribunal est seul compétent pour constater les faits. Sont irrecevables les moyens fondés sur une appréciation erronée des faits (C.J.C.E., 1.10.1991, *Vidrànyi c. Csion,* C-283/90 P. I, p. 4339, concl. C. O. Lenz - 22.12.1993, *Eppe c. Csion,* C-354/92 P, I, p. 7027, précité - 2.06.1994, *De Compte c. Parlement,* I, p. 209, précité).

Ainsi de la question de savoir si la nomination d'un fonctionnaire est intervenue en l'absence ou non d'une vacance d'emploi (C.J.C.E., 2.04.1992, *Pitrone c. Csion,* C-378/90 P, I, p. 2375, concl. M. Darmon) ; des constatations factuelles ayant conduit le Tribunal à conclure au caractère tardif du recours d'un fonctionnaire au regard des délais prévus par le statut ou de l'appréciation portée par le Tribunal quant au caractère médical des constatations de la commission chargée de se prononcer sur l'origine professionnelle d'une invalidité (C.J.C.E., 8.04.1992, *F. c. Csion,* C-346/90 P, I, p. 2691, concl. G. Tesauro) ; des appréciations en fait auxquelles s'est livré le Tribunal à propos du caractère positif ou négatif de l'évolution de la notation d'un fonctionnaire (C.J.C.E. (Ord.) 20.03.1991, *Turner c. Csion,* C-115/90 P, I, p. 1423).

En revanche, la Cour est compétente pour exercer son contrôle lorsque le Tribunal, après avoir constaté et apprécié les faits, a qualifié leur nature juridique et en a fait découler des conséquences en droit (Sol. *a contrario :* C.J.C.E., 28.11.1991, *Schwedler c. Parlement,* C-132/90 P, I, p. 5745, concl. G. Tesauro - 1.06.1994, *Csion c. A. Brazzeli Lualdi,* C-136/92 P., I, p. 1981, précité).

317 ***Contrôle des éléments de preuve*** ◇ Dès lors que les preuves ont été obtenues régulièrement, que les règles et principes généraux du droit en matière de charge de la preuve ont été respectés, de même que les règles de procédure en matière d'administration des preuves, il appartient au seul Tribunal d'apprécier la valeur qu'il convient d'attribuer aux éléments qui lui ont été soumis (C.J.C.E., 1.06.1994, *Csion c. A. Brazzelli Lualdi,* C-136/92 P, I, p. 1981, précité).

Ainsi, en matière de recours en indemnité, le Tribunal de première instance apprécie souverainement l'existence du préjudice et du lien de causalité entre celui-ci et le fait dommageable, sauf dénaturation des éléments de preuve (C.J.C.E., 16.09.1997, *Blackspur c. Conseil et Csion,* C-362/95 P, I, p. 4775, concl. G. Tesauro).

318 ***Insuffisance ou erreur de motivation*** ◇ Sauf erreur purement rédactionnelle, insusceptible comme telle de justifier une annulation (C.J.C.E., 2.06.1994, *De Compte c. Parlement,* C-326/91 P, I, 2091, précité), la violation de l'obligation de répondre aux moyens et conclusions des parties est de nature à fonder un pourvoi (C.J.C.E., 17.12.1992, *Moritz c. Csion,* C-68/91 P, I, p. 6849, concl. W. van Gerven).

De même, la circonstance que le Tribunal se soit mépris sur le sens de l'un des moyens du requérant et ait dès lors, soit déclaré à tort ce moyen irrecevable, soit rejeté au fond un moyen autre que celui effectivement soulevé, entraîne l'annulation de l'arrêt ou de la partie de celui-ci affectée par cette erreur (C.J.C.E., 29.06.1994, *Klinke c. C.J.C.E.*, C-298/93 P, I, p. 3009, concl. C. Gulmann).

319 ***Substitution de motifs*** ◇ Aucune disposition expresse ne permet à la Cour, dans l'hypothèse où la solution adoptée par le Tribunal serait correcte mais fondée sur des motifs erronés en droit de procéder à une substitution de motifs et de rejeter le pourvoi.

Toutefois, compte tenu du pouvoir d'évocation de la Cour (*infra*, n° 323), rien ne paraît lui interdire d'annuler l'arrêt du Tribunal et, statuant au fond, d'adopter la même solution que celle de la juridiction de première instance (V. concl. G. Tesauro, dans C.J.C.E., 9.06.1992, *Lestelle c. Csion*, I, p. 3755, précité).

SECTION 3. JUGEMENT DU POURVOI

320 ***Déroulement de la procédure*** ◇ Le pourvoi est signifié à toutes les parties à la procédure devant le Tribunal (Règl. proc. Cour, art. 114). Celles-ci peuvent présenter un mémoire en réponse dans un délai de deux mois à compter de cette signification. A la différence de la procédure de recours direct devant la Cour, aucune prorogation du délai de réponse n'est admise (Règl. proc. Cour, art. 115, § 1).

Le mémoire en réponse contient les nom et domicile de la partie qui le produit, ses conclusions, les moyens et arguments de droit invoqués, ainsi que la date à laquelle le pourvoi a été signifié (même art., § 2). Toute conclusion nouvelle est prohibée. Les conclusions du mémoire en réponse ne peuvent que tendre au rejet partiel ou total du pourvoi, à l'annulation totale ou partielle de la décision attaquée ou à ce qu'il soit fait droit en tout ou partie aux conclusions présentées en première instance. De même que le pourvoi, le mémoire en réponse ne peut modifier l'objet du litige devant le Tribunal (Règl. proc. Cour, art. 116).

À la différence de la procédure de recours direct, les mémoires en réplique et en duplique ne sont pas de droit et doivent être autorisés par le président sur demande présentée dans un délai de sept jours à compter de la signification du mémoire en réponse ou en réplique. Le président fixe alors les délais dans lesquels ces mémoires seront produits. Toutefois, le mémoire en réplique est de droit lorsque les conclusions du mémoire en réponse ont pour objet l'annulation totale ou partielle de la décision du Tribunal sur un moyen qui n'avait pas été soulevé dans le pourvoi ; il doit dans ce cas être présenté dans le délai de deux mois à compter de la signification du mémoire en réponse considéré, sans préjudice du dépôt d'un mémoire en duplique (Règl. proc. Cour, art. 117).

Les dispositions du règlement de procédure de la Cour, applicables en matière de recours direct et relatives notamment à l'interdiction de produire des moyens nouveaux en cours d'instance, aux jonctions et disjonctions, à la présentation du rapport préalable par le juge rapporteur, à la procédure orale, à l'assistance judiciaire gratuite, au désistement et aux significations, à l'intervention, à la tierce-opposition, aux recours en révision et en interprétation sont également applicables. En revanche, le pourvoi étant limité aux questions de droit, aucun renvoi n'est opéré aux règles régissant les mesures d'instruction.

321 ***Dispositions particulières*** ◇ Elles sont de deux ordres :

D'une part il est prévu que la Cour, après présentation des mémoires, sur rapport du juge rapporteur puisse statuer sur le pourvoi sans procédure orale. L'avocat général et les parties doivent obligatoirement avoir été entendus. L'une des parties peut s'y opposer, en indiquant les motifs pour lesquels elle souhaite être entendue (Règl. proc. Cour, art. 120).

D'autre part, lorsque le pourvoi est manifestement irrecevable ou manifestement mal fondé, totalement ou partiellement, la Cour peut à tout moment, sur rapport du juge rapporteur, l'avocat général entendu, le rejeter en tout ou en partie par voie d'ordonnance motivée. La Cour n'est pas tenue pour ce faire d'entendre les parties (art. 119 Règl. proc. - C.J.C.E. (Ord.), 26.04.1993, *Kupka c. CES,* C-244/91 P, I, p. 2041, précité - (Ord.) 212.12.1996, *Trogoulis c. Commission,* C-49/96 P, nep).

322 ***Intervention*** ◇ Les requêtes en intervention doivent être déposées dans les trois mois à compter du dépôt du pourvoi. La Cour, l'avocat général entendu, décide par voie d'ordonnance s'il y a lieu d'admettre l'intervention (Règl. proc. Cour, art. 123).

La qualité d'intervenant acquise lors de la procédure devant le Tribunal est maintenue (C.J.C.E., 22.12.1993, *Pincherle c. Csion,* C-244/91 P, I, p. 6965, concl. contraires, M. Darmon - *supra,* n° 265).

SECTION 4. **L'ARRÊT SUR POURVOI**

323 ***Modalités*** ◇ Les arrêts sur pourvoi peuvent être de trois sortes : ou bien ce sont des arrêts de rejet qui, par là-même, mettent fin à l'instance ; ou bien ce sont des arrêts d'annulation avec renvoi, le Tribunal étant dans ce cas lié par les points de droit tranchés par la Cour (V. par ex., 17.12.1992, *Moritz,* C-68/91 P, I, p. 6849, précité) ; ou bien ce sont des arrêts d'annulation sans renvoi, la Cour statuant définitivement sur le litige lorsque celui-ci est en état d'être jugé. (V. par ex., 20.02.1992, *Parlement c. Hanning,* C-345/90 P, I, p. 949, concl. M. Darmon - 15.06.1994, *Csion c. BASF,* C-137/92 P, I, p. 2555, concl. W. van Gerven) (Statut 54 C.E., 55 C.E.E.A.).

Lorsque le pourvoi a été formé par un État membre ou une institution qui ne sont pas intervenus devant le Tribunal et que ce pourvoi est fondé, la Cour peut, si elle l'estime nécessaire, indiquer ceux des effets de l'arrêt annulé qui doivent être considérés comme définitifs à l'égard des parties au litige (*ibidem*).

324 ***Jugement du Tribunal après annulation et renvoi*** ◇ Les articles 117 à 121 du règlement de procédure du Tribunal régissent les arrêts de celui-ci rendus après annulation et renvoi.

Le Tribunal est saisi par l'arrêt de renvoi, des dispositions déterminant l'attribution de l'affaire aux formations du Tribunal suivant que l'arrêt ou l'ordonnance annulés avaient été rendus par une chambre ou en formation plénière.

Le déroulement de la procédure comporte pour l'essentiel deux modalités suivant que la procédure écrite est ou non terminée lors de l'intervention de l'arrêt de renvoi.

Lorsque cette procédure n'est pas terminée, elle est reprise au stade où elle se trouvait dans le cadre des mesures d'organisation de la procédure arrêtées par le Tribunal.

Lorsque, au contraire, cette procédure est terminée, la procédure se déroule selon les modalités suivantes :

a) dans un délai de deux mois à compter de la signification qui lui a été faite de l'arrêt de la Cour, le requérant peut déposer un mémoire d'observations écrites ;

b) dans le mois qui suit la communication qui est faite de ce mémoire au défendeur, ce dernier peut déposer un mémoire d'observations écrites. Le délai imparti au défendeur pour déposer ce mémoire ne peut en aucun cas être inférieur à un délai de deux mois à compter de la signification qui lui a été faite de l'arrêt de la Cour ;

c) dans le mois qui suit la communication simultanée des observations du requérant et du défendeur à la partie intervenante, cette dernière peut déposer un mémoire d'observations écrites. Le délai imparti à la partie intervenante pour déposer ce mémoire ne peut en aucun cas être inférieur à un délai de deux mois à compter de la signification qui lui a été faite de l'arrêt de la Cour.

325 ***Moyens nouveaux en cours d'instance*** ◇ Les dispositions de l'article 48, § 2, du règlement de procédure du Tribunal étant applicables à la procédure après pourvoi (Règl. proc., art. 120), la production de moyens nouveaux en cours d'instance est interdite, à moins que ces moyens ne se fondent sur des éléments de droit et de fait qui se sont révélés pendant la procédure.

Sont ainsi recevables, bien que présentés pour la première fois dans le cadre de la procédure après renvoi, un moyen relatif à des constatations de fait opérées par le Tribunal dans l'arrêt annulé, un moyen fondé pour partie sur des observations formulées par la Cour dans son arrêt sur pourvoi et constituant pour le surplus une formulation nouvelle de l'un des arguments avancés par le requérant dès le début de la procédure ; enfin un moyen concernant des éléments de fait dont le requérant n'avait pas connaissance au moment du dépôt de la requête introductive d'instance (T.P.I., 23.03.1993, *Gill*, T-43/89 RV, II, p. 303).

326 ***Dispositions particulières relatives aux dépens*** ◇ Par dérogation au principe traditionnel posé par l'article 70 du règlement de procédure de la Cour, dans les recours formés par un fonctionnaire ou un autre agent des Communautés, les frais exposés par les institutions ne restent obligatoirement à leur charge que si le pourvoi a été formé par elles. Lorsque le pourvoi a été formé par le fonctionnaire ou l'agent, la Cour peut décider de répartir les dépens « dans la mesure où l'équité l'exige » (Règl. proc. Cour, art. 122).

En cas de retrait du pourvoi, la partie qui l'avait formé est condamnée aux dépens, s'il est conclu en ce sens par l'autre partie sauf, à la demande de la partie qui se désiste, si ce retrait est justifié par l'attitude de l'autre partie (*ibidem*).

Lorsqu'un pourvoi formé par un État membre ou une institution qui n'étaient pas intervenus au litige devant le Tribunal est fondé, la Cour peut décider la répartition des dépens entre les parties. Elle peut également condamner la partie requérante gagnante à rembourser à une partie qui succombe les frais qu'elle lui a fait exposer du fait de son pourvoi (Règl. proc. Cour, art. 122, al. 4).

327 ***Exclusion du recours en révision*** ◇ Dans la mesure où il ne statue que sur des questions de droit, l'arrêt sur pourvoi rendu par la Cour est insusceptible de révision (C.J.C.E. (Ord.) 25.02.1992, *Gill c. Csion*, C-185/90 P. Rév., I, p. 993 – *infra*, n° 362).

328 ***Indications bibliographiques*** ◇ M. Gros, *Le pourvoi devant la Cour de justice des Communautés européennes*, A.J.D.A., 1995, p. 859.

CHAPITRE 7
LES ARRÊTS

329 ***Le délibéré*** ◇ En dehors de l'hypothèse du désistement (*supra* n° 259), le terme normal de la procédure est le prononcé d'un arrêt, après délibéré.

La juridiction délibère en chambre du Conseil. Les délibérations sont secrètes (art. 32 statut C.E., 33 statut C.E.E.A.). Ne participent au délibéré que les juges qui ont assisté à la procédure orale et éventuellement le rapporteur adjoint chargé de l'étude de l'affaire, mais ni l'avocat général, ni le greffier (Règl. proc. Cour, art. 27 - T.P.I., art. 33).

Chacun des juges présents au délibéré exprime son opinion en la motivant (Règl. proc. Cour, art. 27, § 3 - T.P.I., art. 33, § 3). La Cour a pour coutume de délibérer en français. Le règlement de procédure prévoit toutefois qu'à la demande d'un juge, toute question peut être formulée dans une langue de son choix et communiquée par écrit aux autres juges avant d'être mise aux voix (Règl. proc. Cour, art. 27, § 4 - T.P.I., art. 33, § 4).

La discussion terminée, il est procédé au vote. Les votes sont émis dans l'ordre inverse de l'ancienneté des juges (Règl. proc. Cour, art. 27, § 5 - T.P.I., art. 33, § 5). La décision est prise à la majorité des voix sans qu'il y ait possibilité de rendre publiques les opinions dissidentes ou individuelles du fait du caractère secret des délibérations.

330 ***Réglementation générale*** ◇ Les règlements de procédure comportent un chapitre consacré à des dispositions générales concernant les arrêts. Ce sont ces dispositions qui vont être exposées dans les développements qui suivent. Ces dispositions ne règlent pas tous les aspects juridiques des décisions des juridictions communautaires. Certains de ces aspects sont en effet directement tributaires de l'objet des actions ouvertes devant ces juridictions et des pouvoirs dont elles disposent lorsqu'elles en sont saisies. On les retrouvera donc à l'occasion de l'étude de chacune de ces actions.

SECTION 1. CONTENU DES ARRÊTS

331 ***Présentation*** ◇ Le contenu des arrêts comporte un certain nombre d'énonciations prévues par les règlements de procédure. Outre la décision sur le litige lui-même, les arrêts contiennent une décision sur les dépens.

§ 1. Les énonciations

332 ***Contenu des arrêts*** ◇ Aux termes de l'article 63 du règlement de procédure de la Cour, l'arrêt contient :

- l'indication qu'il a été rendu par la Cour,
- la date du prononcé,
- les noms du président et des juges qui y ont pris part,
- le nom de l'avocat général,
- le nom du greffier,
- l'indication des parties,
- les noms des agents, conseils ou avocats des parties,
- la mention que l'avocat général a été entendu,
- l'exposé sommaire des faits,
- les motifs,
- le dispositif, y compris la décision relative aux dépens.

L'article 81 du règlement de procédure du Tribunal comporte la même énumération sous réserve des dispositions concernant l'avocat général qui tiennent compte de ce que sa désignation n'est qu'éventuelle.

§ 2. Les dépens

333 ***Régime*** ◇ Le régime des dépens, qui peuvent se concevoir comme étant les frais récupérables exposés par un plaideur, est prévu par le chapitre 5 du titre II du règlement de procédure. La procédure devant la Cour de justice est en principe gratuite (*supra,* n° 189 s.). Mais les frais inévitablement exposés par les parties peuvent donner à récupération dans les conditions fixées par ce régime.

Le règlement de procédure retient une conception extensive des dépens à propos desquels la Cour dispose dans sa décision d'un large pouvoir d'appréciation et qui peuvent donner lieu à contestation.

A. La notion de dépens

334 ***Frais récupérables*** ◇ Constituent des frais récupérables les dépenses indispensables que les parties ont dû engager pour les besoins de la procédure devant le juge. Des frais engagés antérieurement dans le cadre d'une autre procédure ou de la phase précontentieuse obligatoire ne sont pas récupérables (C.J.C.E. (Ord.), 21.10.1970, *Hake,* 75/69, p. 901).

Sont également considérés comme des frais récupérables les sommes dues aux témoins et aux experts ainsi que les sommes exposées par les parties aux fins de la procédure, notamment les frais de déplacement et de séjour et la rémunération des agents, conseils et avocats (Règl. proc. Cour, art. 73 – T.P.I., art. 91). Le règlement de procédure obligeant les parties à élire domicile à Luxembourg, les frais de domiciliation font partie des dépens dès lors qu'ils ont été indispensables aux fins de la procédure. En revanche, les prestations de conseil données par le domiciliataire ne peuvent donner lieu à récupération si la partie est déjà représentée devant la Cour par un avocat (C.J.C.E. (Ord.), 30.09.1964, *Maudet,* 20 et 21/63, p. 1211). Le juge communautaire n'est pas tenu par les tarifs nationaux concernant la rémunération des avocats ni par le montant des honoraires acceptés par le requérant et apprécie le montant des dépens récupérables en fonction de l'objet et de la nature du litige, de son importance et de sa difficulté, du travail qu'il a requis et des intérêts économiques en jeu (T.P.I., 15.07.1998, *Opel Austria,* T-115/94 (92), II, p. 2739).

Les frais de déplacement et de séjour du requérant lui-même ne sont récupérables que si sa présence à l'audience est indispensable aux fins de la procédure. Il en est ainsi lorsque, par exemple, « la présence du requérant en personne s'impose parce que la Cour l'a demandée ou parce que l'audience est consacrée à l'audition de témoins sur des faits vécus par le requérant, ou encore parce que les événements que celui-ci a subis sont extrêmement compliqués et se trouvent au centre du débat devant le juge » (C.J.C.E. (Ord.), 17.09.1981, *Oberthür,* 24/79, p. 2229).

Enfin, entre dans les dépens la rémunération d'un avocat engagé par une institution pour se faire assister. Tel n'est pas le cas si celle-ci n'est représentée que par un de ses agents (C.J.C.E. (Ord.), 21.06.1979, *Dietz,* 126/76, p. 2131 - C.J.C.E. (Ord.), 7.09.1999, *Csion et Sveriges Betodlares,* C-406/96 P-DEP, I, p. 4939).

335 ***Autres composantes*** ◇ Entrent encore dans la catégorie des dépens les frais qu'une partie a dû exposer aux fins d'exécution forcée (Règl. proc. Cour, art. 71 - T.P.I., art. 89). Ces frais sont remboursés par l'autre partie suivant le tarif en vigueur dans l'État où l'exécution forcée a eu lieu.

Peuvent également constituer des dépens des frais exposés par la juridiction elle-même à la demande d'une partie et qui auraient pu être évités, la partie qui les a provoqués pouvant être condamnée à les rembourser (Règl. proc. Cour, art. 72 - T.P.I., art. 90).

Les frais de tout travail de copie et de traduction effectué à la demande d'une partie et considérés par le greffier comme extraordinaires sont remboursés par cette partie (*idem*).

336 ***Frais non récupérables*** ◇ Dans les litiges entre les Communautés et leurs agents, les frais exposés par les Institutions restent à la charge de celles-ci, sans préjudice des dispositions permettant au juge de condamner une partie, même gagnante, à rembourser à l'autre partie les frais qu'elle lui a fait exposer et que le juge reconnaît comme vexatoires ou frustratoires (Règl. proc. Cour, art. 70 - T.P.I., art. 88).

Ne sont pas des dépens récupérables les frais supplémentaires exposés par une société pour la constitution d'une caution bancaire en vue d'éviter l'exécution d'une décision de la Commission. Ces frais ne peuvent en effet être qualifiés de frais exposés « aux fins de la procédure » (C.J.C.E. (Ord.), 20.11.1987, *Krupp,* 183/83, p. 4611).

B. La décision sur les dépens

337 ***Régime*** ◇ Les règlements de procédure (Règl. proc. Cour, art. 69 – T.P.I., art. 87) posent le principe suivant lequel la partie qui succombe est condamnée aux dépens. Si plusieurs parties succombent, la juridiction décide du partage des dépens et dispose à cet égard d'un très large pouvoir d'appréciation.

La juridiction statue sur les dépens (Statuts C.E., art. 35 – C.E.E.A., art. 36). La condamnation aux dépens doit être demandée, que ce soit par conclusions écrites, à l'audience (C.J.C.E., 29.03.1979, *NTN Toyo*, 113/77, p. 1185, concl. J. P. Warner) ou même implicitement (C.J.C.E., 16.12.1975, *Suiker Unie*, 40 à 48/73, p. 1663, concl. H. Mayras). En l'absence de demande, chacune des parties supporte ses propres dépens (Règl. proc. Cour, art. 69, § 5 – T.P.I., art. 87, § 5 – C.J.C.E., 27.03.1984, *Csion c. Italie*, 50/83, p. 1633, concl. G. Slynn).

Selon l'article 69, § 1, du règlement de procédure de la Cour et l'article 87, § 1 du règlement de procédure du Tribunal, la juridiction statue sur les dépens dans l'arrêt ou l'ordonnance qui met fin à l'instance. Les dépens relatifs à une décision provisoire sont donc réservés et liquidés avec la décision sur le fond. Il n'y a pas omission de statuer lorsque, postérieurement à une ordonnance de référé qui avait réservé les dépens, le Tribunal, tranchant le fond, met les dépens de l'instance à la charge d'une partie sans opérer de distinction entre ceux afférents à la procédure principale et ceux de l'instance en référé, dès lors qu'il n'a été saisi d'aucune conclusion à cette fin. En pareil cas, la condamnation relative aux dépens couvre l'ensemble de ceux-ci. (T.P.I. (Ord.), 11.10.1990, *Sparr*, T-50/89, II, p. 539). On rappelle enfin que l'arrêt rendu sur question préjudicielle ne statue pas sur les dépens (*supra*, n° 98).

338 ***Compensation des dépens*** ◇ La Cour et le Tribunal peuvent compenser les dépens en totalité ou en partie si les parties succombent respectivement sur un ou plusieurs chefs ou pour des motifs exceptionnels (Règl. proc. Cour, art. 69, § 3, al. 1 – T.P.I., art. 87, § 3, al. 1).

La notion de « motifs exceptionnels » recouvre des situations extrêmement variées. Ainsi, dans un arrêt rejetant, faute de preuve d'un préjudice, une action en indemnité, la Cour a compensé les dépens entre les parties en constatant que le comportement de la Commission était de nature à engager la responsabilité de la Communauté (C.J.C.E., 15.06.1976, *CNTA*, 74/74, p. 797, concl. A. Trabucchi). Ainsi, rejetant un recours formé contre le Conseil par un fonctionnaire suite à son licenciement, la Cour a néanmoins compensé les dépens au motif que « le défaut par le défendeur de permettre au requérant de présenter sa défense préalablement à son licenciement a certainement influé sur la détermination de l'intéressé de se pourvoir devant la Cour » (C.J.C.E., 4.07.1963, *Alvis*, 32/62, p. 101, concl. M. Lagrange). Ainsi, ayant constaté un manquement dans le chef du Royaume Uni, la Cour a cependant compensé les dépens en relevant qu'il y avait lieu de « tenir compte du comportement exemplaire du gouvernement du Royaume Uni, qui a volontairement suspendu l'application des mesures contestées à la suite des entretiens qu'il a eus avec les gouvernements de certains États membres concernés et avec la Commission, sans qu'il fût nécessaire, pour ces derniers, de saisir la Cour afin d'obtenir des mesures provisoires » (C.J.C.E., 9.07.1991, *Csion c. Royaume Uni,* C-146/89, I, p. 3533, concl. C. O. Lenz).

339 ***Frais frustratoires ou vexatoires*** ◇ La Cour et le Tribunal peuvent condamner une partie, même gagnante, à rembourser à l'autre partie les frais qu'elle lui a fait exposer et que le juge reconnaît comme frustratoires ou vexatoires (Règl. proc. Cour, art. 69, § 3, al. 2 - T.P.I., art. 87, § 3, al. 2). Cette disposition est applicable aux litiges entre les Communautés et leurs agents (*infra,* n° 435).

Ainsi d'hypothèses dans lesquelles la naissance et le développement d'un litige ont été favorisés par le comportement de l'administration (C.J.C.E., 26.01.1981, *Korter,* 148/79, p. 615, concl. F. Capotorti - 27.01.1983, *List,* 263/81, p. 103, concl. G. Slynn).

Inversement, une procédure poursuivie abusivement par un fonctionnaire peut donner lieu à l'application de cette disposition (C.J.C.E., 1.06.1983, *Seton,* 36/81, p. 1789, concl. P. VerLoren van Themaat).

340 ***Désistement*** ◇ En cas de désistement, la partie qui se désiste est condamnée aux dépens s'il est conclu en ce sens par l'autre partie. Toutefois, à la demande de la partie qui se désiste, les dépens sont supportés par l'autre partie si cela apparaît justifié par l'attitude de cette dernière (Règl. proc. Cour, art. 69, § 5 - T.P.I., art. 87, § 5). Tel est le cas lorsque le recours s'explique par le retard mis par celle-ci à satisfaire les prétentions du demandeur (C.J.C.E., 9.06.1964, *Reynier et Erba,* 79 et 82/63, p. 511, concl. K. Roemer). Une des hypothèses traditionnelle d'application de cette disposition concerne l'action en manquement, lorsque la Commission se désiste en cours de procédure du fait de l'adoption par l'État membre des mesures mettant fin au manquement.

341 ***Non-lieu à statuer*** ◇ Lorsqu'elle rend une décision de non-lieu à statuer, la juridiction règle librement les dépens (Règl. proc. Cour, art. 69, § 6 - T.P.I., art. 87, § 6).

Ainsi, dans une affaire où le non-lieu résultait du fait que le défendeur - la Haute Autorité de la C.E.C.A. - avait donné satisfaction aux requérantes en cours d'instance, les frais ont été mis à la charge de la Haute Autorité jusqu'à la date où le litige est devenu sans objet. En revanche, les dépens postérieurs à la notification des décisions de retrait ont été considérés comme frustratoires et mis à la charge des requérantes dans la mesure où celles-ci n'avaient plus aucun intérêt à la continuation de la procédure (C.J.C.E., 1.06.1961, *Meroni,* 5, 7 et 8/60, p. 199, concl. M. Lagrange).

342 ***Intervention*** ◇ L'article 69, § 4, du règlement de procédure prévoit que les États membres et les Institutions qui sont intervenus au litige supportent leurs propres dépens. Il en va de même pour les États parties à l'accord sur l'E.E.E. autres que les États membres et pour l'autorité de surveillance A.E.L.E. Les frais des autres intervenants sont supportés par la partie qui succombe, sauf si l'intervenant soutenait les conclusions de celle-ci. Il supportera alors ses propres frais. La Cour peut d'ailleurs toujours, s'agissant des autres intervenants, décider qu'ils supporteront leurs propres dépens.

Le règlement de procédure du Tribunal comporte, en son article 87, § 4, une disposition analogue à celle ci-dessus analysée, applicable à la Cour.

L'intervenant qui n'a pas conclu de ce chef supportera ses propres dépens, alors même qu'il est intervenu auprès de la partie gagnante (C.J.C.E., 5.03.1986, *Tezi Textiel,* 59/84, p. 887, concl. P. VerLoren van Themaat).

C. La contestation sur les dépens

343 ***Procédure*** ◇ Toute partie « intéressée » au litige principal, ce qui inclut les parties intervenantes (C.J.C.E. (Ord.), 24.09.1975, *Nold,* 4/73, p. 985), peut discuter la taxation des dépens récupérables. Dans ce cas, la chambre à laquelle l'affaire a été attribuée statue par voie d'ordonnance non susceptible de recours à la demande de la partie intéressée, l'autre partie étant entendue en ses observations et l'avocat général en ses conclusions (Règl. proc. Cour, art. 74, § 1 - T.P.I., art. 92, § 1).

La Cour « n'est pas appelée à taxer les honoraires dus par les parties à leurs propres avocats et conseils, mais à déterminer le montant à concurrence duquel ces rémunérations peuvent être récupérées contre la partie condamnée aux dépens (...) Le droit communautaire ne contenant pas de disposition de nature tarifaire, la Cour doit apprécier librement les données de la cause, en tenant compte de l'objet et de la nature du litige, de son importance sous l'angle du droit communautaire, ainsi que des difficultés de la cause » (C.J.C.E. (Ord.), 24.09. 1975, *Nold,* précitée). La Cour statue donc *ex aequo et bono* (C.J.C.E. (Ord.), 21.10.1970, *Hake, 75/69,* p. 901).

On rappelle qu'en matière de pourvois contre les arrêts du Tribunal de première instance les dépens relèvent d'un régime particulier (*supra* n° 326).

Les parties peuvent, aux fins d'exécution, demander une expédition de l'ordonnance de la Cour ou du Tribunal statuant sur la contestation des dépens (Règl. proc. Cour, art. 74, § 2 - T.P.I., art. 92, § 2).

D. Les paiements

344 ***Paiements*** ◇ La caisse de la juridiction effectue les paiements dans la monnaie du pays où elle a son siège, c'est-à-dire en francs luxembourgeois. À la demande de tout intéressé, les paiements peuvent se faire dans la

monnaie du pays dans lequel ont été exposés les frais remboursables ou effectués les actes donnant lieu à indemnisation.

Les autres débiteurs effectuent leurs paiements dans la monnaie de leurs pays d'origine. Le change des monnaies s'effectue suivant le cours officiel au jour du paiement dans le pays où la juridiction a son siège (Règl. proc. Cour, art. 75. – T.P.I., art. 93).

Bien entendu, ces dispositions ont perdu une grande part de leur portée avec l'instauration de la monnaie unique.

SECTION 2. LE PRONONCÉ ET L'EXÉCUTION

345 ***Prononcé*** ◇ L'arrêt est rendu en audience publique, les parties convoquées (Règl. proc. Cour, art. 64, § 1 – T.P.I., art. 82, § 1). La formalité du prononcé est essentielle car l'arrêt a force obligatoire à compter de cette date (Règl. proc. Cour, art. 65). La règle est identique pour les arrêts du Tribunal, sous réserve des dispositions relatives au délai et à l'effet des pourvois (T.P.I., art. 83). Il est d'ailleurs fait mention par le greffier sur la minute de l'arrêt de la date à laquelle il a été rendu (Règl. proc. Cour, art 64, § 3 – T.P.I., art. 82, § 3).

La minute de l'arrêt, scellée et déposée au greffe, est signée par le président, les juges ayant pris part au délibéré et le greffier. Une copie certifiée conforme est signifiée à chacune des parties (Règl. proc. Cour, art. 64, § 2 – T.P.I., art. 82, § 2).

346 ***Rectification d'erreur matérielle*** ◇ Aux termes des articles 66, § 1 du règlement de procédure de la Cour et 84, § 1 de celui du Tribunal, les erreurs de plume ou de calcul ou des inexactitudes évidentes peuvent être rectifiées par la juridiction soit d'office, soit à la demande d'une partie dans un délai de deux semaines à compter du prononcé de l'arrêt.

La demande en rectification doit viser des erreurs grossières. Il doit s'agir selon la Cour d'« erreurs purement matérielles... alors qu'aucune difficulté ne s'élève sur le sens et la portée de la décision ;... la rectification, au sens de l'article 66 du règlement de procédure, ne peut avoir pour objet de modifier ou réformer la décision antérieure » (C.J.C.E. (Ord.), 31.01.1962, *Fives Lille Cail,* 19/60, R., p. 1961, p. 627).

Les parties, avisées par le greffier, peuvent présenter des observations écrites dans un délai fixé par le président. La juridiction décide en chambre du conseil, après avoir entendu l'avocat général. La minute de l'ordonnance qui prescrit la rectification est annexée à la minute de l'arrêt rectifié en marge de laquelle cette ordonnance est mentionnée (Règl. proc. Cour, art. 66, §§ 3 et 4 – T.P.I., art. 84, §§ 3 et 4).

347 ***Omission de statuer*** ◇ L'article 67 du règlement de procédure de la Cour prévoit que si celle-ci a omis de statuer, soit sur un chef isolé des conclusions, soit sur les dépens, la partie qui entend s'en prévaloir saisit la Cour par voie

de requête dans le mois de la signification de l'arrêt. La requête est signifiée à l'autre partie et le président lui fixe un délai pour la présentation de ses observations écrites. Après la présentation de ces observations, la Cour, l'avocat général entendu, statue sur la recevabilité en même temps que sur le bien-fondé de la demande. Cette procédure n'est pas applicable aux arrêts rendus sur renvoi préjudiciel (C.J.C.E. (Ord.) 16.05.1968, *Becher*, 13/67, p. 289).

L'article 85 du règlement de procédure du Tribunal contient des dispositions analogues qui ne régissent que l'omission de statuer sur les dépens (T.P.I. (Ord.) 11.10.1990, *Sparr*, T-50/89, II, p. 539).

348 ***Force exécutoire*** ◇ Les traités (art. 244 C.E. (ex-art. 187 C.E.), 159 C.E.E.A.) disposent que les arrêts de la Cour ont force exécutoire dans les conditions fixées par les dispositions relatives à l'exécution forcée.

L'exécution forcée est possible bien que la décision ne soit pas elle-même revêtue de la formule exécutoire. A la demande de la partie qui veut recourir à l'exécution forcée, cette formule est ultérieurement apposée, sans autre contrôle que la vérification de l'authenticité du titre, par l'autorité nationale que le gouvernement de chaque État a désignée à cet effet, (art. 256, al. 2, C.E. (ex-art. 192, al. 2, C.E.) - 164, al. 2, C.E.E.A.).

Une fois revêtu de la formule exécutoire, l'arrêt est assimilable aux décisions judiciaires prononcées par les juridictions nationales. L'exécution forcée pourra être requise, le contrôle de la régularité des mesures d'exécution relevant de la compétence des juridictions nationales. L'exécution forcée ne peut être suspendue que par une décision de la Cour de justice (art. 256, al. 4, C.E. (ex-art. 192, al. 4, C.E.) - 164, al. 3, C.E.E.A.).

Les frais exposés par une partie aux fins d'exécution forcée sont remboursés par l'autre partie suivant le tarif en vigueur dans l'État où l'exécution forcée a lieu (Règl. proc. Cour, art. 71 - T.P.I., art. 89).

SECTION 3. **VOIES DE RECOURS RELATIVES AUX ARRÊTS**

349 ***Identification*** ◇ Indépendamment des textes régissant les pourvois contre les décisions du Tribunal de première instance (*supra*, n° 305 s.), les statuts de la Cour, dont le titre III relatif à la procédure est applicable au Tribunal, le règlement de procédure de la Cour et celui du Tribunal contiennent des dispositions qui prévoient l'existence et règlent le régime d'un certain nombre de recours relatifs aux arrêts.

Ces recours se répartissent en trois catégories. Vient d'abord l'opposition liée aux arrêts rendus par défaut (Statuts art. 38 C.E., 39 C.E.E.A. Règl. proc. Cour, art. 94, T.P.I., art. 122). Vient ensuite le recours en interprétation d'arrêt (Statuts art. 40 C.E., 41 C.E.E.A. Règl. proc. Cour, art. 102 - T.P.I. art. 129). Viennent enfin les deux voies de recours extraordinaires que sont la tierce opposition (Statuts, art. 39 C.E., 40 C.E.E.A. Règl. proc. Cour, art. 97 - T.P.I., art. 123 et 124) et la révision (Statuts, art. 41 C.E., 42 C.E.E.A. Règl. proc. Cour, art. 98 à 100 - T.P.I. art. 125 à 128).

Ils seront examinés dans cet ordre.

§ 1. Les arrêts par défaut et l'opposition

350 ***L'arrêt par défaut*** ◇ La procédure devant la juridiction communautaire est soumise au principe du contradictoire. Le défendeur est invité à comparaître et à s'expliquer. Il n'est cependant pas tenu de le faire. Pour autant, un refus de comparaître ou le silence d'une partie ne doivent pas paralyser le cours de la justice. Il est donc possible de passer outre en application des articles précités des statuts et des règlements de procédure.

Cette procédure est inapplicable en matière préjudicielle (C.J.C.E. (Ord.), 5.03.1986, *Wünsche,* 69/85, p. 947).

Les arrêts rendus par défaut sont rares, le premier datant de 1988 (C.J.C.E., 23.03.1988, *Morabito,* 105/87, p. 1707, concl. F. Mancini - 21.09.1989, *Csion c. Grèce,* 68/88, p. 2965, concl. G. Tesauro).

Avant de rendre l'arrêt par défaut, la Cour, l'avocat général entendu, examine la recevabilité de la requête et vérifie si les formalités ont été régulièrement accomplies et si les conclusions du requérant paraissent fondées. Elle peut ordonner des mesures d'instruction (Règl. proc. Cour, art. 94, § 2 - T.P.I. art. 122, § 2).

L'arrêt par défaut est exécutoire. Il est susceptible d'opposition qui n'en suspend pas l'exécution, sauf décision contraire de la juridiction (art. 38 statut C.E., 39 statut C.E.E.A.) qui peut suspendre cette exécution jusqu'à ce qu'elle ait statué sur l'opposition ou subordonner l'exécution à la constitution d'une caution dont elle fixe les modalités et le montant, compte tenu des circonstances. Cette caution est libérée à défaut d'opposition ou en cas de rejet (Règl. proc. Cour, art. 94, § 3 - T.P.I., art. 122, § 3).

351 ***L'opposition*** ◇ L'opposition ne peut être formée contre un arrêt rendu par défaut que par le défendeur défaillant dans le mois de la signification de l'arrêt. Elle est soumise aux conditions de forme des requêtes introductives d'instance (Règl. proc. Cour, art. 94, § 4 - T.P.I., art. 122, § 4). La procédure est entièrement recommencée contradictoirement entre les parties.

Après la signification de l'opposition, le président fixe à l'autre partie un délai pour la présentation de ses observations écrites (Règl. proc. Cour, art. 94, § 5 - T.P.I., art. 122, § 5).

La juridiction statue par voie d'arrêt qui n'est pas susceptible de nouvelle opposition, même si le requérant originaire n'a pas répondu à l'opposition. La minute de l'arrêt est annexée à la minute de l'arrêt rendu par défaut. Mention de l'arrêt rendu sur opposition est faite en marge de la minute de l'arrêt rendu par défaut. (Règl. proc. Cour, art. 94, § 6 - T.P.I., art. 122, § 6).

§ 2. Le recours en interprétation d'arrêt

352 ***Objet*** ◇ Aux termes des articles 40 du statut C.E., 41 du statut C.E.E.A., en cas de difficulté sur le sens et la portée d'un arrêt, il appartient à la Cour de l'interpréter sur la demande d'une partie ou d'une institution de la Communauté justifiant d'un intérêt à cette fin.

Cette procédure est applicable à tous les arrêts de la Cour aussi bien que du T.P.I. statuant sur des recours directs. Elle est exclue en matière préjudicielle où il appartient au seul juge national de saisir la Cour d'une nouvelle question d'interprétation (*supra,* n° 66). Indépendamment de cette procédure, le juge communautaire demeure libre de rechercher le sens et la portée d'un arrêt précédent qui n'en a pas fait l'objet, lorsque cette interprétation est nécessaire pour résoudre un litige dont il est saisi (C.J.C.E., 9.08.1994, *Meskens,* C-412/92 P, I, p. 3757, concl. M. Darmon).

Cette voie de droit ne concerne évidemment qu'un arrêt antérieur. Le juge ne saurait donc prendre position sur des questions qui n'ont pas été tranchées par son précédent arrêt, ni les parties demander par voie d'interprétation une décision nouvelle sur de nouveaux litiges. (C.J.C.E., 28.06.1955, *Assider,* 5/55, p. 263, concl. M. Lagrange). Selon l'avocat général K. Roemer, « l'article 37 (du statut CECA) doit aider à bien délimiter les contours d'une *volonté qui s'est exprimée* dans une décision judiciaire, là où elle est restée peu claire ou bien où il existe des doutes. En d'autres termes, il faut trouver comment le collège judiciaire a conçu sa pensée exacte dans le cas à trancher ». (C.J.C.E., 7.04.1965, *Colloti,* 70/63 bis, p. 353).

L'interprétation porte sur les parties du texte de l'arrêt « qui expriment le jugement de la Cour sur le litige qui lui est soumis : le dispositif et, parmi les motifs, ceux qui conditionnent celui-ci et qui, à ce titre, sont essentiels » (C.J.C.E., 28.06.1955, *Assider,* 5/55, précité).

353 ***Recevabilité*** ◇ La recevabilité du recours en interprétation d'arrêt est subordonnée à trois ordres de conditions, les deux premières relatives au demandeur, la troisième à la difficulté justifiant une interprétation.

Le recours n'est ouvert qu'aux parties à l'instance vidée par l'arrêt à interpréter et aux institutions des Communautés. Il peut également être formé par une partie intervenante (C.J.C.E. (Ord.), 20.04.1988, *Maindiaux,* 146 et 431/85, p. 2003). Comme on l'a dit, le requérant doit justifier d'un intérêt (art. 40, statut C.E. - 41 statut C.E.E.A.).

La Cour a jugé que l'expression « difficulté » était « générale ». « Il suffit pour qu'une demande en interprétation soit recevable que les parties en cause donnent au texte de cet arrêt des sens différents » (C.J.C.E., 28.06.1955, *Assider,* 5/55, précité) ou que le requérant « allègue l'existence d'une ambiguïté ou d'une obscurité » (C.J.C.E., 13.07.1966, *Willame,* 110/63 bis, p. 411, concl. J. Gand) ou encore que la demande vise à « clarifier » un point tranché par l'arrêt (C.J.C.E. (Ord.), 20.04.1988, *Maindiaux,* 146/85, précité).

Le recours n'est pas recevable lorsqu'il « vise des points qui n'ont pas été tranchés par l'arrêt ou lorsqu'(il) tend à obtenir de la Cour un avis sur l'application, l'exécution ou les conséquences de l'arrêt rendu » (C.J.C.E. (Ord.), 20.04.1988, *Maindiaux,* 146 et 431/85, précité - T.P.I. (Ord.), 14.07.1993, *Raiola-Denti,* T-22/91 Int. II, p. 817).

354 ***Procédure*** ◇ La demande en interprétation d'arrêt est soumise aux mêmes conditions de forme que toute requête et doit en outre spécifier l'arrêt visé et les textes dont l'interprétation est demandée (Règl. proc. Cour, art. 102, § 1 T.P.I., art. 129, § 1). Devant le Tribunal, elle est attribuée à la chambre qui a rendu l'arrêt faisant l'objet de la demande ou à la formation plénière si celle-ci a rendu l'arrêt ou au juge unique si la décision a été rendue par celui-ci (art. 129, § 2 Règl. proc. T.P.I.). Formée contre toutes les parties en cause à l'arrêt, elle n'est subordonnée à aucune condition de délai.

La juridiction statue par voie d'arrêt après avoir mis les parties en mesure de présenter leurs observations, l'avocat général entendu (Règl. proc. Cour, art. 102, § 2 - T.P.I., art. 129, § 3).

La minute de l'arrêt interprétatif est annexée à la minute de l'arrêt interprété. Mention de l'arrêt interprétatif est faite en marge de la minute de l'arrêt interprété.

Comme la Cour l'a précisé, l'« arrêt en interprétation produit des effets à l'égard, non seulement des demanderesses, mais encore de toute autre partie, pour autant qu'elle est concernée par la disposition de l'arrêt dont l'interprétation est demandée ou par une disposition strictement analogue de celui-ci » (C.J.C.E., 9.03.1977, *Générale Sucrière,* 41, 43, et 44/73, p. 445, concl. J. P. Warner).

§ 3. La tierce-opposition

355 ***Fonction*** ◇ La procédure devant la Cour ne connaissant pas l'intervention forcée et les droits de l'intervenant volontaire étant limités, les statuts autorisent un tiers à demander à ce qu'un jugement, qui a été rendu sans qu'il soit entendu, soit réexaminé s'il préjudicie à ses droits. Selon la Cour « la tierce-opposition est destinée à permettre à des personnes qui auraient dû ou pu participer au litige de faire reconnaître leurs droits » (C.J.C.E. (Ord.), 6.12.1989, *Panhellinia,* C-147/86 T01, p. 4103).

Les personnes physiques ou morales autres que les États membres et les institutions de la Communauté ne sont pas recevables à former une tierce opposition à l'encontre d'un arrêt en manquement puisqu'elles ne remplissent pas la condition posée par l'article 39 du statut C.E. qui « réserve la tierce opposition aux seules personnes qui auraient pu, comme le précise l'article 97 du règlement de procédure, participer à l'instance » (C.J.C.E. (Ord.), 6.12.1989, *PALSO et Trechas,* C-147/86 TO 2, p. 4111).

356 ***Domaine*** ◇ La tierce opposition est ouverte aux États membres, aux institutions de la Communauté et à toutes autres personnes physiques ou

morales contre les arrêts rendus sans qu'ils aient été appelés et qui préjudicient à leurs droits (Statut C.E., art. 39, Statut C.E.E.A., art. 40). La tierce opposition est exclue dans les procédures préjudicielles qui ne sont pas des instances contentieuses. La Cour a ainsi jugé que les articles 38 à 41 de son statut « énumèrent limitativement les voies de recours extraordinaires qui permettent de remettre en cause l'autorité qui s'attache aux arrêts de la Cour et que, compte tenu de l'absence de parties à l'instance, ces dispositions ne sont pas applicables aux arrêts rendus en matière préjudicielle » (C.J.C.E. (Ord.), 5.03.1986, *Wünsche,* 69/85, p. 947).

357 ***Conditions de formation*** ◇ L'article 97, § 1, c) du règlement de procédure de la Cour (123, § 1, c), Règl. proc. T.P.I.) exige des tiers opposants qu'ils indiquent les raisons pour lesquelles ils n'ont pu participer au litige principal.

Cette disposition « permet de recevoir, d'une part le tiers opposant qui, ayant été appelé à l'instance principale, n'a pu, pour des raisons valables, y participer, d'autre part tous ceux qui n'étaient pas en mesure, conformément aux articles 34 du protocole sur le statut de la Cour et 93 du règlement de procédure, d'intervenir au litige principal » (C.J.C.E., 12.07.1962, *Breedband,* 42 /59 TO, p. 275, concl. K. Roemer). « Dès lors, toute personne qui était en mesure de participer au litige principal et qui a négligé d'intervenir ne saurait se prévaloir du droit de former tierce opposition » (T.P.I. (Ord.), 26.03.1992, *Ascasibar Zubizarreta,* T-35/89, II, p. 1599).

Le tiers opposant doit donc justifier à la fois qu'il n'a jamais eu connaissance de l'existence du litige principal ou qu'il n'a pas pu y intervenir volontairement et que l'arrêt attaqué préjudicie à ses droits.

358 ***Préjudice porté à des droits*** ◇ Le préjudice exigé n'existe pas lorsque l'arrêt attaqué n'a ni modifié la situation juridique du tiers opposant, ni empêché celui-ci de faire valoir en justice des droits qu'il prétend détenir (C.J.C.E., 10.12.1986, *Birra Dreher,* 267/80 TO, p. 3901, concl. J. Mischo). Pour être recevable, le tiers opposant doit en effet démontrer « l'existence d'un préjudice porté par l'arrêt attaqué à un droit, et non pas à un simple intérêt légitime » (C.J.C.E. (Ord.), 22.09.1987, *Bolognese,* 292/84 TO, p. 3563).

359 ***Procédure*** ◇ La tierce opposition doit être formée dans les deux mois qui suivent la publication de l'arrêt au Journal officiel des Communautés européennes (Règl. proc. Cour, art. 97, § 3 - art. 123, § 3, T.P.I.). Devant le Tribunal, la demande est attribuée à la chambre qui a rendu l'arrêt qui en fait l'objet, ou à la formation plénière si c'est celle-ci qui a rendu l'arrêt (Règl. proc. T.P.I., art. 124) ou au juge unique si la décision a été rendue par celui-ci (Règl. proc. T.P.I., art. 124).

Elle est soumise aux règles applicables à la requête introductive d'instance. Elle doit en outre spécifier l'arrêt attaqué, indiquer en quoi cet arrêt préjudicie aux droits du tiers opposant et les raisons pour lesquelles celui-ci n'a pu participer au litige principal. La demande est formée contre toutes les parties à ce litige. Elle ne peut avoir d'autre objet que le soutien des conclusions de l'une des parties ou leur rejet (C.J.C.E., 12.07.1962, *Breedband,* 42/59 TO, précité).

À l'issue de la nouvelle instance sur tierce opposition, la Cour rend un arrêt modifiant l'arrêt attaqué « dans la mesure où il est fait droit à la tierce opposition ». La minute de l'arrêt rendu sur tierce opposition est annexée à la minute de l'arrêt attaqué. Mention de l'arrêt rendu sur tierce opposition est faite en marge de la minute de l'arrêt attaqué (Règl. proc. Cour, art. 97, § 3 - T.P.I., art. 123, § 3).

Le règlement de procédure du Tribunal (art. 123, § 4) précise que lorsqu'un pourvoi devant la Cour et la demande en tierce opposition devant le Tribunal sont dirigés contre le même arrêt du Tribunal, celui-ci peut, les parties entendues, suspendre la procédure jusqu'au prononcé de l'arrêt de la Cour.

§ 4. La révision

360 ***Objet et nature du recours*** ◇ Le recours en révision est une voie de droit extraordinaire « permettant de mettre en cause l'autorité de la chose jugée attachée à un arrêt définitif en raison des constatations de fait sur lesquelles la juridiction s'est fondée » (C.J.C.E (Ord.), 25.02.1992, *Gill,* C-185/90 P. Rév., I, p. 993).

Il est régi en termes identiques par les articles 41 du statut de la Cour C.E. et 42 du statut de la Cour C.E.E.A. suivant lesquels « la révision de l'arrêt ne peut être demandée à la Cour qu'en raison de la découverte d'un fait de nature à exercer une influence décisive et qui, avant le prononcé de l'arrêt, était inconnu de la Cour et de la partie qui demande la révision ».

Ces textes prévoient également qu'« aucune demande en révision ne pourra être formée après l'expiration d'un délai de dix ans à dater de l'arrêt »

361 ***Recevabilité*** ◇ Comme le décident les statuts, la révision ne peut être demandée qu'en raison de la découverte d'un fait présentant les caractéristiques précitées.

Outre les conditions de délai précédemment indiquées et le fait que l'acte entrepris doit bien être un arrêt et non pas les mesures prises par une institution pour l'exécuter (C.J.C.E., 11.06.1986, *Ferriere San Carlo,* 235/82 Rév., p. 1799), la jurisprudence subordonne la recevabilité à une double condition : l'ignorance absolue de l'existence d'un fait antérieur déjà accompli à la date du prononcé de l'arrêt, ce fait étant d'autre part de nature à pouvoir modifier la solution du litige.

362 ***Découverte d'un fait ignoré du juge et du demandeur*** ◇ Cette première condition comporte une triple exigence.

Il doit s'agir d'un fait. Sera donc irrecevable la demande en révision d'un arrêt rendu sur pourvoi, si la Cour n'a pas exercé son pouvoir d'évocation (*supra*, n° 327) et n'a par conséquent examiné que des questions de droit (C.J.C.E., 25.02.1992 (Ord.), *Gill*, C-185/90 P. Rev. 1, précité).

La nature du fait paraît devoir être indifférente. Ce fait doit être antérieur à la date du prononcé de l'arrêt. Il doit de plus avoir été ignoré tant du demandeur que du juge. Cette exigence ne sera pas remplie, partant le recours ne sera pas recevable « lorsque le fait litigieux a été, d'une manière quelconque, invoqué ou simplement connu même s'il n'en a pas été fait expressément état au cours de la procédure ; sa connaissance préalable, fortuite ou non, et, a fortiori, son appréciation par le juge ne relèvent donc pas de l'hypothèse ouvrant le recours en révision » (C.J.C.E., 10.01.1980, *Bellintani*, 116/78, Rév., p. 23 – jurisp. const. : C.J.C.E., 5.04.1984, *Geist*, 285/81, Rév. I et Rév. II, p. 1789 – T.P.I. (Ord.), 26.03.1992 *BASF*, T-4/89 Rev, II, p. 1591 – (Ord.) 4.11.1992, *DSM*, T-8/89, Rev., II, p. 2399).

363 ***Influence décisive sur la solution du litige*** ◇ Le fait ignoré doit être de nature à exercer une influence décisive sur la solution du litige, condition qui complète la condition d'antériorité. L'appréciation de cette condition est affaire d'espèce.

Ainsi, la Cour a-t-elle rejeté une demande en révision en relevant que « le motif de l'arrêt du 28 mai 1970 invoqué à l'appui de la demande de révision commence par le mot « d'ailleurs » (...) ce terme est de nature à indiquer que le fait relevé n'a constitué qu'un motif accessoire venant s'ajouter au motif concluant précédent » (C.J.C.E., 17.02.1972, *Richez-Parise*, 40/71, p. 73, concl. K. Roemer). Ainsi a également été rejeté un recours en révision contre un arrêt de rejet qui avait été motivé par la seule constatation que la requérante revendiquait des droits qu'elle avait aliénés par le moyen d'une cession et non pas par la constatation qu'elle les avait cédés au profit d'un cessionnaire déterminé. Une telle mention a été, en effet, considérée par la Cour comme ne constituant pas un élément nécessaire au soutien du dispositif (C.J.C.E., 23.10.1985, *Riseria Modenese*, 267/80 Rev., p. 3499).

364 ***Procédure*** ◇ La demande en révision doit être formée au plus tard dans un délai de trois mois à compter du jour où le demandeur a eu connaissance du fait sur lequel sa demande est fondée (Règl. proc. Cour, art. 98 – T.P.I., art. 125 – C.J.C.E., 19.03.1991, *Ferrandi*, C-403/85, I, p. 1215). Elle ne peut, en toute hypothèse, comme indiqué ci-dessus (*supra*, n° 360), être formée après l'expiration d'un délai de dix ans à dater de l'arrêt (Statuts de la Cour, art. précités, al. 3).

La demande en révision prend la forme d'une requête soumise aux règles générales applicables aux requêtes. Devant la Cour comme devant le Tribunal, elle doit en outre spécifier l'arrêt attaqué, indiquer les points sur lesquels cet arrêt est attaqué, articuler les faits sur lesquels la demande est fondée et indiquer les moyens de preuve tendant à démontrer qu'il existe des faits justifiant la révision et à établir que le délai de trois mois a été respecté (Règl.

proc. Cour, art. 99 - T.P.I., art. 126 qui vise aussi bien le délai de trois mois que celui de dix ans). Cette requête est formée contre toutes les parties à l'arrêt dont la révision est demandée (Idem, art. 99, § 2 et 126, § 2).

La procédure se déroule en deux étapes. La juridiction se prononce d'abord sur la recevabilité de la demande. Sans préjuger le fond, la Cour statue, l'avocat général entendu, au vu des observations écrites des parties par un arrêt rendu en chambre du conseil (Règl. proc. Cour, art. 100, § 1). Devant le Tribunal, la demande est attribuée soit à la chambre soit à la formation plénière selon la formation qui a rendu l'arrêt attaqué, soit au juge unique si celui-ci a rendu la décision (Règl. proc. T.P.I., art. 127, § 1). Le Tribunal statue sans préjuger le fond au vu des observations écrites des parties, l'avocat général entendu (Règl. proc. T.P.I., art. 127, §§ 1 et 2).

Si la demande en révision est déclarée recevable, la Cour ou le Tribunal statue au fond par un deuxième arrêt rendu en la forme ordinaire. La minute de l'arrêt portant révision est annexée à la minute de l'arrêt révisé. Mention de l'arrêt portant révision est faite en marge de l'arrêt révisé (Règl. proc. Cour, art. 100, § 3 - T.P.I., art. 127, § 4).

Lorsqu'un pourvoi devant la Cour et la demande en révision devant le Tribunal concernent le même arrêt du Tribunal, celui-ci, les parties entendues, peut suspendre la procédure jusqu'au prononcé de l'arrêt de la Cour (Règl. proc. T.P.I., art. 128).

TITRE 2

LES ACTIONS

365 ***Présentation générale*** ◇ Les traités ont organisé un certain nombre de voies de droit devant la Cour de justice qui, pour partie, doivent désormais être d'abord portées devant le Tribunal de première instance.

Considérées dans leur objet, ces voies de droit peuvent être réparties en trois grandes catégories. Les unes visent à faire sanctionner par le juge le respect de la légalité communautaire par les institutions ; les autres, à faire sanctionner par la Cour le respect par les États membres des obligations qui résultent pour eux du droit communautaire ; les troisièmes, à assurer la réparation des dommages causés par les Communautés, ou leurs agents dans l'exercice de leurs fonctions, dans le cadre d'une responsabilité extra-contractuelle.

Considérées dans leur régime, ces voies de droit se différencient à leur tour de trois points de vue : d'abord en fonction des pouvoirs du juge qui conduisent à distinguer entre les recours pour lesquels celui-ci ne peut que prononcer l'annulation d'un acte ; ceux pour lesquels il ne peut que constater une illégalité et ceux pour lesquels il statue en plein contentieux, sans pour autant que cette distinction soit absolue ; enfin, suivant la qualité du requérant, la sanction des obligations des États membres ne pouvant être poursuivie que par des requérants institutionnels et un régime particulier étant applicable aux recours des agents.

On se trouve ainsi en présence d'un système complet de recours qui, pour être autonomes, n'en couvrent pas moins toutes les modalités du contrôle juridictionnel.

366 ***Caractères des actions prévues par les traités*** ◇ Les actions prévues par les traités présentent deux caractères. D'une part, elles n'ont pas pour conséquence, en dehors de leur applicabilité, de soustraire à la compétence des juridictions nationales les litiges auxquels seraient parties les Communautés (art. 240 C.E. (ex-art. 183 C.E.), 155 C.E.E.A.).

D'autre part, elles sont exclusives de tout autre mode de règlement des différends entre États membres (art. 239 C.E. (ex-art. 182 C.E.), 154 C.E.E.A.).

Ces deux règles peuvent néanmoins être écartées par voie conventionnelle. Il en est ainsi, d'une part, en vertu d'une clause compromissoire contenue dans un contrat de droit public ou de droit privé passé par la Communauté ou pour son compte et attribuant compétence à la Cour (art. 238 C.E. (ex-art. 181 C.E.), 153 C.E.E.A.). Il peut également en être ainsi, en vertu d'un compromis, pour les différends entre États membres en connexité avec l'objet du traité (art. 239 C.E. (ex-art. 182 C.E.), 154 C.E.E.A.).

367 ***Divisions*** ◇ L'étude de ces actions sera divisée en trois sous-titres respectivement consacrés au contrôle de légalité, à la responsabilité, enfin à la sanction des manquements des États membres.

SOUS-TITRE 1

Le contrôle du respect de la légalité communautaire

368 ***Caractère de principe général du contrôle de légalité*** ◇ En disposant en termes identiques que la Cour assure le respect du droit dans leur interprétation et leur application, les traités (art. 220 C.E. (ex-art. 164 C.E.), 136 C.E.E.A.) fondent ce qui peut être considéré comme le principe général de contrôle juridictionnel de légalité.

C'est dans ce sens que s'est prononcé la Cour en décidant que le recours en annulation devait être ouvert à l'encontre de toute disposition prise par les institutions et susceptible de produire des effets de droit, quelles qu'en soient la nature et la forme (C.J.C.E., 31.03.1971, *Csion c. Conseil,* 22/70, p. 263, concl. A. Dutheillet de Lamothe - Cah. dr. eur., 1971, n° 4, p. 479, note J. V. Louis - RTD eur., 1971, n° 3/4, p. 796, note L. J. Constantinesco - Cah. dr. eur., 1972, n° 2, p. 127, note W. J. Ganshof van der Meersch - D., 1972, n° 26, jurisp., p. 456, note J. Rideau - Rev. gen. dr. int. pub., 1972, n° 1, p. 36, note J. Raux - Annuaire fr. dr. int., 1971, p. 386, note R. Kovar).

Cette conception devait être confirmée lorsque la Cour a souligné que la Communauté européenne est une communauté de droit en ce sens que, ni ses États membres, ni ses institutions n'échappent au contrôle de la conformité de leurs actes à la charte constitutionnelle de base qu'est le traité (C.J.C.E., 23.04.1986, *Parti écologiste « Les Verts »,* 294/83, p. 1339, concl. F. Mancini, G.A. n° 57 - RTD eur., 1986, n° 3, p. 491, note J. P. Jacqué - Cah. dr. eur., 1986, n° 1, p. 44, note B. Maury - D.S., 1987, n° 7, p. 77, commentaire V. Constantinesco et D. Simon).

Tout en reprenant la formule générale de l'arrêt Commission c. Conseil, précité, un arrêt plus récent ajoute « et ce indépendamment de la question de savoir si l'acte a été ou non adopté par l'institution en vertu d'une disposition du traité » (C.J.C.E., 2.03.1994, *Parlement c. Conseil,* C-316/91, I, p. 625, concl. F. G. Jacobs).

369 ***Instruments du contrôle*** ◇ Le contrôle du respect de la légalité communautaire s'exerce au moyen de deux actions dont l'objet est de faire sanctionner par le juge les illégalités actives ou passives commises par les institutions. L'un est un recours en annulation ; l'autre un recours dit « en carence » parce qu'il est destiné à sanctionner l'inertie illégale de ces institutions.

CHAPITRE 1
L'ACTION EN ANNULATION

370 ***Objet*** ◇ Homologue du recours pour excès de pouvoir du droit administratif français, le recours en annulation vise à obtenir du juge l'annulation d'une disposition prise par une institution des Communautés et affectée de l'un ou de plusieurs des vices qui la rendent illégale.

371 ***Diversité des réglementations*** ◇ Le recours en annulation est régi par les articles 230 et 231 (ex-art. 173 et 174) du traité C.E. et par les articles 146 et 147 du traité C.E.E.A., qui disposent dans les mêmes termes que les précédents. Bien qu'il ne le qualifie pas comme tel, il faut admettre que constitue également un recours en annulation le recours aménagé par l'article 68 du règlement 40/94 du Conseil du 20 décembre 1993, modifié, sur la marque communautaire (RTD eur., 1995, p. 104).

Ces textes définissent, d'une part les conditions de recevabilité des recours, d'autre part les moyens qui peuvent être développés à l'appui de ceux-ci. Ces moyens sont les mêmes quel que soit le traité. Un régime particulier est applicable aux recours des agents et au recours du règlement 40/94.

Ces différences ne font pas obstacle à ce que l'étude du recours soit conduite en examinant successivement ses conditions de recevabilité suivant le régime qui lui est propre, les moyens qui peuvent être développés pour le fonder, enfin l'arrêt auquel il donne lieu.

SECTION 1. LA RECEVABILITÉ DU RECOURS EN ANNULATION

372 ***Conditions générales de recevabilité*** ◇ Le recours en annulation est généralement subordonné, dans sa recevabilité, à trois séries de conditions : les unes de forme et de délai, les autres tenant aux actes susceptibles d'être attaqués, les troisièmes enfin concernant la personne du requérant.

Les réglementations communautaires reprennent ces trois séries de conditions.

Cette section sera donc divisée en trois sous-sections successivement consacrées aux recours C.E.-C.E.E.A., ou recours de droit commun, aux recours des agents et aux recours du règlement 40/94 sur la marque communautaire.

SOUS-SECTION 1. Les recours de droit commun

373 ***Caractères généraux*** ◇ Le recours en annulation organisé par les traités de Rome est soumis aux mêmes règles, qu'il s'agisse du traité C.E. ou du

traité C.E.E.A.. Dans la suite, on fera surtout référence à la réglementation C.E., parce qu'elle a principalement alimenté la jurisprudence.

Cette réglementation subordonne la recevabilité du recours à trois séries de conditions : des conditions de forme et de délai, des conditions tenant à la nature de l'acte attaqué, des conditions relatives à la personne du requérant.

Tenant compte des caractères propres de la C.E., tant dans sa structure institutionnelle que dans sa vocation économique générale, cette réglementation comporte, pour chacune de ces séries de conditions, des dispositions particulières. Il en est ainsi plus spécialement de celles relatives à la personne du requérant qui, en instituant la distinction entre requérants institutionnels et requérants non institutionnels, limite le droit de recours de ces derniers à l'existence d'une relation avec l'acte attaqué plus rigoureuse.

§ 1. Conditions de forme et de délais

374 ***Conditions de forme*** ◇ Les conditions de forme sont celle fixées pour la recevabilité des requêtes par le règlement de procédure (*supra,* n° 208 et s.), étant rappelé que la requête introductive d'instance doit être accompagnée de la décision attaquée (Statuts de la Cour C.E. et C.E.E.A., art. 19).

375 ***Condition de délai*** ◇ Le délai, qui se calcule suivant les dispositions de la réglementation générale de la procédure, est ici de deux mois (art. 230, al. 5, C.E. (ex-art. 173, al. 3, C.E.) - 146 C.E.E.A.), à compter, suivant le cas, de la publication de l'acte attaqué, de sa notification au requérant ou, à défaut, du jour où celui-ci en a eu connaissance.

La notification d'un acte communautaire doit comporter nécessairement la communication du contenu et des motifs de cet acte, de manière à permettre au justiciable d'introduire utilement un recours contre cette décision. La seule transmission d'un résumé de la décision ne saurait donc faire courir le délai de recours (C.J.C.E., 9.01.1997, *Csion c. Socurte,* C-143/95 P, I, p. 1, concl. C. O. Lenz). En revanche, le droit à un recours juridictionnel effectif n'impose pas que les destinataires d'une décision prise par une institution communautaire soient informés des délais et voies de recours qu'ils peuvent exercer (C.J.C.E. (Ord.), 5.03.1999, *Guérin Automobiles,* C-154/98 P, I, p. 1451).

§ 2. Conditions tenant aux actes attaquables

376 ***Détermination des actes susceptibles de recours*** ◇ Les actes susceptibles de recours en annulation sont déterminés à la fois par l'énumération qu'en donnent les traités et par l'application du principe général de contrôle de la légalité communautaire (*supra,* n° 368).

1) L'énumération de l'article 230 C.E. (ex-art. 173 C.E.) dans sa rédaction issue du traité sur l'Union, vise les actes adoptés conjointement par le

Parlement européen et le Conseil, les actes du Conseil, ceux de la Commission et ceux de la Banque centrale européenne autres que les recommandations et les avis, enfin les actes du Parlement européen destinés à produire des effets juridiques à l'égard des tiers.

D'autre part, l'article 237 C.E. (ex-art. 180 C.E.) prévoit un recours en annulation dans les conditions de l'article 230 contre les délibérations du Conseil des gouverneurs de la Banque européenne d'investissement et contre les délibérations du conseil d'administration de celle-ci.

Quant à l'énumération qui figure à l'article 146 C.E.E.A., elle est identique à celle de l'article 230 C.E. (ex-art. 173 C.E.), à l'exception des actes adoptés conjointement par le Parlement et le Conseil et des actes de la Banque centrale européenne, ces deux catégories n'existant pas dans le droit de cette Communauté.

2) Plus généralement, la Cour a jugé que le recours en annulation devait être ouvert à l'égard de toute disposition prise par les institutions qui vise à produire des effets de droit, quelles qu'en soient la nature et la forme (C.J.C.E., 31.03.1971, *Csion c. Conseil,* 22/70, p. 263, concl. A. Dutheillet de Lamothe), fût-ce en soi un acte matériel dès lors qu'un tel acte n'est que l'exécution d'une décision antérieure produisant des effets juridiques à l'égard du requérant (C.J.C.E., 24.06.1986, *Akso Chemie,* 53/85, p. 1965, concl. C. O. Lenz) et indépendamment de la question de savoir si l'acte a été adopté par l'institution en vertu d'une disposition du traité (C.J.C.E., 2.03.1994, *Parlement c. Conseil,* C-316/91, I, p. 625, concl. F. G. Jacobs).

De cet ensemble d'indications résulte donc que les actes susceptibles de recours en annulation sont déterminés à la fois par leur auteur et par leurs effets.

A. **Actes des institutions**

377 ***Exclusion des décisions nationales*** ◇ Ne peuvent faire l'objet d'un recours en annulation que les actes communautaires en ce qu'ils ont pour auteur, soit l'une des institutions, soit les organes de la Banque centrale européenne, soit ceux de la Banque européenne d'investissement (T.P.I., 26.11.1993, *Tête,* T-460/93, II, p. 1257) désignés par les traités.

Il va de soi qu'est manifestement irrecevable un recours dirigé contre un État membre et visant à l'annulation de décisions nationales (C.J.C.E. (Ord.), 27.02.1991, *Tsitounas,* 285/90, I, p. 787), alors même que l'acte national s'intègre dans le processus communautaire de décision en ce sens qu'il lie l'instance communautaire de décision et détermine de ce fait les termes de la décision communautaire à intervenir (C.J.C.E., 3.12.1992, *Oleificio Borelli,* C-97/91, I, p. 6313, concl. M. Darmon - T.P.I., 4.02.1998, *Laga c. Csion,* T-93/95, II, p. 195). Il appartient dans ce cas aux juridictions nationales de déclarer recevable le recours contre l'acte national, même si les règles de procédure internes ne le prévoient pas, l'exigence d'un contrôle juridictionnel de toute décision d'une autorité nationale constituant un principe général du droit communautaire qui a trouvé sa consécration notamment à l'article 6 de la convention européenne des droits de l'homme (C.J.C.E., 3.12.1992, *Oleificio Borelli*, précité).

378 ***Imputabilité de l'acte à une institution en tant que telle*** ◇ Encore faut-il que l'acte puisse être imputé à une institution en tant que telle.

Ce n'est pas le cas de dispositions faisant partie intégrante d'un acte d'adhésion contre lesquelles un recours en annulation est irrecevable, de telles dispositions ne relevant pas du contrôle de légalité exercé par la juridiction communautaire (C.J.C.E., 28.04.1988, *Laissa,* 31/86, p. 2285, concl. C. O. Lenz). Tel n'est pas non plus le cas, quelles que soient leurs modalités d'adoption et de mise en œuvre, des décisions des représentants des États membres agissant, non pas en qualité de membres du Conseil, mais en qualité de représentants de leurs gouvernements exerçant collectivement les compétences des États membres (C.J.C.E., 30.06.1993, *Parlement c. Conseil,* C-181/91, I, p. 3685, concl. F. G. Jacobs).

Tel est au contraire le cas des actes du Bureau du Parlement dont la Cour prend soin de constater qu'« ils ont été adoptés par les organes du Parlement et doivent être considérés comme des actes du Parlement européen lui-même » (C.J.C.E., 23.04.1986, *Parti écologiste « Les Verts »,* 294/83, p. 1339, concl. F. Mancini, G.A. n° 57 - D. 1987, p. 77, note V. Constantinesco et D. Simon - Cah. dr. eur., 1987, p. 300, note R. Kovar).

B. Actes de nature à produire des effets de droit

379 ***Notion*** ◇ Cette seconde condition, posée par l'arrêt Commission c. Conseil (*supra,* n° 368) est implicitement énoncée par les textes des traités lorsqu'ils excluent du contrôle les recommandations et les avis, dont par ailleurs les nomenclatures des actes (art. 249 C.E. (ex-art. 189 C.E.) et 161 C.E.E.A.) déclarent précisément qu'ils ne lient pas.

Par une formule constamment réitérée, la Cour a défini les caractères qui, pour un acte, entraînent la recevabilité d'un recours en annulation dont il est l'objet. Ce sont les mesures produisant des effets juridiques obligatoires de nature à affecter les intérêts du requérant en modifiant de façon caractérisée la situation juridique de celui-ci (C.J.C.E., 11.11.1981, *I.B.M.,* 60/81, p. 2639, concl. G. Slynn - (Ord.) 13.06.1991, *Sunzest,* C-50/90, I, p. 2917 jurisp. const : T.P.I., 15.07.1993, *Camara Alloisio,* T-17/90, II, p. 841).

Présente notamment cette nature, un code de conduite qui ne se borne pas à expliciter certaines obligations découlant d'un texte mais établit des obligations spécifiques (C.J.C.E., 13.11.1991, *France,* C-303/90, I, p. 5315, concl. G. Tesauro), de même qu'une communication qui ajoute de nouvelles obligations par rapport au texte dont elle précise les modalités d'application (C.J.C.E., 16.06.1993, *France,* C-325/91, I, p. 3283, concl. G. Tesauro).

Sera au contraire irrecevable un recours dirigé contre les motifs d'un acte, à moins que les appréciations qui y sont formulées constituent le support nécessaire du dispositif qui seul est susceptible de produire des effets juridiques (T.P.I., 17.09.1992, *NBV NVB,* T-138/89, II, p. 2181).

On observera que la notion réunit ainsi le caractère décisoire et l'existence d'un intérêt dans la personne du requérant.

380 ***Exclusion des actes ne comportant pas d'effet juridique obligatoire*** ◇ Le recours en annulation ne sera donc pas recevable contre des actes dépourvus de caractère décisoire.

Ainsi en est-il d'un avis émis par la Commission dans le cadre de la coopération interne avec les organismes nationaux chargés d'appliquer la réglementation communautaire (C.J.C.E. (Ord.), 17.05.1989, *Italie,* 151/88, p. 1255 - (Ord.) 28.06.1993, *Donatab,* C-64/93, I, p. 3595) ou de communications adressées par la Commission aux autorités des États membres pour les inviter à recouvrer certaines sommes, les décisions de ces autorités étant seules de nature à produire des effets juridiques obligatoires (T.P.I. (Ord.), 21.10.1993, *Nutral,* T-492/93 R, II, p. 1023) ; d'un communiqué de presse par lequel la Commission s'est bornée à prendre acte du comportement envisagé par une association privée (C.J.C.E. (Ord.) 4.10.1991, *Bosman,* C-117/91, I, p. 4837) ; d'une communication se bornant à indiquer une manière de procéder pour assurer une gestion correcte des contingents tarifaires (C.J.C.E. (Ord.), 8.03.1991, *Emerald Meats,* C-66/91, I, p. 1143) ; ou encore de lettres émanant d'un membre de la Commission ou d'un fonctionnaire de celle-ci intervenues dans des domaines où, faute d'une compétence de cette institution, elles ne pouvaient créer d'effets de droit et revêtir un caractère contraignant à l'égard de leurs destinataires (C.J.C.E., 4.03.1982, *Gauff,* 182/80, p. 799, concl. S. Rozès - T.P.I., 13.12.1990, *Nefarma,* T-113/89, II, p. 797) ; ou, enfin, d'un règlement du Conseil qui institue une offre transactionnelle pour certains producteurs, dont l'acceptation est facultative, et qui ne produit dès lors aucun effet juridique contraignant (T.P.I., 16.04.1997, *Connaughton c. Conseil,* T-541/93, II, p. 549).

381 ***Exclusion des mesures d'ordre intérieur*** ◇ Le recours n'est pas recevable contre des actes qui se présenteraient comme des mesures d'ordre intérieur en ce qu'elles ne produiraient d'effets que dans la sphère interne de l'administration.

Ainsi de la décision d'une Institution communautaire d'organiser un referendum au sein du personnel ne créant aucune obligation pour qui que ce soit de participer à l'opération (C.J.C.E. (Ord.), 3.12.1992, *TAO AFI,* C-322/91, I, p. 6373).

Il n'en serait autrement que si, procédant à l'examen de l'acte attaqué, le juge parvenait à la conclusion que celui-ci, du fait des circonstances de son adoption et des modalités de son élaboration, de sa rédaction et de sa publicité, ne répond pas aux caractères d'une telle mesure (C.J.C.E., 9.10.1990, *France,* C-366/88, I, p. 3571, concl. G. Tesauro, A.J.D.A., 1991, p. 57, note P. Le Mire).

382 ***Exclusion des actes préparatoires et des décisions purement confirmatives*** ◇ Appliquant également des solutions classiques en la matière, la jurisprudence considère comme irrecevables les recours en annulation dirigés soit contre des actes préparatoires (C.J.C.E., 11.11.1981, *I.B.M.*, 60/81, p. 2639, concl. G. Slynn - 24.06.1986, *Akso Chemie*, 53/85, p. 1965, concl. C. O. Lenz), soit contre des décisions purement confirmatives (C.J.C.E., 15.12.1988, *Irish Cement*, 166/86, p. 6473, concl. M. Darmon - (Ord.) 21.11.1990, *Infortec*, C-12/90, I, p. 4265 - 7.05.1991, *Oliveira*, C-304/89, I, p. 2283, concl. M. Darmon - (Ord.) 9.07.1991, *Control Union*, C-250/90, I, p. 3585 - (Ord.) 15.03.1995, *Cobrecaf*, T-514/93, II, p. 621).

383 ***Actes du Parlement européen*** ◇ Reprenant la formule de la jurisprudence renforçant la condition concernant les effets de droit des actes du Parlement européen, les articles 230 C.E. (ex-art. 173 C.E.) et 146 C.E.E.A. n'assujettissent au contrôle de légalité que ceux de ces actes qui, non seulement produisent des effets de droit, mais les produisent à l'égard des tiers.

Cette limitation étant destinée à protéger l'autonomie interne de l'institution parlementaire, seuls ne peuvent pas faire l'objet de recours en annulation les actes de celle-ci qui ne produisent pas d'effets juridiques ou n'en produisent qu'à l'intérieur de l'assemblée en ce qui concerne l'organisation de ses travaux (C.J.C.E., 23.03.1993, *Weber*, C-314/91, I, p. 1093, concl. W. van Gerven).

Les actes adoptés par le Parlement doivent donc d'abord revêtir un caractère décisoire. Ainsi a-t-il été jugé qu'une résolution du Parlement ne revêt pas de caractère contraignant et ne peut pas faire naître une confiance légitime à ce que les institutions s'alignent sur elle (C.J.C.E., 11.07.1985, *Salerno*, 87/77, p. 2523, concl. P. VerLoren van Themaat). Il n'en a pas été de même pour une résolution sur le siège des institutions, dès lors qu'en désignant le personnel dont la présence à Bruxelles était indispensable et en mandatant les organes compétents de l'assemblée pour prendre toutes les mesures requises pour sa mise en œuvre elle revêtait un caractère décisoire (C.J.C.E., 28.11.1991, *Luxembourg*, C-213/88, I, p. 5643, concl. C. O. Lenz).

Quant à la condition des effets juridiques à l'égard des tiers, ne la remplit pas une décision concernant la constitution d'une commission d'enquête (C.J.C.E. (Ord.) 4.06.1986, *Gpe des droites européennes*, 78/85, p. 1753 - (Ord.) 22.05.1990, *Blot*, C-68/90, I, p. 2101). Il en va autrement pour le budget (C.J.C.E., 3.07.1986, *Conseil c. Parlement*, 34/86, p. 2155, concl. F. Mancini) ou pour les actes individuels d'application de la réglementation relative à l'indemnité transitoire de fin de mandat en faveur des députés au Parlement (C.J.C.E., 23.03.1993, *Weber*, C-314/91, précité).

384 ***Actes de la Commission en matière d'aides d'État*** ◇ Constituent des actes attaquables une décision de la Commission d'ouvrir la procédure

d'examen contradictoire de compatibilité prévue par l'article 88, § 3, C.E. (ex-art. 93, § 2, C.E.), dès lors qu'elle implique un choix entre la qualification d'aide existante et celle d'aide nouvelle correspondant à des procédures différentes (C.J.C.E., 30.06.1992, *Espagne,* C-312/90 – *Italie,* C-47/91, I, p. 4145, concl. W. van Gerven) ; une décision de la Commission suivant laquelle une aide d'État n'est pas soumise à l'obligation de notification, dès lors que cette décision équivaut à un refus d'ouvrir la procédure prévue par l'article 88, § 3, C.E. (ex-art. 93, § 2, C.E.) (C.J.C.E., 24.03.1993, *C I R F S,* C-313/90, I, p. 1125, concl. C. O. Lenz).

385 ***Actes de la Commission en matière de concurrence*** ◇ Sont considérés comme préparatoires, le recours en annulation formé contre eux étant dès lors irrecevable, des observations préliminaires émises par les services de la Commission lors de l'engagement d'une procédure d'infraction et la communication à la partie plaignante prévue par l'article 6 du règlement 99/63 (T.P.I., 30.11.1992 (Ord.) *S.F.E.I.,* T-36/92, II, 2479) ; les actes par lesquels la Commission a refusé aux entreprises en cause, dans le cadre d'une procédure administrative des règles de concurrence, la communication d'une partie de la communication des griefs et l'accès à l'ensemble des documents faisant partie de son dossier (T.P.I., 18.12.1992, *Cimenteries CBR,* T-10/92, II, p. 2667 – Cah. dr. eur., 1994, p. 239, note L. Goffin).

Sont au contraire susceptibles de recours une décision de classement total ou partiel d'une plainte (C.J.C.E., 16.06.1994, *SFEI,* C-39/93 P, I, p. 2681, concl. C. O. Lenz – 19.10.1995, *Rendo,* C-19/93 P, I, p. 3319, concl. G. Tesauro) ; une décision d'application de l'article 15, § 6, du règlement n° 17, retirant à une entreprise ayant notifié un accord le bénéfice de l'immunité d'amende (T.P.I., 27.02.1992, *Vichy,* T-19/91, II, p. 415) ; une décision de la Commission de renvoyer l'examen de la législation nationale à l'abri de laquelle se développent des pratiques anti-concurrentielles dans le cadre d'une procédure en constatation de manquement, une telle décision ayant un caractère définitif et susceptible comme telle d'affecter la situation de l'auteur d'une plainte (T.P.I., 18.11.1992, *Rendo,* T-16/91, II, p. 2417) ; un engagement souscrit par des entreprises envers la Commission dans le cadre d'une procédure d'application des règles de concurrence, les obligations créées par cet engagement devant être assimilées à des injonction de cessation d'infractions prévues par l'article 3 du règlement n° 17 (C.J.C.E., 31.03.1993, *Ahlström, C-89/85,* I, p. 1307, concl. M. Darmon).

Si une décision d'attestation négative qui donne satisfaction au demandeur n'est pas susceptible de recours de sa part, il n'en va pas de même pour un tiers dont les intérêts peuvent être atteints et qui est dès lors recevable à l'attaquer s'il justifie d'un intérêt légitime suffisant (T.P.I., 17.09.1992, *NBV NVB,* T-138/89, II, p. 2181).

386 ***Actes de la Commission en matière de concentration*** ◇ Il a été jugé que peut faire l'objet d'un recours en annulation une déclaration du porte-parole de la Commission en charge des questions de concurrence s'expri-

mant au nom de cette institution et suivant laquelle une opération de concentration envisagée entre deux entreprises échappe à l'application du règlement 4064/89, faute de revêtir une dimension communautaire au sens de l'article premier de ce règlement. En effet, une telle décision, ainsi rendue publique, que la Commission a arrêtée après avoir vérifié sa propre compétence à l'égard de l'opération projetée, produit des effets juridiques à l'égard des États membres, des entreprises parties à l'opération et à l'égard des concurrents (T.P.I., 24.03.1994, *Air France*, T-3/93, II, p. 121).

387 ***Actes de la Commission en matière de contrôle anti-dumping*** ◇ Est recevable le recours en annulation dirigé contre une lettre de la Commission portant refus de donner à une organisation de défense des consommateurs accès aux documents non confidentiels d'une procédure antidumping (C.J.C.E., 28.11.1991, *BEUC*, C-170/89, I, p. 5709, concl. J. Mischo).

N'est pas recevable un recours contre le rejet d'une proposition d'engagement qui constitue une mesure intermédiaire, dont l'objectif est de préparer la décision finale (C.J.C.E., 14.03.1990, *Nashua*, C-133/87, I, 719, concl. J. Mischo).

388 ***Actes négatifs*** ◇ Les recours en annulation dirigés contre des décisions négatives ou des refus de procéder au retrait ou à la modification d'un acte ne sont recevables que si l'acte que l'institution refuse de retirer ou de modifier aurait pu faire lui-même l'objet d'un recours (T.P.I., 28.10.1993, *Zunis Holding*, T-83/92, II, p. 1169).

§ 3. Conditions tenant à la qualité du requérant

389 ***Distinction entre requérants institutionnels et requérants non institutionnels*** ◇ Comme on l'a précédemment indiqué, l'article 230 C.E. (ex-art. 173 C.E.) opère, en ce qui concerne la recevabilité du recours, une distinction entre requérants institutionnels et requérants non institutionnels, cette seconde catégorie étant cependant aussi large que possible puisqu'elle est constituée de « toute personne physique ou morale ».

390 ***A. Requérants institutionnels*** ◇ Ce sont, d'après la lettre des articles 230 C.E. (ex-art. 173 C.E.) et 146 C.E.E.A., les États membres, le Conseil et la Commission. La recevabilité de leurs recours n'est assujettie à aucune autre condition que celles de forme et de délais.

Leur intérêt à agir est présumé et le comportement d'un État membre lors de l'adoption d'un règlement qu'il attaque est sans conséquence sur la recevabilité de son recours (C.J.C.E., 12.07.1979, *Italie*, 166/78, p. 2575, concl. G. Reischl).

La notion d'État membre, au sens de ces dispositions, vise les seules autorités gouvernementales des Etats membres des Communautés européennes et ne saurait être étendue aux gouvernements de régions ou de communautés autonomes, quelle que soit l'étendue des compétences qui leur sont reconnues (T.P.I. (Ord.), 16.06.1998, *Comunidad autónoma de Cantabria*, T-238/97, II, p. 2271 - T.P.I., 23.10.1998, *Regione Puglia*, T-609/97, II, p. 4051 - T.P.I., 10.02.2000, *Gouvernement des Antilles néerlandaises c. Csion*, T-32/98 et T-41/98, II, p. 205). Ces entités relèvent donc de la catégorie des requérants non institutionnels.

391 ***Recours de l'article 237 C.E. (ex-art. 180 C.E.)*** ◇ Les recours en annulation contre les délibérations du Conseil des gouverneurs de la Banque européenne d'investissement sont ouverts aux États membres, à la Commission et au conseil d'administration de la Banque (C.J.C.E., 3.03.1988, *Csion c. Conseil des gouverneurs de la B.E.I.*, 85/86, p. 1281, concl. F. Mancini). Les recours dirigés contre les délibérations du conseil d'administration de la Banque ne peuvent être formés que par les États membres ou par la Commission et seulement pour violation des formes prévues à l'article 21, §§ 2 et 5 à 7 inclus des statuts de la Banque. Est dès lors irrecevable un recours formé par un opérateur (T.P.I. (Ord.), 26.11.1993, *Tete*, T-460/93, II, p. 1257).

392 ***Recevabilité du Parlement européen à agir en annulation*** ◇ Tels qu'ils avaient été rédigés par les auteurs des traités, les articles 230 C.E. (ex-art. 173 C.E.) et 146 C.E.E.A. n'attribuaient pas au Parlement européen qualité pour agir en annulation.

Cette solution pouvait paraître regrettable et elle le devint sans doute davantage au fur et à mesure que l'institution parlementaire se vit reconnaître des attributions dont on pouvait admettre qu'elle ait intérêt à en faire sanctionner par le juge le respect.

Il n'en restait pas moins que, à elle seule, l'éventualité d'un tel intérêt n'avait pas tout d'abord été considérée par le juge comme lui permettant de passer outre l'absence de qualité qui résultait du silence des traités. C'est ce que devait décider la Cour en déclarant irrecevable par manque de qualité un recours du Parlement (C.J.C.E., 27.09.1988, *Parlement c. Conseil*, 302/87, p. 5615, concl. contraires M. Darmon – Rev. Marché commun, 1989, p. 119, note J. Boulouis – RTD eur., 1989, p. 239, note J.-P. Jacqué – Cah. dr. eur., 1989, p. 367, note M. Thill).

Revenant sur cette première solution, la Cour, sans reconnaître pour autant l'existence d'une qualité, a estimé que le Parlement devait être déclaré recevable dans ses recours en annulation dirigés contre des actes dont il prétendrait qu'ils avaient été arrêtés en méconnaissance de ses attributions (C.J.C.E., 22.05.1990, *Parlement c. Conseil*, C-70/88, I, p. 2041, concl. W. van Gerven – RTD eur., 1990, p. 620, note J.-P. Jacqué).

Sont donc recevables les recours du Parlement dès lors que celui-ci indique de façon pertinente l'objet de la prérogative à sauvegarder et la violation prétendue de cette prérogative. Ainsi du droit d'être consulté de sorte que l'adoption d'un acte sur une base juridique ne prévoyant pas une telle consultation est susceptible de porter atteinte à cette prérogative, même si une consultation facultative a eu lieu (C.J.C.E., 2.03.1994, *Parlement européen,* C-316/91, I, p. 625, concl. F. G. Jacobs). De même est recevable un recours fondé sur le moyen que, à tort, a été retenu comme base juridique de l'acte attaqué, non pas un article du traité exigeant la mise en œuvre de la procédure de coopération avec le Parlement, mais un article ne prévoyant qu'une simple consultation de celui-ci, alors qu'en revanche est irrecevable un recours fondé sur l'exclusion de la base juridique de l'acte attaqué d'une disposition du traité ne prévoyant aucune forme de participation du Parlement au processus d'élaboration des actes qui y sont prévus (C.J.C.E., 28.06.1994, *Parlement européen,* C-187/93, I, p. 2857, concl. F. G. Jacobs).

Si, comme on l'a vu, la nouvelle rédaction des articles 230 C.E. (ex-art. 173 C.E.) et 146 C.E.E.A. résultant du traité sur l'Union européenne a ouvert le recours en annulation dans les conditions qu'elle précise contre les actes du Parlement et de la Banque Centrale Européenne, elle a également attribué à l'un et à l'autre qualité pour former des recours en annulation tendant à la sauvegarde de leurs prérogatives (art. 230, al. 3, C.E., 146 C.E.E.A.).

393 ***B. Requérants non institutionnels*** ◇ L'article 230, al. 4, C.E. (ex-art. 173, al. 2, C.E.) ouvre le recours en annulation à « toute personne physique ou morale ».

S'agissant de ces dernières, la jurisprudence admet qu'une entité possède cette qualité si elle a acquis au plus tard au moment de l'expiration du délai de recours la personnalité juridique en vertu du droit applicable à sa constitution (C.J.C.E., 27.11.1984, *Bensider,* 50/84, p. 3991), ou si elle a été traitée par les institutions communautaires comme une entité juridique indépendante (8.10.1974, *Synd. gén. du personnel,* 18/74, p. 933 - T.P.I., 11.07.1996, *Sinochem Heilongjiang,* T-161/94, II, p. 695). La Cour a précisé que ces entités sont recevables à agir en annulation, alors même qu'elles n'auraient pas la capacité d'ester en justice suivant le droit national (C.J.C.E., 28.10.1988, *Gpement des agences de voyage,* 135/81, p. 3799, concl. S. Rozès).

La recevabilité du recours de telles personnes est cependant limitée à certains actes en fonction de la nature de ces actes et de la relation existant entre eux et le requérant.

1. Actes attaquables

394 ***Actes dont le requérant est le destinataire*** ◇ Cette première catégorie ne soulève pas de difficulté, dès lors que la condition de recevabilité résulte de l'acte lui-même et que se trouve ainsi implicitement réglée la question de l'intérêt à agir.

Il faut toutefois remarquer que l'article 230, al. 4, C.E. (ex-art. 173, al. 2, C.E.) vise les « décisions » dont le requérant est le destinataire. Ce terme ne doit pas s'entendre seulement comme visant un acte susceptible d'effet de droit, ce qui ne correspondrait qu'à une exigence inhérente au contrôle juridictionnel, mais par référence à la nomenclature des actes institutionnels de l'article 249 (ex-art. 189) du traité C.E. suivant laquelle la décision est obligatoire dans tous ses éléments pour le destinataire qu'elle désigne.

395 ***Décisions prises sous l'apparence d'un règlement ou adressées à une autre personne*** ◇ Si la possibilité d'attaquer les décisions dont le requérant est le destinataire implique *a contrario* que le recours n'est pas recevable contre d'autres actes, c'est cependant sous la réserve, inscrite dans l'article 230, al. 4, (ex-art. 173, al. 2), qu'il ne s'agisse pas d'une décision prise sous l'apparence d'un règlement ou adressée à une autre personne et qui concerne le requérant d'une manière directe et individuelle.

Cette réserve implique d'abord que soit résolue une question de qualification, ensuite, que soit appréciée la consistance du lien direct et personnel.

396 ***Qualification des actes en tant qu'ils constituent de véritables règlements*** ◇ En visant les décisions prises « sous l'apparence d'un règlement », l'article 230, al. 4, (ex-art. 173, al. 2), oblige le juge à qualifier l'acte qui lui est déféré ; ce que, en tout état de cause, il lui appartiendrait toujours de faire, mais ce qui devient ici nécessaire pour décider de la recevabilité du recours.

La Cour procède donc à cette qualification et fonde la distinction entre décision et règlement sur la portée générale ou non de l'acte attaqué. Ainsi le règlement est-il caractérisé comme un acte « de caractère essentiellement normatif, applicable, non à des destinataires limités, désignés ou identifiables, mais à des catégories envisagées abstraitement et dans leur ensemble » (C.J.C.E., 14.12.1962, *Conf. nat. des producteurs de fruits et légumes,* 16/62, p. 901, concl. M. Lagrange, G.A., n° 58 - S. 1963, jurisp. p. 126, note L. Cartou - jurisp. const. : 29.01.1985, *Binderer,* 147/83, p. 266, concl. P. VerLoren van Themaat).

397 ***Éléments indifférents pour cette qualification*** ◇ La qualification en tant que règlement, qui résulte de ces caractères, n'est pas affectée par certaines circonstances qui pourraient être considérées comme en réduisant la portée.

Il s'agit, d'abord et de manière générale, du fait que la disposition en cause puisse avoir des effets concrets différents suivant les personnes auxquelles elle est destinée à s'appliquer ; à la condition toutefois que les situations envisagées soient définies objectivement, la Cour estimant qu'il est de la nature d'une disposition générale que son application uniforme atteigne les intéressés de façon variable suivant les particularités de leur situation ou de leurs activités (C.J.C.E., 16.04.1970, *Cie Franç. Com. et Financ.,* 64/79, p. 221, concl. K. Roemer).

La nature réglementaire d'un acte n'est pas mise en cause par la possibilité de déterminer le nombre ou même l'identité des sujets de droit auxquels il s'applique à un moment donné, tant qu'il est constant que cette application s'effectue en vertu d'une situation objective de droit ou de fait définie par l'acte en relation avec sa finalité (C.J.C.E., 24.02.1987, *Deutz und Geldermann*, 26/86, p. 941, concl. J. Mischo – jurisp. const. : 14.02.1989, *Lefebvre*, 206/87, p. 215, concl. C. O. Lenz).

398 ***Dispositions transitoires ou abrogatoires*** ◇ Il s'agit ensuite des dispositions transitoires ou abrogatoires, qui participent du caractère général de la disposition à laquelle elles sont liées.

Ainsi, le fait que des dispositions transitoires ne se rapportent qu'à certaines situations nées avant la date qu'elles fixent et fréquemment déterminées avant leur entrée en vigueur n'empêche pas qu'elles fassent partie intégrante des dispositions anciennes et nouvelles qu'elles ont pour objet de concilier et qu'elles participent du caractère général de celles-ci (C.J.C.E., 16.04.1970, *Cie Franç. Com. et Financ.*, 64/79, p. 221, précité).

De même une disposition qui abroge ou limite dans le temps une disposition réglementaire participe de son caractère général (C.J.C.E., 11.07.1968, *Zuckerfabrik Watenstedt*, 6/68, p. 596, concl. K. Roemer).

399 ***Décisions négatives*** ◇ Les décisions négatives doivent être appréciées en fonction de la nature de la demande à laquelle elles constituent une réponse. Le recours d'un requérant non-institutionnel contre le refus d'adopter un règlement de portée générale n'est pas recevable (C.J.C.E., 24.11.1992, *Buckl*, C-15/91, I, p. 6061, concl. C. Gulmann).

400 ***Participation à l'élaboration de l'acte*** ◇ Enfin, les modalités d'adoption des actes sont indifférentes et, notamment, la participation des différentes parties aux phases successives de l'adoption d'un règlement ne permet pas de conclure à l'existence d'actes individuels (C.J.C.E., 6.10.1982, *Alussuisse Italia*, 307/81, p. 3463, concl. S. Rozès).

2. Rapport du requérant et de l'acte attaqué

401 ***Exigence d'un lien direct et individuel*** ◇ Si cette exigence est par hypothèse remplie dans le cas où le requérant attaque une décision dont il est le destinataire, elle devient une condition particulière pour la recevabilité du recours lorsque celui-ci vise une décision prise sous l'apparence d'un règlement ou d'une directive (T.P.I., 17.06.1998, *Union européenne de l'artisanat et des petites et moyennes entreprises c. Conseil*, T-135/96, II, p. 2335) ou d'une décision adressée à une autre personne.

Elle apparaît même comme une condition déterminante puisque, suivant la Cour, si un acte, qualifié règlement par son auteur, contient des dispositions de nature à concerner certaines personnes physiques ou morales d'une manière non seulement directe mais individuelle, il faut admettre qu'en tout état de cause et sans préjudice de la question de savoir si cet acte peut être qualifié à juste titre de règlement, ces dispositions n'ont pas un caractère réglementaire (C.J.C.E., 14.12.1962, *Conf. nat. des producteurs de fruits et légumes*, 16/62, p. 901, concl. M. Lagrange).

402 ***Consistance du lien direct et individuel*** ◇ La jurisprudence a traduit l'exigence d'un lien direct et individuel par une formule générale suivant laquelle une disposition concerne individuellement des personnes physiques ou morales lorsqu'elle les atteint à raison de certaines qualités qui leur sont particulières ou d'une situation de fait qui les caractérise par rapport à toute autre personne et, de ce fait, les individualise d'une manière analogue à celle du destinataire (C.J.C.E., 15.07.1963, *Plaumann*, 25/62, p. 197, concl. K. Roemer, G.A. n° 59 - jurisp. const. : 26.04.1988, *Astéris*, 97/86, p. 2191, concl. G. Slynn, G.A., n° 63-A).

La recevabilité du recours sera appréciée dans chaque cas en fonction de ces éléments. Il s'agit donc d'une jurisprudence d'espèce, qu'il n'est pas possible de systématiser autrement qu'en en regroupant les solutions suivant qu'elles illustrent les hypothèses envisagées par cette formule. Cette jurisprudence est toutefois applicable quel que soit le domaine dans lequel est intervenu l'acte attaqué, la Cour ayant expressément rejeté l'argument selon lequel son application en matière d'environnement priverait les justiciables de toute protection juridictionnelle effective (C.J.C.E., 2.04.1998, *Greenpeace Council c. Csion*, C-321/95 P, I, p. 1651, concl. G. Cosmas).

403 ***Exclusion de l'intérêt corporatif*** ◇ La Cour a tout d'abord rejeté la prise en considération de ce que l'on pourrait appeler l'intérêt corporatif.

Elle a en effet refusé d'accueillir l'interprétation suivant laquelle une association, en tant que représentant d'une catégorie d'opérateurs, serait individuellement concernée par un acte affectant les intérêts généraux de cette catégorie, estimant qu'une telle interprétation aurait pour résultat de concentrer dans le chef d'un seul sujet de droit les intérêts propres aux membres d'une catégorie qui sont touchés en tant que tels par de véritables règlements. La circonstance que l'association ou l'organisation ait participé aux pourparlers qui ont accompagné l'adoption de l'acte attaqué ne modifie pas cette solution (C.J.C.E., 14.12.1962, *Conf. nat. produc. fruits et légumes*, 16/62, p. 901, concl. M. Lagrange, G.A. n° 58 - 18.03.1975, *Union syndicale*, 72/74, p. 401, concl. G. Reischl - (Ord.) : 3.11.1986, *UFADE*, 117/86, p. 3255 - jurisp. const. : T.P.I., 28.10.1993, *FRSEA*, T-476/93, II, p. 1187 ; voir aussi T.P.I., 17.06.1998, *UEAPME c. Conseil*, T-135/96, II, p. 2335).

404 ***Autorité publique régionale*** ◇ De même, l'intérêt général que peut avoir une autorité régionale, en tant qu'entité compétente pour les questions d'ordre économique et social sur son territoire, à obtenir un résultat favorable pour la prospérité économique de celui-ci, ne saurait à lui seul suffire pour considérer qu'elle est individuellement concernée par les dispositions communautaires litigieuses (T.P.I. (Ord.), 16.06.1998, *Comunidad autónoma de Cantabria*, T-238/97, II, p. 2271 - 23.10.1998, *Regione Puglia*, T-609/97, II, p. 4051).

405 ***Actes de la Commission en matière de marchés financés par le F.E.D.*** ◇ Ayant estimé que les marchés bénéficiant de l'aide du Fonds européen de développement demeuraient des marchés nationaux, la Cour a déclaré irrecevables des recours en annulation des entreprises soumissionnaires ou attributaires contre des actes de la Commission, ces entreprises étant considérées comme étrangères aux rapports exclusifs qui s'établissent entre l'autorité communautaire et les États A.C.P. (C.J.C.E., 10.07.1985, *CMC*, 118/83, p. 2325, concl. P. VerLoren van Themaat - jurisp. const. : 14.01.1993, *Italsolar*, C-257/90, I, p. 9, concl. C. O. Lenz).

Il n'est pas certain toutefois que cette jurisprudence, très critiquée par la doctrine (V. Kalugina, *Les voies de recours des entrepreneurs dans les marchés publics financés par le F.E.D.*, Droit et pratique du commerce international, 1988, p. 511), soit confirmée dans l'avenir. En effet, dans un arrêt relatif au programme PHARE, la Cour a adopté la solution opposée en annulant sur ce point l'arrêt du Tribunal de première instance, en relevant que l'acte adopté par la Commission était détachable de la procédure de nature contractuelle entre l'Etat tiers et le soumissionnaire devant aboutir à la conclusion d'un marché national (C.J.C.E., 22.04.1997, *Géotronics c. Csion*, C-395/95 P, I, p. 2271, concl. G. Tesauro). Cette jurisprudence plus conforme au droit à la protection juridictionnelle a été de nouveau appliquée à l'égard du programme d'assistance d'urgence aux États de l'ex-Union soviétique, alors que la Commission avait souligné que ce régime s'apparentait à celui applicable aux États ACP (C.J.C.E., 5.05.1998, *Dreyfus c. Csion*, C-386/96 P, I, p. 2309, concl. A. La Pergola - 5.05.1998, *Compagnie Continentale France c. Csion*, C-391/96 P, I, p. 2377, concl. A. La Pergola - 5.05.1998, *Glencore Grain c. Csion*, C-403/96 P, I, p. 2405, concl. A. La Pergola).

406 ***Actes pour lesquels les assujettis sont individualisés ou individualisables*** ◇ Lorsque les effets de l'acte attaqué - que celui-ci soit de forme réglementaire ou qu'il soit adressé à une autre personne, y compris les États membres - sont déterminés de telle sorte que les assujettis sont individualisés ou individualisables, le recours de ceux-ci est recevable. Le Tribunal de première instance a ainsi jugé qu'une société mère est directement et individuellement concernée par une décision adressée par la Commission à sa filiale (T.P.I., 22.04.1999, *Monsanto Company c. Csion*, T-112/97, II, p. 1277).

407 ***a) Mesures de sauvegarde*** ◇ Il en est d'abord ainsi des mesures de sauvegarde ayant un caractère rétroactif, de sorte que le nombre et l'individualité des opérateurs concernés étaient connus, l'interposition de l'État membre étant à cet égard sans conséquence (C.J.C.E., 1.07.1965, *Toepfer*, 106/63, p. 525, concl. K. Roemer – D, 1966, jurisp., p. 57, note M. Fromont – 13.05.1971, *Intern. Fruit*, 41/70, p. 411, concl. K. Roemer – 23.11.1971, *Bock*, 62/70, p. 487, concl. A. Dutheillet de Lamothe).

408 ***b) Décisions en matière d'aides d'État*** ◇ Il en est également ainsi à l'égard des décisions prises par la Commission sur le fondement de l'article 88 (ex-art. 93) du traité C.E. régissant les aides lorsque, bien qu'adressées aux États membres, ces décisions concernent le requérant, soit que celui-ci aurait été le seul bénéficiaire du projet d'aide déclaré incompatible (C.J.C.E., 17.09.1980, *Philip Morris Holland,* 730/79, p. 2671, concl. F. Capotorti – 13.03.1983, *Pays-Bas et Leeuwarder Papierwarenfabrik,* 296/82, p. 809, concl. G. Slynn) ; soit parce qu'il a participé activement à la procédure prévue par cet article (C.J.C.E., 24.03.1993, *CIRFS,* C-313/90, I, p. 1125, concl. C. O. Lenz) et que sa position sur le marché est substantiellement affectée par la mesure d'aide qui fait l'objet de la décision (C.J.C.E., 28.01.1986, *COFAZ,* 169/84, p. 391, concl. P. VerLoren van Themaat, jurisp. const. : 2.02. 1988, *Van der Kooy,* 67/85, p. 219, concl. G. Slynn).

Il en va également ainsi pour une décision par laquelle, sans ouvrir la procédure de l'article 88, § 2 (ex-art. 93, § 2), du traité, la Commission constate, sur le fondement du § 3 du même article, qu'une aide étatique est compatible, s'agissant des personnes, entreprises ou associations éventuellement affectées dans leurs intérêts par l'octroi de l'aide (C.J.C.E, 19.05.1993, *Cook,* C-198/91, I, p. 2487, concl.G. Tesauro).

Il en irait autrement pour un organisme créé par l'État pour répartir l'aide déclarée incompatible, dès lors qu'un tel organisme ne pourrait, ni se prévaloir d'un intérêt propre distinct de celui de l'État, ni agir en tant que défenseur collectif des opérateurs intéressés (C.J.C.E., 10.07.1986, *D.E.F.I.,* 282/85, p. 2469, concl. F. Mancini).

De même, le comité d'entreprise de la personne morale bénéficiaire de l'aide ainsi que les syndicats des employés sont irrecevables à former un recours en annulation à l'encontre de la décision de la Commission déclarant l'aide illégale, leur seule qualité de négociateurs des aspects sociaux au sein de l'entreprise bénéficiaire de l'aide, tels que la structure des effectifs et les salaires, ne suffisant pas à les individualiser de manière analogue à celle d'un destinataire (C.J.C.E., 23.05.2000, *Comité d'entreprise de la Société française de production c. Csion,* C-106/98 P, concl. D. Ruiz-Jarabo Colomer, non encore publié).

409 ***c) Mesures anti-dumping ou anti-subventions*** ◇ De même encore, dans le cadre de la réglementation relative aux droits anti-dumping, sont concernées directement et individuellement, partant recevables, les entreprises productrices ou exportatrices qui peuvent établir qu'elles ont été identifiées dans les actes du Conseil ou de la Commission ou concernées par les enquêtes préparatoires (C.J.C.E., 21.02.1984, *Allied Corporation,* 239/82, p. 1005, concl. P. VerLoren van Themaat – jurisp. const. 5.10.1988, *Canon,* 277/85, p. 5731, concl. G. Slynn – 14.03.1990, *Nashua,* C-133/87, I, p. 719, et *Gestetner,* C-156/87, I, p. 781, concl. J. Mischo).

Il en va de même pour les importateurs dont les prix de revente des marchandises en cause sont à la base du prix à l'exportation (C.J.C.E.,

29.03.1979, *ISO*, 118/77, p. 1277, concl. J.-P. Warner - jurisp. const., 11.07.1990, *Neotype*, C-305/86, I, p. 2945, concl. W. van Gerven).

Un règlement imposant des droits anti-dumping à une série d'opérateurs ne concerne individuellement l'un d'entre eux que par ses seules dispositions qui lui imposent un droit anti-dumping et en fixent le montant (C.J.C.E., 10.03.1992, *Ricoh*, C-174/87, I, p. 1335, concl. J. Misho).

Si ces situations permettent la recevabilité du recours, elles ne sont pas exclusives de l'applicabilité de la jurisprudence *Plaumann* précitée lorsque le requérant peut établir l'existence d'un ensemble d'éléments constitutifs d'une situation qui, au regard de l'acte attaqué, le caractérise par rapport à tout autre opérateur économique et rend par conséquent son recours recevable (C.J.C.E., 16.05.1991, *Extramet Industrie*, C-358/89, I, p. 2501, concl. F.-G. Jacobs). Ainsi, doit être considéré comme individuellement concerné l'opérateur qui, réunissant les qualités d'importateur le plus important et d'utilisateur final du produit faisant l'objet de la mesure anti-dumping, établit que son activité économique est sérieusement affectée par le règlement litigieux, compte tenu du nombre restreint de producteurs et du fait qu'il éprouve des difficultés à s'approvisionner auprès du seul producteur de la Communauté, son principal concurrent pour le produit concerné (T.P.I., 15.10.1998, *Industrie des poudres sphériques c. Conseil*, T-2/95, II, p. 3939).

410 ***d) Concurrence – concentrations*** ◇ Le fait qu'une décision arrêtée par la Commission au titre du règlement n° 17 désigne nommément des entreprises plaignantes n'autorise pas celles-ci à attaquer des parties de cette décision qui ne traitent pas des griefs soulevés dans leur plainte (T.P.I., 18.11.1992, *Rendo*, T-16/91, II, p. 2417).

En matière de concentrations, il a d'abord été jugé que la seule circonstance qu'une décision de la Commission déclarant que telle opération ne relève pas du champ d'application du règlement 4064/89 est susceptible d'exercer une influence sur les relations existant entre les différents actionnaires des sociétés notifiantes ne saurait suffire pour que l'un de ces actionnaires puisse être considéré comme directement et individuellement concerné par cette décision (T.P.I., 28.10.1993, *Zunis Holding*, T-83/92, II, p. 1169).

La question s'est ensuite posée pour les représentants reconnus des travailleurs des entreprises concernées par une opération de concentration. Ces représentants peuvent en principe être considérés comme individuellement concernés par la décision de la Commission sur la compatibilité de l'opération et ce, indépendamment du point de savoir s'ils ont pris part à la procédure administrative. Ils ne sauraient, au contraire, être considérés comme directement concernés, une décision autorisant une concentration n'étant pas susceptible d'exercer une incidence sur le statut des organes représentatifs des salariés ou sur leurs prérogatives. Dès lors, le recours n'est pas recevable sous réserve cependant de la garantie des droits procéduraux puisque, en règle générale, lorsqu'un règlement accorde de tels droits à des tiers, ceux-ci doivent disposer d'une voie de recours destinée à protéger leurs intérêts légitimes (T.P.I., 27.04.1995, *C.C.E. grandes sources - C.C.E. Vittel*, T-96/92 et T-13/93, II, p. 1213 et II, p. 1247 Europe, 6.06.1995, comm. C.B., p. 1617).

411 ***e) Requérants identifiés ou identifiables*** ◇ Il en est enfin ainsi pour des dispositions réglementaires à l'égard desquelles les requérants étaient identifiés ou identifiables à l'avance, soit nommément (C.J.C.E., 29.10.1980, *Roquette*, 138/79, p. 3333, concl. G. Reischl - 29.03.1977, *NTN Toyo*, 113/77, p. 1185, concl. F. Mancini), soit du fait de leur participation directe et personnelle à la procédure de l'opération réglementée (C.J.C.E., 18.11.1975, *Sté CAM*, 100/74, p. 1393, concl. J. P. Warner - 3.05.1978, *Topfer*, 112/77, p. 1019, concl. H. Mayras - 12.10.1986, *Metro*, 75/84, p. 3021, concl. P. VerLoren van Themaat). Toutefois, une entreprise ne saurait être considérée comme individuellement concernée du seul fait de la participation d'une association sectorielle dont elle est membre à la procédure administrative, dès lors qu'elle n'a pas exercé individuellement son droit de présenter des observations à la Commission (C.J.C.E., 17.11.1998, *Kruidvat c. Csion*, C-70/97 P, I, p. 7183, concl. N. Fennelly).

412 ***Exercice d'une activité commerciale déterminée*** ◇ La formule de la jurisprudence permet d'envisager que l'exercice d'une activité commerciale déterminée soit de nature à individualiser le requérant et puisse rendre son recours recevable. Il n'en est cependant ainsi que dans des hypothèses particulières.

La règle est en effet qu'un tel exercice n'est pas par lui-même suffisant pour rendre le recours recevable, dès lors que l'activité en cause peut, à tout moment, être exercée par n'importe quel opérateur (C.J.C.E., 15.07.1963, *Plaumann*, 25/62, p. 197, concl. K. Roemer, G.A. n° 59 - jurisp. const. : 14.02.1985, *Casteels BVBA*, 40/84, p. 667, concl. P. VerLoren van Themaat - 24. 05.1993 (Ord.), *Arnaud*, C-131/92, I, p. 2573)). Cet exercice ne l'est pas davantage lorsqu'il se traduit par l'appartenance à un groupe déterminé d'opérateurs dès lors que l'acte attaqué conserve un caractère général par son objet ou par ses effets (C.J.C.E., 1.04.1965, *Getreide Import Gesellschaft*, 38/64, p. 263, concl. J. Gand - *Sgarlata*, 40/64, p. 279, concl. K. Roemer).

Est au contraire recevable le recours d'un opérateur contre une décision notifiée à tous les États membres lorsque cette décision atteint, dans l'un de ces États, cet opérateur, identifié par le caractère exclusif de son activité et le fait qu'il a sollicité une mesure relevant de cette décision (C.J.C.E., 17.03.1983, *Control Data*, 294/81, p. 911, concl. G. Slynn).

413 ***Position du requérant sur le marché*** ◇ Pas plus que la précédente, cette situation n'est, à elle seule, suffisante.

Ainsi n'est pas recevable le recours formé contre un acte communautaire à portée générale qui, de ce fait, n'isole pas au sein de la Communauté le marché sur lequel opère le requérant, quand bien même celui-ci serait, dans l'un des États membres, la seule entreprise économiquement intéressée (C.J.C.E., 2.07.1964, *Glucoseries réunies,* 1/64, p. 811, concl. M. Lagrange - 14.07.1983, *Spijker Kwasten,* 231/82, p. 2559, concl. S. Rozès - 21.05.1987, *Union Deutsche Lebensmittelwerke,* 97/85, p. 2265, concl. C. O. Lenz).

De même encore à l'égard de dispositions limitées à des zones déterminées, si, à l'intérieur de chacune de ces zones, ces dispositions affectent les intérêts d'opérateurs abstraitement envisagés et uniquement caractérisés par leur participation au marché en cause (C.J.C.E., 13.03.1968, *Industria Molitoria Imolese,* 30/67, p. 172, concl. K. Roemer).

Il a également été jugé que la seule circonstance qu'un acte soit susceptible d'exercer une influence sur les rapports de concurrence existant au sein d'un marché déterminé ne suffisait pas pour que tout opérateur se trouvant dans une relation de concurrence quelconque avec le destinataire de cet acte puisse être considéré comme directement et individuellement concerné par un tel acte, partant recevable à en poursuivre l'annulation (C.J.C.E., 10.12.1969, *Eridania,* 10/68, p. 459, concl. K. Roemer). À plus forte raison, en l'absence de position de concurrence, s'agissant d'une décision de la Commission de considérer une aide d'État comme compatible (C.J.C.E., 30.09.1992, *Landbouwschap,* C-295/92, I, p. 5003).

En revanche, est recevable, parce que directement et individuellement concernée par une décision de la Commission prise en vertu de l'article 81 (ex-art. 85) du traité adressée à une société d'un groupe, la société qui, au sein de ce groupe, assure la coordination de la production et de la vente des produits sur le marché européen (C.J.C.E., 28.02.1984, *Ford,* 228/82, p. 1129, concl. G. Slynn).

414 ***Indications bibliographiques*** ◇ M. Waelbroeck, *L'acte susceptible de recours dans la jurisprudence de la Cour de justice des Communautés européennes,* Cah. dr. eur., 1965, p. 225. - G. Rasquin et R.-M. Chevallier, *L'article 173, alinéa 2, du traité C.E.E.,* RTD eur., 1966, p. 31 - P. Pescatore, *Reconnaissance et contrôle judiciaire des actes du Parlement européen,* RTD eur. 1978, p. 581 - G. Isaac, *L'insertion du Parlement européen dans le système juridictionnel des Communautés européennes,* Annuaire fr. dr. intern. 1986, p. 797 - J. F. Chambault, *L'ouverture du recours en annulation au Parlement européen : aboutissement et cohérence d'une décennie de jurisprudence,* Rev marché commun et Union eur., 1991, p. 40 - M. Darmon, *Le statut contentieux du Parlement européen, l'Europe et le droit,* in Mélanges en hommage à Jean Boulouis, éd. Dalloz, 1991, p. 75. - G. Vandersanden, article 173 in *Le traité instituant la C.E.E., commentaire article par article,* 1992 - J.D. Combrexelle, *Recours en annulation, Cas d'ouverture, Arrêts,* J.-Cl. Europe, fasc. 331, 1993 - P. Nihoul, *la recevabilité des recours en annulation introduits par un particulier à l'encontre d'un acte communautaire de portée générale,* RTD eur., 1994, p. 171 - C. Soulard, *Recours en annulation, conditions de recevabilité,* J-Cl. Europe, fasc. 330, 1995 - A. Mc Donagh, *Pour un élargissement des conditions de recevabilité du recours en contrôle de légalité par des personnes privées en droit communautaire ; le cas de l'article 175 C.E.,* Cah. dr. eur.,

1994, n° 5/6, p. 607- J. L. Sauron, *Droit et pratique du contentieux communautaire,* Doc. Fse, réflexe Europe, 1997 - D. Simon, *Le système juridique communautaire,* P.U.F., 2e éd., 1998 - J. Rideau, *Droit institutionnel de l'Union et des Communautés européennes,* 3e éd., L.G.D.J., 1999 - M. Waelbroeck et O. Speltdoorn, *Recours en annulation,* Rép. Com. Dalloz, 2000.

SOUS-SECTION 2. La recevabilité des recours des agents

415 ***Présentation*** ◇ Les traités de Rome attribuent compétence à la Cour de justice pour statuer sur tout litige entre la Communauté et ses agents (art. 236 C.E. (ex-art. 179 C.E.), 152 C.E.E.A.).

Le régime applicable à ces actions est fixé aux articles 90 et 91 du statut des fonctionnaires des Communautés européennes, également applicable aux autres agents de ces Communautés (Règlement n° 259/68 du Conseil du 29 février 1968, modifié ; le texte des articles 90 et 91 résulte du règlement du Conseil, n° 1473/72 du 30 juin 1972.) En vertu de la décision n° 88/591 du Conseil du 24 octobre 1988, le juge communautaire compétent est le Tribunal de première instance, dont les arrêts peuvent faire l'objet d'un pourvoi devant la Cour (*supra,* n° 305 s.). En ne qualifiant pas le litige entre la Communauté et ses agents, les articles 236 C.E. (ex-art. 179 C.E) et 152 C.E.E.A. renvoient aux différents recours directs du contentieux communautaire. Si l'on a placé l'étude de la recevabilité de ces recours dans le cadre de la recevabilité du recours en annulation c'est à raison de la règle de l'épuisement de la réclamation préalable (*infra,* n° 424 s), qui a comme conséquence que ces recours sont dirigés contre une décision, explicite ou implicite.

§ 1. Compétence de la juridiction communautaire

416 ***Détermination*** ◇ Selon l'article 91, § 1 du statut, la juridiction communautaire est compétente pour statuer sur tout litige entre les Communautés et « l'une des personnes visées au présent statut et portant sur la légalité d'un acte faisant grief à cette personne au sens de l'article 90, § 2 ». Cette disposition institue une double délimitation de compétence, *ratione materiae* et *ratione personae.*

A. L'objet du litige

417 ***La notion d'acte faisant grief*** ◇ En renvoyant à la notion d'acte faisant grief au sens de l'article 90, § 2, l'article 91, § 1 du statut vise, tant les situations dans lesquelles une institution communautaire a pris une décision, que celles où elle s'est abstenue de prendre une mesure imposée par le

statut. Si l'on peut évoquer ici l'équivalent du recours en annulation et du recours en carence, il faut y ajouter l'action en réparation, l'article 91, § 1, prévoyant expressément que, dans les litiges à caractère pécuniaire, le juge communautaire a une compétence de pleine juridiction.

Le statut ne détermine pas précisément les litiges qui relèvent de cette voie de droit. Selon la jurisprudence, le critère décisif réside dans l'existence d'un litige entre un fonctionnaire ou un agent et l'institution dont il relève lorsqu'il trouve son origine dans le lien d'emploi qui unit l'intéressé à son institution (C.J.C.E., 22.10.1975, *Meyer-Burckhardt,* 9/75, p. 1171, concl. J. P. Warner - 4.07.1985, *Allo,* 176/83, p. 2155, concl. F. Mancini).

418 ***Étendue de la compétence*** ◇ Le juge est dès lors compétent à l'égard des mesures disciplinaires (C.J.C.E., 4.07.1963, *Alvis,* 32/62, p. 99, concl. M. Lagrange), ainsi que pour connaître d'un recours dirigé contre le bulletin de rémunération (C.J.C.E., 4.07.1985, *Allo,* 176/83, p. 2155, précité), ou visant des actes relatifs aux élections au comité du personnel (C.J.C.E., 29.09.1976, *De Dapper,* 54/75, p. 1381, concl. H. Mayras - 27.10.1987, *Diezler,* 146/85, p. 4283, concl. G. Slynn).

En revanche, il n'appartient pas au juge de décider dans ce cadre si un État membre a manqué ou non à ses obligations ou si la Commission s'est correctement acquittée de son obligation de surveillance, telle qu'elle résulte notamment de l'article 211 C.E. (ex-art. 155 C.E.) (C.J.C.E., 15.03.1984, *Forcheri,* 28/83, p. 1425, concl. P. VerLoren van Themaat).

B. Personnes admises à recourir

419 ***Détermination*** ◇ L'expression « l'une des personnes visées au présent statut », employée par l'article 91, § 1, du statut, a conduit la Cour à permettre un large accès à son prétoire. Elle a ainsi admis la recevabilité des recours des fonctionnaires stagiaires non encore titularisés (C.J.C.E., 12.07.1973, *Di Pillo,* 10 et 47/72, p. 763, concl. A. Trabucchi), de candidats à un concours externe (C.J.C.E., 27.10.1976, *Prais,* 130/75, p. 1589, concl. J. P. Warner), d'anciens fonctionnaires (C.J.C.E., 16.12.1976, *Perinciolo,* 124/75, p. 1953, concl. G. Reischl) ou de leurs ayant-droits (C.J.C.E., 16.06.1971, *Duraffour,* 18/70, p. 515, concl. K. Roemer).

Les articles 46 pour les agents temporaires, 73 pour les agents auxiliaires et 83 pour les conseillers spéciaux du régime applicable aux autres agents renvoient expressément à l'application des articles 90 et 91 du statut.

L'article 41, al. 1, du règlement du personnel de la Banque européenne d'investissement prévoit également la compétence du juge communautaire (C.J.C.E., 15.06.1976, *Mills,* 110/75, p. 955, concl. J. P. Warner), de même que certains règlements lorsqu'ils déterminent le régime applicable au personnel d'organismes créés par le Conseil. Ainsi par exemple de l'article 44 du règlement 1859/76 du 29.06.1976 portant fixation du régime applicable au personnel du Centre européen pour le développement de la formation professionnelle (C.J.C.E., 13.05.1982, *Alaimo*, 16/81, p. 1559, concl. P. VerLoren van Themaat).

En revanche, la Cour est incompétente pour connaître d'un litige relatif à l'exécution de contrats d'engagement conclus par une institution communautaire en dehors du champ d'application du statut des fonctionnaires et du régime applicable aux autres agents et ne contenant pas de clause compromissoire (C.J.C.E., 11.07.1985, *Maag*, 43/84, p. 2581, concl. M. Darmon).

420 ***Organisations représentatives*** ◇ La voie de droit prévue par les articles 90 et 91 du statut étant conçue, selon la Cour, « exclusivement en vue des litiges individuels », elle n'est ouverte qu'aux fonctionnaires et agents. En conséquence, ne sont pas recevables les recours formés par les organisations syndicales ou professionnelles. (C.J.C.E. 8.10.1974, *Union Syndicale*, 175/73, p. 917, concl. G. Reischl – *Synd. génér du personnel des organismes européens*, 18/74, concl. A. Trabucchi).

Ces organisations ont cependant la possibilité, soit d'intervenir à l'instance intentée par un fonctionnaire si elles remplissent les conditions de l'intervention (*supra*, n° 263 s), soit d'intenter un recours en annulation sur le fondement de l'article 230, al. 2, C.E. (ex-art. 173, al. 2, C.E.), ce qui suppose qu'elles puissent démontrer qu'elles sont concernées directement et individuellement par l'acte attaqué (*supra*, n° 401), ou encore un recours en carence (*infra*, n° 487 s), ou en responsabilité extra-contractuelle (*infra*, n° 506 s).

421 ***Recours collectifs*** ◇ Rien n'interdit que les agents des Communautés intentent un recours collectif, à la condition évidemment que leurs conclusions ne visent que des actes d'un contenu identique ou des actes les concernant également.

C. L'institution défenderesse

422 ***Détermination*** ◇ Le recours doit être intenté contre l'institution communautaire dont dépend le fonctionnaire et non pas contre la Communauté en tant que telle (C.J.C.E., 9.06.1964, *Reynier et Erba* 79 et 82/63, p. 511, concl. K. Roemer – 17.12.1964, *Boursin*, 102/63, p. 1347, concl. K. Roemer).

Selon la Cour, par le recours hiérarchique de l'article 90 du statut, tout fonctionnaire peut saisir l'autorité investie du pouvoir de nomination qui exerce, en fait, vis à vis des fonctionnaires les pouvoirs de l'employeur. Le recours contentieux visé à l'article 91 doit donc obéir à des règles similaires et être dirigé contre la même autorité (C.J.C.E., 9.06.1964, *Reynier et Erba*, précité).

Toutefois, l'AIPN agit au nom de l'institution qui l'a désignée, de sorte que les actes affectant la situation juridique des fonctionnaires doivent être imputés à l'institution à laquelle ils sont affectés. La Cour a ainsi déclaré irrecevable un recours dirigé contre le Conseil, lequel exerçait au nom du Comité économique et social les pouvoirs dévolus à l'autorité investie du pouvoir de nomination à l'égard de certains grades au sein du Comité. Le recours n'était recevable qu'à l'encontre de ce dernier (C.J.C.E., 10.06.1987, *Gavanas,* 307/85, p. 2435, concl. C. O. Lenz).

§ 2. Recevabilité du recours

423 ***Conditions*** ◇ Aux conditions classiques tenant à l'intérêt pour agir et à l'existence d'un acte faisant grief, l'article 91, § 2, du statut ajoute une condition particulière tenant à l'épuisement d'une réclamation préalable.

A. L'épuisement de la réclamation préalable

424 ***Modalités de la réclamation préalable*** ◇ L'obligation de saisir au préalable l'autorité investie du pouvoir de nomination d'une réclamation au sens de l'article 90, § 2, est justifiée par l'intérêt, tant pour le fonctionnaire que pour l'institution communautaire, de trouver une solution amiable. Pour qu'un acte puisse être qualifié de réclamation au sens de l'article 90, § 2, il importe que, même sans se référer explicitement à cette disposition, il manifeste avec suffisamment de clarté la volonté de son auteur d'obtenir satisfaction sur ses griefs (T.P.I. (Ord.), 11.05.1992, *Whitehead,* T-34/91, II, p. 1723).

La réclamation peut être formulée, soit que l'autorité investie du pouvoir de nomination ait pris une décision, soit qu'elle se soit abstenue de prendre une mesure imposée par le statut (Statut, art. 90, § 2).

En ce qui concerne les fonctionnaires, la demande et la réclamation doivent être introduites par la voie hiérarchique, sauf si elles concernent le supérieur hiérarchique direct du demandeur. Dans ce cas, elles peuvent être présentées directement à l'autorité immédiatement supérieure (Statut, art. 90, § 3).

425 ***Délais*** ◇ La réclamation doit être introduite dans un délai de trois mois à compter :

– soit du jour de la publication de l'acte, s'il s'agit d'une mesure de caractère général,

– soit du jour de la notification de la décision au destinataire et en tous cas au plus tard du jour où l'intéressé en a eu connaissance, s'il s'agit d'une mesure individuelle,

– soit de la date de l'expiration du délai de quatre mois à compter de la demande, en cas de défaut de réponse de l'institution (Statut art. 90, § 2).

Si un acte de caractère individuel est de nature à faire grief à une personne autre que le destinataire, ce délai court à l'égard de cette personne à compter du jour où elle en a eu connaissance et au plus tard du jour de la publication de l'acte si celui-ci a été publié. (*idem*).

Ce délai n'est pas prolongé par le seul fait que la demande a été suivie d'entretiens ou d'une correspondance ne comportant pas de réponse à la demande, sous réserve de l'hypothèse où il serait établi que le non-respect des délais est imputable à l'institution défenderesse (C.J.C.E., 20.03.1984, *Razzouk et Beydoun*, 75 et 117/82, p. 1509, concl. G. Slynn).

Le même arrêt rappelle que les délais prévus aux articles 90 et 91 du statut sont d'ordre public et ne constituent pas un moyen à la discrétion des parties ou du juge.

426 ***Exceptions*** ◇ L'obligation d'une réclamation préalable n'est pas absolue.

Ainsi, selon l'article 91, § 4, du statut, le requérant, après avoir introduit une réclamation auprès de l'autorité investie du pouvoir de nomination, peut saisir immédiatement le juge d'un recours à condition qu'à ce recours soit jointe une requête tendant à obtenir le sursis à l'exécution de l'acte attaqué ou des mesures provisoires. Dans cette hypothèse, la procédure au principal devant le juge est suspendue jusqu'au moment où intervient une décision explicite ou implicite de rejet de la réclamation (C.J.C.E., 12.03.1975, *Küster*, 23/74, p. 353, concl. G. Reischl).

De même, la condition d'une réclamation préalable n'est pas exigée lorsque les actes litigieux émanent d'un organisme indépendant et que l'autorité investie du pouvoir de nomination n'a pas le pouvoir de les modifier ou de les annuler, tels les décisions des jurys de concours (C.J.C.E., 14.06.1972, *Marcato*, 44/71, p. 427, concl. K. Roemer - 16.03.1978, *Wüllerstorff*, 7/77, p. 769, concl. J. P. Warner) ou les rapports de notation, lesquels expriment l'opinion librement formulée des notateurs (C.J.C.E., 3.07.1980, *Grassi*, 6 et 07/79, p. 2141, concl. A. Capotorti). Si une réclamation préalable contre la décision d'un jury de concours n'est pas une condition nécessaire pour la recevabilité du recours, elle ne saurait toutefois avoir pour effet de mettre hors délai le requérant qui est resté dans l'attente d'une réponse à sa réclamation (C.J.C.E., 5.04.1979, *Orlandi*, 117/78, p. 1613, concl. A. Capotorti - 10.06.1987, *Gavanas*, 307/85, p. 2435, précité).

427 ***Portée de la réclamation préalable*** ◇ Si la réclamation administrative constitue un préalable indispensable à l'introduction d'un recours contre un acte faisant grief à une personne visée par le statut, elle n'a pas pour effet de lier de façon rigoureuse et définitive la phase contentieuse éventuelle du moment que les demandes présentées à ce dernier stade ne modifient ni la cause ni l'objet de la réclamation (C.J.C.E., 1.07.1976, *Sergy*, 58/75, p. 1139, concl. G. Reischl - 20.03.1984, *Razzouk et Beydoun*, 75 et 117/82, p. 1509, précité). Les chefs de contestation invoqués dans la réclamation peuvent ainsi être développés devant le juge par la présentation de moyens et arguments ne figurant pas nécessairement dans la réclamation, mais s'y

rattachant étroitement (C.J.C.E., 10.03.1989, *Del Plato,* 126/87, p. 643, concl. M. Darmon).

B. L'intérêt pour agir

428 ***Appréciation*** ◇ L'intérêt pour agir caractérisant le lien qui existe entre le requérant et la mesure attaquée, s'apprécie dans chaque cas d'espèce. La jurisprudence n'en comporte donc pas de définition générale. Cette appréciation a lieu au moment de l'introduction du recours. Celui-ci est donc irrecevable si la mesure avait été rapportée à ce moment (T.P.I., 18.06.1992, *Turner,* T-49/91, II, p. 1855).

Le défaut d'intérêt pour agir constitue une fin de non-recevoir d'ordre public que le juge peut soulever d'office (C.J.C.E. (Ord.) 7.10.1987, *GdM,* 108/86, p. 3933 – (Ord.), 24.09.1987, *Vlachou,* 134/87, p. 3633.

429 ***Caractère personnel*** ◇ L'intérêt doit être personnel au requérant.

Ainsi, un fonctionnaire qui, faute des qualifications requises, ne peut valablement prétendre à un poste vacant, n'a aucun intérêt légitime à voir annuler la nomination d'un autre candidat à ce poste (C.J.C.E., 30.05.1984, *Picciolo,* 111/83, p. 2323, concl. C. O. Lenz). De même, un requérant n'a aucun intérêt légitime à l'annulation pour vice de forme d'une décision dans le cas où l'administration ne dispose d'aucune marge d'appréciation et est tenue d'agir comme elle l'a fait (C.J.C.E., 6.07.1983, *Geist,* 117/81, p. 2191, concl. G. Slynn – 20.05.1987, *Souna,* 432/85, p. 2229, concl. G. Slynn).

La nécessité pour les institutions communautaires de bénéficier des services de fonctionnaires compétents n'est pas un intérêt reconnu dans le chef des fonctionnaires et agents individuellement considérés (C.J.C.E. 21.01.1987, *Stroghili,* 204/85, p. 389, concl. C. O. Lenz).

430 ***Caractère actuel et réel*** ◇ Un requérant ne peut invoquer un intérêt futur et hypothétique, tel que le fait de ne pas avoir à subir à l'avenir la concurrence pour des concours ou des promotions d'un fonctionnaire nouvellement nommé (C.J.C.E., 21.01.1987, *Stroghili,* 204/85, p. 389, précité).

L'intérêt à agir peut néanmoins être potentiel. Il en est ainsi par exemple de l'intérêt des fonctionnaires d'une institution à recourir contre la décision de recruter des agents sans concours, dès lors qu'ils auraient pu se porter candidats en cas d'organisation d'un concours interne (C.J.C.E., 29.10.1975, *Marenco,* 81 à 88/74, p. 1247, concl. J. P. Warner).

Les fonctionnaires ayant démissionné n'ont aucun intérêt à agir (même arrêt).

Enfin, l'intérêt à agir fait évidemment défaut lorsque le requérant a déjà obtenu satisfaction au cours de la procédure de réclamation préalable (C.J.C.E. (Ord.), 7.10.1987, *GdM,* 108/86, p. 3933).

431 ***Cas particulier du contentieux électoral*** ◇ La jurisprudence paraît avoir une conception assez libérale en ce qui concerne le contentieux électoral, en particulier s'agissant de la désignation des comités de personnel. Ainsi, a-t-il été jugé que l'intérêt à agir existe dans le chef de tout électeur dans la mesure où il possède un intérêt à voir les représentants de son organisation être élus au comité du personnel dans des conditions et sur la base d'un système électoral conformes aux dispositions statutaires auxquelles est soumise la procédure électorale en la matière (C.J.C.E. 27.10.1987, *Diezler,* 146 et 431/85, p. 4311 concl. G. Slynn – T.P.I., 9.01.1996, *Blanchard,* T-368/94, II, p. 41).

C. L'acte faisant grief

432 ***Définition*** ◇ La jurisprudence définit l'acte faisant grief comme l'acte susceptible « d'affecter directement une situation juridique déterminée » (C.J.C.E., 10.12.1969, *Grasselli,* 32/68, p. 505, concl. K. Roemer – 11.07.1974, *Reinarz,* 177/73 et 5/74, p. 819, concl. H. Mayras). Il s'agit d'un critère objectif qui tient exclusivement à la qualité de l'acte, la question de savoir si l'acte affecte effectivement le requérant relevant de l'intérêt pour agir.

La circonstance qu'une décision susceptible de recours puisse revêtir un caractère verbal n'est en principe exclue, ni par une disposition de portée générale, ni par des dispositions spéciales du statut des fonctionnaires (C.J.C.E., 9.02.1984 *Kohler,* 316/82 et 40/83, p. 641, concl. S. Rozès).

Un acte réglementaire ne peut pas être contesté directement devant le juge dans le cadre de cette voie de droit (C.J.C.E. (Ord.), 4.10.1979, *Ooms,* 48/79, p. 3121). Rien n'interdit cependant à un requérant, lors d'un recours contre une décision individuelle, d'invoquer l'invalidité de l'acte général sur le fondement duquel la décision a été adoptée (C.J.C.E. 10.12.1987, *Del Plato,* 181 à 184/85, p. 4991, concl. J. Mischo).

433 ***Applications*** ◇ Sont ainsi, selon les circonstances, susceptibles d'affecter la situation du fonctionnaire les décisions de mutation (C.J.C.E. 27.06.1973, *Kley,* 35/72, p. 679, concl. A. Trabucchi), le bulletin de rémunération (C.J.C.E., 4.07.1985, *Allo,* 176/83, p. 2155, concl. F. Mancini), les rapports de notation (C.J.C.E., 25.11.1976, *Küster,* 122/75, p. 1685, concl. G. Reischl), les rapports de stage (C.J.C.E., 12.07.1973, *Di Pillo,* 10 et 47/72, p. 763, concl. A. Trabucchi), la publication dans les « Informations officielles » de la liste des fonctionnaires jugés les plus méritants (C.J.C.E., 1.07.1976, *De Wind,* 62/75, p. 1167, concl. G. Reischl).

Au contraire, ne sont pas susceptibles de recours en ce qu'ils ne font pas grief, les mesures d'organisation interne des services (C.J.C.E., 17.05.1984, *Albertini et Montagnani,* 338/82, p. 2123, concl. F. Mancini), les actes déclaratoires (C.J.C.E. (Ord.), 11.12.1986, *Suss,* 25/86, p. 3929), les communications d'intentions (C.J.C.E., 21.10.1986, *Fabbro,* 269 et 292/84,

p. 2983, concl. J. Mischo), les actes confirmatifs de décisions antérieures (C.J.C.E., 2.07.1969, *Renckens,* 27/68, p. 255, concl. K. Roemer). A ce propos, après une jurisprudence contradictoire, la Cour paraît avoir décidé que ne constitue pas un acte confirmatif le rejet de la réclamation du requérant et que le recours, même formellement dirigé contre ce rejet, a pour effet de saisir le juge de l'acte faisant grief contre lequel la réclamation a été présentée (C.J.C.E., 14.02.1989, *Bossi,* 346/87, p. 303, concl. M. Darmon).

§ 3. Procédure

434 ***Délais*** ◇ Aux termes de l'article 91, § 3, du statut, le recours doit être intenté dans un délai de trois mois à compter

– soit du jour de la notification de la décision prise en réponse à la réclamation ; ce délai ne commence à courir que le lendemain du jour de la notification indépendamment de l'heure à laquelle celle-ci a eu lieu ; il expire, s'agissant d'un délai exprimé en mois de calendrier, à la fin du jour qui, dans le troisième mois, porte le même chiffre que le jour qui a fait courir le délai, c'est-à-dire celui de la notification (C.J.C.E., 15.01.1987, *Misset,* 152/85, p. 223, concl. F. Mancini),

– soit de la date d'expiration du délai de réponse, lorsque le recours entreprend une décision implicite de rejet d'une réclamation.

Ces règles sont d'ordre public (C.J.C.E., 20.03.1984, *Razzouk et Beydoun,* 75 et 117/82, p. 1509, précité) et doivent donc, au besoin, être soulevées d'office par le juge.

L'article 91, § 3, du statut dispose encore que lorsqu'une décision explicite de rejet d'une réclamation intervient après la décision implicite de rejet mais dans le délai du recours, elle fait à nouveau courir ce délai (C.J.C.E., 13.07.1989, *Olbrechts,* 58/88, p. 2643, concl. W. van Gerven).

Les dispositions des articles 80 et 81 du règlement de procédure étant applicables (*infra,* n° 435), le délai de recours expire à la fin du jour qui, dans le troisième mois, porte le même chiffre que le jour qui fait courir le délai. La forclusion ne saurait être écartée que si le requérant prouve, sur le fondement de l'article 42, al. 2, statut C.E. de la Cour, l'existence d'un cas fortuit ou de force majeure (C.J.C.E., 15.01.1987, *Misset,* 152/85, p. 223, précité).Le fait pour une fonctionnaire d'introduire une demande de réexamen d'une décision lui faisant grief ne saurait avoir pour effet d'empêcher le délai de courir contre cette décision (C.J.C.E., 11.03.1986, *Adams,* 294/84, p. 977, concl. G. Slynn). Un recours introduit avant que la procédure de réclamation préalable ne soit terminée est prématuré et donc irrecevable (C.J.C.E. (Ord), 23.09.1986, *Du Besset,* 130/86, p. 2619).

435 ***Règles de procédure*** ◇ L'article 91, § 5, du statut renvoie à cet égard à l'application de l'ensemble des dispositions du règlement de procédure. On notera que les pourvois peuvent être jugés par une chambre et que des dispositions particulières sont prévues pour les dépens (*supra,* n° 339).

SOUS-SECTION 3. La recevabilité des recours du règlement sur la marque communautaire

436 ***Réglementation*** ◇ L'article 63 du règlement 40/94 modifié du Conseil du 20 décembre 1993 sur la marque communautaire (V. RTD eur. 1995, p. 104) prévoit un recours contre les décisions des chambres de recours qu'il institue au sein de l'Office de l'harmonisation dans le marché intérieur, lequel a son siège à Alicante.

Ce recours est ouvert à toute partie à la procédure devant la chambre de recours pour autant que celle-ci n'a pas fait droit à ses prétentions. Il doit être formé dans un délai de deux mois à compter de la notification de la décision de la chambre de recours.

L'article 46 du statut C.E. de la Cour ayant prévu que le règlement de procédure du T.P.I. pourrait déroger aux dispositions de l'article 37, al. 4, relatif aux conclusions des requêtes en intervention et aux dispositions de l'article 38 relatif aux arrêts par défaut et à l'opposition pour tenir compte des spécificités du contentieux relevant du domaine de la propriété intellectuelle, il a été ajouté à ce règlement un titre quatrième contenant les règles applicables à ce contentieux.

437 ***Requête introductive*** ◇ La requête introductive est soumise aux conditions de forme du droit processuel commun (*supra*, n° 208). Elle doit en outre contenir les noms de toutes les parties à la procédure devant la chambre de recours et les adresses que celles-ci avaient indiquées aux fins de notifications à effectuer au cours de cette procédure.

La décision de la chambre de recours doit être annexée. Mention doit être faite de la date à laquelle cette décision a été notifiée à la partie requérante.

Les dispositions relatives aux régularisations sont applicables (*supra*, n° 213).

438 ***Langue de procédure*** ◇ La requête doit être rédigée dans l'une des langues de procédure (*supra*, n° 195) choisie par le requérant.

La langue dans laquelle est rédigée la requête devient la langue de procédure si la partie requérante était la seule partie à la procédure devant la chambre de recours ou si aucune autre partie à cette procédure ne s'y oppose dans un délai fixé à cet effet par le greffier après le dépôt de la requête.

Si, dans ce délai, les parties à la procédure devant la chambre de recours informent le greffier de leur accord sur le choix de l'une des langues de procédure comme langue de procédure, cette langue devient la langue de procédure devant le Tribunal.

En cas d'opposition au choix de la langue de procédure effectué par le requérant dans le délai indiqué et en l'absence d'un accord à ce sujet entre les parties à la procédure devant la chambre de recours, la langue dans laquelle la demande d'enregistrement en cause a été déposée devant l'Office devient la langue de procédure. Toutefois, si, à la demande d'une partie et après avoir entendu les autres parties, le président constate que l'utilisation de cette langue ne permettrait pas à toutes les parties à la procédure devant la chambre de recours de suivre la procédure et d'assurer leur défense et que seule l'utilisation d'une autre langue parmi les langues de procédure permet de remédier à cette situation, il peut désigner cette dernière langue comme langue de procédure. Le président peut déférer cette question au Tribunal.

Dans les mémoires et autres écrits adressés au Tribunal, ainsi qu'au cours de la procédure orale, la partie requérante peut utiliser la langue choisie par elle et chacune des autres parties peut utiliser une langue choisie par elle parmi les langues de procédure.

Chaque partie est tenue, dans un délai raisonnable fixé à cet effet par le greffier, de produire la traduction dans la langue de procédure des mémoires ou écrits autre que la requête déposés par elle dans une langue autre que la langue de procédure. La fidélité de cette traduction, qui fait foi au sens de l'article 37 du règlement de procédure, doit être certifiée exacte par la partie qui la produit. Si cette traduction n'est pas produite dans le délai fixé, le mémoire ou l'acte de procédure en question est retiré du dossier.

Le greffier veille à ce que tout ce qui est dit au cours de la procédure orale soit traduit dans la langue de procédure et, à la demande d'une partie, dans une autre langue utilisée par elle.

439 ***Déroulement de la procédure*** ◇ Le greffier informe l'Office et toutes les parties à la procédure devant la chambre de recours du dépôt de la requête. Il procède à la signification de la requête après la détermination de la langue de procédure.

La requête est signifiée à l'Office en tant que partie défenderesse ainsi qu'aux parties à la procédure devant la chambre de recours autres que la partie requérante. Cette signification est faite dans la langue de procédure.

La signification de la requête à une partie à la procédure devant la chambre de recours est faite par envoi postal recommandé, avec accusé de réception, à l'adresse indiquée par la partie concernée aux fins des notifications à effectuer au cours de la procédure devant la chambre de recours.

Dès la signification de la requête, l'Office transmet au Tribunal le dossier de la procédure devant la chambre de recours.

440 ***Interventions*** ◇ Les parties à la procédure devant la chambre de recours autres que la partie requérante peuvent participer à la procédure devant le Tribunal en tant qu'intervenants. Ces intervenants ont les mêmes droits procéduraux que les parties principales. Ils peuvent soutenir les conclusions d'une partie principale et ils peuvent formuler des conclusions et des moyens autonomes par rapport à ceux des parties principales.

Un intervenant ainsi défini peut, dans son mémoire en réponse (n° suivant) formuler des conclusions visant à l'annulation ou la réformation de la décision de la chambre de recours sur un point non soulevé dans la requête et présenter des moyens que celle-ci n'a pas soulevés. De telles conclusions ou moyens formulés dans le mémoire en réponse de l'intervenant deviennent sans objet en cas de désistement du requérant.

La procédure par défaut (*supra*, n° 350) ne s'applique pas lorsqu'un intervenant a répondu à la requête dans les formes et délais prescrits.

441 ***Mémoires en réponse – réplique – duplique*** ◇ L'Office et les intervenants tels qu'ils viennent d'être définis peuvent présenter des mémoires en réponse à la requête dans un délai de deux mois à compter de la signification de celle-ci. Les dispositions du droit commun processuel régissant les mémoires en réponse s'appliquent (*supra*, n° 220).

La requête et les mémoires en réponse peuvent être complétés par des mémoires en réplique et en duplique des parties, y compris les intervenants précédemment définis lorsque le président, à la suite d'une demande motivée présentée dans un délai de deux semaines à compter de la notification des mémoires en réponse ou en réplique, le juge nécessaire et l'autorise pour permettre à la partie concernée de défendre son point de vue. Le président fixe le délai pour la présentation de ces mémoires.

Sans préjudice de ce qui précède, lorsqu'un intervenant a, dans son mémoire en réponse, formulé des conclusions visant à l'annulation ou à la réformation de la décision de la chambre de recours sur un point et sur des moyens non soulevés dans la requête, les autres parties peuvent, dans un délai de deux mois à compter de la notification qui leur est faite du mémoire en réponse, présenter un mémoire dont l'objet est limité à répondre aux conclusions et moyens présentés pour la première fois dans le mémoire en réponse de l'intervenant. Ce délai peut être prorogé par le président à la demande motivée de la partie concernée

Les mémoires des parties ne peuvent modifier l'objet du litige devant la chambre de recours.

442 ***Dépens*** ◇ Lorsqu'il est fait droit à un recours contre une décision d'une chambre de recours, le Tribunal peut ordonner que l'Office ne supportera que ses propres dépens.

Les frais indispensables exposés par les parties aux fins de la procédure devant la chambre de recours, ainsi que les frais exposés aux fins de la production des traductions des mémoires ou écrits dans la langue de procédure, sont considérés comme dépens récupérables.

En cas de production de traductions inexactes, le Tribunal peut condamner une partie, même gagnante, à rembourser à l'autre partie les frais qu'elle lui a fait exposer et qui sont jugés vexatoires ou frustratoires.

SECTION 2. **LES MOYENS D'ANNULATION**

443 ***Le système des quatre moyens*** ◇ Le recours en annulation ne peut être fondé que sur un ou plusieurs des quatre moyens suivants : l'incompétence, la violation des formes substantielles, la violation du traité ou de toute règle

de droit relative à son application, le détournement de pouvoir. Il en va de même du recours contre les décisions des chambres de recours instituées par le règlement sur la marque communautaire.

SOUS-SECTION 1. L'incompétence

444 ***Caractère d'ordre public*** ◇ L'incompétence est le vice le plus grave qui puisse affecter un acte ; car elle porte atteinte aux règles qui informent l'ordonnancement juridique lui-même. La nullité qui la sanctionne n'est pas une nullité de protection mais une nullité d'ordre public. Il en résulte que ce moyen peut être invoqué à tout moment et soulevé d'office par le juge (C.J.C.E., 10.05.1960, *Allemagne c. Haute Autorité,* 19/58, p. 469, concl. M. Lagrange).

Il convient cependant d'observer que les arrêts statuant spécifiquement sur ce grief demeurent peu nombreux. La raison en est sans doute qu'il est absorbé par celui de violation du traité, dont il ne constitue qu'une expression particulière.

445 ***Modalités de l'incompétence*** ◇ Il est traditionnel de distinguer trois modalités de l'incompétence suivant que celle-ci se présente comme une méconnaissance des règles de compétence relatives au lieu (*ratione loci*), au temps (*ratione temporis*) ou à l'objet (*ratione materiae*). La jurisprudence comporte quelques illustrations, au demeurant pas toujours pures, de chacune de ces modalités.

Ainsi de l'incompétence *ratione temporis* à propos de l'application de la convention relative aux dispositions transitoires C.E.C.A. (C.J.C.E., 10.05.1960, *Allemagne,* 19/58, p. 469, précité). Ainsi d'une prétendue incompétence *ratione loci* à propos de l'application par la Commission à des opérateurs, dont le siège social était situé hors de la Communauté, d'amendes pour des comportements anti-concurrentiels dont les effets s'étaient produits dans l'espace de celle-ci (C.J.C.E., 14.07.1972, *Imperial Chemical Industries,* 48/69, p. 619, concl. H. Mayras - 27.09.1988, *Ahlström Osakeyhtiö,* 89/85, p. 5193, concl. M. Darmon).

Mais c'est l'incompétence *ratione materiae* qui fournit le plus grand nombre d'illustrations, encore qu'il aurait tout aussi bien pu s'agir du moyen de violation du traité. Ainsi du grief fait à la Haute Autorité C.E.C.A d'avoir pris une décision dans un domaine de compétence retenue des États membres (C.J.C.E., 10.05.1960, *Barbara Herzbergbau,* 3/58, p. 367, concl. M. Lagrange, G.A., n° 60), ou dans un domaine autre que celui du charbon et de l'acier (C.J.C.E., 14.04.1960, *Acciaieria e Tubifico di Brescia,* 31/59, p. 151, concl. K. Roemer). Ainsi, à titre d'illustration d'une incompétence négative, du grief fait à l'administration communautaire d'avoir méconnu ses propres pouvoirs (C.J.C.E., 4.04.1960, *Mannesmann,* 4/59, p. 241, concl. K. Roemer). Ainsi et surtout de la méconnaissance par la Commission de ses compétences dans le cadre des délégations que lui consent le

Conseil (V. pour la jurisprudence ultérieure C.J.C.E., 9.07.1987, *Allemagne*, 281/85, p. 3203, concl. F. Mancini - 24.02.1988, *France*, 264/86, p. 973, concl. C. O. Lenz - 14.11.1989, *Espagne*, 6/88, p. 3639, concl. G. Tesauro).

446 ***La question de l'inexistence*** ◇ L'inexistence se rattache normalement à l'incompétence, soit que l'auteur de l'acte n'ait pas la qualité d'autorité publique, soit que l'ayant, il ne possédait aucun titre à faire cet acte. La jurisprudence évoquait bien l'inexistence comme caractérisant un acte affecté de vices particulièrement graves et évidents, mais elle s'était refusée jusqu'à une époque récente à en faire une application effective (C.J.C.E., 21.02.1974, *Kortner-Schots*, 15/73, p. 177, concl. A. Trabucchi - 26.02.1987, *Consorzio cooperative d'Abruzzo*, 15/85, p. 1005, concl. J. Mischo).

Cette situation s'était trouvé modifiée par un arrêt du Tribunal de première instance déclarant inexistant « un acte dont (le Tribunal) ne peut, ni fixer avec une certitude suffisante la date exacte à partir de laquelle il a été susceptible de produire des effets juridiques et, par suite, d'être incorporé dans l'ordre juridique communautaire, ni, en raison des modifications dont il a été l'objet, appréhender avec assurance le contenu précis de la motivation qu'il doit contenir en vertu de l'article 190 (devenu l'article 253) du traité, ni définir et contrôler sans ambiguïté l'étendue des obligations qu'il impose à ses destinataires ou la désignation de ces derniers, ni identifier avec certitude quel a été l'auteur de sa version définitive, et pour lequel il a été établi que la procédure d'authentification prévue par la réglementation communautaire a été totalement méconnue et que celle prévue par l'article 192, deuxième alinéa, du traité (devenu l'article 256) ne serait pas susceptible d'être mise en œuvre » (T.P.I., 27.02.1992, *BASF*, T-29/79, II, p. 315).

Cet arrêt, frappé de pourvoi, a été annulé par la Cour qui a estimé que les irrégularités de compétence et de forme ainsi relevées par le Tribunal n'apparaissaient pas à ce point évidentes que ladite décision doive être regardée comme juridiquement inexistante. Évoquant l'affaire, la Cour n'en a pas moins annulé la décision de la Commission pour violation de l'article 12, al. 1, de son règlement intérieur, relatif à l'authentification des actes considérée comme une formalité substantielle (C.J.C.E., 15.06.1994, *Csion c. BASF*, C-137/92 P., I, p. 2555, concl. W. van Gerven - A.J.D.A., 1994, p. 726, note P. Le Mire).

SOUS-SECTION 2. **La violation des formes substantielles**

447 ***Formes à caractère substantiel*** ◇ Bien que, par une jurisprudence bientôt abandonnée, la Cour ait d'abord distingué entre le simple vice de forme et la violation des formes substantielles (comp. C.J.C.E., 21.12.1954, *Italie c. Haute Autorité C.E.C.A.*, 2/54, p. 100, concl. M. Lagrange et 20.03.

1959, *Nold,* 18/57, p. 89, concl. K. Roemer), seule cette dernière est de nature à entraîner l'annulation des actes.

La notion de formes substantielles recouvre deux sortes de formes. Ce sont d'abord celles qui, faisant partie intégrante du processus d'élaboration des actes, en conditionnent la validité, tel que le défaut d'authentification d'une décision adoptée par le collège des membres de la Commission des Communautés européennes (C.J.C.E., 06.04.2000, *Csion c. ICI*, C-286/95 P, *Csion c. Solvay*, C-287/95 P et C-288/95 P, non encore publié, concl. N. Fennely). Il n'est pas nécessaire pour le requérant d'établir en outre que l'acte est affecté d'un autre vice ou que l'absence d'authentification lui a causé un grief (mêmes arrêts). C'est ensuite la motivation des actes qui, imposée de manière générale par les traités (art. 253 C.E. (ex-art. 190 C.E.) et 162 C.E.E.A.), constitue, pour les intéressés, le moyen de connaître les justifications et la portée de ces actes, partant d'être en mesure de sauvegarder leurs droits et, pour le juge, la condition nécessaire à un exercice effectif de son contrôle.

448 ***Formalités accompagnant l'élaboration des actes*** ◇ Outre celle précédemment indiquée et relative à l'authentification des actes, elles sont de deux ordres.

Les unes sont relatives au respect des différentes consultations que prescrivent les textes et conçues, suivant l'expression même de la Cour, « pour entourer les mesures visées de toutes les garanties de circonspection et de prudence » (C.J.C.E., 21.03.1955, *Pays-Bas c. Haute Autorité C.E.C.A.*, 6/54, Rec. 1954-1955, p. 201, concl. K. Roemer, G.A., n° 61).

Encore faut-il que ces consultations aient été effectivement prescrites. Le défaut de consultation d'un organe dont la consultation n'était pas prévue n'est pas de nature à vicier l'acte. Ainsi en est-il de la consultation du Comité économique et social que l'article 140 C.E. (ex-art. 118, al. 3, C.E.) n'impose pas pour le cas d'études ou d'organisation de consultations à l'initiative de la Commission (C.J.C.E., 9.07.1987, *Allemagne et autres c. Csion,* 281/85, p. 3203, concl. F. Mancini).

Ce respect de l'obligation de consulter n'est d'ailleurs pas le seul qui puisse être sanctionné par une annulation. La Cour a en effet jugé que, nonobstant le caractère facultatif de l'avis à émettre, l'autorité investie du pouvoir de décision viole les formes substantielles en n'attendant pas que cet avis ait été rendu (C.J.C.E., 29.10.1980, *Roquette,* 138/79, p. 3333, concl. G. Reischl). Il est remarquable que, dans un arrêt ultérieur (C.J.C.E., 27.09.1988, *Csion c. Conseil,* 165/87, p. 5545, concl. C. O. Lenz), la Cour, pour écarter le grief fondé sur une consultation non obligatoire du Parlement, ait pu se référer à cet arrêt en le présentant comme ayant sanctionné le non-respect d'une obligation de consultation, ce qui est pour le moins approximatif, la lecture de cet arrêt suffisant à montrer que cette obligation de consultation avait bien été formellement respectée par le Conseil, sans pour autant que le Parlement ait jugé bon d'y donner la suite qu'elle impliquait.

Sont, en second lieu, substantielles les formes qui, par application du principe général de respect des droits de la défense, constituent une garantie pour les intéressés, spécialement dans les procédures susceptibles d'aboutir à une sanction (C.J.C.E., 15.07. 1970, *A. C. F. Chemiefarma,* 41/69, p. 661, concl. J. Gand - 13.02.1979, *Hoffmann-Laroche,* 85/76, p. 461, concl. G. Reischl).

449 ***La motivation des actes*** ◇ La motivation des actes constitue la deuxième exigence dont le respect peut être sanctionné au titre de la violation des formes substantielles.

Ce grief n'est cependant qu'un grief de pure forme. S'il peut mettre en cause, comme on va le voir sous le numéro suivant, le caractère inexistant, insuffisant ou logiquement incompatible d'une motivation, il ne saurait contester le caractère exact en droit de la conception qu'exprime celle-ci, ni mettre en doute l'exactitude matérielle des faits auxquels elle se réfère, de tels griefs ne relevant pas de la violation des formes substantielles mais de l'appréciation au fond de la validité de l'acte, autrement dit de sa légalité interne (C.J.C.E., 14.07.1972, *Badische Anilin,* 49/69, p. 713, concl. H. Mayras).

450 ***Exigences formelles de motivation*** ◇ En tant que formalité substantielle, dont la méconnaissance est de nature à entraîner une annulation, la motivation doit satisfaire à certaines exigences qui, suivant la formule même de la jurisprudence, doivent être « raisonnablement » comprises (C.J.C.E., 21.03.1955, *Pays-Bas c. Haute Autorité C.E.C.A.,* 6/54, p. 201 - G.A., n° 61, précité). C'est dire que le respect de ces exigences sera sanctionné par le juge de manière plus ou moins rigoureuse suivant la nature de l'acte et le contexte dans lequel celui-ci a été adopté (C.J.C.E., 28.10.1982, *Lion,* 292/81, p. 3877, concl. P. VerLoren van Themaat -jurisp. const. : 28.03.1984, *Bertoli,* 8/83, p. 1649, concl. P. VerLoren van Themaat).

Ainsi, peut-il être tenu compte de l'information que l'intéressé a pu tirer de sa participation à l'élaboration de l'acte (C.J.C.E., 31.03.1971, *Csion c. Conseil,* 22/70, p. 263, concl. A. Dutheillet de Lamothe - 11.01.1973, *Pays Bas c. Csion,* 13/72, p. 27, concl. H. Mayras).

Dès lors les solutions jurisprudentielles sont différentes selon que l'acte est ou non à portée générale.

451 ***Actes à portée générale ou de structure complexe*** ◇ Pour les actes à portée générale, et en particulier pour les règlements, la Cour estime que la motivation peut se borner à indiquer, d'une part la situation d'ensemble qui a conduit à leur adoption, d'autre part les objectifs généraux qu'ils se proposent d'atteindre. Il n'est pas nécessaire que cette motivation spécifie les différents faits au vu desquels l'acte a été arrêté et encore moins qu'elle en comporte une appréciation plus ou moins concrète (C.J.C.E., 13.03.1968, *Beus,* 5/67, p. 125, concl. J. Gand - jurisp. const. : 9.12.1982, *Klughart,* 309/81, p. 4291, concl. G. Reischl).

Quant aux actes de structure complexe, le juge n'exige pas que chacune de leurs dispositions constitutives soit motivée de façon autonome dès lors qu'une motivation suffisante se déduit de toutes les constatations invoquées à l'appui de l'ensemble de l'acte (C.J.C.E., 20.03.1957, *Cptoirs de vente,* 2/56, p. 2, concl. K. Roemer).

452 ***Décisions*** ◇ Les exigences de la jurisprudence sont beaucoup plus rigoureuses pour la motivation des décisions. De manière générale, cette motivation « doit faire apparaître d'une façon claire et non équivoque les raisons sur lesquelles l'acte est fondé » (C.J.C.E., 9.07.1969, *Italie c. Csion,* 1/69, p. 277, concl. K. Roemer).

Elle peut demeurer sommaire et n'a pas à être exhaustive si, indiquant les éléments essentiels du raisonnement suivi, elle permet de vérifier l'application correcte des textes (C.J.C.E., 14.06.1967, *Hoogovens,* 26/66, p. 150, concl. K. Roemer). En particulier, elle n'a pas à mentionner, à discuter et encore moins à réfuter les opinions exprimées par les organes consultatifs dans leurs avis, ni toutes les objections imaginables qui pourraient être invoquées contre l'acte (C.J.C.E., 21.03.1955, *Pays-Bas c. Haute Autorité C.E.C.A.,* 6/54, p. 201, précité - 20.03.1957, *Cptoirs de vente,* 2/56, p. 2, précité). Pas davantage n'a-t-elle à justifier, dans l'exercice d'un pouvoir discrétionnaire, le choix d'une mesure plutôt que d'une autre (C.J.C.E., 3.03.1982, *Alpha Steel,* 14/81, p. 749, concl. G. Reischl).

En revanche, a été jugée insuffisante une motivation par simple référence à des actes antérieurs, surtout lorsqu'elle n'est qu'implicite (C.J.C.E., 19.03.1964, *Sorema,* 67/63, p. 293, concl. K. Roemer). Il n'en serait autrement que si l'acte s'inscrivait dans la ligne d'une pratique constante, dont il ne s'écarterait pas (C.J.C.E., 26.11.1975, *Fabricants de papiers peints,* 73/74, p. 1491, concl. A. Trabucchi).

Enfin, bien que la solution eût été concevable, la motivation d'une mesure de sanction n'a pas à être plus précise et obéit aux règles générales (C.J.C.E., 31.03.1965, *Macchiorlatti,* 21/64, p. 226, concl. K. Roemer). Cette jurisprudence devra peut être se voir nuancée compte tenu de l'influence qu'exerce désormais en droit communautaire la notion de procès équitable telle qu'elle résulte de l'article 6 de la convention européenne de sauvegarde des droits de l'homme (*supra,* n° 169).

453 ***Examen d'office du moyen*** ◇ Dès son premier arrêt, la Cour avait affirmé que la violation des formes substantielles pouvait être examinée d'office (C.J.C.E., 21.12.1954, *France,* 1/54, p. 9, concl. M. Lagrange). Si cette solution s'inscrivait dans le cadre d'une distinction entre vice de forme et violation des formes substantielles que l'on a précédemment évoquée, elle a survécu à l'abandon de cette distinction (C.J.C.E., 20.03.1959, *Nold,* 18/57, p. 89, concl. K. Roemer - 7.05.1991, *Interhotel,* C-291/89, I, p. 2257, concl. M. Darmon - 06.04.2000, *Csion c. ICI,* C-286/95 P, précité, *Csion c. Solvay,* C-287/95 P et C-288/95 P, précité).

454 ***Recours de l'article 237 C.E. (ex-art. 180 C.E.)*** ◇ On rappelle (*supra,* n° 391) que le recours en annulation contre les délibérations du conseil d'administration de la B.E.I. ne peuvent être formés que pour violation des formes prévues à l'article 21, §§ 2 et 5 à 7 des statuts de la Banque.

SOUS-SECTION 3. La violation du traité

455 ***Conception du moyen*** ◇ En visant « la violation du traité ou de toute règle de droit relative à son application », la réglementation du recours en annulation donne à ce moyen une portée, non seulement très large, mais encore susceptible d'extensions. De fait, la violation ainsi définie s'identifie à la violation de la règle de droit en général, pourvu évidemment que cette règle soit de droit communautaire.

456 ***Exclusion du droit national (rappel)*** ◇ Il est de jurisprudence constante que le recours en annulation ne peut pas entreprendre un acte national (*supra,* n° 377), mais également que la légalité d'un acte des institutions ne saurait être appréciée en fonction de règles ou de notions de droit national, quels qu'en soient la nature ou le rang (C.J.C.E., 4.02.1959, *Stork,* 1/58, p. 43, concl. M. Lagrange - 15.07.1960, *Cptoirs de vente,* 36/59, p. 890, concl. M. Lagrange - 17.12.1970, *Internationale Handelsgesellschaft,* 11/70, p. 1125, concl. A. Dutheillet de Lamothe, G.A. n° 17 - 3.02.1977, *Benedetti,* 52/76, p. 163, concl. G. Reischl).

§ 1. Composantes de la légalité

457 ***Traités et règles relatives à leur application*** ◇ La formule vise évidemment les traités et les protocoles ou instruments qui leur sont annexés. Le fait de viser un article appartenant à un traité institutif différent de celui en vertu duquel est formé le recours ne rend pas le recours irrecevable (C.J.C.E., 29.03.1990, *Grèce,* C-62/68, I, p. 1527, concl. M. Darmon). Quant aux règles relatives à l'application, ce sont celles qui établissent une hiérarchie entre les sources du droit communautaire et les subordonnent les unes aux autres.

Cette subordination s'applique à l'ensemble des actes institutionnels par rapport aux dispositions des traités et, entre les actes institutionnels, aux règlements d'exécution qui sont subordonnés aux règlements de base, alors même qu'ils auraient le même auteur, par application du principe *patere legem* (C.J.C.E., 10.03.1971, *Deutsche Tradax,* 38/70, p. 145, concl. A. Dutheillet de Lamothe), enfin aux actes individuels par rapport aux actes à portée générale dont ils constituent l'exécution.

Elle s'applique également dans les rapports des actes institutionnels avec ces sources conventionnelles que constituent les accords conclus par les Communautés et dont l'article 300 C.E. (ex-art. 228 C.E.) précise qu'ils lient les institutions de la Communauté. À cet égard, ne s'applique pas la condition d'applicabilité directe de l'accord, propre au contrôle de validité sur renvoi (*supra*, n° 104), dès lors que l'acte attaqué constitue l'exécution d'un règlement communautaire qui vise expressément un tel accord (C.J.C.E., 22.06.1989, *Fediol*, 70/87, p. 1781, concl. W. van Gerven).

458 ***Règlements intérieurs des institutions*** ◇ Les règlements intérieurs des institutions, et plus spécialement celui du Conseil, ont donné lieu à une jurisprudence différente selon que le requérant est un État membre ou un particulier.

La Cour a en effet jugé d'abord que le Conseil était tenu de respecter la règle de procédure qu'il avait lui-même fixée dans son règlement intérieur et qu'il ne saurait s'en écarter, même à une majorité plus forte que celle exigée pour la modification de ce règlement, sans modifier formellement celui-ci et a annulé, à la requête d'un État membre, un acte du Conseil pour violation de son règlement (C.J.C.E., 23.02.1988, *Royaume-Uni*, 68/86, p. 855, concl. C. O. Lenz).

Mais la Cour devait ensuite rejeter le grief tiré par un requérant non institutionnel d'une méconnaissance par le même Conseil d'une disposition de son règlement intérieur au motif que « le règlement intérieur d'une institution a pour objet d'organiser le fonctionnement interne des services dans l'intérêt d'une bonne administration et qu'il en résulte que les personnes physiques ou morales ne sauraient se prévaloir » de ses règles, qui ne sont pas destinées à assurer la protection des particuliers (C.J.C.E., 7.05.1991, *Nakajima*, C-69/89, I, 2069, concl. C. O. Lenz).

Cependant, comme on l'a vu précédemment (*supra*, n° 446), la Cour, statuant au fond sur pourvoi de la Commission, a annulé une décision de celle-ci pour violation d'une disposition de son règlement intérieur constitutive de formalité substantielle.

459 ***Incorporation des principes généraux*** ◇ La jurisprudence assujettit les actes des institutions au respect des principes généraux, qui sont ainsi placés au même rang que les traités eux-mêmes et dont la méconnaissance est, de ce fait, susceptible d'entraîner l'annulation de ces actes. Cette jurisprudence trouve sa consécration dans l'article 6, § 2 (ex-art. F, § 2) du traité sur l'Union européenne.

Ces principes sont d'origine et de contenu très divers et il n'est pas ici indispensable de les considérer sous cet angle. Il suffit d'indiquer ceux qui, formellement incorporés au droit communautaire ou déduits de celui-ci, s'imposent aux institutions. Ils peuvent être répartis en quatre catégories.

460 ***Principes généraux de droit*** ◇ Ces principes se répartissent entre ceux qui participent de la sécurité juridique et ceux qui correspondent à des exigences de l'état de droit.

Entrent dans la première de ces catégories la non rétroactivité des actes administratifs (C.J.C.E., 29.01.1985, *Gesamthochschule Duisburg*, 234/83,

p. 327, concl. F. Mancini), le respect des droits acquis (C.J.C.E., 22.09.1983, *Verli Wallace,* 159/82, p. 2711, concl. G. Slynn), la bonne foi (C.J.C.E., 15.07.1960, *Van Lachmüller,* 43/59, p. 933, concl. K. Roemer), la règle « patere legem » (C.J.C.E., 10.03.1971, *Deutsche Tradax,* 38/70, p. 154, concl. A. Dutheillet de Lamothe - 23.02. 1988, *Royaume Uni,* 68/86, p. 855, concl. C. O. Lenz), le respect de la confiance légitime (C.J.C.E., 16.05.1979, *Tomadini,* 84/78, p. 1801, concl. J. P. Warner).

Entrent dans la seconde, le principe de légalité et le principe général de contrôle juridictionnel destiné à en assurer le respect (C.J.C.E., 31.03.1971, *Csion c. Conseil,* 22/70, p. 263, concl. A. Dutheillet de Lamothe - 23.04.1986, *Parti écologiste « Les Verts »,* 294/83, p. 1339 concl. F. Mancini - G.A. n° 57) et les principes de procédure, au premier rang desquels le principe général de respect des droits de la défense que la jurisprudence applique de manière systématique tant dans les procédures juridictionnelles (C.J.C.E., 3.02.1977, *Benedetti,* 52/76, p. 163, concl. G. Reischl) que dans les procédures administratives, lors même qu'elles ne correspondraient qu'à une fonction consultative (C.J.C.E., 11.07.1968, *Van Eick,* 35/67, p. 482, concl. K. Roemer) et, plus généralement, dans toute procédure susceptible d'aboutir à une sanction (C.J.C.E., 13.02.1979, *Hoffmann-Laroche,* 85/76, p. 461, concl. G. Reischl).

Considéré comme une garantie substantielle des droits des États membres dans le préalable administratif de l'action en manquement (*infra,* n° 564), ce principe protège tout autant les particuliers, spécialement dans le domaine de la concurrence. Tout en imposant à l'autorité communautaire de respecter le secret professionnel et le secret des affaires (C.J.C.E., 24.06.1986, *Akzo,* 53/85, p. 1985, concl. C. O. Lenz), la jurisprudence en a, dans ce domaine, étendu la portée aux procédures d'enquête préalable (C.J.C.E., 18.10.1989, *Orkem,* 374/87, concl. M. Darmon).

461 ***Principes communs aux droits des États membres*** ◇ Font partie à ce titre des références de la légalité, le principe d'égalité devant la réglementation économique (C.J.C.E., 21.06.1958, *Hauts Fourn. et aciéries belges,* 8/57, p. 223, concl. M. Lagrange), le principe de distinction des impôts et des taxes ou redevances (C.J.C.E., 8.02.1968, *IGF van Leuwen,* 32/67, concl. K. Roemer), l'enrichissement sans cause (C.J.C.E. 11.07.1968, *Danvin,* 26/67, p. 463, concl. J. Gand), le principe de la hiérarchie des normes en tant qu'il fonde la distinction entre règles et mesures d'exécution (C.J.C.E., 17.12.1970, *Köster,* 25/70, p. 1161, concl. A. Dutheillet de Lamothe), le principe de confidentialité des correspondances entre les avocats et leurs clients (C.J.C.E., 18.05.1982, *A. M. & S.,* 155/79, p. 1575 concl. G. Slynn) et le principe du droit au juge (C.J.C.E., 15.05.1986, *Johnston,* 222/84, p. 1663, concl. M. Darmon).

462 ***Droits fondamentaux*** ◇ Inaugurée par des décisions de principe (C.J.C.E., 12.11.1969, *Stauder,* 29/69, p. 419, concl. K. Roemer - 17.12.1970, *Internationale Handelsgesellschaft,* 11/70, p. 1125, concl.

A. Dutheillet de Lamothe - G.A. n° 17), la jurisprudence a incorporé à ce titre dans la légalité communautaire, et sous les conditions qu'elle fixe, le droit de propriété et de libre exercice des activités professionnelles (C.J.C.E., 13.12.1979, *Hauer*, 44/79, p. 3727, concl. F. Capotorti - 19.05.1985, *Hoogovens Groep*, 172/83, p. 2843, concl. G. Slynn - 8.10.1986, *Keller*, 234/85, p. 2897, concl. J. Mischo), le principe de non rétroactivité des dispositions pénales (C.J.C.E., 10.07.1984, *Kent Kirk*, 63/83, p. 2689, concl. M. Darmon), le droit au respect de la vie privée et à la protection du secret médical (C.J.C.E., 8.04.1992, *Csion c. Allemagne*, C-62/90, I, p. 2575, concl. F. G. Jacobs) l'égalité entre les sexes (C.J.C.E., 15.06.1978, *Defrenne*, 149/77, p. 1365, concl. F. Capotorti).

463 ***Principes déduits de la nature des Communautés*** ◇ Deux ordres de principes généraux sont déduits de la nature des Communautés. Les uns sont d'ordre constitutionnel. Ainsi du principe de solidarité (C.J.C.E., 7.02.1973, *Csion c. Italie*, 39/72, p. 101, concl. H. Mayras - 14.07.1976, *Kramer*, 3/76, p. 1279, concl. A. Trabucchi - 18.03.1980, *Valsabbia*, 154/78, p. 907, concl. F. Capotorti) et du principe de l'équilibre institutionnel, dans lequel cependant la jurisprudence ne voit plus une protection des particuliers (C.J.C.E., 13.03.1992, *Vreugdenhil*, C-282/90 I, p. 1937, concl. M. Darmon). Les autres procèdent de la notion de marché commun. Ainsi du principe général de libre circulation, du principe général de non discrimination (C.J.C.E., 16.02.1978, *Csion c. Irlande*, 61/77, p. 417, concl. G. Reischl), du principe de proportionnalité (C.J.C.E., 11.07.1989, *Schröder*, 265/87, p. 2237, concl. G. Tesauro) et du principe de préférence communautaire (C.J.C.E., 13.03.1968, *W. Beus*, 5/67, p. 125, concl. J. Gand - G.A. n° 18).

§ 2. Consistance des violations de la règle de droit

464 ***Différentes catégories de violations – notion de contrôle minimum*** ◇ On retrouve dans la jurisprudence les catégories habituelles entre lesquelles sont généralement réparties les vices pouvant affecter les actes au titre de la violation de la règle de droit, encore qu'il ne soit pas toujours possible de les identifier. Ainsi de l'erreur de droit, de la fausse application (V. par ex., C.J.C.E., 15.07.1960, *Italie*, 20/59, p. 663) ou de la fausse base légale.

À l'égard des actes à portée générale qui supposent l'appréciation de situations économiques complexes, comme en matière de politique agricole commune ou de politique commerciale commune, le contrôle juridictionnel se limite à la vérification, outre du respect des règles de procédure, de l'exactitude matérielle des faits retenus pour opérer le choix contesté, de l'absence d'erreur manifeste dans l'appréciation de ces faits et de l'absence de détournement de pouvoir (C.J.C.E., 19.11.1998, *Royaume-Uni c. Conseil*, C-150/94, I, p. 7235, concl. P. Léger ; voir aussi T.P.I., 29.06.1993, *Asia*

Motor France, T-7/92, II, p. 669). Par ailleurs, le pouvoir discrétionnaire dont jouit l'institution communautaire dans l'appréciation d'une situation économique complexe ne s'applique pas seulement à la nature et à la portée des dispositions à prendre mais aussi, dans une certaine mesure, à la constatation des données matérielles, en ce sens que l'institution peut se fonder sur des constatations globales (C.J.C.E., 19.11.1998, *Royaume-Uni c. Conseil*, précité).

SOUS-SECTION 4. **Le détournement de pouvoir**

465 ***Fonctions spécifiques de ce moyen*** ◇ Le détournement de pouvoir constitue le quatrième moyen qui puisse être invoqué au soutien d'un recours en annulation.

La fonction qui lui est attribuée ne se limite pas à la sanction de l'illégalité qu'il constitue. Son allégation est, dans certains cas, une condition de recevabilité du recours et elle conditionne l'étendue des pouvoirs de contrôle du juge dans la mesure où elle permet à celui-ci d'appliquer ce contrôle à des actes pris en application de compétences discrétionnaires.

466 ***Notion de détournement de pouvoir*** ◇ Le détournement de pouvoir est susceptible de deux acceptions, l'une purement objective dont les contours avec la violation de la règle de droit ne sont pas toujours très nets, dès lors, en particulier, que cette dernière prend en charge le contrôle des motifs ; l'autre, au contraire, subjective, correspondant à ce que serait un contrôle de la « moralité » administrative.

La Cour a adopté une définition en quelque sorte mixte et suivant laquelle constitue un détournement de pouvoir la poursuite objective, par manque de prévoyance ou de circonspection grave équivalant à une méconnaissance du but légal, de fins autres que celles en vue desquelles les pouvoirs ont été attribués (C.J.C.E., 29.11.1956, *Féd. Charb. de Belgique*, 8/55, p. 291, concl. M. Lagrange - 8.07.1965, *Chambre synd. de la sidérurgie française*, 3/64, p. 567, concl. K. Roemer - G.A., n° 63 - 4.02.1982, *R. Buyl*, 817/79, p. 245, concl. F. Capotorti - 11.07.1990, *Sermès*, C-323/88, I, p. 3027, concl. W. van Gerven).

Les applications de cette définition conduisent à distinguer trois formes principales de détournement de pouvoir suivant que sont en cause les objectifs, les mobiles ou les procédures.

467 ***Détournement de pouvoir découlant des objectifs visés*** ◇ Une première catégorie de détournement de pouvoir est constituée par la poursuite d'un objectif différent de celui que définissent les dispositions invoquées par l'acte (C.J.C.E., 29.09.1987, *Fabrique de fer de Charleroi*, 351/85, p. 3639, concl. J. L. da Cruz Vilaça).

Cette situation serait simple si, en matière d'objectifs, les traités, d'une part n'opéraient pas une distinction entre objectifs généraux et objectifs spécifiques, d'autre part ne mettaient pas sur le même plan des objectifs généraux insusceptibles d'être poursuivis simultanément.

Dans le premier de ces cas, la Cour paraît avoir admis que l'autorité communautaire puisse outrepasser des buts spécifiques pourvu qu'elle respecte les objectifs généraux (C.J.C.E., 21.12.1954, *France c. Haute Autorité C.E.C.A.*, 1/54, p. 7, concl. M. Lagrange).

Dans le second, elle a admis que ne constituait pas un détournement de pouvoir le fait de n'avoir que partiellement concilié des objectifs généraux qui ne pouvaient être tous et simultanément poursuivis (C.J.C.E., 21.06.1958, *Hts Fourn. et aciéries belges*, 8/57, p. 223, concl. M. Lagrange), l'autorité communautaire conservant, en cas de contradiction, le droit d'accorder à certains objectifs généraux la préférence que justifient les faits et circonstances économiques au vu desquels l'acte devait être arrêté (C.J.C.E., 8.02.1968, *Pays-Bas c. Csion*, 28/66, p. 1, concl. J. Gand).

468 ***Détournement de pouvoir résultant des mobiles*** ◇ Bien que le caractère objectif du détournement de pouvoir paraisse exclure la prise en considération des mobiles, ceux-ci peuvent néanmoins, tels que les révèlent les motifs, apparaître discutables et fonder l'allégation d'un tel grief. La Cour estime cependant qu'il ne peut en être ainsi lorsque ces motifs ne sont que secondaires ou accessoires au regard d'un acte qui par ailleurs est conforme au but essentiel assigné par la réglementation dont il est une application (C.J.C.E., 21.12.1954, 1/54, précité - 3.06.1958, *Hts Fourn. de Chasse*, 2/57, p. 129, concl. M. Lagrange).

469 ***Détournement de procédure*** ◇ La notion est apparue dans l'arrêt du 21 juin 1958 (*Hts Fourn. et aciéries belges*, 8/57, p. 223, précité), dans lequel la Cour avait indiqué que les pouvoirs accordés à l'autorité communautaire par des dispositions spécifiques seraient détournés de leur but légal s'il apparaissait que cette autorité en a usé dans le but exclusif ou simplement déterminant d'éluder une procédure imposée par le traité (C.J.C.E., 20.06.1991, *Cargill*, C-248/89, I, p. 2987, concl. J. Mischo).

La jurisprudence donne une illustration d'un tel détournement ayant entraîné une annulation (C.J.C.E., 22.09.1988, *Frydendahl Pedersen*, 148/87, p. 4993, concl. C. O. Lenz).

470 ***Preuve du détournement de pouvoir*** ◇ La preuve du détournement de pouvoir incombe évidemment au requérant qui allègue le moyen. Cette preuve résultera en général d'un faisceau d'indices concordants, trahissant les véritables intentions de l'auteur de l'acte.

471 ***Indications bibliographiques*** ◇ F. Schockweiler, *Le détournement de pouvoir en droit communautaire*, A.J.D.A., 1990, p. 435. - J. Vergès, *Droits fondamentaux de la personne et principes généraux de droit communautaire*, L'Europe et le droit, 1991, p. 513 - M. A. Dauses, *La protection des droits*

fondamentaux dans l'ordre juridique des Communautés européennes : position du problème, état actuel et tendances, Rev. aff. eur. 1992, 4, p. 9.

SECTION 3. POUVOIRS DU JUGE DE L'ANNULATION

472 ***Limitation des pouvoirs du juge*** ◇ Le juge saisi d'un recours en annulation ne peut que rejeter celui-ci ou prononcer l'annulation de l'acte ou de la disposition attaquée pour illégalité. Il serait incompétent pour se prononcer sur les obligations éventuelles résultant de son arrêt pour les autorités nationales, quand bien même celles-ci auraient agi pour exécuter l'acte communautaire annulé (C.J.C.E., 6.07.1993, *CT Control,* C-121/91, I, p. 3873, concl. C. Gulmann).

La jurisprudence communautaire applique la règle suivant laquelle le juge de l'annulation ne peut adresser d'injonctions à l'administration et encore moins se substituer à elle pour prendre une décision sauf, bien évidemment, lorsque la juridiction communautaire dispose d'une compétence de pleine juridiction (*infra,* n° 475). Des conclusions à de telles fins seront donc irrecevables (C.J.C.E., 16.12.1960, *Fiddelaar,* 44/59, p. 1077, concl. K. Roemer – 12.07.1962, *Hoogovens,* 14/61, p. 485, concl. M. Lagrange – comp. 17.03.1983, *Control Data Belgium,* 294/81, p. 911, concl. G. Slynn – 26.02.1987, *Consorzio cooperative d'Abruzzo,* 15/85, p. 1005, concl. J. Mischo).

En réalité, les traités ne consacrent pas formellement une telle règle. Ils se bornent à décider, ce qui n'en est pas moins la consécration implicite, que « l'institution dont émane l'acte annulé... est tenue de prendre les mesures que comporte l'exécution de l'arrêt de la Cour » (art. 233 C.E. (ex-art. 176 C.E.) – 149 C.E.E.A.). La Cour ne s'en est pas moins fondée sur cette dernière disposition pour enjoindre aux institutions de prendre les mesures qu'impliquait une déclaration d'invalidité sur renvoi (*supra,* n° 114).

473 ***Annulations partielles*** ◇ La règle suivant laquelle le juge de l'annulation ne peut pas se substituer à l'administration pose le problème des annulations partielles. De telles annulations ont en effet pour conséquence l'existence d'un acte, qui n'est plus celui arrêté par son auteur, mais celui qui résulte désormais de la décision du juge.

La Cour a réfuté cette conception en s'appuyant sur le fait que, son arrêt ne pouvant préjuger les mesures que l'administration serait tenue de prendre en exécution d'une annulation partielle, on ne pouvait considérer le reste de l'acte comme étant, de plein droit, une décision nouvelle (C.J.C.E., 20.03.1957, *Cptoirs de Vente,* 2/56, p. 9, concl. K. Roemer).

Il a été par ailleurs soutenu que l'article 231 C.E. (ex-art. 174 C.E.) permettrait les annulations partielles (V. concl. J. P. Warner dans 23.10.1974, *Transocean Marine Paint,* 17/74, p. 1063). Cette opinion ne paraît pas exacte car, comme on le verra (*infra,* n° 479), ce texte n'a pas cet objet. Il permet seulement à la Cour de limiter les effets dans le temps d'une annulation, ce qui est différent d'une annulation partielle.

En cas d'annulation partielle, les effets de l'arrêt d'annulation à l'égard des personnes qui n'avaient pas formé de recours en annulation ont fait l'objet d'une appréciation différente de la part du Tribunal de première instance et de la Cour de justice. Ainsi, le Tribunal avait jugé que l'institution concernée peut, en vertu de l'article 233 C.E. (ex-art. 176 C.E.), être tenue d'examiner, à la suite d'une demande introduite dans un délai raisonnable, s'il y a lieu pour elle de prendre des mesures non seulement à l'égard des parties ayant obtenu gain de cause mais aussi envers celles qui n'ont pas formé de recours en annulation. Il en est ainsi, selon le Tribunal, notamment lorsque l'arrêt d'annulation constate qu'une pratique concertée au sens de l'article 81, § 1 C.E. (ex-art. 85, § 1 C.E.) n'est pas établie (T.P.I., 10.07.1997, *AssiDomän Kraft Products c. Csion*, T-227/95, II, p. 1185). Cet arrêt a été cassé par arrêt de la Cour de justice (C.J.C.E., 14.09.1999, *Csion c. AssiDomän Kraft Product*, C-310/97 P, I, p. 5363, concl. D. Ruiz-Jarabo Colomer). Selon la Cour de justice, le principe de sécurité juridique s'oppose à ce que, dans une hypothèse où plusieurs décisions individuelles similaires infligeant des amendes ont été adoptées dans le cadre d'une procédure commune et où certains destinataires seulement ont poursuivi et obtenu l'annulation en justice des décisions les concernant, l'institution dont elles émanent doive, à la demande d'autres destinataires, réexaminer, à la lumière des motifs de l'arrêt d'annulation, la légalité des décisions non attaquées.

474 ***Recours à la notion de disposition « détachable »*** ◇ Quoi qu'il en soit, la Cour a tourné la difficulté en recourant à la notion de disposition « détachable » de l'acte attaqué, une telle disposition pouvant dès lors faire seule l'objet d'une annulation (V. en matière de concentration : C.J.C.E., 31.03.1998, *France c. Csion*, C-68/94 et 30/95, I, p. 1375, concl. G. Tesauro).

Il en a été jugé ainsi pour les mentions d'une décision qui étaient dépourvues de toute base juridique (C.J.C.E., 15.07.1964, *Pays-Bas c. Haute Autorité*, 66/63, p. 1047, concl. M. Lagrange), pour les dispositions de l'article premier d'une décision de la Commission en matière de concurrence dépourvues de base légale (C.J.C.E., 13.07.1966, *Consten Gründig*, 56/64, p. 429, concl. K. Roemer), pour la partie d'une décision de la Commission, également en matière de concurrence, prise sur procédure irrégulière et considérée comme détachable malgré son importance (C.J.C.E., 23.10.1974, *Transocean Marine Paint*, 17/74, précité).

SECTION 4. LA COMPÉTENCE DE PLEINE JURIDICTION

475 ***Compétence de pleine juridiction*** ◇ L'article 229 C.E. (ex-art. 172 C.E.) permet à des règlements du Conseil d'attribuer à la Cour de justice une

compétence de pleine juridiction en ce qui concerne les sanctions prévues par certains règlements. Tel est le cas en matière de concurrence à l'égard des amendes infligées aux entreprises par la Commission (art. 17 du Règlement (CEE) n° 17/62 du Conseil du 6 février 1962 ; V. toutefois en ce qui concerne les modifications envisagées de ce règlement : M. Darmon et M. Nicolella, *À propos du Livre blanc de la Commission « sur la modernisation des règles d'application des articles 85 et 86 du traité CE »*, Gaz. eur. du Palais n° 20, juillet 1999, p. 25), en matière de transports (art. 25 du règlement n° 11/60 du 27 juin 1960 relatif à la suppression de discriminations en matière de prix et conditions de transports), en matière de concurrence dans des domaines particuliers (art. 24 du règlement n° 1017/68 du 19 juillet 1968 relatif à l'application des règles de concurrence aux secteurs des transports par chemin de fer, par route et par voie navigable - art. 21 du règlement n° 4056/86 du 22 décembre 1986 relatif à l'application des articles 85 et 86 du traité aux transports maritimes - art. 14 du règlement n° 3975/87 du 14 décembre 1987 déterminant les modalités d'application des règles de concurrence applicables aux entreprises de transports aériens). Tel est le cas également en matière de concentration (art. 16 du Règlement (CEE) n° 4064/89 du Conseil du 21 décembre 1989 relatif au contrôle des opérations de concentration entre entreprises).

Cette compétence de pleine juridiction permet au juge communautaire de supprimer, réduire ou majorer l'amende ou l'astreinte infligée.

Elle est de nature à rendre la procédure de sanction en matière de concurrence conforme aux droits fondamentaux, tels qu'ils résultent notamment de l'article 6, § 1 de la convention européenne des droits de l'homme, bien qu'un même fonctionnaire de la Commission cumule les fonctions d'enquêteur et de rapporteur, dès lors que les décisions de la Commission peuvent faire l'objet d'un recours devant une instance juridictionnelle dotée d'une compétence de pleine juridiction au sens de ce texte (T.P.I., 14.05.1998, *Enso Española c. Csion*, T-348/94, II, p. 1875 - T.P.I., 11.03.1999, *Aristrain c. Csion*, T-156/94, II, p. 645).

SECTION 5. **L'ARRÊT SUR RECOURS EN ANNULATION**

476 ***Distinction suivant le dispositif*** ◇ Le fait que le juge de l'annulation ne puisse que rejeter le recours ou prononcer une annulation conduit à diviser les arrêts en deux catégories dont les conséquences, différentes, doivent être examinées pour chacune d'elles.

Toutefois, lorsque la partie défenderesse a adopté en cours d'instance une décision qui modifie la décision attaquée et équivaut à une annulation de celle-ci, il n'y a pas lieu à statuer même si les motifs de la nouvelle décision ne satisfont pas le requérant (C.J.C.E. (Ord.), 8.03.1993, *Lezzi Pietro*, C-123/92, I, p. 809).

477 ***Les arrêts de rejet*** ◇ Les arrêts de rejet peuvent être de deux sortes : ou bien ce rejet tient à l'irrecevabilité du recours, ou bien il est la conséquence du caractère non fondé des moyens invoqués.

La jurisprudence ne comporte pas d'indications sur les conséquences des arrêts de rejet en ce qui concerne l'acte attaqué. Si le rejet est dû à une irrecevabilité, il faut admettre que l'arrêt est sans conséquence sur l'acte attaqué puisque les griefs qui lui étaient faits n'ont pas donné lieu à examen. On pourrait donc concevoir que cet acte fasse l'objet d'un nouveau recours, celui-ci recevable. Mais, en raison de la brièveté des délais, cette hypothèse demeure parfaitement théorique.

Si, au contraire, il s'agit d'un rejet au fond, il faut en déduire que les griefs faits à l'acte attaqué n'étaient pas justifiés, partant que cet acte est légal, ou plus exactement qu'il n'est pas entaché des vices que le recours lui attribuait. Là encore, on peut se demander si un nouveau recours ne serait pas possible sur d'autres moyens. A l'impossibilité tirée de l'échéance des délais, s'ajouterait le fait que certains de ces moyens peuvent, comme on l'a vu, être soulevés d'office par le juge et que les autres donnent lieu de sa part à un examen aussi complet que possible.

L'arrêt de rejet laisse ainsi intacte la présomption de validité dont bénéficient les actes des institutions (C.J.C.E., 13.02.1979, *Granaria,* 101/78, p. 623, concl. F. Capotorti – 7.06.1988, *Csion c. Grèce,* 63/87, p. 2875, concl. G. Slynn).

Cette présomption est confirmée et même renforcée par l'autorité de chose jugée au cas d'annulation partielle. La Cour a en effet décidé que la partie non annulée de l'acte attaqué bénéficiait de cette autorité, de sorte qu'un acte, reproduisant purement et simplement cette partie, était à l'abri d'un recours (C.J.C.E., 16.02.1965, *Barge,* 14/64, rec., 1965, XI-4, p. 1, concl. K. Roemer).

478 ***Les arrêts d'annulation*** ◇ Les arrêts d'annulation ont pour conséquence de faire disparaître de l'ordonnancement juridique la disposition qu'ils frappent. C'est ce que traduit l'article 231, al. 1, C.E. (ex-art. 174, al. 1, C.E.) en déclarant que, si le recours est fondé, la Cour déclare nul et non avenu l'acte attaqué. Cette terminologie n'est pas excellente, l'expression « déclare nul et non avenu » convenant mieux à l'inexistence qu'à une illégalité que le juge sanctionne en prononçant l'annulation.

Quoiqu'il en soit, l'acte doit être considéré comme n'ayant jamais existé et ceci non seulement à l'égard du requérant mais à l'égard de quiconque, *erga omnes.*

Cette conséquence se déduit du caractère objectif du contrôle de légalité qui porte sur la correction de l'acte pris en lui-même et exige que tout acte vicié dans ses composantes légales soit purement et simplement anéanti dès le jour où il est entré dans l'ordonnancement juridique.

479 ***Possibilité pour le juge de réduire les effets d'une annulation*** ◇ La conséquence que l'on vient d'indiquer, pour logique qu'elle soit, n'en est pas

moins susceptible d'engendrer des difficultés quelquefois difficilement surmontables. Entre le moment où il est entré en vigueur et le moment où le juge le réduit à néant, l'acte a nécessairement produit des effets sur lesquels il faut revenir puisqu'ils sont désormais privés de leur fondement. Or, ce rétablissement peut n'être pas réalisable. Il peut même en tant que tel n'être pas souhaitable.

C'est pourquoi l'article 231, al. 2, C.E. (ex-art. 174, al. 2, C.E.) permet à la Cour, au cas d'annulation d'un règlement, d'indiquer ceux des effets du règlement annulé qui doivent être considérés comme définitifs.

Il s'agit là d'une dérogation aux conséquences normales d'une annulation. Ce texte est donc d'interprétation stricte. Visant la seule hypothèse d'une annulation et de l'annulation d'un règlement, il ne permet pas de maintenir tous les effets passés du règlement annulé mais seulement certains d'entre eux.

La jurisprudence ne donne que peu d'exemples d'application de ce texte (V. en matière d'annulation d'un règlement instituant un droit anti dumping définitif : C.J.C.E., 20.03.1985, *Timex,* 264/82, p. 861, concl. M. Darmon), sauf précisément dans des hypothèses ou dans des conditions qu'il ne prévoit pas. Ainsi en est-il, comme on l'a vu (*supra,* n° 114), en matière de renvoi en appréciation de validité, mais également en matière budgétaire s'agissant de décisions du président du Parlement (C.J.C.E., 3.07.1986, *Conseil c. Parlement,* 34/86, p. 2155, concl. F. Mancini - 31.03.1992, *Conseil c. Parlement,* C-284/90, I, p. 2277, concl. F. G. Jacobs), plus récemment s'agissant d'une directive (7.07.1992, *Parlement c. Conseil,* 295/90, I, p. 4236, concl. F. G. Jacobs) et plus récemment encore, s'agissant d'une décision (C.J.C.E., 26.03.1996, *Parlement c. Conseil,* C-271/94, I, p. 1689, concl. A. La Pergola).

480 ***Obligations résultant d'un arrêt d'annulation*** ◇ Les traités font obligation à l'institution dont l'acte est annulé de prendre les mesures qu'implique l'exécution de l'arrêt d'annulation. La Cour a été conduite à préciser la portée de cette obligation et elle l'a fait en donnant à celle-ci la plus large étendue (C.J.C.E., 26.04.1988, *Astéris,* 97/86, p. 2181, concl. G. Slynn, G.A. n° 63-A).

Il résulte de cette décision, d'une part, que l'institution concernée est tenue de respecter non seulement le dispositif mais également les motifs qui sont le soutien nécessaire de l'arrêt d'annulation, ce qui ne présente, en soi, aucune originalité (V. aussi, C.J.C.E., 19.02.1991, *Italie,* C-281/89, I, p. 347, concl. J. Mischo).

Mais la Cour décide, d'autre part, que si la constatation de l'illégalité dans les motifs de l'arrêt d'annulation oblige en premier lieu l'institution, auteur de l'acte, à éliminer cette illégalité dans l'acte destiné à se substituer à l'acte annulé, elle peut également, en tant qu'elle vise une disposition déterminée dans une matière donnée, entraîner d'autres conséquences. Ainsi, de l'obligation d'exclure des textes nouveaux à intervenir après l'arrêt d'annulation toute disposition ayant le même contenu que celle jugée illégale et également d'éliminer une telle disposition des textes déjà intervenus lors de cet arrêt. Faute de procéder ainsi, l'institution méconnaît son obligation d'exécution et devient justiciable d'une action en carence.

Il incombe en outre à l'administration de réparer le préjudice additionnel qui résulte éventuellement de l'acte illégal annulé, sous réserve que soient remplies les conditions posées par l'article 288, al. 2, C.E. (ex-art. 215, al. 2, C.E.) (*infra,* n° 520 s ; voir T.P.I., 20.05.1999, *Ecroyd Holdings c. Csion,* T-220/97, II, p. 1677). L'article 233 (ex-art. 176) ne subordonne pas la réparation du préjudice à l'existence d'une faute nouvelle distincte de l'acte d'origine illégal annulé (C.J.C.E., 9.08.1994, *P.E.C. Meskens,* C-412/92 P, I, p. 3757, concl. M. Darmon).

481 ***Indications bibliographiques*** ◇ E. Paulis, *Les effets des arrêts d'annulation de la Cour de justice des Communautés européennes,* Cah. dr. eur., 1987, 3, p. 243.

SECTION 6. L'EXCEPTION D'ILLÉGALITÉ

482 ***Sanction des illégalités par voie incidente*** ◇ Si le recours en annulation vise à faire sanctionner les illégalités par voie directe, cette sanction peut également être obtenue par voie incidente. Il en est ainsi, comme on l'a vu (*supra,* n° 101 et s.), du renvoi préjudiciel des juges nationaux en appréciation de validité, mais aussi sous forme d'exception devant le juge communautaire lui-même.

Si leur résultat est le même en ce qu'il consiste dans une déclaration d'invalidité et si l'une et l'autre compensent les restrictions mises à la recevabilité des recours en annulation formés contre des actes à portée générale par les requérants non-institutionnels, les deux procédures n'en demeurent pas moins distinctes et ne peuvent être combinées, la seconde n'étant applicable que dans une procédure poursuivie devant la juridiction communautaire elle-même (C.J.C.E., 14.12.1962, *Milchwerke Wöhrmann,* 31/62, p. 979, concl. K. Roemer).

483 ***Principe général d'existence de l'exception*** ◇ Les traités de Rome prévoient en termes généraux l'existence d'une telle exception (art. 241 C.E. (ex-art. 184 C.E.), 156 C.E.E.A.).

Se présentant comme l'expression d'un principe général, les dispositions de l'article 241 C.E. (ex-art. 184 C.E.) sont d'interprétation large en ce qu'elles ne concernent pas seulement les actes ayant la forme d'un règlement mais englobent tous les actes à portée générale (T.P.I., 26.10.1993, *Reinarz,* T-6/92, II, p. 1047).

484 ***Caractère incident de l'exception*** ◇ Malgré le caractère de principe de son existence, l'exception d'illégalité n'en demeure pas moins une procé-

dure incidente à effet restreint (C.J.C.E., 11.07.1985, *Salerno,* 87/77, p. 2523, concl. P. VerLoren van Themaat) Ainsi l'irrecevabilité du recours principal entraîne-t-elle celle de la demande introduite au titre de l'article 241 (ex-art. 184) (C.J.C.E., 28.06.1993, *Donatab,* C-64/93, I, p. 3595). Perpétuelle, comme toute exception, elle est strictement limitée dans ses conditions et dans ses effets.

485 ***Conditions de mise en œuvre – Effets*** ◇ L'exception d'illégalité ne permet que la remise en cause d'un texte de portée générale à l'occasion d'un recours en annulation dirigé contre une décision individuelle qui en constitue l'exécution. Il en résulte plusieurs conséquences quant à ses conditions de mise en œuvre.

D'une part, l'exception d'illégalité ne permet jamais de remettre en cause des actes individuels (C.J.C.E., 31.03.1965, *Macchiorlatti,* 21/64, p. 227, concl. K. Roemer - 19.10.1983, *Usinor,* 265/82, p. 3105, concl. G. Slynn - jurisp. const. : 24.09.1987, *Porto Nogaro,* 340/85, p. 3575, concl. G. Slynn - T.P.I., 5.06.1992, *Finsider,* T-26/90, II, p. 1789)). De ce fait, elle ne saurait être utilisée par un État membre comme moyen de défense dans le cadre d'une action en manquement de l'article 88 C.E.C.A (C.J.C.E., 8.03.1960, *Allemagne c. Haute Autorité,* 3/59, p. 117, concl. M. Lagrange) ou de l'article 88, § 2, C.E. (ex-art. 93, § 2, C.E.) en matière d'aides (C.J.C.E., 12.12.1978, *Csion c. Belgique,* 156/77, p. 1881, concl. H. Mayras, *infra,* n° 557-591).

D'autre part, si elle permet de remettre en cause un acte de portée générale et en particulier un règlement, elle ne saurait permettre de contester l'applicabilité de quelque règlement que ce soit à l'occasion d'un recours quelconque.

Le règlement dont l'illégalité est soulevée doit donc être applicable directement ou indirectement à l'espèce qui fait l'objet du recours (C.J.C.E., 13.07.1966, *Italie c. Conseil,* 32/65, p. 564, concl. K. Roemer). Plus précisément, il faut qu'il existe un rapport nécessaire entre la décision individuelle qui est attaquée et le règlement dont, à raison de son illégalité, l'inapplicabilité est demandée (C.J.C.E., 16.02.1982, *Metallurgica Rumi,* 258/80, p. 487, concl. G. Reischl - 21.02.1984, *Walzstahl Vereinigung,* p. 951, concl. P. VerLoren van Themaat).

Lorsque le recours attaque deux décisions individuelles formant un tout, il suffit cependant que l'une d'entre elles présente un lien juridique direct avec le règlement mis en cause (C.J.C.E., 2.03.1967, *Simet,* 25/65, p. 39, concl. J. Gand).

L'exception d'illégalité a pour seul effet de rendre inapplicable à l'espèce le règlement dont l'illégalité aura été reconnue et que l'écoulement des délais du recours en annulation a rendu inattaquable. Il en résulte que la décision individuelle attaquée qui en constitue l'exécution, ainsi privée de base légale, sera, elle, annulée.

486 ***Indications bibliographiques*** ◇ M. Waelbroeck et O. Speltdoorn, *Exception d'illégalité,* Rép. Com. Dalloz, 1999.

CHAPITRE 2
L'ACTION EN CARENCE

487 ***Objet – Caractères généraux*** ◇ L'action, que la pratique désigne sous le nom de recours « en carence », a pour objet de faire constater par le juge l'illégalité de l'abstention d'une institution, légalement tenue de prendre une décision. Une telle action est donc manifestement irrecevable dès lors que l'autorité communautaire compétente a pris une décision à l'égard du requérant (C.J.C.E. (Ord.), 9.07.1991, *Control Union,* I, p. 3585).

488 ***Déroulement de la procédure*** ◇ Les articles 232 C.E. (ex-art. 175 C.E.) et 148 C.E.E.A. divisent l'action en carence en deux phases successives, l'une de caractère administratif, l'autre de caractère juridictionnel.

SECTION 1. LA SAISINE DE L'INSTITUTION DÉFAILLANTE

489 ***Personnes habilitées à agir*** ◇ Aux termes de l'article 232 C.E. (ex-art. 175 C.E.) - art. 148 C.E.E.A., ce sont les États membres, les institutions autres que celle dont la carence est en cause et toute personne physique ou morale.

Ce texte ne mentionnait pas expressément le Parlement européen, mais la formule « les autres institutions de la Communauté » avait été interprétée par la Cour comme incluant l'institution parlementaire (C.J.C.E., 22.05.1985, *Parlement européen c. Conseil,* 13/83, p. 1513, concl. C. O. Lenz, G.A., n° 46 - D. 1985, 39, p. 1, note L. Cartou - RTD eur., 1985, p. 757, note J. P. Jacqué). Dans la rédaction, telle que modifiée par le traité sur l'Union, la Banque centrale européenne figure désormais parmi les personnes habilitées à agir.

S'agissant d'autre part des personnes physiques ou morales, le texte précise, cette fois, qu'elles ne pourront saisir ultérieurement le juge que pour faire grief aux institutions de la Communauté d'avoir manqué de leur adresser un acte « autre qu'une recommandation ou un avis ». Cette formule, apparemment large, est en réalité tout à fait restrictive. Comme les règlements n'ont pas, par définition, de destinataire déterminé et que les directives ne sont adressées qu'aux États membres, il en résulte que ces personnes ne peuvent agir en carence, dès le stade administratif, que si l'institution compétente avait l'obligation légale de prendre une décision dont ces personnes seraient les destinataires (C.J.C.E., 10.06.1982, *Lord Bethell,* 246/81, p. 2277, concl. G. Slynn - 26.04.1988, *Asteris,* 97/86, p. 2181, concl. G. Slynn, G.A. n° 63-A), ou, ne l'étant pas, seraient directement et individuellement concernées (C.J.C.E., 26.11.1996, *T. Port,* C-68/95, I, p. 6065.).

Selon la jurisprudence traditionnelle (V. toutefois *supra,* n° 405) ces requérants ne sont pas recevables dans leurs actions en carence en matière d'actes de la Commission relatifs aux marchés des États A.C.P. financés par le F.E.D. (C.J.C.E., 14.01.1993, *Italsolar,* C-257/90, I, p. 9 concl. C. O. Lenz).

490 ***Destinataire et objet de l'invitation à agir*** ◇ L'article 232 C.E. (ex-art. 175 C.E.) - art. 148 C.E.E.A., s'il n'emploie pas l'expression « mise en demeure » mais l'expression « invitation à agir », vise en réalité une démarche identique.

Cette invitation doit être adressée à celle des institutions compétente pour arrêter l'acte dont il est prétendu qu'elle avait l'obligation légale de le prendre. Tel que modifié par le traité sur l'Union, l'article 232 inscrit le Parlement européen parmi les institutions dont la carence peut donner lieu à l'action (C.J.C.E. (Ord.), 10.06.1993, *The Liberal Democrats c. Parlement européen,* C-41/92, I, p. 3153, concl. M. Darmon) et y ajoute la Banque centrale européenne. L'action sera donc irrecevable dans le cas où l'autorité communautaire serait dépourvue du pouvoir invoqué (C.J.C.E., 4.03.1982, *Gauff,* 182/80, p. 799, concl. S. Rozès).

L'invitation à agir doit spécifier quel acte devrait être pris et indiquer le fondement de cette obligation. Le respect de cette exigence est indispensable pour que l'institution soit en mesure de prendre position et pour que l'arrêt par lequel le juge constatera ultérieurement une éventuelle carence soit susceptible d'une exécution effective.

L'action visant une abstention illégale de statuer, elle ne se conçoit pas en dehors de cette hypothèse. Ainsi, l'invitation à agir ne peut-elle pas viser le cas où l'institution a effectivement pris un acte dont l'intéressé prétend qu'il serait illégal et en demander par cette voie la révocation, en considérant comme une carence le fait pour l'institution de ne pas donner suite à cette demande (C.J.C.E., 10.12.1969, *Eridania,* 10/68, p. 459, concl. K. Roemer). De même, ne saurait-elle inviter une institution à adopter un acte différent de celui qu'elle a arrêté et que les intéressés estiment nécessaire ou préférable (C.J.C.E., 13.07.1971, *Deutscher Komponister Verband,* 8/71, p. 705, concl. K. Roemer - 15.12.1988, *Irish Cement,* 166/86, p. 6473, concl. M. Darmon - application de l'article 148 C.E.E.A. : 16.02.1993, *ENU,* C-107/91, I, p. 599, concl. C. Gulmann).

L'abstention illégale de statuer implique par ailleurs l'existence d'une compétence liée. L'action en carence ne peut donc mettre en cause l'exercice d'une compétence discrétionnaire. Ainsi, ne peut-elle viser à obliger la Commission à faire usage de l'action en manquement d'État (C.J.C.E., 1.03.1966, *Lütticke,* 48/65, p. 28, concl. J. Gand - 14.02.1989, *Star Fruit,* 247/87, p. 291, concl. C. O. Lenz - jurisp. const. : (Ord.), 12.06.1992, *Asia Motor France,* I, p. 3935 - *infra,* n° 563). Ainsi, si un recours est recevable à l'encontre de la carence de la Commission, en matière d'application des articles 81 et 82 du traité C.E. (ex-art. 85 et 86 C.E.), d'adresser à des entreprises plaignantes la lettre article 6 du règlement n° 99/63 (T.P.I., 18.09.1992, *Asia Motor*, T-28/90, II p. 2285, concl. D. A. O. Edward), un tel recours est en revanche irrecevable contre l'inaction de la Commission sur le terrain de l'article 86 du traité C.E. (ex-art. 90 C.E.) dès lors que le règlement n° 99/63 ne s'applique pas en la matière (T.P.I., 27.10.1994, *Ladbroke*, T-32/93, II, p. 1018). Il en va de même à l'égard du Conseil pour la mise en œuvre d'une politique commune, dont il appartient à celui-ci de déterminer les objectifs et les moyens, et dont le défaut d'établissement ne constitue pas nécessairement de ce fait une carence au sens de l'article 232 (ex-art. 175) (C.J.C.E., 22.05.1985, *Parlement c. Conseil,* 13/83, p. 1.513, précité).

491 ***Délai*** ◇ L'article 232 C.E. (ex-art. 175 C.E.) – art. 148 C.E.E.A. ne fixe pas le délai dans lequel l'institution concernée doit être invitée à agir. Le recours ne saurait être considéré comme tardif dès lors que pendant le délai qui s'est écoulé entre la réaction de l'institution et la saisine de la Cour des contacts fréquents ont eu lieu entre les parties (C.J.C.E., 16.02.1993, *ENU,* C-107/91, I, p. 599, précité).

492 ***Résultats de l'invitation à agir*** ◇ L'article 232 C.E. (ex-art. 175 C.E.) – art. 148 C.E.E.A. n'assimile pas à une décision implicite de rejet le silence gardé par cette institution mais ne vise, de la part de celle-ci, qu'une absence de prise de position.

Il va de soi que si l'institution saisie reconnaît le bien fondé de l'invitation à agir et y donne suite, l'action ne va pas plus loin, le contentieux étant épuisé. Au contraire, l'absence de prise de position permet le passage à la phase juridictionnelle.

SECTION 2. L'ACTION DEVANT LE JUGE

493 ***Délais*** ◇ La saisine du juge est conditionnée par l'écoulement d'un délai de deux mois à compter du moment où l'institution a reçu l'invitation à agir et pendant lequel elle n'a pas pris position. Il est donc indispensable que la date de cette invitation puisse être établie par un document qui devra être joint à la requête. Le délai du recours au juge est à son tour de deux mois à compter de l'échéance du précédent.

494 ***Objet du recours*** ◇ Bien que, comme on l'a dit, l'article 232 C.E. (ex-art. 175 C.E.) - art. 148 C.E.E.A. - n'assimile pas le silence de l'institution à une décision implicite de rejet, on pouvait considérer qu'à cet égard, la situation n'était pas différente de celle résultant d'une telle assimilation, dès lors que, de la même manière, la saisine du juge était conditionnée par l'écoulement d'un délai.

Telle n'est cependant pas la solution adoptée par la jurisprudence. La Cour a en effet jugé qu'il était indifférent que la prise de position exigée de l'institution saisie soit implicite ou explicite, « un refus d'agir, si explicite soit-il, » pouvant lui être déféré dès lors qu'il ne met pas fin à la carence (C.J.C.E., 27.09.1988, *Parlement c. Conseil,* 302/87, p. 5615, concl. M. Darmon). Un refus explicite ne relève donc pas du recours en annulation, mais continue de relever de l'action en carence au même titre que le refus implicite résultant de l'absence de prise de position pendant le délai prescrit.

495 ***Constatation de la carence*** ◇ La constatation de la carence est tributaire de la possibilité de l'établir dans des termes qui permettent à l'arrêt qui y procède de recevoir exécution. Il en résulte qu'elle est fonction des énonciations de l'invitation à agir, les actes faisant l'objet du litige devant être suffisamment individualisés pour permettre au juge d'apprécier la légalité de leur adoption ou de leur non adoption (C.J.C.E., 22 mai 1985, *Parlement c. Conseil,* 13/83, p. 1513, précité).

Dans le cas où l'institution a pris position après l'expiration du délai de deux mois mais avant l'introduction du recours, ce dernier est irrecevable en tant qu'il vise à faire constater une carence (C.J.C.E., 1.04.1993, *Pesqueras Echebastar,* C-25/91, I, p. 1719, concl. C. Gulmann).

Dans le cas où l'institution invitée à agir a remédié à la carence après le dépôt du recours mais avant que celui-ci ne soit jugé, la procédure se conclut par un arrêt de non-lieu, une constatation de la carence faisant l'objet du recours n'étant plus susceptible des effets attachés à l'arrêt qui la constaterait (C.J.C.E., 12.07.1988, 2 espèces, *Parlement c. Conseil,* 377/87 ; *Csion c. Conseil,* 383/87, pp. 4017, 4051, concl. J. Mischo - 24.11.1992, *Buckl,* C-15/91, I, p. 6061, concl. C. Gulmann).

Un acte qui n'est pas susceptible d'un recours en annulation, par exemple une décision préparatoire, peut néanmoins constituer une prise de position de nature à mettre fin à la carence d'une institution (T.P.I., 17.02.1998, *Pharos c. Csion,* T-105/96, II, p. 285).

496 ***Les pouvoirs du juge de la carence*** ◇ La juridiction communautaire est seulement compétente pour constater la carence et ne dispose pas du pouvoir d'adresser une injonction à l'institution communautaire défenderesse (T.P.I., (Ord.), 12.11.1996, *SDDDA c. Csion,* T-47/96, II, p. 1559 ; T.P.I., 9.09.1999, *UPS Europe c. Csion,* T-127/98, II, p. 2633).

497 ***Juridiction communautaire compétente*** ◇ Les recours en carence des personnes physiques ou morales doivent être d'abord portés devant le Tribunal de première instance.

498 ***Indications bibliographiques*** ◇ J. Boulouis, *Le recours en carence,* Dix ans de jurisprudence de la Cour de justice des Communautés européennes, *op. cit.,* 1965, p. 376 - Wolf, *Le recours en carence dans le droit des Communautés européennes,* Rev. marché commun, 1966, p. 111 - G. Soldatos, *L'introuvable recours en carence devant la Cour de justice des Communautés*

européennes, Cah. dr. eur., 1969, p. 313 – E. Reuter, *Le recours en carence de l'article 175 C.E.E. dans la jurisprudence de la Cour de justice des Communautés européennes,* Cah. dr. eur., 1972, p. 159 – A. Barav, *Considérations sur la spécificité du recours en carence,* RTD eur., 1975, p. 52 – B. Pommies, *Recours en carence,* J. Cl. Europe, fasc. 340, 1991.

SOUS-TITRE 2

Les actions en réparation

499 ***Les régimes de responsabilité des Communautés*** ◇ Les traités instituant les Communautés réglementent la responsabilité de celles-ci de manière différente suivant qu'il s'agit de leur responsabilité contractuelle ou extra-contractuelle.

CHAPITRE 1
LA RESPONSABILITÉ CONTRACTUELLE

500 ***Régime*** ◇ La responsabilité contractuelle est régie par la loi applicable au contrat en cause. Ainsi en disposent expressément les article 288, al. 1, C.E. (ex-art. 215, al. 1, C.E.) et 188, al. 1, C.E.E.A. Le juge compétent pour apprécier cette responsabilité est donc le juge national de la loi du contrat.

501 ***Clauses compromissoires attributives de compétence*** ◇ Il n'en irait autrement que si le contrat, qu'il soit de droit public ou de droit privé, conclu par la Communauté ou pour son compte, comportait une clause compromissoire attribuant compétence à la juridiction communautaire (art. 238 C.E. (ex-art. 181 C.E.), 153 C.E.E.A.). Le juge communautaire compétent est désormais le Tribunal de première instance lorsque le requérant est une personne physique ou morale en application de la décision 88/591 du Conseil du 8 juin 1993, la Cour restant compétente lorsque l'action est formée par une institution ou un État membre.

Cette éventualité appelle deux ordres de précisions.

502 ***Notion de clause compromissoire et étendue de l'attribution de compétence*** ◇ Les premières concernent la notion de clause compromissoire et l'étendue de la compétence attribuée de cette manière à la juridiction communautaire.

Il a été jugé qu'une disposition d'un règlement constituait une clause compromissoire dès lors que, s'agissant d'opérations exécutées en vertu de contrats, une telle disposition faisait partie intégrante de ces contrats (C.J.C.E., 11.02.1993, *Cebag*, C-142/91, I, p. 553 – concl. F. G. Jacobs).

La Cour avait d'autre part estimé que, dans la mesure où sa compétence résultait d'une clause compromissoire contenue dans chacun des contrats annuels signés à partir d'une année déterminée, le fait que la même clause ne figure pas dans les contrats antérieurs et que, pour ce qui est des premières années des relations contractuelles, il n'existe même pas de contrat écrit, ne faisait pas obstacle à ce qu'elle tienne compte dans son appréciation des rapports existant entre les parties de l'ensemble des contrats successivement conclus (C.J.C.E., 1.07.1982, *Porta*, 109/81, p. 2469, concl. F. Capotorti).

Il n'en reste pas moins que, lorsqu'elle est fondée sur une clause compromissoire, la compétence de la juridiction communautaire est dérogatoire au droit commun, partant d'interprétation stricte. Cette juridiction ne peut donc connaître que des seules demandes qui dérivent du contrat dans lequel est inscrite la clause, ou qui ont un rapport direct avec les obligations qui en découlent (C.J.C.E., 13.11.1986, *Zoubeck,* 426/85, p. 4057, concl. G. Slynn).

Lorsque, compétent en vertu d'une clause compromissoire pour trancher un litige en vertu du droit national régissant le contrat, le juge communautaire est saisi d'une demande reconventionnelle, sa compétence pour connaître de celle-ci et la recevabilité de cette demande s'apprécient au vu des seuls article 238 C.E. (ex-art. 181 C.E.) et 153 C.E.E.A. ainsi que du règlement de procédure (*idem*).

503 ***Droit applicable*** ◇ Les secondes concernent le droit applicable. Celui-ci est déterminé par les parties dans la clause et c'est généralement le droit national du contrat, y compris les éventuelles dérogations qu'il peut prévoir. Mais ce peut être aussi le droit communautaire (C.J.C.E., 23.01.1986, *Centrale Marketingsgesellschaft,* 251/84, p. 222, concl. M. Darmon).

504 ***Exigences de forme concernant la requête*** ◇ Enfin, la recevabilité de la requête est subordonnée à la production des actes contractuels et des pièces de correspondance relatifs à la clause compromissoire (C.J.C.E., 7.12.1976, *Pellegrini,* 23/76, p. 1807, concl. H. Mayras).

505 ***Indications bibliographiques*** ◇ A. Barav, *Article 181,* Le traité instituant la C.E.E., commentaire article par article, *op. cit.*, p. 1147 - R. Monaco, *Compétence arbitrale et compétence de la Cour des Communautés européennes,* Mél. Minoli, 1974, p. 327 - Ch. Jarrosson et L. Idot, *V. Arbitrage,* Encycl. Dalloz, Dr. communautaire, 1992.

CHAPITRE 2
LA RESPONSABILITÉ EXTRA-CONTRACTUELLE

506 ***Différenciation des régimes*** ◇ Les traités comportent également un régime de responsabilité extra-contractuelle dont ils confient cette fois l'application à la juridiction communautaire. Le Tribunal de première instance est désormais compétent pour en connaître lorsque l'action en responsabilité est formée par une personne physique ou morale.

Ce régime règle trois situations suivant que la responsabilité de la Communauté est engagée, de son fait à l'égard de ses justiciables, ou du fait de ses agents agissant dans l'exercice de leurs fonctions, ou qu'elle l'est à l'égard de ses propres agents.

Si cette dernière responsabilité obéit à des règles particulières les deux autres se justifient par l'idée que l'institution des Communautés ne pouvait pas s'accompagner d'une diminution de la protection juridique dont bénéficiaient les administrés vis-à-vis des administrations nationales à l'occasion de l'exercice de compétences, désormais exercées par l'administration communautaire.

507 ***Identité des régimes C.E.-C.E.E.A.*** ◇ La responsabilité des deux Communautés est respectivement régie par les articles 235 et 288, al. 2, C.E. (ex-art. 178 et 215, al. 2, C.E.) et par les articles 151 et 188, al. 2, C.E.E.A. La rédaction de ces textes étant identique, le régime de responsabilité est littéralement le même. Il se trouve cependant que, sauf pour la responsabilité encourue du fait des agents, la jurisprudence concerne principalement le régime C.E.

508 ***Caractères généraux*** ◇ Tel qu'il est fixé par les textes, ce régime de responsabilité ne subordonne pas à la seule faute l'engagement de la responsabilité. Ces textes mettent en effet à la charge de la Communauté une obligation de réparation « conformément aux principes généraux communs aux droits des États membres ». Cette disposition oblige ainsi à considérer les conditions d'engagement de la responsabilité en fonction de la manière dont la jurisprudence a interprété cette prescription.

SECTION 1. LA RECEVABILITÉ DE L'ACTION EN RÉPARATION

509 ***Caractère autonome de l'action*** ◇ La Cour a posé le principe de l'autonomie de l'action en réparation fondée sur l'article 288, al. 2, C.E.

(ex-art. 215, al. 2, C.E.) (C.J.C.E., 28.04.1971, *Lütticke*, 4/69, p. 325, concl. A. Dutheillet de Lamothe - jurisp. const. 21.06.1993 (Ord.) *Van Parijs*, C-257/93, I, p. 3335).

La recevabilité de cette action n'est donc subordonnée qu'aux conditions impliquées par son objet spécifique (C.J.C.E., 2.12.1971, *Aktien-Zuckerfabrik Schöppenstedt*, 5/71, p. 975, concl. K. Roemer, G.A. n° 70), ce que l'avocat général A. Dutheillet de Lamothe devait traduire en disant : « Dès lors que le requérant a qualité pour former sa requête, que celle-ci est présentée dans les délais et que la Cour est compétente pour lui accorder éventuellement ce qu'il demande, la requête est recevable quelle que soit la valeur ou même la pertinence des arguments qu'il invoque » (concl. dans C.J.C.E., 13.06.1972, *Cie d'approvisionnement*, 9/71, p. 391).

À cet égard, la question de savoir si l'action qui, ne visant qu'au remboursement de sommes payées en vertu d'une décision individuelle, réputée illégale mais non attaquée, tend en réalité au même résultat qu'un recours en annulation, n'est pas une question de recevabilité, mais une question de fond (C.J.C.E., 13.07.1963, *Plaumann*, 25/62, p. 197, concl. K. Roemer).

510 ***Identification du défendeur*** ◇ Visant la mise en cause de la responsabilité de la Communauté, seule à posséder la personnalité juridique, l'action en réparation devrait être dirigée contre celle-ci, ou du moins contre celle de ses institutions habilitée à la représenter en justice.

Rejetant une application par analogie de l'article 282 (ex-art. 211 du traité C.E.), qui confie à la Commission la représentation en justice de la Communauté dans les ordres juridiques nationaux, la Cour a admis que, dans l'intérêt d'une bonne administration de la justice, la Communauté soit représentée par la ou les institutions à qui le fait générateur était reproché. Ainsi, l'action peut donc être dirigée contre la Commission ou le Conseil ou contre les deux simultanément.

La circonstance qu'en l'espèce la requête ne concluait pas en termes exprès à la condamnation de la Communauté mais à la condamnation solidaire des deux institutions, n'ayant pas nui aux droits de la défense, n'a pas été de nature à entraîner son irrecevabilité (C.J.C.E., 13.11.1973, *Werhahn Hansamühle et a*, 63/72, p. 1229, concl. K. Roemer).

D'autre part, bien que le texte de l'article 288, al. 2, (ex-art. 215, al. 2), ne mentionne que les dommages causés par les institutions, la Cour a considéré que les actes ou omissions dont la Banque européenne d'investissement a pu se rendre coupable en tant que mandataire de la Communauté relevaient de sa compétence et de cette disposition (C.J.C.E., 2.12.1992, *S.G.E.E.M.*, C-370/89, I, p. 6211, concl. C. Gulmann).

Ainsi, le Parlement européen a-t-il été condamné au titre de la responsabilité extracontractuelle du fait de son comportement fautif à l'occasion d'une procédure d'adjudication d'un marché de services (T.P.I., 17.12.1998, *Embassy Limousines c. Parlement européen*, T-203/96, II, p. 4239).

Enfin, le Traité sur l'Union européenne a inséré un troisième alinéa à l'article 215 C.E. (devenu l'article 288 C.E.) instituant la compétence de la

Cour de justice pour connaître des actions en responsabilité extracontractuelle à l'encontre de la Banque centrale européenne et de ses agents.

511 ***Incidence des compétences nationales*** ◇ Sans doute, la juridiction communautaire est-elle seule compétente pour connaître des litiges relatifs à la réparation des dommages causés par les institutions des Communautés (C.J.C.E., 8.04.1992, *Cato,* C-55/90, I, p. 2533, concl. M. Darmon).

Mais l'attribution aux autorités nationales de compétences d'exécution du droit communautaire, et en particulier celles de payer ou de percevoir certaines sommes dues en application de ce droit, devait contribuer à modifier les conditions de recevabilité de l'action en réparation en fonction d'une distinction suivant l'objet de cette dernière. Il n'est pas nécessaire de décrire ici les développements, quelquefois incertains, qui ont conduit au dernier état d'une jurisprudence qui fixe désormais les solutions applicables (C.J.C.E., 26.02.1986, *Krohn,* 175/84, p. 175, concl. F. Mancini, G.A. n° 66). Celles-ci correspondent à trois situations.

512 ***1. Dommage causé par les autorités nationales*** ◇ La première de ces situations est celle où l'imputabilité du dommage incombe aux autorités nationales dans l'application qu'elles ont faite des normes communautaires. Il en est ainsi par exemple lorsque le dommage résulte de la mauvaise exécution par les autorités nationales de dispositions communautaires octroyant un avantage à des opérateurs économiques (C.J.C.E., 26.11.1975, *Grands Moulins des Antilles c. Csion,* 99/74, p. 1531, concl. A. Trabucchi) ou lorsque les autorités nationales tiennent compte d'un avis non obligatoire de la Commission (C.J.C.E., 27.03.1980, *Sucrimex c. Csion,* 133/79, p. 1299, concl. G. Reischl) ou lorsque le dommage est imputable à l'acte d'une autorité nationale, fondée sur une décision de la Commission refusant d'admettre un projet à la procédure d'octroi d'un concours communautaire, dès lors que cette décision a été prise à la suite de l'avis défavorable à l'admission de ce projet donné par les autorités nationales compétentes (C.J.C.E., 3.12.1992, *Oleificio Borelli c. Csion,* C-97/91, I, p. 6313, concl. M. Darmon). Dans toutes ces circonstances, seule la responsabilité des autorités nationales peut être mise en œuvre devant les juridictions nationales ; une action fondée sur l'article 288 (ex-art. 215) du traité C.E. devant le juge communautaire est alors déclarée irrecevable.

513 ***2. Imputabilité du dommage à la Communauté – Épuisement préalable des voies de recours internes*** ◇ La deuxième situation est celle où le dommage est imputable au comportement d'une institution communautaire. Même dans cette hypothèse, une jurisprudence traditionnelle renvoie les particuliers à porter au préalable leur action en responsabilité devant les juridictions nationales. Selon cette jurisprudence, « Dans le cas où un particulier s'estime lésé par l'application d'un acte normatif communautaire qu'il considère comme illégal, il dispose de la possibilité, lorsque la mise

en œuvre de l'acte est confiée aux autorités nationales, de contester, à l'occasion de cette mise en œuvre, la validité de l'acte devant une juridiction nationale dans le cadre d'un litige l'opposant à l'autorité interne » (C.J.C.E., 12.04.1984, *Unifrex*, 281/82, p. 1969, concl. F. Mancini ; V. aussi C.J.C.E., 5.12.1979, *Amylum*, 116/77 et 124/77, p. 3497, concl. G. Reischl).

La priorité ainsi donnée aux actions en répétition de l'indu devant les juridictions nationales aux fins d'obtenir le remboursement des sommes perçues par l'autorité nationale en exécution d'une norme communautaire annulée ou déclarée invalide n'est exigée que si ces voies de droit nationales assurent d'une manière efficace la protection des particuliers qui se sentent lésés par un acte d'une institution communautaire (C.J.C.E., 26.02.1986, *Krohn*, 175/84, p. 753, concl. F. Mancini ; 8.04.1992, *Cato c. Csion*, C-55/90, I, p. 2433, concl. Darmon). Il est ainsi nécessaire que le juge national, après un renvoi préjudiciel et une déclaration d'invalidité de la norme communautaire par la Cour de justice, soit à même de pouvoir ordonner la restitution des sommes illégalement perçues par l'autorité nationale, sans qu'il soit nécessaire d'attendre l'adoption d'une nouvelle norme communautaire. Si tel n'est pas le cas, alors une action en responsabilité portée directement devant le juge communautaire est recevable. C'est ainsi que la Cour de justice a accepté d'examiner immédiatement le recours en responsabilité dans une affaire où était en cause la fixation à un niveau insuffisant des subventions à l'importation à octroyer par la France à la suite de la dévaluation du franc français (C.J.C.E., 24.10.1973, *Merkur*, 43/72, p. 1055, concl. H. Mayras). Une éventuelle déclaration d'invalidité du règlement communautaire litigieux n'aurait en effet pas permis au juge national d'ordonner la réparation du préjudice allégué par certains opérateurs économiques.

Cette priorité relative donnée aux actions en répétition de l'indu conduit parfois l'opérateur économique à devoir intenter deux actions, une devant les juridictions nationales et une autre devant le juge communautaire. En effet, si les juridictions nationales sont également compétentes pour régler les questions accessoires aux actions en répétition de l'indu, telles que le versement d'intérêts moratoires par l'autorité nationale compétente (C.J.C.E., 21.05.1976, *Roquette II*, 26/74, p. 677, concl. A. Trabucchi) ou la question des dépens (T.P.I., 18.09.1995, *Nölle*, T-167/94, II, p. 2589), le juge communautaire est en revanche seul compétent pour statuer directement sur le préjudice résultant d'une atteinte aux conditions de la concurrence, c'est-à-dire dans la perte de marchés (C.J.C.E., 21.05.1976, *Roquette II*, précité), ou sur le préjudice résultant de l'obligation dans laquelle l'opérateur économique s'est trouvé de verser des sommes à des tiers, par exemple en cas de constitution d'une garantie bancaire (C.J.C.E., 13.03.1992, *Vreugdenhil*, C-282/90, I, p. 1962, concl. Darmon).

514 ***3. Existence d'une décision individuelle devenue définitive*** ◇ La troisième situation est la conséquence directe du caractère autonome de l'action en réparation. Ne fait pas obstacle à la recevabilité de celle-ci

l'existence d'une décision individuelle devenue définitive, sauf dans le cas où cette action viserait à un résultat équivalent au retrait de cette décision, situation dans laquelle, d'ailleurs, il ne s'agirait pas d'une question de recevabilité, mais, comme on l'a dit (*supra,* n° 509), d'une question de fond. La charge de la preuve du détournement de procédure pèse sur l'institution communautaire défenderesse (T.P.I., 24.09.1996, *Dreyfus c. Csion,* T-485/93, II, p. 1101).

515 ***Caractère facultatif d'une demande administrative préalable*** ◇ La recevabilité de l'action en réparation n'est pas subordonnée à l'obligation pour le requérant d'avoir préalablement saisi l'institution compétente d'une demande d'indemnité. Purement facultative, une telle demande, lorsqu'elle a été effectuée, n'a de conséquences que pour la prescription de l'action (*infra,* n° 517).

516 ***Subordination de la recevabilité aux caractères du préjudice allégué*** ◇ Rejetant une exception d'irrecevabilité fondée sur la circonstance que la requête était prématurée et ne pouvait pas fixer avec certitude le préjudice allégué, la Cour a décidé que l'article 288 (ex-art. 215) du traité C.E. ne faisait pas obstacle à ce qu'elle soit saisie pour faire constater la responsabilité de la Communauté pour des dommages imminents et prévisibles avec une certitude suffisante (C.J.C.E., 2.06.1976, *Kampffmeyer,* 56/74, p. 711, concl. G. Reischl).

L'action est donc recevable dès que la cause du préjudice est certaine, sans pour autant que ce préjudice puisse encore être évalué (jurisp. const. : C.J.C.E., 29.01.1985, *Binderer,* 147/83, p. 257, concl. P. VerLoren van Themaat – 14.01.1987, *Zuckerfabrik Bedburg,* 281/84, p. 49, concl. G. Slynn).

517 ***Prescription de l'action*** ◇ L'article 43 du statut de la Cour C.E. dispose que les actions contre la Communauté en matière de responsabilité non-contractuelle se prescrivent par cinq ans à compter de la survenance du fait qui y donne lieu.

Cette prescription est interrompue, soit par la requête formée devant la Cour, soit par la demande préalable que la victime peut adresser à l'institution compétente de la Communauté. Dans ce dernier cas, la requête doit être formée dans le délai de deux mois prévu pour le recours en annulation, les délais applicables à l'action en carence étant, le cas échéant, applicables. Ainsi qu'il résulte a contrario de l'article 43 du Statut C.E., le recours intenté par le demandeur à l'action en réparation devant une juridiction nationale ne constitue pas un acte interruptif de la prescription (T.P.I., 4.02.1998, *Bühring c. Csion,* T-246/93, II, p. 171).

Le délai de prescription ainsi fixé ne commence à courir que lorsque sont réunies toutes les conditions auxquelles est subordonnée l'obligation de réparation. Il ne court donc pas tant que le dommage à réparer ne s'est pas concrétisé (C.J.C.E., 27.01.1982, *Birra Wührer,* 256/81, p. 85, concl. F. Capotorti). Ainsi, des producteurs de lait empêchés de reprendre leur commercialisation du fait d'un règlement communautaire subissent un préjudice qui se poursuit jusqu'à ce qu'il leur soit attribué une quantité de référence et le délai de prescription ne commence à courir à leur encontre qu'à compter de cette dernière date (T.P.I., 25.11.1998, *Alfons Steffens*, T-22/97, II, p. 4175). En revanche, le délai de prescription ne saurait courir seulement à compter de l'annulation ou de la constatation d'invalidité du règlement communautaire à l'origine des dommages (T.P.I., 16.04.1997, *Saint et Murray c. Conseil et Csion*, T-554/93, II, p. 563).

La question peut se poser de son point de départ lorsque l'action en réparation vise des dommages dont l'origine se trouve dans une impossibilité d'obtenir de la juridiction nationale, à la suite d'une décision de la Cour sur renvoi, le remboursement de sommes indûment payées, et ce, du fait du déroulement de cette procédure de renvoi jusqu'à sa conclusion. Cette question, soulevée par l'avocat général, n'a pas été examinée par la Cour (C.J.C.E., 30.05.1989, *Roquette*, 20/88, p. 1553, concl. M. Darmon).

Le refus implicite ou explicite opposé par l'institution à une demande préalable d'indemnité, s'il oblige le requérant à saisir la Cour dans les deux mois, ne l'oblige pas à former contre ce refus un recours distinct en annulation (C.J.C.E., 13.06.1972, *Cie d'approvisionnement*, 9/71, p. 391, concl. A. Dutheillet de Lamothe).

SECTION 2. **CONDITIONS D'ENGAGEMENT DE LA RESPONSABILITÉ**

518 ***Conception générale*** ◇ Si les textes imposent une obligation de réparation conformément aux principes généraux communs aux droits des États membres, ils appliquent cette obligation à la fois dans l'hypothèse où ces dommages auraient été causés par les institutions et dans celle où ces dommages auraient été causés par les agents dans l'exercice de leurs fonctions. Ces deux hypothèses doivent cependant être distinguées, la seconde impliquant une condition supplémentaire préalable.

519 ***Responsabilité du fait des agents*** ◇ La jurisprudence ne contient qu'une seule illustration d'une hypothèse dans laquelle la responsabilité de la Communauté, en l'espèce la C.E.E.A., aurait pu être engagée du fait des agents. Son intérêt tient à la conception qu'elle consacre de la condition relative à l'exercice des fonctions.

Cette conception s'est en l'espèce révélée restrictive, s'exprimant par une formule de principe suivant laquelle les actes des agents de nature à engager la responsabilité de la Communauté sont exclusivement ceux qui, *en vertu d'un rapport interne et direct*, constituent le prolongement nécessaire des missions confiées aux institutions (C.J.C.E., 10.07.1969, *Sayag*, 9/69, p. 329, concl. J. Gand, G.A. n° 72), une telle formule étant directement empruntée au droit allemand.

520 ***Responsabilité du fait des institutions*** ◇ Par une formule de principe, constamment répétée depuis 1971 (C.J.C.E., 28.04.1971, *Lütticke,* 4/69, p. 325 - 2.07.1974, *Holtz et Willemsen,* 153/73, p. 675, concl. Reischl - jurisp. const. : 15.01.1987, *GAEC de la Ségaude,* 253/84, p. 123, concl. G. Slynn - 7.05.1992, *Pesquerias De Borméo,* C-258/90, I, p. 2901, concl. C. Gulmann), la Cour subordonne l'engagement de la responsabilité de la Communauté à la réunion d'un ensemble de conditions qui, de manière tout à fait classique, concernent le fait générateur du dommage, la réalité de ce dommage et le lien de causalité entre celui-ci et celui-là.

Il convient de considérer d'abord le fait dommageable, dont il est remarquable de constater que cette formule de la Cour l'identifie à « l'illégalité d'un acte des institutions ».

521 ***Application des « principes généraux communs aux droits des États membres »*** ◇ La responsabilité de la Communauté n'est pas conditionnée par une faute, que celle-ci soit « de service » ou que, s'agissant des agents, elle soit « personnelle » et commise dans l'exercice de leurs fonctions.

L'obligation de réparation, donc d'abord l'engagement de la responsabilité, obéit aux principes généraux communs aux droits des États membres. Une formule aussi générale laissait en réalité à la jurisprudence une assez large liberté de décision pour déterminer à quelles conditions serait subordonnée cette responsabilité. Comme on pourra le constater, il apparaît qu'elle n'en a pas usé d'une manière très constructive, ni exagérément libérale, sauf les développements à venir, dès lors que la Cour de justice a jugé clairement que le régime de responsabilité des Communautés et des Etats membres en cas de violation du droit communautaire était identique (C.J.C.E., 5.03.1996, *Brasserie du Pêcheur,* C-46/93, I, p. 1029, concl. G. Tesauro- *infra,* n° 529 et 530).

522 ***Interprétation de la formule*** ◇ La référence aux principes généraux communs aux droits des États membres impliquait, semble-t-il, deux conséquences.

La première, qui n'a pas soulevé de difficulté, était que cette référence n'était faite, ni aux principes de la responsabilité en général, mais à ceux de ces principes concernant spécialement la responsabilité de la puissance publique (En ce sens, concl. K. Roemer dans C.J.C.E., 15.07.1963, *Plaumann,* 25/62, p. 196), ni aux dispositions régissant dans ces droits cette responsabilité, mais aux principes généraux dont ils s'inspirent (en ce sens, concl. J. Gand dans C.J.C.E., 14.07.1967, *Kampffmeyer et a.,* 5/66, p. 317 - G.A. n° 71).

La seconde qui, au contraire, n'a pas été consacrée dans toute son étendue virtuelle, était que la responsabilité de la Communauté pourrait désormais ne plus être conditionnée par une faute, la responsabilité de la puissance publique dans les États membres n'étant pas engagée du seul fait de la faute mais comportant, à côté de la responsabilité pour faute, des hypothèses de responsabilité sans faute.

Sans doute, le régime de cette responsabilité, aussi bien d'ailleurs que celui de la responsabilité pour faute, pouvait-il comporter des modalités différentes d'un État à l'autre, mais son existence n'en faisait pas moins partie de l'économie générale du système de responsabilité de la puissance publique de ces États.

Or, dès l'origine, il fut manifeste que la Cour n'était pas disposée à s'évader du cadre de la faute que l'article 40 C.E.C.A. avait déjà tracé à sa jurisprudence. Ainsi, dans ses conclusions précitées dans l'affaire *Plaumann*, la première à illustrer le régime de l'article 288, al. 2, (ex-art. 215, al. 2), K. Roemer pouvait-il déclarer « Avant tout, il faut renvoyer à la jurisprudence sur l'article 40 du traité C.E.C.A., donc à cette règle générale sur la faute de service qui correspond à celle de l'article 215, al. 2 ». À quelques temps de là, c'est bien sur la « faute de service », expressément dénommée comme telle, et constituée par une illégalité précédemment sanctionnée, que la Cour devait reconnaître engagée la responsabilité de la Communauté (C.J.C.E., 14.07.1967, *Kampffmeyer*, 5/66, p. 317, précité - Cah. dr. eur., 1968, p. 83, note L. Goffin - JDI, 1968, p. 472, note R. Kovar). Si cette dénomination a, par la suite, disparu de la jurisprudence, (V. cependant C.J.C.E., 4.02.1975, *Cie Continentale France*, 169/73, p. 117, concl. A. Trabucchi), ce qu'elle avait servi à qualifier ne s'est pas fondamentalement modifié.

D'une part, en effet, l'éventualité d'une responsabilité sans faute n'a pas été concrétisée comme telle. D'autre part, la responsabilité demeure conditionnée par le caractère illicite du comportement générateur du dommage, l'illégalité étant une condition nécessaire, sans être toujours une condition suffisante.

523 ***Rejet de l'éventualité d'une responsabilité sans faute*** ◇ La Cour n'a pas manqué d'être saisie par certains requérants d'une argumentation qui soulignait la reconnaissance, parmi les principes généraux communs aux droits des États membres, d'une responsabilité sans faute.

Après avoir purement et simplement écarté le moyen, le dommage allégué résultant du seul comportement de la victime (C.J.C.E., 29.09.1982, *Oleifici Mediterranei*, 26/81, p. 3057, concl. P. VerLoren van Themaat), la Cour a ensuite considéré cette responsabilité comme n'étant qu'une hypothèse (C.J.C.E., 6.12.1984, *Biovilac*, 59/83, p. 4057, concl. G. Slynn), pour se refuser enfin à se prononcer sur l'éventualité de son existence au motif que, de toute manière, le préjudice allégué ne répondait pas aux caractères qu'il doit revêtir pour justifier une réparation au titre d'une telle responsabilité (C.J.C.E., 24.06.1986, *Développement SA et Clemessy*, 267/82, p. 1907, concl. F. Mancini ; voir aussi T.P.I., 28.04.1998, *Dorsch Consult Ingenieurgesellschaft c. Conseil et Csion*, T-184/95, II, p. 667).

524 ***L'illicéité du comportement générateur du dommage*** ◇ La responsabilité de la Communauté est donc exclusivement conditionnée par l'illi-

céité du comportement des institutions, générateur du dommage. Dès lors, les dispositions de droit communautaire primaire, telles celles des traités fondateurs et des traités ultérieurs, tel l'Acte unique européen, ne sauraient donner lieu à des actions en réparation (T.P.I., 29.01.1998, *Edouard Dubois c. Conseil et Csion*, T-113/96, II, p. 125, confirmé par C.J.C.E., 8.07.1999, C-95/98, I, p. 4835).

Cette illicéité est une condition nécessaire et il se peut qu'elle soit suffisante lorsque ce comportement se caractérise par un manque de diligence dans la mise en œuvre de dispositions impératives (C.J.C.E., 27.03.1990, *Grifoni*, C-308/87, I, p. 1203, concl. G. Tesauro). Ce manque de diligence est apprécié *in concreto* et, compte tenu des circonstances, peut ne pas entraîner la responsabilité (C.J.C.E., 15.09.1994, *KYDEP*, C-146/91, I, p. 4199, concl. W. van Gerven).

Lorsqu'aucune illégalité de nature à engager la responsabilité non contractuelle de la Communauté n'a pu être prouvée (C.J.C.E., 4.07.1989, *Francesconi et a*, 326/86, p. 2087, concl. C. O. Lenz), ou ne peut être retenue en relation avec l'adoption des décisions attaquées, l'action en réparation est irrecevable (C.J.C.E., 7.05.1992, *Pesquerias de Bermeo*, C-258/90, I, 2901, concl. C. Gulmann).

Mais, lorsque le fait générateur du dommage est un acte normatif impliquant des choix de politique économique, l'illégalité de cet acte doit en outre présenter certains caractères qui, par assimilation, concernent également l'illégalité d'une directive de coordination en raison de la difficulté de ce type d'opération (C.J.C.E., 18.04.1991, *Assurances du crédit*, C-63/89, I, p. 1799, concl. G. Tesauro).

525 *Actes normatifs impliquant des choix de politique économique* ◇

Par un arrêt qui a pris valeur de décision de principe puisque sa formulation n'a pas cessé depuis d'être reprise, la Cour, après avoir rappelé la condition nécessaire d'illicéité de l'acte générateur du dommage, a déclaré que : « s'agissant d'un acte normatif qui implique des choix de politique économique, (la) responsabilité de la Communauté pour le préjudice que des particuliers auraient subi par l'effet de cet acte ne saurait être engagée, compte tenu des dispositions de l'article 215, al. 2, du traité (*devenu l'article 288, al. 2*), qu'en présence d'une violation suffisamment caractérisée d'une règle supérieure de droit protégeant les particuliers » (C.J.C.E., 2.12.1971, *Aktien-Zuckerfabrik Schöppenstedt*, 5/71, p. 975, concl. K. Roemer, G.A. n° 70 - Cah. dr. eur., 1972, n° 6, p. 678, note L. Goffin et M. Mahieu - JDI, 1973, n° 2, p. 534, note V. Constantinesco - jurisp. const. : 26.06.1990, *Sofrimport*, C-152/88, I, p. 2477, concl. G. Tesauro - 19.05.1992, *Mulder*, C-104/89, I, p. 3061, concl. W. van Gerven).

Cette décision était évidemment remarquable en ce qu'elle incorporait dans le champ de la responsabilité des actes normatifs traduisant des choix de politique économique, c'est-à-dire des actes qui, dans le droit des États membres, ou du moins de certains d'entre eux, n'engagent, à raison même de leur nature, qu'une responsabilité sans faute de la puissance publique. De là une certaine confusion des deux types de responsabilité, dont allaient être conjuguées les exigences restrictives, sous la réserve des évolutions prévisibles sous l'influence de la responsabilité des Etats membres en cas de violation du droit communautaire.

526 ***Violation d'une règle supérieure de droit protégeant les particuliers*** ◇ Cette première partie de la formule jurisprudentielle comporte une double indication. L'une concerne la nature de la règle violée : une règle générale de droit ; l'autre sa fonction : la protection des particuliers.

En réalité, cette seconde indication intéresse moins l'engagement de la responsabilité que le droit à réparation. Il s'agit en effet de la transposition d'une règle de droit allemand, la « Schutznormtheorie », qui, dans ce droit, restreint le dommage réparable au préjudice causé par la méconnaissance de règles édictées, non pas dans l'intérêt général, mais dans l'intérêt des particuliers. En en faisant un caractère de la règle violée, la formule jurisprudentielle élimine ainsi la question du droit à réparation qui se trouve préjugée dans le cadre des conditions d'engagement de la responsabilité.

La Cour a décidé que le système de répartition des compétences entre les différentes institutions n'a pas pour but la protection des particuliers et que son non-respect ne peut donc à lui seul suffire à engager la responsabilité de la Communauté à l'égard des opérateurs concernés (C.J.C.E., 13.03.1992, *Vreugdhenhil*, C-282/90, I, p. 1937, concl. M. Darmon).

Reste dès lors à déterminer quelles sont les règles supérieures de droit dont la violation est de nature à engager la responsabilité.

527 ***Règles supérieures de droit en cause*** ◇ Bien que la formule n'emploie pas le terme « principe » mais l'expression « règle supérieure », il faut comprendre qu'elle vise toute règle qui est destinée à protéger les particuliers, qu'il s'agisse des principes généraux dont c'est en général la fonction, ou de règles fondamentales propres au système communautaire, dès lors qu'elles ont effectivement cet objet.

Sont ainsi au nombre de ces règles supérieures, le respect de la confiance légitime (C.J.C.E., 15.06.1976, *CNTA*, 74/74, p. 797, concl. A. Trabucchi, jurisp. const. : 26.06.1990, *Sofrimport* C-152/88, I, p. 2477 - 19.05.1992, *Mulder*, C-104/89, I, p. 3061, précités), le principe de non-rétroactivité (C.J.C.E., 15.05.1975, *Nederlandse Vereniging voor Fruit*, 71/74, p. 563, concl. J. P. Warner), celui de respect des droits acquis (C.J.C.E., 10.12.1975, *Union des coopératives de céréales*, 95/74, p. 1615, concl. A. Trabucchi) et celui de proportionnalité (C.J.C.E., 13.11.1973, *Werhahn Hansamühle*, 63/72, p. 1299, concl. K. Roemer). Mais c'est le principe de non-discrimination qui est le plus fréquemment en cause (C.J.C.E., 13.06.1972, *Cie d'approvisionnement*, p. 391, concl. A. Dutheillet de Lamothe- jurisp. const. : 14.01.1987, *Zuckerfabrik Bedburg*, 281/84, p. 49, concl. G. Slynn).

Cependant, en raison des caractères ou des exigences de la traduction juridique de l'action économique, il arrive que tels de ces principes ne puissent pas être rigoureusement respectés, sauf à compromettre l'efficacité de cette action parce qu'il en paralyserait la nécessaire souplesse ou la priverait de sa signification. C'est probablement ce qui explique que, si la violation de ces principes demeure une condition préalable, « la constatation qu'un acte normatif n'est pas valide ne suffit pas, par elle-même, à engager la responsabilité de la Communauté » (C.J.C.E., 4.10.1979, *Dumortier et a,* 64/76, p. 3091, concl. F. Capotorti). Il faut donc en outre que cette violation soit « suffisamment caractérisée ».

528 ***Violation « suffisamment caractérisée »*** ◇ La satisfaction de cette seconde exigence dépend, à l'évidence, de la souveraine appréciation du juge et, dès lors, la jurisprudence n'a pas fixé de critères objectifs ou abstraits qui permettraient de distinguer entre les violations suffisamment caractérisées et celles qui ne le sont pas. Certaines formules permettent cependant de considérer que de telles violations doivent être particulièrement graves.

Ainsi de celle, répétée, suivant laquelle « dans un contexte normatif caractérisé par l'exercice d'un large pouvoir discrétionnaire indispensable à la mise en œuvre de la politique agricole commune, la responsabilité de la Communauté ne pourrait être engagée que si l'institution concernée avait méconnu de manière manifeste et grave les limites qui s'imposent à l'exercice de ses pouvoirs » (C.J.C.E., 25.05.1978, *Bayerische H.N.L.,* 83/76, p. 1209, concl. F. Capotorti - 4.10.1979, *Dumortier et a,* 64/76, p. 3091, concl. F. Capotorti - 15.09.1982, *Kind,* 106/81, p. 2885, concl. F. Capotorti - 19.05.1992, *Mulder et a,* C-104/89, I, p. 3061, précité), ce qui serait évidemment vérifié dans le cas d'un comportement des institutions qui « confinerait à l'arbitraire » (C.J.C.E., 5.12.1979, *Amylum et Tunnel,* 116/77, p. 3497, concl. G. Reischl).

Il n'en est pas ainsi d'une erreur technique de calcul des montants compensatoires monétaires, lors même qu'elle a abouti objectivement à une inégalité de traitement entre opérateurs (C.J.C.E., 30.05.1989, *Roquette,* 20/88, p. 1553, concl. M. Darmon).

Quoiqu'il en soit, la méconnaissance d'une règle supérieure qui serait justifiée par un intérêt public péremptoire n'entraînerait pas la responsabilité de la Communauté (comp. C.J.C.E., 15.05.1975, *C.N.T.A.,* 74/74, p. 533, concl. A. Trabucchi et 8.06.1977, *Merkur,* 97/76, p. 1063, concl. H. Mayras). De même, de l'insuffisance de motivation d'un règlement (15.09.1982, *Kind,* 106/81, p. 2885, précité - jurisp. const. : 6.06.1990, *AERPO,* C-119/88, I, p. 2189, concl. F. G. Jacobs).

529 ***La gradation de la faute*** ◇ Toutefois, la jurisprudence paraît admettre désormais une certaine gradation de la faute sous l'influence du régime de responsabilité que la Cour de justice a dégagé pour les violations qui sont le fait des États membres. En effet, selon la Cour, la protection des droits que les particuliers tirent du droit communautaire ne saurait varier en fonction de la nature nationale ou communautaire de l'autorité à l'origine du dommage (C.J.C.E., 5.03.1996, *Brasserie du pêcheur,* C-46/93 et C-48/93, I, p. 1029, concl. G. Tesauro). Dès lors, l'exigence d'une violation grave et manifeste

d'une règle supérieure de droit protégeant les particuliers ne serait plus requise que pour les actes normatifs pour lesquels l'institution dispose d'un large pouvoir d'appréciation. En revanche, s'agissant d'actes pour lesquels l'institution ne dispose que d'une marge d'appréciation réduite, toute illégalité serait de nature à engager la responsabilité extracontractuelle de l'auteur de l'acte (V. T.P.I., 15.04.1997, *Schröder c. Csion*, T-390/94, II, p. 501 - C.J.C.E., 04.07.2000, Bergaderm, C-352/98 P, non encore publié. En revanche, la nature générale ou individuelle d'un acte n'est pas un critère déterminant (C.J.C.E., 04.07.2000, Bergaderm, préc.).

530 ***Prise en considération du caractère spécial du préjudice*** ◇ Se référant cette fois expressément aux principes qui régissent, dans les droits des États membres, la responsabilité des pouvoirs publics du fait des actes normatifs, la Cour a estimé devoir prendre en outre en considération le caractère spécial et anormal du préjudice qui conditionne dans ces droits l'engagement de cette responsabilité, sans égard à la circonstance que cette exigence résultait de ce que cette responsabilité était ou ne pouvait être qu'une responsabilité sans faute.

Ainsi, n'engage pas la responsabilité de la Communauté, la violation, précédemment constatée, des principes de non-discrimination et de proportionnalité, dès lors que les règlements, invalidés de ce chef, touchaient des catégories très larges d'opérateurs économiques et que leur incidence sur les intérêts de ceux-ci ne dépassaient pas l'amplitude des risques inhérents à leurs activités (C.J.C.E., 25.05.1978, *Bayerische HNL*, 83/76, p. 1209, concl. contraires F. Capotorti).

En revanche, cette responsabilité est engagée lorsque la réglementation communautaire illégale n'atteint qu'un groupe restreint et nettement délimité d'opérateurs et que le préjudice qu'ils allèguent dépasse les limites des risques inhérents aux activités du secteur considéré (C.J.C.E., 4.10.1979, quatre espèces : *Ireks-Arkady*, 238/78, p. 2955 - *DGV*, 241/78, p. 3017 - *Interquell Stärke-Chemie*, 261/78, p. 3045 - *Dumortier*, 64/76, p. 3091, concl. F. Capotorti - 26.06.1990, *Sofrimport*, C-152/88, I, p. 2477 - 19.05.1992, *Mulder et a.*, C-104/89, I, p. 3061 précités).

Certains auteurs estiment toutefois que cette exigence d'un préjudice anormal et spécial ne serait plus requise par la jurisprudence depuis l'arrêt Brasserie du pêcheur (*supra*, n° 529) dans la mesure où les régimes de responsabilité des Etats membres et des institutions communautaires en cas de violation du droit communautaire sont désormais identiques et qu'une telle condition n'existe pas dans la jurisprudence relative à la responsabilité des Etats membres (V. M. Wathelet et S. Van Raepenbusch, *La responsabilité des États membres en cas de violation du droit communautaire. Vers un alignement de la responsabilité de l'État sur celle de la Communauté ou l'inverse ?*, Cah. dr. europ. 1997, p. 13). Il est exact que, dans l'arrêt Brasserie du pêcheur, la Cour de justice, en rappelant le régime de responsabilité du fait des actes normatifs de l'article 288, al. 2, (ex-art. 215, al. 2), du traité C.E., n'a plus fait référence à l'exigence d'un préjudice anormal et spécial. Une telle condition ne devrait trouver toute sa place que dans le cadre d'un régime de responsabilité sans faute, ainsi que cela est le cas dans le droit interne de certains États membres.

531 ***Lien de causalité*** ◇ Le requérant supporte la charge de la preuve d'un lien de causalité direct entre l'illégalité alléguée et son préjudice (C.J.C.E., 21.01.1976, *Société des produits Bertrand*, 40/75, I, p. 1, concl. G. Reischl). Le comportement de la victime, qui n'a pas fait preuve d'une diligence raisonnable, peut parfois faire disparaître le lien de causalité entre l'illégalité constatée et le préjudice (T.P.I., 15.03.1995, *Cobrecaf*, T-514/93, II, p. 621 - T.P.I., 11.07.1996, *International Procurements Services*, T-175/94, II, p. 729). Le caractère direct du lien de causalité est apprécié par le juge communautaire de manière rigoureuse. Ainsi, une éventuelle illégalité commise par la Commission dans l'annulation d'une procédure d'appel d'offres n'a pas de lien direct avec le préjudice invoqué par des soumissionnaires (T.P.I., 29.10.1998, *TEAM c. Csion*, T-13/96, II, p. 4073).

SECTION 3. LA RÉPARATION

532 ***Caractères du préjudice réparable*** ◇ Si, pour être réparable, le préjudice doit, suivant les règles habituelles, être direct, certain et spécial, ces trois caractères se présentent pour différentes raisons dans des conditions particulières.

La jurisprudence illustre la distinction entre *damnum emergens* et *lucrum cessans* (C.J.C.E., 14.07.1967, *Kampffmeyer*, 5/66, p. 317, précité), en manifestant, s'agissant du premier, une certaine réticence à l'égard des préjudices économiques de nature purement spéculative. Elle devait rappeler que les garanties conférées aux entreprises par le droit communautaire ne sauraient en aucun cas être étendues « à la protection de simples intérêts ou chances d'ordre commercial dont le caractère aléatoire est inhérent à l'activité économique » (C.J.C.E., 14.05.1974, *Nold*, 4/73, p. 491, concl. A. Trabucchi) et relever que l'existence d'un préjudice anormal, spécial et direct pouvait « d'autant moins être prouvé (qu'il) résulterait, non d'une perte mais d'un manque à gagner, dont il est difficile de justifier l'existence dans le cadre de contrats commerciaux échappant aux mécanismes communautaires » (C.J.C.E., 31.03.1977, *Cie ind. agr. Lohéac*, 54/76, p. 645, concl. G. Reischl) ; sur une illustration significative d'une application concrète de calcul du manque à gagner indemnisable : V. C.J.C.E., 19.05.1992, *Mulder*, C-104/89, I, p. 3061, précité).

Le préjudice réparable peut être patrimonial et non patrimonial. Bien que le droit national ne soit pas applicable, l'indemnisation du premier peut être fixée en ayant recours au coefficient de capitalisation correspondant à l'espérance de vie physique et au taux de la déduction reflétant l'espérance de vie active fixés en fonction des données statistiques disponibles dans l'État membre où s'est produit le fait dommageable. Quant au préjudice non patrimonial, qui comprend toute souffrance physique ou psychique, le juge peut octroyer un montant forfaitaire au vu des lésions subies et des conséquences qu'elles ont entraînées (C.J.C.E., 3.02.1994, *Grifoni*, C-308/87, I, p. 341, concl. G. Tesauro). L'indemnisation du préjudice moral peut être demandée (T.P.I., 24.09.1996, *Dreyfus c. Csion*, T-485/93, II, p. 1101).

533 ***Réparation*** ◇ La réparation ayant pour objet de reconstituer autant que possible le patrimoine de la victime d'un accident, il doit être effectivement tenu compte de l'érosion monétaire postérieure à l'événement préjudiciable (*idem*).

Selon une jurisprudence constante (V. C.J.C.E., 19.05.1992, *Mulder et a*, C-104/89, précité), le montant de l'indemnité due doit être assorti d'intérêts moratoires à compter de la date du prononcé de l'arrêt constatant l'obligation de réparer le préjudice. Le taux annuel de ces intérêts est fixé par la Cour sous réserve qu'il ne soit pas supérieur à celui demandé par les requérants dans leurs conclusions.

534 ***Fixation du montant de la réparation – renvoi à l'accord des parties*** ◇ Lorsque la Cour ne s'estime pas en mesure de se prononcer sur le montant des indemnités dues, elle invite les parties, sous réserve d'une éventuelle décision ultérieure de sa part, à se mettre d'accord sur ce montant et à lui transmettre dans le délai qu'elle fixe le montant établi d'un commun accord ou à défaut leurs conclusions chiffrées (C.J.C.E., 27.03.1990, *Grifoni*, C-308/87, I, p. 341 concl. G. Tesauro).

535 ***Indications bibliographiques*** ◇ F. Capelli et M. Migliazza, *Recours en indemnité et protection des intérêts individuels : quels sont les changements possibles et souhaitables ?*, Cah. dr. europ. 1995, p. 585 – J. F. Couzinet, *La faute dans le régime de responsabilité non contractuelle des Communautés européennes*, RTD eur., 1986, p. 367 – J. Hermann-Rodeville, *Un exemple de contentieux économique : le recours en indemnité devant la Cour de justice des Communautés européennes*, RTD eur. 1986, p. 1 – J. G. Huglo, *Responsabilité extracontractuelle*, J. Cl. Europe, fasc. n° 370 et n° 371, 1999 – F. Fines, *Étude de la responsabilité extra-contractuelle de la Communauté économique européenne : de la référence aux « principes généraux communs » (art. 215, al. 2 C.E.E.) à l'édification jurisprudentielle d'un système autonome*, Thèse, Bordeaux I, 1989 – I. Pernice, *Le recours en indemnité*, Cah. dr. europ. 1995, p. 641 – F. Schockweiler et a., *Le régime de responsabilité extra-contractuelle du fait d'actes juridiques dans la Communauté européenne*, RTD eur., 1990, p. 27 – M. Wathelet et S. Van Raepenbusch, *La responsabilité des États membres en cas de violation du droit communautaire. Vers un alignement de la responsabilité de l'État sur celle de la Communauté ou l'inverse ?*, Cah. dr. europ. 1997, p. 13.

SOUS-TITRE 3

Les actions en manquement d'État

536 ***Présentation*** ◇ Les articles 226 à 228 C.E. (ex-art. 169 à 171 C.E.) et 141 à 143 C.E.E.A. ont institué, sous des modalités procédurales identiques, une voie de droit destinée à faire assurer le respect par les États membres de leurs obligations. Ce n'est cependant pas là sa seule fonction. Elle conduit également à « déterminer la portée exacte des obligations des États membres en cas de divergences d'interprétation » (C.J.C.E., 14.12.1971, *Csion c. France,* 7/71, p. 1003, concl. K. Roemer).

Rapportée aux solutions traditionnelles du droit international reposant exclusivement sur la soumission volontaire des États à la juridiction internationale, cette voie de droit présente un caractère manifestement novateur qui a été souligné par la Cour de justice elle-même (C.J.C.E., 15.07.1960, *Italie c. Haute Autorité,* 20/59, p. 663, concl. K. Roemer). Voie de droit « dépassant de loin les règles jusqu'à présent admises en droit international classique » (idem), son originalité est révélée par le caractère obligatoire et exclusif de la compétence de la Cour de justice et par le rôle dont se trouve investie une institution indépendante dans le déroulement de la procédure.

537 ***Caractère objectif de l'action et nature déclaratoire de la procédure*** ◇ L'action en manquement est une voie de droit objective (C.J.C.E., 10.12.1968, *Csion c. Italie,* 7/68, p. 617, concl. J. Gand), qui ne suppose, ni faute de l'État concerné (V. concl. K. Roemer dans 7/71, 14.12.1971, *Csion c. France,* p. 1003), ni préjudice occasionné au fonctionnement du marché commun (C.J.C.E., 11.04.1978, *Csion c. Pays-Bas,* 95/77, p. 863, concl. G. Reischl), ou aux autres États membres (7/71 précité). Bien que cette qualification lui soit quelquefois appliquée, elle ne constitue pas un mécanisme de responsabilité, sous réserve de ce qui sera dit de la modification apportée à l'article 228 C.E. (ex-art. 171 C.E.) par le traité sur l'Union européenne.

Dans le cadre de cette action et à la différence des solutions qui prévalent dans certains systèmes judiciaires fédéraux, la Cour de justice ne dispose pas du pouvoir d'annuler les dispositions nationales incriminées (C.J.C.E., 16.12.1960, *Humblet,* 6/60, p. 1125, concl. M. Lagrange). Elle procède à une constatation du manquement.

Cependant le caractère déclaratoire de la procédure doit être apprécié au regard de deux séries d'évolutions jurisprudentielles. D'une part, la Cour de justice a admis la possibilité de prescrire en référé des mesures obligeant l'État à suspendre les dispositions nationales incriminées, objet de la procédure au fond (C.J.C.E. (Ord.) 4.03.1982, *Csion c. France,* 42/82 R, p. 641, concl. G. Slynn). D'autre part, l'arrêt, s'il doit se limiter à reconnaître le manquement, comporte, selon les propres termes du juge, une « autorité de chose jugée » (C.J.C.E., 13.07.1972, *Csion c. Italie,* 48/71, p. 529, concl. K. Roemer – Cah. dr. eur. 1972, note Gayet et Simon), qui s'impose à tous les pouvoirs et autorités internes de l'État concerné.

538 ***Plan*** ◇ L'analyse portera tout d'abord sur la notion de manquement commune aux deux traités de Rome, puis sur la procédure de la constatation du manquement.

539 ***Indications bibliographiques générales*** ◇ A. Barav, *Failure of Member States to Fulfil their Obligations under Community Law,* Common Market Law Rev., 1975, 369 – A. Barav et Chr. Philip, Dictionnaire juridique des Communautés, V. *Manquement* par A. Barav – D. de Bellescize, *L'article 169 du traité de Rome et l'efficacité du contrôle communautaire sur les manquements des États membres,* RTD eur., 1977, p. 173 – M. Blanquet, *L'article 5 du traité C.E.E. Recherche sur les obligations de fidélité des États membres de la Communauté,* Paris, L.G.D.J, 1994 – Ph. Cahier, *Le recours en constatation de manquement des États membres devant la Cour des Communautés européennes,* Cah. dr. eur., 1967, p. 123 – H. Calvet, *Manquement (recours en constatation de),* Encyclopédie Dalloz Droit communautaire, 1992 – J. V. Louis, *Le rôle de la Commission dans la procédure en manquement selon la jurisprudence récente de la Cour de justice,* Mél. P. Pescatore, 1987, p. 387 – G. Nafilyan, *La position des États membres et les recours en manquement des articles 169 C.E.E. et 141 C.E.E.A.,* RTD eur., 1977, p. 214 – D. Simon, *Recours en constatation de manquement,* J. Cl. Europe, Fasc. 380, 1991 – J. Candella Carvello et B. Mongin, *Les infractions au droit communautaire commises par les États membres : quelques apports clés de la jurisprudence récente de la Cour de justice en matière de manquement,* R.M.C., janvier 1996, p. 51.

CHAPITRE 1
DÉFINITION DU MANQUEMENT

540 ***Présentation*** ◇ Les traités n'ont pas défini la notion de manquement, qu'il est revenu à la jurisprudence de préciser. Les solutions retenues par le juge à cet égard sont révélatrices d'une conception large à laquelle fait écho l'attitude stricte de la Cour en présence de moyens de justification avancés par les États.

SECTION 1. LE MANQUEMENT : VIOLATION D'UNE OBLIGATION PAR L'ÉTAT MEMBRE

541 ***Éléments constitutifs du manquement*** ◇ Il convient tout d'abord de préciser quelle peut être l'obligation dont le non-respect est constitutif d'un manquement. C'est ensuite la nature même de cette violation qu'il y aura lieu d'analyser avant de s'attacher à mettre en évidence l'imputabilité à l'État du comportement de tous ses organes internes.

§ 1. Origine et caractères de l'obligation

542 ***Sources écrites*** ◇ Les articles 226 C.E. (ex-art. 169 C.E.) et 141 C.E.E.A. visent un manquement à une obligation qui incombe à un État membre « en vertu du présent traité ». Il est cependant acquis que cette formulation concerne, au delà des traités institutifs et de l'ensemble du droit primaire (actes de modification, actes d'adhésion, protocoles etc...) et sous réserve de dispositions expresses contraires, d'autres sources d'obligations.

Ainsi en est-il pour le droit dérivé (V. pour les règlements : C.J.C.E., 18.11.1970, *Csion c. Italie,* 8/70, p. 961, concl. K. Roemer – pour les directives : 21.06. 1973, *Csion C. Italie, 79/72*, p. 667, concl. K. Roemer – pour les décisions : 10.12.1969, *Csion c. France,* 6/69, p. 523, concl. K. Roemer). Il en va de même pour les obligations résultant d'actes adoptés par les institutions, même dans des formes non prévues par les traités mais produisant des effets juridiques définitifs (C.J.C.E., 4.10.1979, *France c. Royaume-Uni,* 141/78, p. 2923, concl. G. Reischl). Il en va encore ainsi pour les accords externes de la Communauté qui lient les États membres (C.J.C.E., 25.02.1988, *Csion c. Grèce,* 194/85, p. 1037, concl. J. L. Da Cruz Vilaça).

En revanche, les accords internationaux « complémentaires » conclus entre États membres (conventions conclues sur la base de l'article 293 C.E. (ex-art. 220 C.E.), accord en matière de brevets communautaires) ne semblent pas pouvoir imposer des obligations dont le non-respect serait justiciable de la procédure de manquement. On relèvera que ce sont des dispositions spécifiques qui prévoient le cas échéant la compétence de la Cour pour constater la violation de ces conventions.

543 ***Principes généraux de droit communautaire et droits fondamentaux*** ◇ Jusqu'à présent la Cour n'a pas été conduite à constater un manquement résultant de la violation des principes généraux et des droits fondamentaux. Au regard de la jurisprudence, une telle éventualité était toutefois déjà envisageable dans la mesure où le comportement étatique en cause tomberait dans le champ d'application du droit communautaire. (C.J.C.E., 18.06.1991, *ERT*, 260/89, I, p. 2925, concl. C. O. Lenz). En érigeant les droits fondamentaux au rang de « principes généraux du droit communautaire », le traité sur l'Union européenne (art. 6, § 2, ex-art. F, § 2) transforme en certitude cette probabilité.

544 ***Caractères de l'obligation*** ◇ L'obligation doit être préexistante au recours (C.J.C.E., 15.07.1960, *Italie c. Haute Autorité*, 20/59, p. 663, concl. K. Roemer, G.A. n° 33).

En revanche, l'incertitude qui peut la caractériser ne constitue plus un obstacle à la constatation du manquement. La Cour avait d'abord considéré que le caractère équivoque de l'obligation (C.J.C.E., 9.07.1970, *Csion c. France*, 26/69, p. 565, concl. K. Roemer) ou l'incertitude affectant un de ses « aspects essentiels » (C.J.C.E., 12.07.1973, *Csion c. Allemagne*, 70/72, p. 813, concl. H. Mayras) devaient conduire au rejet du recours. Ces solutions ont été abandonnées depuis au profit de conceptions plus conformes à la nature objective de la procédure de manquement. L'incertitude de l'obligation ne peut être invoquée par l'État membre concerné, car cette voie de droit « permet précisément de déterminer la portée exacte des obligations des États membres en cas de divergences d'interprétations » (C.J.C.E., 14.12.1971, *Csion c. France*, 7/71, p. 1003, concl. K. Roemer).

545 ***Incidence de l'effet direct*** ◇ L'ensemble du droit communautaire étant obligatoire pour les États membres, la violation des normes communautaires dépourvues d'effet direct est justiciable d'une action en manquement.

D'autre part, le droit pour un particulier de se prévaloir du droit communautaire ne constituant selon la Cour qu'une « garantie minimale », c'est en vain qu'un État membre invoquerait pour échapper à la constatation d'un manquement l'applicabilité directe des dispositions dont le non-respect lui est reproché (C.J.C.E., 6.05.1980, *Csion c. Belgique*, 102/79, p. 1473, concl. G. Reischl – 15.10.1986, *Csion c. Italie*, 168/85, p. 2945, concl. J. Mischo).

§ 2. Le comportement constitutif de manquement

546 ***Comportement actif et abstention*** ◇ Une abstention tout autant qu'un comportement actif peuvent constituer un manquement (C.J.C.E.,

17.02.1970, *Csion c. Italie,* 31/69, p. 25, concl. J. Gand - C.J.C.E., 9.12.1997, *Csion c. France,* C-265/95, I, p. 6959, concl. C. O. Lenz, s'agissant de la carence d'un État à prévenir les actes de particuliers constituant des entraves à la libre circulation des marchandises).

La non-exécution d'une obligation dans le délai fixé par un texte constitue l'hypothèse la plus caractéristique d'abstention illicite. Si la disposition communautaire ne prévoit pas un tel délai, celui-ci doit être raisonnablement apprécié eu égard au contenu et à l'objectif de la réglementation (C.J.C.E., 8.02.1973, *Csion c. Italie,* 30/72, p. 161, concl. H. Mayras).

Conformément à la nature objective du recours, seule importe la matérialité de la violation, indépendamment de la constatation d'une attitude d'opposition ou d'inertie de l'État membre (C.J.C.E., 1.03.1983, *Csion c. Belgique,* 301/81, p. 467, concl. S. Rozès).

547 ***Existence d'une disposition nationale incompatible*** ◇ Initialement, la Cour de justice avait paru admettre que le manquement n'était constitué que dans la mesure où les dispositions nationales contraires au droit communautaire étaient effectivement appliquées (C.J.C.E., 15.04.1970, *Csion c. Italie,* 28/69, p. 187, concl. J. Gand) et exclure par là même que la seule existence de telles dispositions pût être suffisante à cet égard.

Telle n'est plus la solution depuis un arrêt « Code du travail maritime » (C.J.C.E., 4.04.1974, *Csion c. France,* 167/73, p. 359, concl. G. Reischl). À cette occasion, la Cour a, en effet, considéré que le maintien d'une règle nationale contraire au droit communautaire, alors même que les dispositions de ce dernier sont directement applicables, crée une situation de fait ambiguë en exposant les particuliers à un état d'incertitude quant aux possibilités qui leur sont réservées de faire appel au droit communautaire.

Il convient d'ajouter que, compte tenu de leur précarité et de leur absence de publicité, l'existence d'instructions administratives ou de circulaires écartant l'application de la règle nationale en cause ne permet pas d'éliminer le manquement qui résulterait de dispositions contraires prévues par des textes législatifs ou réglementaires (idem et C.J.C.E., 15.10.1986, *Csion c. Italie,* 168/85, p. 2945, précité).

L'existence d'une jurisprudence nationale écartant l'application de la loi incompatible ne dispense pas le législateur national de son obligation de rendre conforme le droit interne à la directive communautaire applicable, afin d'assurer la nécessaire sécurité juridique (C.J.C.E., 27.10.1993, *Steenhorst-Neerings*, C-338/91, I, p. 5475, concl. M. Darmon).

548 ***La transposition des directives*** ◇ D'une jurisprudence abondante, certaines règles fondamentales se dégagent qu'il convient d'abord de préciser avant d'évoquer les tempéraments que la Cour de justice a paru leur apporter.

Tout d'abord, l'« exécution » des directives doit correspondre aux exigences de clarté et de certitude des situations juridiques (C.J.C.E., 6.05.1980, *Csion c. Belgique,* 102/79, p. 1473, concl. G. Reischl). À cet égard, sont requises des « dispositions internes ayant un caractère contraignant » (C.J.C.E., 2.12.1986, *Csion c. Belgique,* 239/85, p. 3645, concl. J. L. Da Cruz Vilaça). Ici encore de simples pratiques administratives ne sauraient constituer une exécution valable des obligations imparties aux États membres (C.J.C.E., 28.02.1991, *Csion c. Allemagne,* 131/88, I, p. 825, concl. W. van Gerven - jurisp. const.). C'est un cadre normatif précis qui, pour garantir la pleine application des directives, notamment au bénéfice des particuliers, doit donc être prévu (C.J.C.E., 15.03.1990, *Csion c. Pays-Bas,* C-339/87, p. 851, concl. W. van Gerven). Tels sont les principes.

Ils se trouvent cependant nuancés par les décisions admettant que la transposition n'exige pas systématiquement la reprise formelle et textuelle de la directive. Ainsi, un contexte juridique général qui assurerait effectivement la pleine application de la directive et ce, de façon suffisamment claire et précise, pourrait satisfaire aux obligations incombant à l'État (C.J.C.E., 9.04.1987, *Csion c. Italie,* 363/85, p. 1733, concl. M. Darmon). À fortiori, cette garantie peut-elle résulter de principes nationaux de droit constitutionnel ou de droit administratif rendant superflues des mesures spécifiques de transposition (C.J.C.E., 27.05.1985, *Csion c. Allemagne,* 29/84, p. 1661, concl. G. Slynn - 27.04.1988, *Csion c. France,* 252/85, p. 2261, concl. J. L. Da Cruz Vilaça - 20.05.1992, *Csion c. Pays-Bas,* C-190/90, I, p. 3265, concl. C. Gulmann).

Il est apparu cependant que la Cour ne se satisfait pas d'une simple convergence juridique entre le droit national et la directive. Elle exige l'existence d'un contexte normatif général qui assure effectivement la pleine application de la directive de manière claire et précise (C.J.C.E., 28.02.1991, *Csion c. Allemagne,* 131/88, I, p. 825, précité).

§ 3. L'auteur du manquement

549 ***L'organe étatique, auteur du manquement*** ◇ Est imputable à l'État le comportement de tous ses organes, s'agirait-il d'une « institution constitutionnellement indépendante » (C.J.C.E., 5.05. 1970, *Csion c. Belgique,* 77/69, p. 237, concl. J. Gand - 18.11.1970, *Csion c. Italie,* 8/70, p. 961, concl K. Roemer - jurisp. const. : 18.01.1990, *Csion c. Grèce,* C-287/87, I, p. 125, concl. G. Tesauro).

Peuvent ainsi être constitutifs d'un manquement d'État, non seulement les actes du pouvoir exécutif, mais aussi ceux des assemblées parlementaires (arrêts précités). De même, l'action des collectivités territoriales ou d'entités telles que les Länders allemands peut donner lieu à constatation d'une infraction dans le chef de l'État (C.J.C.E., 10.03.1987, *Csion c. Italie,* 199/85, p. 1039, concl. C. O. Lenz - 17.10.1991, *Csion c. Allemagne,* C-58/89, I, p. 4983, concl. F. G. Jacobs). La répartition interne des compétences est donc « inopposable » à la Communauté (C.J.C.E., 25.05.1982, 2 arrêts, *Csion c. Pays-Bas,* 96 et 97/81, p. 1791 et 1819, concl. F. Capotorti).

550 ***Le manquement judiciaire*** ◇ La Cour de justice n'a pas eu à connaître à ce jour d'action tendant à faire constater un manquement à l'encontre d'un État résultant de la violation du droit communautaire imputable à une juridiction nationale. L'hypothèse à laquelle il est fait ici référence serait celle dans laquelle une telle juridiction méconnaîtrait l'obligation de renvoi préjudiciel que lui imposerait l'article 234, al. 3, C.E. (ex-art. 177, al. 3 C.E.) (*supra*, n° 46 s), ou encore l'interprétation résultant d'un précédent arrêt de la Cour.

L'introduction d'une telle action ne devrait pas soulever d'obstacles juridiques puisque, alors que le droit international admet lui-même que la responsabilité de l'État est engagée par le fait des juridictions nationales, la Cour de justice, en affirmant, comme on l'a vu, l'imputabilité à l'État du comportement d'une « institution constitutionnellement indépendante », semble bien englober ces juridictions.

Quoi qu'il en soit, la Commission manifeste une réticence très nette à l'égard de cette éventualité, l'élimination du manquement résultant d'une décision juridictionnelle ne pouvant éviter de se heurter à des obstacles pratiquement insurmontables lorsque cette décision a acquis autorité définitive de chose jugée.

Enfin, on ne peut manquer de relever qu'une telle procédure heurterait le principe de l'indépendance du juge national.

L'expérience l'a prouvé : la prise en compte, fût-elle progressive, voire tardive, du droit communautaire par les plus hautes juridictions nationales, paraît, en pareille matière, préférable à un conflit frontal devant la Cour de justice.

551 ***Les personnes de droit privé*** ◇ Lorsque sont relevées les caractéristiques d'une intervention de l'administration dans une société de droit privé, telles que la nomination de ses dirigeants, l'octroi de subventions et l'orientation des activités, le comportement d'une telle société, contraire au droit communautaire, est imputable à l'État (C.J.C.E., 24.11.1982, *Csion c. Irlande,* 249/81, p. 4005, concl. F. Capotorti).

SECTION 2. LES JUSTIFICATIONS ALLÉGUÉES PAR LES ÉTATS MEMBRES

552 ***Conception restrictive de la jurisprudence*** ◇ L'examen de la notion de manquement *stricto sensu* a déjà laissé entrevoir la rigueur que la Cour de justice manifeste en présence des justifications invoquées par les États membres.

On doit d'abord rappeler que des arguments, qui seraient pertinents dans le cadre d'un recours en responsabilité, sont ici systématiquement écartés, tels ceux résultant d'une absence de faute, de l'absence de préjudice ou encore du caractère négligeable des conséquences de l'infraction (C.J.C.E.,

8.05.1991, *Csion c. Italie,* 266/89, I, p. 2411, concl. M. Darmon), en raison de la nature objective du recours.

C'est cette même conception que l'on retrouve en examinant l'accueil réservé par la Cour aux justifications tirées des difficultés d'exécution ou de la force majeure, d'une part, et de l'exception d'inexécution d'autre part. S'agissant également d'un moyen de défense, il conviendra encore de considérer la question de savoir dans quelle mesure un État pourrait exciper de l'illégalité de l'acte dont le non-respect lui est reproché.

§ 1. Difficultés d'exécution et force majeure

553 ***Fonctionnement interne de l'État*** ◇ C'est précisément à propos de l'argumentation que les États entendaient fonder sur des exigences de leur structure constitutionnelle pour justifier le non-respect de leurs obligations que la Cour de justice a été conduite à formuler le principe précédemment mentionné (*supra,* n° 549) selon lequel l'action d'une institution constitutionnellement indépendante peut être constitutive d'un manquement imputable à l'État.

Ont été ainsi vainement invoquées, les vicissitudes de la procédure législative (C.J.C.E., 5.05.1970, *Csion c.Belgique, 77/69*, p. 243, concl. J. Gand), la suspension des travaux législatifs (C.J.C.E., 18.11.1970, *Csion c.Italie,* 8/70, p. 961, concl. K. Roemer), ou la dissolution du Parlement (C.J.C.E., 10.12.1968, *Csion c. Italie,* 7/68, p. 617, concl. J. Gand – 21.06. 1973, *Csion c. Italie,* 79/72, p. 667, concl. K. Roemer).

En définitive, la Cour écarte tout moyen fondé sur les exigences du droit national. Elle considère qu'« un État ne saurait exciper de dispositions pratiques ou situations de son ordre interne pour justifier le non-respect des obligations et délais » résultant du droit communautaire (Jurisp. const. : C.J.C.E., 7.05.1991, *Csion c. Italie,* C-246/88, I, p. 2049, concl. W. van Gerven – 2.08.1993, *Csion c. Pays-Bas,* C-303/92, I, p. 4739, concl. G. Tesauro). Cette formule, que l'on retrouve dans de nombreuses décisions, met bien en évidence que les contraintes dont l'État entend se prévaloir en pareil cas ne lui sont pas extérieures.

554 ***La force majeure*** ◇ La Cour n'exclut pas par principe la prise en compte de la force majeure pouvant expliquer la carence momentanée de l'État quant au respect du droit communautaire (C.J.C.E., 11.07.1985, *Csion c. Italie,* 101/84, p. 2629, concl. M. Darmon). Mais la rigueur dont elle fait preuve à cet égard est manifeste, soit parce qu'elle considère que les circonstances en cause ne suffisent pas à justifier le caractère persistant de l'omission (101/84, précité), soit parce que ces circonstances étaient prévisibles (C.J.C.E., 17.09.1987, *Csion c. Grèce,* 70/86, p. 3545, concl. C. O. Lenz, s'agissant d'une grève générale annoncée en temps suffisant- Sur l'impossibilité absolue d'exécuter une décision ordonnant la restitution d'une aide, V. *infra,* n° 591).

Au demeurant, même en cas d'impossibilité absolue d'exécuter un règlement de la Commission résultant de difficultés imprévues et imprévisibles, la Cour impose à l'État ayant à faire face à une telle situation de soumettre à la Commission des propositions de solutions afin que, conformément à l'obligation réciproque de coopération loyale, puissent être recherchés les moyens de surmonter les difficultés en cause dans le respect des règles du traité (C.J.C.E., 10.07.1990, *Csion c. Allemagne* C-217/88, I, p. 2879, concl. F. G. Jacobs).

555 ***Difficultés d'exécution*** ◇ Enfin, les difficultés d'exécution de nature économique et sociale apparues lors de la mise en œuvre de la réglementation communautaire ne peuvent en aucun cas constituer un motif de justification. Ainsi, seront vainement invoqués des risques de grève et le préjudice pour l'économie nationale qui en résulterait (C.J.C.E., 8.02.1979, *Csion c. Royaume Uni,* 128/78, p. 419, concl. H. Mayras - 25.09.1979, *Csion c. France,* 232/78, p. 2729, concl. G. Reischl).

§ 2. L'exception d'inexécution

556 ***Impossibilité pour les États membres d'agir unilatéralement*** ◇ Le droit international classique admet qu'un État puisse invoquer la violation par un autre État de ses obligations pour s'exonérer de l'exécution de ses propres obligations. Les États membres allaient se prévaloir très tôt de cette justification que la Cour a écartée sans hésitation. Ni le comportement d'un autre État membre (C.J.C.E., 25.09.1979, *Csion c. France,* 232/78, p. 2729, concl. G. Reischl - 9.07.1991, *Csion c. Royaume Uni,* C-146/89, I, p. 3533, concl. C. O. Lenz), ni celui d'une institution (C.J.C.E., 13.11.1964, *Csion c. Luxembourg et Belgique,* 90 et 91/63, p. 1217, concl. K. Roemer) ne peuvent être utilement invoqués.

En effet, le « lien entre les obligations des sujets ne saurait être reconnu dans le cadre du droit communautaire ». Pour le juge, « le traité ne se borne pas à créer des obligations réciproques entre les différents sujets auxquels il s'applique, mais établit un ordre juridique nouveau qui règle les pouvoirs, droits et obligations desdits sujets, ainsi que les procédures nécessaires pour faire constater et sanctionner toute violation éventuelle » (90-91/63, précité). En conséquence, « l'économie du traité comporte interdiction pour les États membres de se faire justice à eux-mêmes » (*idem*). Il se déduit de cette jurisprudence que c'est, là encore, l'action unilatérale des États membres qui se trouve prohibée.

§ 3. L'exception d'illégalité

557 ***Une jurisprudence incertaine*** ◇ En ce qui concerne les traités de Rome, les solutions, sauf en ce qui concerne le domaine des aides (*infra,* n° 591),

ne sont pas encore totalement précisées. Dans le cadre du traité C.E.C.A., la Cour avait exclu qu'un État membre puisse se prévaloir, par voie d'exception, après expiration du délai du recours en annulation, de l'illégalité d'un acte de la Commission dont la violation a été constatée par décision motivée (C.J.C.E., 10.12.1969, *Csion c. France,* 6 et 11/69, p. 523, concl. K. Roemer).

Rappelons que l'article 241 C.E. (ex-art. 184 C.E.) - art. 156 C.E.E.A. - prévoit que, nonobstant l'expiration du délai de recours prévu à l'article 230 (ex-art. 173), toute partie peut se prévaloir de l'illégalité d'un règlement à l'occasion d'un litige mettant en cause un tel acte (*supra,* n° 483).

Ce texte ne vise pas les décisions individuelles et la Cour a exclu qu'un État puisse exciper de leur illégalité dans le cadre d'une action en manquement (C.J.C.E., 12.10.1978, *Csion c. Belgique,* 156/77, p. 1881, concl. H. Mayras). La Cour a également exclu qu'un Etat membre poursuivi en manquement puisse invoquer l'illégalité d'une directive dont il est le destinataire (C.J.C.E., 27.10.1992, *Csion c. Allemagne,* C-74/91, I p. 5437).

Mais qu'en est-il des règlements ? Les termes de l'article 241 (ex-art. 184) pourraient conduire à admettre une telle possibilité, d'autant que, bien souvent, les vices dont un texte est affecté n'apparaissent qu'au stade de son application. Cependant, on peut faire valoir en sens inverse les exigences de sécurité juridique qui seraient menacées par la faculté indéfiniment ouverte aux États d'arguer de l'illégalité d'un règlement qu'ils auraient pu attaquer dans le délai de deux mois prévu à l'article 230 (ex-art. 173).

La Cour n'a pas clairement résolu la difficulté. Sans doute a-t-elle examiné les arguments d'un État qui invoquait des griefs d'illégalité à l'encontre d'un règlement dont la méconnaissance lui était imputée mais, semble-t-il, son attention n'avait pas été attirée sur la difficulté de principe et, en tout cas, l'arrêt n'en fait pas mention (C.J.C.E., 18.09.1986, *Csion c. Allemagne* 116/82, p. 2519, concl. J. Mischo). D'autre part, elle n'a pas cru devoir requalifier l'argumentation d'un État membre qui, présentée comme tendant à mettre en question l'interprétation donnée par la Commission de règlements, semblait pourtant conduire en réalité à débattre de leur légalité (C.J.C.E., 25.07.1991, *Csion c. Espagne,* C-258/89, I, p. 3977, concl. M. Darmon).

CHAPITRE 2
LA PROCÉDURE EN MANQUEMENT

558 ***Conception de l'action*** ◇ La Commission ne possède pas l'exclusivité de la mise en œuvre de la procédure. Tout État membre peut également en prendre l'initiative après en avoir cependant saisi cette institution.

Par ailleurs, la Commission n'adopte pas, au terme de la procédure administrative préalable, une décision mais un simple avis motivé : elle n'a pas le pouvoir de constater elle-même le manquement, cette constatation ne pouvant être opérée que par la Cour de justice devant laquelle l'institution communautaire se trouve donc en situation de demanderesse.

Primitivement, les traités de Rome ne prévoyaient pas de sanction, faisant seulement obligation à l'État, dont le manquement avait été constaté par la Cour, de tirer les conséquences de l'arrêt rendu par celle-ci. Tel n'est plus la situation, le traité sur l'Union ayant ajouté des dispositions instituant un régime de sanctions.

559 ***Présentation*** ◇ Telle qu'elle figure dans les traités de Rome modifiés, la procédure en constatation de manquement obéit à un régime général prévu par les dispositions identiques des articles 226 à 228 C.E. (ex-art. 169 à 171 C.E.) et 141 à 143 C.E.E.A. Mais les deux traités comportent d'autre part plusieurs régimes dérogatoires. On abordera donc successivement le régime général et les régimes dérogatoires pour examiner en troisième lieu dans quelle mesure les particuliers, privés d'un droit d'action directe devant la Cour, peuvent néanmoins obtenir la sanction de la violation du droit communautaire par les États membres.

SECTION 1. RÉGIME GÉNÉRAL

560 ***Déroulement de la procédure*** ◇ La procédure s'articule autour de deux phases : une procédure administrative précontentieuse à laquelle fait suite, si un règlement de l'affaire n'est pas intervenu au cours de cette phase préalable, une procédure juridictionnelle devant la Cour de justice, procédure dont le terme, sauf désistement en cours d'instance, est naturellement marqué par l'intervention de l'arrêt.

§ 1. Procédure précontentieuse

561 ***Modalités*** ◇ La procédure précontentieuse peut être engagée, soit à l'initiative de la Commission (art. 226 C.E. (ex-art. 169 C.E.) – 141

C.E.E.A.), soit à l'initiative d'un État membre (art. 227 C.E. (ex-art. 170 C.E.) - 142 C.E.E.A.). Cette dernière possibilité est d'application exceptionnelle.

A. La procédure à l'initiative de la Commission

562 ***Engagement de la procédure*** ◇ Gardienne des traités, la Commission peut se saisir d'office des infractions dont la presse, des questions parlementaires ou ses propres services auraient révélé l'existence.

Mais elle est surtout saisie de plaintes que lui adressent des particuliers, des entreprises ou des États membres. Le dépôt de telles plaintes est gratuit, la forme en est libre et leurs auteurs sont tenus informés des suites données.

Après enregistrement, l'affaire fait l'objet d'un premier examen par les services de la Commission. Des démarches sont engagées avec les États membres (lettre « pré-169 », demande d'information), lesquels sont tenus, en vertu de l'article 10 (ex-art. 5) du traité C.E., à une obligation d'information (C.J.C.E., 25.05.1982, deux arrêts *Csion c. Pays-Bas,* 96 et 97/81, p. 1791 et 1819 - concl. F. Capotorti).

Un règlement intervient dans plus de la moitié de ces situations. Si tel n'est pas le cas, c'est à l'issue de cette phase « officieuse » que s'ouvre la procédure précontentieuse.

563 ***Caractère discrétionnaire des pouvoirs de la Commission*** ◇ Pour l'engagement de la procédure précontentieuse, la Commission jouit d'un pouvoir discrétionnaire très étendu. L'action en manquement ayant un caractère objectif, la Cour de justice se refuse à examiner les buts visés par cette initiative (C.J.C.E., 21.06.1988, deux espèces : *Csion c. Irlande,* 415/85 - *Csion c. Royaume Uni,* 416/85, pp. 3097 et 3127, concl. M. Darmon - *infra,* n° 570).

Un particulier ne peut poursuivre en annulation le refus d'engager la procédure (C.J.C.E., 1.03.1966, *Lütticke,* 48/65, p. 27, concl. J. Gand - jurisp. const. : 12.06.1992 (Ord.) *Asia Motor France,* C-29/92, I, p. 3935 - T.P.I., 14.12.1993, *Calvo Alonso-Cortès,* T-29/93, II, p. 1389). Il pourrait, en revanche, attaquer la décision par laquelle la Commission décide de renvoyer à une procédure de manquement l'examen de problèmes soulevés par une plainte au titre du règlement n° 17/62 du Conseil du 6 février 1962 (T.P.I., 18.11.1992, *Rendo,* T-16/91, II, p. 2417).

Un particulier ne peut pas non plus former un recours en carence contre l'abstention de la Commission de poursuivre en manquement (C.J.C.E., 14.02.1989, *Star Fruit,* 247/87, p. 291, concl. C. O. Lenz - *supra,* n° 490).

Cette dernière solution, qui reflète la volonté des auteurs des traités, trouve sa justification dans la circonstance que la procédure ne comporte pas d'actes dont un particulier peut être le destinataire (C.J.C.E., 30.03.1990 (Ord.), *Emrich,* C-371/89, I, p. 1555).

564 ***Fonction de la procédure précontentieuse*** ◇ La procédure précontentieuse vise à permettre à l'État membre de justifier sa position et à la Commission de le conduire, le cas échéant, à se conformer volontairement à ses obligations. Cette fonction est assurée par une lettre de mise en demeure. En cas d'échec de cet effort de règlement, un avis motivé clôt cette procédure en définissant l'objet du litige (C.J.C.E., 27.05.1981 *Essevi et Salengo,* 142 et 143/80, p. 1413, concl. F. Capotorti).

565 ***Lettre de mise en demeure*** ◇ C'est l'envoi à l'État membre concerné d'une lettre de mise en demeure délimitant l'objet du litige et invitant son destinataire à présenter ses observations qui marque l'ouverture de la procédure précontentieuse.

L'accomplissement de cette formalité conditionne la régularité de l'ensemble de la procédure, même si l'État estime ne pas devoir défendre son point de vue (C.J.C.E., 17.02.1970, *Csion c. Italie,* 31/69, p. 25, concl. J. Gand - jurisp. const. : 28.03.1985, *Csion c. Italie,* 274/83, p. 1077, concl. C. O. Lenz).

La lettre de mise en demeure peut ne comporter qu'un premier exposé succinct des griefs qui seront ultérieurement détaillé dans l'avis motivé (C.J.C.E., 28.03.1985, *Csion c. Italie,* 274/83, précité). Elle doit comporter un délai raisonnable pour permettre à l'État de présenter ses observations, étant précisé que des délais très courts sont admissibles en cas d'urgence à condition toutefois que cette situation ne soit pas due à l'inaction passée de la Commission (C.J.C.E., 2.02.1988, *Csion c. Belgique,* 293/85, p. 305, concl. G. Slynn).

Si l'État membre se conforme à la position de la Commission ou s'il emporte la conviction de celle-ci par son argumentation, l'affaire sera réglée. Tel est majoritairement le cas. Si, au contraire, la divergence des thèses en présence n'a pas été surmontée ou si l'État se réfugie dans une attitude passive, la Commission pourra alors adopter l'avis motivé qui clôt la procédure administrative et autorise, sauf régularisation dans le délai qu'il fixe, la saisine de la Cour.

566 ***L'avis motivé : 1) Fonction*** ◇ L'avis motivé expose à l'intention de l'État membre concerné les motifs de fait et de droit qui conduisent la Commission à estimer qu'il existe un manquement. Il permet ainsi de circonscrire l'objet du litige et d'individualiser les éléments nécessaires à la défense de l'État membre. Il ne peut articuler, même s'il peut les détailler, d'autres griefs que ceux visés dans la lettre de mise en demeure (C.J.C.E., 28.03.1985, *Csion c. Italie,* 274/83, précité).

L'avis motivé enjoint de mettre fin à l'infraction en prescrivant à cet effet un délai à l'État destinataire. Si ce dernier s'exécute avant que n'expire le délai ainsi fixé, lequel ne peut pas être modifié par la Cour mais par la seule Commission (C.J.C.E., 10.11.1981, 2 arrêts, *Csion c. Italie,* 28 et 29/81, p. 2577-2585, concl. G. Slynn), l'institution ne peut saisir la Cour (art. 226, al. 2, C.E. (ex-art. 169, al. 2, C.E.). Ce délai doit demeurer raisonnable, ce caractère étant apprécié compte tenu de l'ensemble des circonstances de l'espèce (C.J.C.E., 14.07.1993, *Csion c. Royaume Uni,* C-56/90, I, p. 4109, concl. C. O. Lenz).

567 ***L'avis motivé : 2) Contenu*** ◇ Comme son nom l'indique, l'avis doit comporter une motivation. Celle-ci est considérée comme suffisante lorsque l'avis comporte un « exposé cohérent des raisons ayant amené la Commission à la conviction que l'État intéressé a manqué à une (de ses) obligations » (C.J.C.E., 1.03.1983, *Csion c. Belgique,* 301/81 p. 467, concl. S. Rozès).

Si la Cour a admis que la Commission pouvait préciser dans l'avis motivé les mesures concrètes que l'État membre concerné devrait adopter pour éliminer le manquement (C.J.C.E., 12.07.1973, *Csion c. Allemagne,* 70/72, p. 813, concl. H. Mayras), une telle indication n'est pas obligatoire (C.J.C.E., 11.07.1991, *Csion c.Portugal,* C-247/89, I, p. 3659, concl. C. O. Lenz).

568 ***L'avis motivé : 3) Nature*** ◇ L'« avis motivé » est dépourvu d'effets juridiques définitifs, sauf en ce qui concerne le principe et l'étendue de la saisine de la Cour.

La jurisprudence exclut donc tout recours en annulation à son encontre : l'appréciation de son bien-fondé se confond avec celle du bien-fondé du recours lui-même dont la Commission saisit la Cour (C.J.C.E., 10.12.1969, *Csion c. France,* 6 et 11/69, p. 523, concl. K. Roemer).

L'avis motivé ne peut pas « déterminer de manière définitive (...) les droits et obligations d'un État membre ou (donner à celui-ci) des garanties concernant la compatibilité avec le traité d'un comportement déterminé », « la détermination des droits et obligations des États membres et le jugement de leur comportement ne (pouvant) résulter que d'un arrêt de la Cour » (C.J.C.E., 27.05.1981, *Essevi et Salengo,* 142-143/80, p. 1413, concl. F. Capotorti).

B. La procédure à l'initiative d'un État membre

569 ***Saisine préalable de la Commission*** ◇ L'article 227 C.E. (ex-art. 170 C.E. - art. 142 C.E.E.A.) autorise tout État membre à saisir la Cour de justice en vue de lui faire constater un manquement qu'il impute à un autre État membre, mais ce recours ne peut être porté d'emblée devant celle-ci.

L'État membre plaignant doit en effet saisir au préalable la Commission qui dispose d'un délai de trois mois pour émettre un avis motivé. Au cours de ce délai, la Commission doit mettre les États intéressés en mesure de présenter contradictoirement leurs observations écrites et orales. Cette phase peut être mise à profit pour la recherche d'une solution amiable.

Quel que soit le contenu de l'avis motivé, l'État membre a la faculté de saisir la Cour. Il en va de même si la Commission n'a pas émis un tel avis à l'expiration du délai précité de trois mois. Cette saisine n'est pas limitée par les termes de l'avis motivé si ceux-ci ne reprennent pas tous les griefs que l'État plaignant a dénoncés à la Commission.

Cette procédure a donné lieu à quatre recours dont seulement deux ont été menés à leur terme (C.J.C.E., 4.10.1979, *France c. Royaume Uni,* 141/78, p. 2923, concl. G. Reischl – C.J.C.E., *Belgique c. Espagne,* 16.05.2000, C-388/95, non encore publié). Cela ne saurait surprendre. Les États membres sont peu enclins à s'affronter devant la Commission, puis devant la Cour de justice. Ils préfèrent intervenir devant la Cour, au soutien de la Commission, cette dernière agissant directement à la suite de plaintes.

§ 2. Procédure juridictionnelle

570 ***Introduction du recours*** ◇ À l'expiration du délai imparti par l'avis motivé, la Commission, si l'État membre concerné ne s'y est pas conformé, peut saisir la Cour de justice. Elle dispose d'un pouvoir discrétionnaire tant sur le principe que sur le moment de cette saisine.

Ce caractère facultatif résulte du traité lui-même quant au *principe* de la saisine. L'article 226 C.E. (ex-art. 169 C.E.) dispose en effet que « si l'État en cause ne se conforme pas à cet avis dans le délai déterminé par la Commission, celle-ci *peut* saisir la Cour de justice » (souligné par nous). La Cour en a tiré les conséquences en affirmant que « dans le cas où cet État ne se conforme pas à cet avis dans le délai imparti, l'institution a en tout état de cause la faculté, mais non l'obligation, de saisir la Cour en vue de faire constater le manquement présumé » (C.J.C.E., 14.02.1989, *Star Fruit,* 247/87, p. 291, précité).

La Commission bénéficie d'une discrétion analogue en ce qui concerne le *moment* de la saisine (C.J.C.E., 10.12.1968, *Csion c. Italie,* 7/68, p. 617, concl. J. Gand). La Cour considère, suivant une jurisprudence constante, que « les règles de l'article 169 du traité (*devenu l'article 226*) doivent trouver application sans que la Commission soit tenue au respect d'un délai déterminé (...) Celle-ci dispose ainsi du pouvoir d'apprécier à quelle date il peut y avoir lieu d'introduire un recours, et il n'appartient pas à la Cour de contrôler une telle appréciation » (C.J.C.E., 10.05.1995, *Csion c. Allemagne,* C-422/92, I, p. 1097, concl. F. G. Jacobs).

Il ne pourrait en être autrement que si la durée excessive de la procédure précontentieuse devait avoir pour effet, accroissant pour l'État concerné la difficulté de réfuter les arguments de la Commission, de violer les droits de la défense, une telle preuve incombant à cet État (C.J.C.E., 16.05.1991, *Csion c. Pays-Bas,* C-96/89, I, p. 2461, concl. M. Darmon).

De même, le fait qu'un État membre doive se défendre dans deux causes distinctes ayant pour objet les mêmes faits mais fondées sur des dispositions différentes ne saurait constituer en soi une violation des droits de la défense, la Commission étant libre de choisir le moment où elle introduira son recours en manquement (C.J.C.E., 18.06.1998, *Csion c. Italie,* C-35/96, I, p. 3851, concl. G. Cosmas).

Étant saisie, la Cour doit constater si le manquement reproché existe ou non, même si l'État concerné ne conteste plus ce manquement et s'il reconnaît le droit à la réparation du préjudice éventuellement subi de ce fait par les particuliers. La Cour souligne à cet égard que « s'il en allait différemment, les États membres, en reconnaissant le manquement et admettant la responsabilité qui peut en découler, seraient libres à tout moment, lors d'une procédure de manquement devant la Cour, de mettre fin à celle-ci sans que l'existence du manquement et le fondement de leur responsabilité aient été établis en justice » (C.J.C.E., 22.06.1993, *Csion c. Danemark,* C-243/89, I, p. 3353, concl. G. Tesauro).

571 ***Intérêt à agir et objectifs de la Commission*** ◇ La Commission n'a pas à démontrer d'intérêt à agir car dans la mise en œuvre des compétences que lui confèrent les articles 211 et 226 (ex-art. 155 et 169) du traité C.E. dans l'intérêt général communautaire, « elle a, d'office, pour mission de veiller à l'application du traité par les États membres et de faire constater, en vue de leur cessation, l'existence de manquements éventuels aux obligations qui en dérivent » (C.J.C.E., 4.04.1974, *Csion c. France,* 167/73, p. 359, concl. G. Reischl).

Quant aux objectifs poursuivis par un recours en manquement, la Cour considère que « dans l'équilibre institutionnel établi par le traité », il ne lui appartient pas de les examiner (C.J.C.E., 21.06.1988, *Csion c. Royaume Uni,* 416/85, p. 3127, précité).

572 ***Élimination tardive du manquement*** ◇ Lorsque l'État a adopté les mesures prescrites après expiration du délai de l'avis motivé, la Cour ne considère pas que l'intérêt à agir ait pour autant disparu.

Tout d'abord, elle estime que la Commission conserve un intérêt « en droit » quant à la question de savoir si un manquement a été commis (C.J.C.E., 19.12.1961, *Csion c. Italie,* 7/61, p. 633, concl. M. Lagrange – GA n° 34). Cette solution illustre la fonction d'interprétation objective que remplit l'action en manquement.

Mais surtout, la jurisprudence rappelle régulièrement que la poursuite de l'action comporte toujours un intérêt « matériel », « en vue d'établir la base d'une responsabilité qu'un État membre peut être dans le cas d'encourir en conséquence de son manquement à l'égard d'autres États membres, de la Communauté ou des particuliers » (C.J.C.E., 7.02.1973, *Csion c. Italie,* 39/72, p. 101, concl. H. Mayras – 19.03.1991, *Csion c. Belgique,* C-249/88, I, p. 1275, concl. G. Tesauro). La solution est si fermement acquise que la Cour s'est parfois bornée à renvoyer à sa jurisprudence en indiquant que « la poursuite de l'action conserve un intérêt », sans pour autant qualifier ce dernier (V. par ex. C.J.C.E., 21.06.1988, *Csion c. Belgique,* 283/86, p. 3271, concl. C. O. Lenz), voire en affirmant que les mesures postérieures à l'introduction du recours ne peuvent être prises en considération (C.J.C.E., 17.09.1987, *Csion c. Pays-Bas,* 291/84, p. 3483, concl. M. Darmon).

573 ***Objet du recours*** ◇ À peine d'irrecevabilité, le recours ne peut élargir l'objet du litige tel qu'il a été fixé par la phase administrative et il doit être en particulier fondé sur les mêmes moyens et motifs que ceux que comportait l'avis motivé (C.J.C.E., 7.02.1984, *Csion c. Italie,* 166/82, p. 459, concl. G. Reischl – jurisp. const. : 22.06.1993, *Csion c. Danemark,* C-243/89, I, p. 3353, concl. G. Tesauro).

La Cour observe à cet égard une rigueur certaine dans l'application de ces principes. Elle apporte cependant un assouplissement pour le cas où le recours viserait des faits postérieurs à l'avis motivé, mais de même nature que ceux-ci et constitutifs du même comportement, ou encore des faits également déjà dénoncés par l'avis motivé et qui se sont ultérieurement poursuivis (C.J.C.E., 22.03.1983, *Csion c. France,* 42/82, p. 1013, concl. G. Slynn).

De même, la Cour admet qu'un recours, fondé sur l'article 228 C.E. (ex-art. 171 C.E.), puisse appréhender des faits postérieurs à l'arrêt en manquement non exécuté mais qui caractérisent la violation continue d'une obligation unique qui produit ses effets chaque année (C.J.C.E., 8.05.1991, *Csion c. Italie,* 266/89, I, p. 2411, concl. M. Darmon).

574 ***Charge de la preuve*** ◇ Demanderesse à l'action, la Commission doit caractériser avec exactitude les raisons pour lesquelles le comportement incriminé serait constitutif d'une violation du droit communautaire (C.J.C.E., 14.12.1971, *Csion c. France,* 7/71, p. 1003, concl. K. Roemer – jurisp. const. : 31.03.1992, *Csion c. Danemark,* C-52/90, I, p. 2187, concl. C. O. Lenz).

Il lui incombe également d'apporter les éléments nécessaires à la vérification de l'existence du manquement sans pouvoir se fonder sur une quelconque présomption (C.J.C.E., 25.05.1982, *Csion c. Pays-Bas,* 96/81, p. 1791, concl. F. Capotorti).

Mais les États membres sont tenus de faciliter l'accomplissement par la Commission de sa mission de gardienne des traités (C.J.C.E., 22.09.1988, *Csion c. Grèce,* 272/86, p. 4875, concl. J. L. Da Cruz Vilaça) et le non respect de cette obligation de coopération imposée par l'article 10 (ex-art. 5) du traité C.E. constituerait un manquement (C.J.C.E., 19.02.1991, *Csion c. Belgique,* C-374/89, I, p. 367, concl. J. Mischo).

575 ***Mesures provisoires*** ◇ La possibilité d'ordonner des mesures provisoires tendant à obtenir en référé la suspension de l'application des mesures nationales objet du recours en manquement n'a pas tout d'abord retenu l'attention (V. cependant, A. M. Donner, Sociaal-economische Wetgeving, 1969, 655). Mais la circonstance que le recours ne comporte pas d'effet suspensif et l'absence de caractère obligatoire de l'avis motivé devaient conduire la Commission à solliciter du juge le prononcé de telles mesures.

On a pu, contre une semblable possibilité, observer que la Cour ne pouvait pas ordonner au provisoire ce qu'elle ne pouvait prescrire au fond dans la mesure où l'arrêt ne peut délivrer d'injonctions à l'encontre d'un État membre (Comp. concl. H. Mayras dans 21.05.1977 (Ord.), *Csion c. Royaume-Uni,* 31 et 53 R, p. 921 et concl. G. Reischl dans 22.05.1977 et 13.07.1977, *Csion c. Irlande,* 61/77 R. p. 954 et 1411, G.A., n° 35-A).

Si la Cour s'est tout d'abord montrée prudente, l'utilisation du référé dans le cadre d'une procédure en manquement est désormais considérée comme acquise (*supra,* n° 274), au bénéfice d'une distinction suivant que la demande en référé est introduite avant que l'arrêt sur le fond soit rendu ou à propos de l'exécution de celui-ci (*infra,* n° 581). Illustrent notamment la première de ces hypothèses des ordonnances du 4.03.1982 (*Csion c. France,* 42/82 R, p. 841, concl. G. Slynn), du 25.10.1985 (*Csion c. Belgique,* 293/85 R., p. 3521) ou des 28.06.1990 et 12.07.1990 (*Csion c. Allemagne,* 195/90, I, p. 2715 et 3351).

Cette jurisprudence qui admet ainsi le recours au référé subordonne celui-ci à la vérification de ses deux principales conditions, à savoir l'urgence et la nécessité de prévenir un préjudice grave et irréparable (*supra,* n° 290). S'il n'est pas établi en quoi les mesures provisoires demandées seraient de nature à offrir une garantie sensiblement plus importante du maintien du *statu quo* que celle déjà procurée par les mesures et engagements pris au plan national, il n'y aura pas lieu, faute d'urgence, d'ordonner des mesures provisoires (C.J.C.E., 22.05.1992 (Ord.), *Csion c. Royaume Uni,* C-42/90 R, I, p. 3389).

§ 3. L'arrêt en manquement

576 ***Réglementation*** ◇ Suivant l'article 228 C.E. (ex-art. 171 C.E.) - art. 143 C.E.E.A. -, dans sa rédaction issue du traité sur l'Union :

« 1. Si la Cour de justice reconnaît qu'un État membre a manqué à une des obligations qui lui incombent en vertu du présent traité, cet État est tenu de prendre les mesures que comporte l'exécution de l'arrêt de la Cour de justice.

« 2. Si la Commission estime que l'État membre concerné n'a pas pris ces mesures, elle émet, après avoir donné à cet État la possibilité de présenter ses observations, un avis motivé précisant les points sur lesquels l'État membre concerné ne s'est pas conformé à l'arrêt de la Cour de justice.

« Si l'État membre concerné n'a pas pris les mesures que comporte l'exécution de l'arrêt de la Cour dans le délai fixé par la Commission, celle-ci peut saisir la Cour de justice. Elle indique le montant de la somme forfaitaire ou de l'astreinte à payer par l'État membre concerné qu'elle estime adapté aux circonstances.

« Si la Cour de justice reconnaît que l'État membre concerné ne s'est pas conformé à son arrêt, elle peut lui infliger le paiement d'une somme forfaitaire ou d'une astreinte.

« Cette procédure est sans préjudice de l'article 227 ».

Ces dispositions conduisent à considérer successivement la nature de l'arrêt et son contenu, son exécution, enfin son autorité.

A. Nature et contenu de l'arrêt

577 ***Nature déclaratoire*** ◇ L'arrêt de la Cour sur une action en manquement revêt un caractère déclaratoire. Il constate le manquement ou rejette le recours. Il ne peut annuler les dispositions nationales incriminées (C.J.C.E., 16.12.1960, *Humblet,* 6/60, p. 1125, concl. M. Lagrange) et, bien qu'une telle possibilité ait été évoquée en doctrine (P. Pescatore, Il Foro Padano, 1972, IV, p. 9), la Cour ne pourrait pas davantage condamner l'État auteur du manquement à réparer le préjudice que son comportement aurait causé (*infra,* n° 583).

578 ***Mesures d'exécution de l'arrêt*** ◇ De cette nature déclaratoire, il ressort encore que l'arrêt ne peut prescrire l'adoption de mesures déterminées pour son exécution.

Certains auteurs ont décelé dans un arrêt de la Cour l'indication qu'elle estimerait pouvoir enjoindre à l'État d'adopter des mesures d'exécution. Une lecture attentive de la décision en cause (C.J.C.E., 12.07.1973, *Csion c. Allemagne* 70/72, p. 813, concl. H. Mayras), révèle cependant que c'est à la Commission qu'a été reconnu le pouvoir de « concrétiser » dans l'avis motivé les mesures destinées à « l'élimination effective des manquements et de leurs conséquences passées et futures ». Le juge n'a donc pas affirmé le pouvoir de prescrire lui-même de telles mesures. Mais, même ainsi circonscrite, la portée de cet arrêt n'est pas négligeable. Si la Cour constate un manquement à l'égard d'un État pour ne pas avoir adopté les mesures destinées à réparer l'infraction et que prévoit l'avis motivé, l'arrêt impose alors de fait leur adoption (C.J.C.E., 16.05.1991, *Csion c. Pays-Bas,* C-96/89, I, p. 2461, concl. M. Darmon). (V. sur ce point, H. Calvet, *op. cit.* pts 118 et 119).

579 ***Les motifs*** ◇ L'examen des arguments soulevés par les parties conduit parfois le juge à évoquer, sans les imposer, les possibilités ouvertes à l'État membre concerné pour se conformer au droit communautaire tout en atteignant les objectifs qu'il prétend poursuivre, par exemple la protection de la santé publique ou celle des consommateurs. Une telle démarche vise d'abord à vérifier l'existence du manquement litigieux en examinant si les mesures incriminées respectent, notamment, le principe de proportionnalité. À cet égard la définition d'une solution moins restrictive que celle prévue par la législation nationale incriminée caractérise *ipso facto* l'infraction. Mais, dans le même temps, sont ainsi indiqués à l'État les règles auxquelles il doit se soumettre pour assurer une exécution correcte de l'arrêt tout en poursuivant les objectifs recherchés (V. par ex. C.J.C.E., 12.03.1987, *Csion c. Allemagne,* 178/84, p. 1227, concl. G. Slynn).

B. Exécution de l'arrêt

580 ***Délai*** ◇ L'article 228 (ex-art. 171) ne fixe pas le délai dans lequel l'État membre dont le manquement a été constaté par la Cour « est tenu de prendre les mesures que comporte l'exécution de l'arrêt » par elle rendu.

La Cour considère que cette exécution doit être immédiatement entreprise et qu'elle doit aboutir dans les délais les plus brefs (jurisp. const. : v. notamment : C.J.C.E., 9.03.1994, *Csion c. Italie,* C-291/93, I, p. 859, concl. C. O. Lenz).

C'est à la Commission, gardienne des traités, agissant dans le cadre de la mission qu'elle tient de l'article 211 C.E. (ex-art. 155 C.E.), qu'il incombe de veiller à l'exécution des arrêts de la Cour par les États membres (C.J.C.E., (Ord.), 28.03.1980, *Csion c. France,* 24 et 97/80, p. 1319, concl. F. Capotorti).

581 ***Sanction de l'inexécution*** ◇ À l'origine, les traités de Rome ne prévoyaient pas, en cas d'inexécution, de système de sanction.

Dans la logique du mécanisme originaire – la Cour se borne à constater le manquement, l'État membre concerné doit prendre les mesures que comporte l'exécution de l'arrêt de la Cour – la Commission avait pour toute ressource l'introduction d'une nouvelle action en manquement fondée sur la violation, par cet État, de l'obligation mise à sa charge par l'article 228 C.E. (ex-art. 171 C.E.) et, éventuellement, de l'article 10 (ex-art. 5) de ce même traité en cas de dispositions nationales visant à proroger celles jugées par la Cour comme constitutives du manquement (C.J.C.E., 19.01.1993, *Csion c. Italie,* C-101/91, I, p. 191, concl. C. Gulmann). Pareille action en manquement « réitéré » a fait l'objet d'un premier arrêt remontant à 1972 (C.J.C.E., 13.07.1972, *Csion c. Italie,* 48/71, p. 529, concl. K. Roemer). De telles procédures, d'abord exceptionnelles, se sont multipliées au point de créer une situation considérée comme préoccupante.

Pour y remédier, le traité sur l'Union a ajouté à l'article 228 C.E. (ex-art. 171 C.E.) – art. 143 C.E.E.A. –, des dispositions instituant un mécanisme de sanction dans les termes que l'on a vus (*supra,* n° 576). Leur économie, telle qu'elle résulte de leur rédaction, donne à craindre que l'application de ce mécanisme se heurte à quelques difficultés. La Commission s'est efforcée dans une « communication concernant la mise en œuvre de l'article 171 du traité » (J.O.C.E., n° C 242, du 21.08.1996, p. 7) d'indiquer les « critères qu'elle compte appliquer pour demander à la Cour l'imposition de ces sanctions pécuniaires ». S'il faut saluer « ce souci de transparence », on ne peut manquer de trouver singulier que, s'agissant de la violation de la chose jugée, la poursuite demeure discrétionnaire pour la Commission et que le montant de ce qui est une sanction ne soit pas déterminé, contrairement au principe de la légalité des peines et dans le respect d'un principe de proportionnalité que le texte ne fait qu'évoquer par référence à une adaptation aux circonstances. Il faut cependant mentionner que, par une communication postérieure (J.O.C.E., n° C.63, du

28.02.1997, p. 2), la Commission a précisé les premiers éléments de la méthode qu'elle entendait retenir pour le calcul de l'astreinte. Ces dispositions viennent seulement de connaître un premier cas d'application (C.J.C.E., 04.07.2000, *Csion c. Grèce*, C-387/97, non encore publié).

Rappelons enfin que la Cour admet l'éventualité de faire, par référé, injonction à l'État membre défaillant, pour autant que cette mesure ne se confondrait pas avec l'exécution même de l'arrêt à laquelle cet État était tenu par le seul effet de l'article 228, § 1 (ex-art. 171, § 1) (C.J.C.E., (Ord.) 28.03.1980, *Csion c. France*, 24 et 97/80 R, p. 1319, concl. F. Capotorti).

C. Autorité de l'arrêt

582 ***Autorité de chose jugée à l'égard de l'État membre*** ◇ Selon la Cour de justice, l'arrêt constatant un manquement comporte une « autorité de chose jugée » (C.J.C.E., 13.07.1972, *Csion c. Italie*, 48/71, p. 529, concl. K. Roemer) qui impose à « tous les organes de l'État membre concerné » l'obligation d'en assurer l'exécution (C.J.C.E., 14.12.1982, *Waterkeyn*, 314 /81 et 83/82, p. 4337, concl. S. Rozès). C'est ainsi que « les autorités participant à l'exercice du pouvoir législatif (ont) l'obligation de modifier les dispositions en cause, de manière à les rendre conformes aux exigences du droit communautaire », et que « les juridictions de l'État concerné ont de leur côté l'obligation d'assurer le respect de l'arrêt dans l'exercice de leur mission » (*idem*).

Se trouve ainsi clairement précisé que l'obligation d'exécution de l'article 228 C.E. (ex-art. 171 C.E.) n'est pas simplement instituée à l'égard de l'État membre en tant que tel mais concerne toute autorité publique interne.

583 ***Autorité de chose jugée et droit communautaire directement applicable*** ◇ Les indications qui précèdent ont été données à propos de violations du droit communautaire directement applicable et il n'est pas aisé de déterminer dans quelle mesure il serait « ajouté » aux effets de ce dernier par l'autorité de l'arrêt.

Ainsi est-ce l'autorité de chose jugée à l'égard de l'État membre qui implique « pour les autorités nationales compétentes prohibition de plein droit d'appliquer une prescription nationale reconnue incompatible avec le traité et, le cas échéant, obligation de prendre toutes dispositions pour faciliter la réalisation du plein effet du droit communautaire » (C.J.C.E., 13.07.1972, *Csion c. Italie*, 48/71, p. 529, précité). Et le seul effet direct du droit communautaire impose de toute façon au juge national de sauvegarder les droits des particuliers. À cet égard, il semble que la Cour ait voulu éviter qu'une confusion ne s'instaure qui conduirait à penser que les droits des particuliers sont soumis à la constatation préalable d'un manquement (V. D. Simon et A. Barav, *La responsabilité de l'administration nationale en cas de violation du droit communautaire*, Rev. marché commun, 1987, p. 165). En effet, si le juge national est dans l'obligation de tirer les conséquences de la constatation du manquement, « les droits appartenant aux particuliers découlent non de cet arrêt (l'arrêt constatant le manquement) mais des dispositions mêmes du droit communautaire ayant effet direct dans l'ordre juridique interne » et l'arrêt constatant la violation de telles obligations doit conduire le juge national « en vertu de l'autorité qui s'(y) attache (...) (à) tenir compte, s'il y a lieu, des éléments juridiques fixés dans celui-ci en vue de déterminer la portée des dispositions du droit communautaire qu'il a mission d'appliquer » (C.J.C.E., 14.12.1982, *Waterkeyn,* 314/81, p. 4337, précité).

Au cas de violation d'une disposition dépourvue d'effet direct, il a été soutenu que le particulier ne peut se prévaloir de l'arrêt devant le juge pour s'opposer à l'application de la mesure interne jugée contraire puisqu'il ne peut tirer de droits de la disposition communautaire elle-même. Il y puisera néanmoins un moyen de défense efficace et une forte incitation faite au juge afin qu'il interroge la Cour par voie préjudicielle, avec pour conséquence de le conduire éventuellement à laisser « inappliquée » la norme nationale contraire au droit communautaire.

Il reste que la Cour a jugé que « le droit communautaire impose le principe selon lequel les États membres sont obligés de réparer les dommages causés aux particuliers par les violations du droit communautaire qui leur sont imputables » (C.J.C.E., 19.11.1991, *Francovich,* C-6/90 et C-9/90, I, p. 5357, concl. J. Mischo - Semaine juridique, édit. Entreprises n° 8, 20.02.1992, I, 123, commentaire D. Simon - édit G. n° 1-2, 22.01.1992, II, 21783, note A. Barav - Rev. marché unique, 1/1992, comm. A. Carnelutti - AJDA, 1992, p. 143, note P. Le Mire - Rev. franç. de droit adm, 1992, p. 1, note L. Dubouis - C.J.C.E., 14.07.1994, *Faccini Dori,* C-91/92, I, p. 3325, concl. C. O. Lenz). Ainsi, l'existence d'un arrêt en manquement, même si elle n'est pas une condition nécessaire de l'engagement de la responsabilité de l'État membre concerné, permet au particulier de démontrer facilement, devant le juge national saisi d'une action en réparation, la violation du droit communautaire, fondement de la responsabilité de l'État. Enfin, « l'obligation pour les États membres de réparer les dommages causés aux particuliers par les violations du droit communautaire qui leur sont imputables ne saurait être limitée aux seuls dommages subis postérieurement au prononcé d'un arrêt de la Cour constatant le manquement reproché » (C.J.C.E., 5.03.1996, *Brasserie du Pêcheur,* C-46/93, I, p. 1029 concl. G. Tesauro, A.J.D.A., 1996, n° 7/8, p. 489, com. D. Simon - *Gaz Pal* - Gazette européenne, n° 13, com. J. Boulouis).

584 ***Portée rétroactive de la chose jugée*** ◇ La nature déclaratoire de l'arrêt établit *ex tunc* l'incompatibilité avec le droit communautaire des dispositions internes incriminées. Il en résulte l'obligation de procéder à « l'élimination effective des manquements et de leurs conséquences passées et futures » (C.J.C.E., 12.07.1973, *Csion c. Allemagne,* 70/72, p. 813, concl. H. Mayras), cette élimination exigeant que soient réparés « les effets illici-

tes » de l'infraction (C.J.C.E., 16.12.1960, *Humblet,* 6/60, p. 1125, concl. M. Lagrange).

Si la régularisation rétroactive se révèle impossible, l'intéressé pourra faire valoir un droit à réparation devant les juridictions nationales en se fondant sur l'arrêt en manquement établissant la violation du droit communautaire.

585 ***Autorité de chose interprétée*** ◇ La polyvalence de l'action en manquement se traduit dans le fait qu'elle a également pour fonction de délivrer une interprétation du droit communautaire (C.J.C.E., 14.12.1971, *Csion c. France,* 7/71, p. 1003, concl. K. Roemer).

En effet, s'il existe une divergence à cet égard entre la Commission et l'État membre concerné, l'interprétation par la Cour de la norme communautaire en cause constitue le préalable nécessaire à la constatation du manquement ou au rejet du recours intenté à cette fin par l'institution (C.J.C.E., 21.06.1988, *Csion c. Irlande,* 415/85, p. 1097, concl. M. Darmon).

L'interprétation donnée par les motifs de l'arrêt semble lier non seulement les parties au litige à propos duquel elle a été délivrée mais également l'ensemble des juridictions nationales dans des termes comparables à ceux des arrêts préjudiciels. La Cour a en effet admis qu'en présence d'une question de droit résolue dans le cadre d'une telle procédure, la jurisprudence ainsi fixée délie les juridictions visées à l'article 234, al. 3, (ex-art. 177, al. 3), de leur obligation de renvoi (*supra,* n° 47). Ce seront donc les solutions prévalant dans le cadre du mécanisme de l'article 234 qu'il conviendra d'appliquer en la matière. Un arrêt rendu sur recours en manquement peut ainsi constituer un revirement de l'interprétation donnée par la Cour de justice d'une disposition de droit communautaire dans un précédent arrêt préjudiciel (ainsi : C.J.C.E., 16.05.2000, *Belgique c. Espagne,* précité).

SECTION 2. LES RÉGIMES DÉROGATOIRES

586 ***Présentation*** ◇ Les traités C.E. et C.E.E.A. ont organisé des procédures dérogatoires aux articles 226 à 228 C.E. (ex-art. 169 à 171 C.E.) ou 141 et 142 C.E.E.A. C'est essentiellement la voie de droit prévue par l'article 88, § 2, C.E. (ex-art. 93, § 2, C.E.) en matière d'aides d'État qui doit retenir l'attention en raison de son application pratique régulière. La jurisprudence n'offre pas d'illustration de la mise en œuvre des autres régimes, que l'on se bornera donc à évoquer.

§ 1. La saisine directe de la Cour en matière d'aides d'Etat

587 ***La réglementation du traité C.E. en matière d'aides d'État*** ◇ L'article 87 C.E. (ex-art. 92 C.E.) pose le principe de l'incompatibilité avec le

marché commun des aides d'État. Cette disposition, dépourvue d'effet direct, est mise en œuvre par la Commission selon un mécanisme organisé par l'article 88.

Les aides d'État existantes – c'est-à-dire celles en cours au moment de la création de la Communauté ou approuvées ultérieurement – sont soumises à une procédure d'examen (art. 88, § 1, ex-art. 93, § 1). Les aides « nouvelles » doivent, en revanche, être notifiées avant leur mise à exécution, notification qui comporte un effet suspensif interdisant aux États de les mettre en œuvre jusqu'à décision de la Commission sur leur compatibilité (art. 88, § 3, ex-art. 93, § 3).

L'article 88, § 2 (ex-art. 93, § 2), organise la procédure applicable par la Commission pour l'appréciation de la compatibilité des aides. La Commission doit mettre les intéressés en demeure de présenter leurs observations avant d'adopter une décision constatant l'incompatibilité de l'aide et enjoignant à l'État la modification ou la suppression de celle-ci. Si l'État ne se conforme pas à cette décision, la Commission, ainsi que tout autre État membre, peut saisir directement la Cour de justice.

Cette procédure, spécifique à ce domaine, présente de profondes différences avec celle de l'article 226 (ex-art. 169).

588 ***Étendue du caractère contradictoire de la procédure – conséquences*** ◇ Indépendamment du fait que cette procédure peut être suspendue à la suite d'une demande de déclaration de compatibilité adressée au Conseil par l'État membre intéressé (art. 88, § 2, al. 3 (ex-art. 93, § 2, al. 3) -C.J.C.E. (Ord.), 21.05.1977, *Csion c. Royaume Uni,* 31/77 R, p. 921, G.A. n° 35-A), la première différence consiste en ce que la Commission doit entendre tous les intéressés, c'est-à-dire non seulement l'État concerné, mais également d'autres États membres ou des entreprises concurrentes du bénéficiaire de l'aide. Ainsi, sera-t-elle pleinement éclairée sur les données de l'affaire et c'est précisément la spécificité de ces garanties qui justifie la dérogation à la procédure de l'article 226 (C.J.C.E., 30.01.1985, *Csion c. France,* 290/83, p. 439, concl. F. Mancini).

Il en résulte que cette procédure dérogatoire devra toujours être suivie en la matière (C.J.C.E., 18.05.1993, *Belgique,* C-356/90, I, 2323, concl. M. Darmon), même si la procédure de droit commun peut se concevoir à l'égard d'un régime d'aides par rapport à d'autres dispositions du traité que l'article 87. Ainsi en est-il pour l'article 88, § 3, (ex-art. 93, § 3), dont la méconnaissance peut faire l'objet d'une procédure de l'article 226 (C.J.C.E., 7.04.1992, *Csion c. Grèce,* C-61/90, I, p. 2407, concl. C. Gulmann).

Il en résulte également que cette procédure spécifique devra être ouverte dès lors que la Commission éprouvera des difficultés sérieuses d'appréciation de la compatibilité d'une aide et ne pourra pas s'en tenir à la phase préliminaire de l'article 88, § 3, pour prendre une décision favorable à une aide (C.J.C.E., 19.05.1993, *Cook,* C-198/91, I, p. 2487, concl. G. Tesauro).

Il convient de compléter cette présentation du premier aspect de cette procédure en observant que la Cour a retenu des dispositions de l'article 88 une interprétation de nature à renforcer l'effectivité de l'obligation de notification, clef de voûte du mécanisme de contrôle. D'une part, elle a admis que, lorsque un État met en œuvre une aide en violation de cette exigence de notification, la Commission peut recourir à la procédure de l'article 88, § 2, sans être contrainte d'utiliser celle, « plus complexe », de l'article 226 (C.J.C.E., 2.07.1974, *Italie,* 173/73, p. 709, concl. J. P. Warner). D'autre part, elle a reconnu un pouvoir d'injonction à la Commission à l'encontre de l'État qui aurait mis en œuvre une aide en violation de l'article 88, § 3, et elle a admis, pour le cas où l'État mettrait l'aide en œuvre en dépit de l'injonction, que la Commission puisse la saisir pour faire constater cette violation du traité, déduisant par analogie cette faculté de la voie de droit prévue par l'article 88, § 2 (C.J.C.E., 14.02.1990, *France,* C-301/87, I, p. 307, concl. F. G. Jacobs - 21.03.1990, *Belgique,* C-142/87, I, p. 959, concl. G. Tesauro).

589 ***Conclusion de la procédure par une décision*** ◇ La deuxième différence tient à la nature de l'acte qui conclut cette procédure. Il s'agit en effet d'une véritable décision qui constate l'incompatibilité de l'aide, enjoint sa suppression ou sa modification dans un délai qu'elle détermine (C.J.C.E., 12.07.1973, *Csion c. Allemagne,* 70/72, p. 813, concl. H. Mayras - 2.02.1988, *Csion c. Pays-Bas,* 213/85, p. 281, concl. G. Slynn).

Cette décision peut enjoindre aux autorités nationales d'ordonner la restitution de l'aide irrégulière (C.J.C.E., 24.02.1987, *Deufil,* 310/85, p. 901, concl. M. Darmon), l'obligation de récupération d'une aide illégale étant la conséquence logique de son illégalité (C.J.C.E., 21.03.1991, *Italie,* C-305/89, I, p. 1603, concl. W. van Gerven). En tant que telle, cette obligation ne saurait dépendre de la forme sous laquelle l'aide a été octroyée (C.J.C.E., 10.06.1993, *Csion c. Grèce,* C-183/91, I, p. 3131, concl. W. van Gerven).

590 ***Recours contre la décision*** ◇ L'État qui a accordé l'aide peut attaquer la décision dans un délai de deux mois sans pouvoir se prévaloir ultérieurement de l'exception d'illégalité à l'occasion de la procédure en manquement engagée contre lui devant la Cour (numéro suivant).

Ce recours en annulation est également admis de la part des entreprises intéressées. Ainsi, ont été déclarés recevables le recours formé par l'entreprise qui aurait été bénéficiaire de l'aide jugée incompatible (C.J.C.E., 17.09.1980, *Philip Morris Holland,* 730/79, p. 2671, concl. F. Capotorti) et celui d'une entreprise qui avait joué un rôle déterminant dans le déclenchement de la procédure et son déroulement et dont la position sur le marché était susceptible d'être substantiellement affectée par la mesure que la décision avait estimé n'être pas incompatible (C.J.C.E., 28.01.1986, *COFAZ,* 169/84, p. 391, concl. P. VerLoren van Themaat - *supra,* n° 389 - sur ce point, v. aussi, H. Lehman, *Les droits de la défense de l'entreprise bénéficiaire d'une aide d'État,*Gaz. Pal. 01.12.1996, Gaz. europ. n° 13).

591 ***Moyens de défense*** ◇ Dans le cadre du recours introduit à son encontre devant la Cour par la Commission – ou par tout État membre – l'État intéressé ne peut soulever l'exception d'illégalité à l'encontre de la décision qu'il n'a pas attaquée en annulation dans le délai courant à compter de sa notification (C.J.C.E., 12.10.1978, *Csion c. Belgique,* 156/77, p. 1881, concl. H. Mayras).

Le seul moyen de défense qu'un État membre puisse encore faire valoir contre l'action en manquement dont il est l'objet est celui de l'impossibilité absolue d'exécuter correctement la décision (C.J.C.E., 15.01.1986, *Csion c. Belgique,* 52/84, p. 89, concl. C. O. Lenz), en particulier s'agissant de la restitution des aides déclarées incompatibles (C.J.C.E., 2.02.1989, *Csion c. Allemagne.,* 94/87, p. 175, concl. M. Darmon).

§ 2. Autres régimes dérogatoires

592 ***Énumération*** ◇ Les autres procédures dérogatoires n'ayant pas été mises en œuvre jusqu'à présent, on se bornera à les évoquer en renvoyant aux dispositions pertinentes des traités.

L'article 95, § 9, C.E. (ex-art. 100 A, § 4, C.E.), permet à tout État ou à la Commission de saisir directement la Cour de justice lorsqu'ils estiment qu'un État membre fait un usage abusif de son pouvoir d'adopter des dispositions destinées à protéger certains intérêts (santé publique, environnement, protection du milieu de travail...) et dérogeant aux mesures d'harmonisation adoptées à la majorité qualifiée par le Conseil.

L'article 298 C.E. (ex-art. 225 C.E.) prévoit cette même possibilité à l'encontre d'un État qui fait un usage abusif des pouvoirs que les articles 296 et 297 (ex-art. 223 et 224) du traité lui reconnaissent pour prendre des mesures relatives à la sûreté interne ou externe (commerce d'armes de guerre, tension internationale...), la Cour statuant à huis clos.

De même, les articles 38 et 82 du traité C.E.E.A. autorisent la Commission à saisir directement la Cour pour faire constater le non-respect par un État membre de la directive qu'elle lui a adressée à propos du dépassement des normes de base en matière de radioactivité ou de tenue et de comptabilité de minérais, matières brutes et fissiles spéciales.

Il faut encore noter que, dans le cas où un État membre n'aurait pas respecté les obligations qui résultent des statuts de la B.E.I., les prérogatives de la Commission sont exercées par le Conseil d'administration de la Banque (art. 237 a) C.E. (ex-art. 180, a), C.E.).

On remarquera enfin que l'application des articles 226 à 228 (ex-art. 169 et 170) est exclue par l'article 104, § 10, C.E. (ex-art. 104 C, C.E.), relatif aux déficits publics excessifs, qui organise une procédure particulière sous l'autorité du Conseil et qu'une procédure semblable à celle de l'article 226 est prévue, sous l'autorité de la Banque centrale européenne à l'encontre des manquements des banques centrales nationales par l'article 35.6 du Protocole sur les statuts du Système européen de banques centrales (S.E.B.C.) et de la Banque centrale européenne (B.C.E.).

SECTION 3. LES MANQUEMENTS D'ÉTAT ET LES PARTICULIERS

593 ***Les conséquences de l'effet direct*** ◇ Les particuliers ne disposent pas du droit d'agir en manquement et ils ne peuvent provoquer -dans le cadre des traités de Rome- un contrôle juridictionnel sur l'exercice par la Commission des prérogatives que celle-ci tient de l'article 226 (ex-art. 169) puisque ni l'action en annulation, ni l'action en carence ne leur sont ouvertes à cette fin.

Cependant, face aux infractions étatiques, la protection que les juridictions nationales doivent accorder aux droits que les justiciables non institutionnels tiennent directement du droit communautaire constitue un complément des prérogatives de la Commission. C'est là une implication, sinon un objectif, de l'arrêt *Van Gend en Loos,* (C.J.C.E., 5.02.1963, 6/62, p. 1, concl. K. Roemer). La Cour y affirmait que « la vigilance des particuliers intéressés à la sauvegarde de leurs droits entraîne un contrôle efficace qui s'ajoute à celui que les articles 169 et 170 (*devenus les articles 226 et 227*) confient à la diligence de la Commission et des États membres ». La Cour concluait ainsi pour écarter l'argument présenté à cette occasion par certains États membres selon lequel la sanction des comportements étatiques contraires au droit communautaire aurait été justiciable des seules procédures de manquement instituées par les traités. Elle relevait à ce propos que celles-ci ne constituent pas une « protection juridictionnelle directe des droits » des particuliers. Ainsi, le juge interne, juge communautaire de droit commun, se trouvait-il investi de la fonction de sauvegarder les droits des justiciables (C.J.C.E., 19.12.1968, *Salgoil,* 13/68, p. 661, concl. J. Gand).

Il en est résulté deux conséquences. D'une part une « décentralisation » du contrôle du respect du droit communautaire puisque tout juge national en devenait un artisan virtuel, d'autre part une modification dans le comportement de la Commission (V. Ehlermann, *Les procédures de manquement contre les États membres,* in « Les effets des décisions de la Cour de justice des Communautés dans les États membres », UGA, 1983).

594 ***Infractions étatiques et renvoi préjudiciel*** ◇ La coopération judiciaire qu'instaure l'article 234 C.E. (ex-art. 177 C.E.) (*supra,* n° 23 s) renforce l'efficacité de la sanction des infractions étatiques, car, interrogée à titre préjudiciel, la Cour de justice, sans se prononcer sur la compatibilité des normes de droit interne avec des dispositions de droit communautaire, fournira à la juridiction nationale « tous éléments d'interprétation, relevant du droit communautaire, permettant à cette juridiction de juger de la compatibilité de ces normes avec la règle communautaire évoquée » (C.J.C.E., 29.06.1978, *Dechmann,* 154/77, p. 1573, concl. H. Mayras).

Sans doute, la nature préjudicielle d'une procédure visant l'interprétation du droit communautaire interdit à la Cour de juger elle-même de cette compatibilité mais, en fait, la nature de l'examen qu'elle conduit ne laisse le plus souvent guère de doute quant à l'appréciation que le juge interne sera conduit à porter. Cette constatation, qui manifeste la difficulté à séparer clairement la tâche d'interprétation de celle d'application du droit, est illustrée par les hypothèses fréquentes où la même réglementation nationale fait l'objet d'une action en manquement antérieure, simultanée ou postérieure à un renvoi préjudiciel destiné à permettre d'en apprécier la compatibilité avec le droit communautaire.

En pareille hypothèse, les motifs des décisions sont souvent identiques, les arrêts renvoyant dans certains cas de l'un à l'autre. Même si procédure en manquement et procédure préjudicielle comportent un objet, un régime et des effets juridiques distincts, il s'avère que, de la même manière que l'action en manquement permet de préciser la portée du droit communautaire, alors qu'elle est, au premier chef, destinée à en sanctionner le non-respect, le renvoi préjudiciel assure, fût-ce indirectement, le contrôle de l'application des règles communes, alors que seule leur interprétation paraît lui être impartie.

ANNEXES

ANNEXE 1
DISPOSITIONS MODIFICATIVES DU TRAITÉ D'AMSTERDAM

TRAITÉ SUR L'UNION EUROPÉENNE

Art. 35 (ex-art. K. 3). – 1. La Cour de justice des Communautés européennes est compétente, sous réserve des conditions définies au présent article, pour statuer à titre préjudiciel sur la validité et l'interprétation des décisions - cadres et des décisions, sur l'interprétation des conventions établies en vertu du présent titre, ainsi que sur la validité et l'interprétation de leurs mesures d'application.

2. Tout État membre peut, par une déclaration faite au moment de la signature du traité d'Amsterdam, ou à tout autre moment postérieur à ladite signature, accepter la compétence de la Cour de justice pour statuer à titre préjudiciel dans les conditions définies au paragraphe 1.

3. Un État membre qui fait une déclaration au titre du paragraphe 2 indique que :

a) soit toute juridiction de cet État dont les décisions ne sont pas susceptibles d'un recours juridictionnel de droit interne a la faculté de demander à la Cour de justice de statuer à titre préjudiciel sur une question soulevée dans une affaire pendante devant elle et portant sur la validité ou l'interprétation d'un acte visé au paragraphe 1, lorsqu'elle estime qu'une décision sur ce point est nécessaire pour rendre son jugement,

b) soit toute juridiction de cet État a la faculté de demander à la Cour de justice de statuer à titre préjudiciel sur une question soulevée dans une affaire pendante devant elle et portant sur la validité ou l'interprétation d'un acte visé au paragraphe 1, lorsqu'elle estime qu'une décision sur ce point est nécessaire pour rendre son jugement.

4. Tout État membre, qu'il ait ou non fait une déclaration au titre du paragraphe 2, a le droit de présenter à la Cour des mémoires ou observations écrites dans les affaires dont elle est saisie en vertu du paragraphe 1.

5. La Cour de justice n'est pas compétente pour vérifier la validité ou la proportionnalité d'opérations menées par la police ou d'autres services répressifs dans un État membre, ni pour statuer sur l'exercice des responsabilités qui incombent aux États membres pour le maintien de l'ordre public et la sauvegarde de la sécurité intérieure.

6. La Cour de justice est compétente pour contrôler la légalité des décisions - cadres et des décisions lorsqu'un recours est formé par un État membre ou par la Commission pour incompétence, violation des formes substantielles, violation du présent traité ou de toute règle de droit relative à son application, ou détournement de pouvoir. Les recours prévus au présent

paragraphe doivent être formés dans un délai de deux mois à compter de la publication de l'acte.

7. La Cour de justice est compétente pour statuer sur tout différend entre États membres concernant l'interprétation ou l'application des actes adoptés au titre de l'article 34, paragraphe 2, dès lors que ce différend n'a pu être réglé au sein du Conseil dans les six mois qui ont suivi la saisine de celui-ci par l'un de ses membres. La Cour est également compétente pour statuer sur tout différend entre États membres et la Commission concernant l'interprétation ou l'application des conventions établies en vertu de l'article 34, paragraphe 2, point d).

Art. 46 (ex-art. L). – Les dispositions du traité instituant la Communauté économique européenne, instituant la Communauté européenne du charbon et de l'acier et du traité instituant la Communauté européenne de l'énergie atomique qui sont relatives à la compétence de la Cour de justice des Communautés européennes et à l'exercice de cette compétence ne sont applicables qu'aux dispositions suivantes du présent traité :

a) Les dispositions portant modification du traité instituant la Communauté économique européenne en vue d'établir la Communauté européenne, du traité instituant la Communauté européenne du charbon et de l'acier et du traité instituant la Communauté européenne de l'énergie atomique ;

b) les dispositions du titre VI, dans les conditions prévues aux article 35 ;

c) les dispositions du titre VIII, dans les conditions prévues à l'article 1-1 du traité instituant la Communauté européenne et à l'article 40 du présent traité ;

d) l'article 6, paragraphe 2, en ce qui concerne l'action des institutions, dans la mesure où la Cour est compétente en vertu des traités instituant les Communautés européennes et du présent traité ;

e) les article 46 à 53.

TRAITÉ INSTITUANT LA COMMUNAUTÉ EUROPÉENNE

Art. 68. – 1. L'article 234 est applicable au présent titre dans les circonstances et conditions suivantes : lorsqu'une question sur l'interprétation du présent titre ou sur la validité et l'interprétation des actes pris par les institutions de la Communauté sur la base du présent titre est soulevée dans une affaire pendante devant une juridiction nationale dont les décisions ne sont pas susceptibles d'un recours juridictionnel de droit interne, cette juridiction, si elle estime qu'une décision sur ce point est nécessaire pour rendre son jugement, demande à la Cour de justice de statuer sur cette question.

2. En tout état de cause, la Cour de justice n'est pas compétente pour statuer sur les mesures ou décisions prises en application de l'article 62, point 1), portant sur le maintien de l'ordre public et la sauvegarde de la sécurité intérieure.

3. Le Conseil, la Commission ou un État membre a la faculté de demander à la Cour de justice de statuer sur une question d'interprétation du présent titre ou d'actes pris par les institutions de la Communauté sur la base de celui-ci.

L'arrêt rendu par la Cour de justice en réponse à une telle demande n'est pas applicable aux décisions des juridictions des États membres qui ont force de chose jugée.

ANNEXE 2
STATUT C.E.

Article 1

La Cour, instituée par l'article 4 du traité, est constituée et exerce ses fonctions conformément aux dispositions du traité et du présent statut.

TITRE 1. STATUT DES JUGES ET DES AVOCATS GÉNÉRAUX

Article 2

Tout juge doit, avant d'entrer en fonctions, en séance publique, prêter serment d'exercer ses fonctions en pleine impartialité et en toute conscience et de ne rien divulguer du secret des délibérations.

Article 3

Les juges jouissent de l'immunité de juridiction. En ce qui concerne les actes accomplis par eux, y compris leurs paroles et écrits, en leur qualité officielle, ils continuent à bénéficier de l'immunité après la cessation de leurs fonctions.

La Cour, siégeant en séance plénière, peut lever l'immunité.

Au cas où, l'immunité ayant été levée, une action pénale est engagée contre un juge, celui-ci n'est justiciable, dans chacun des États membres, que de l'instance compétente pour juger les magistrats appartenant à la plus haute juridiction nationale.

Article 4

Les juges ne peuvent exercer aucune fonction politique ou administrative.

Ils ne peuvent, sauf dérogation accordée à titre exceptionnel par le Conseil, exercer aucune activité professionnelle, rémunérée ou non.

Ils prennent, lors de leur installation, l'engagement solennel de respecter, pendant la durée de leurs fonctions et après la cessation de celles-ci, les obligations découlant de leur charge, notamment les devoirs d'honnêteté et de délicatesse quant à l'acceptation, après cette cessation, de certaines fonctions ou de certains avantages.

En cas de doute, la Cour décide.

Article 5

En dehors des renouvellements réguliers et des décès, les fonctions de juge prennent fin individuellement par démission.

En cas de démission d'un juge, la lettre de démission est adressée au président de la Cour pour être transmise au président du Conseil. Cette dernière notification emporte vacance de siège.

Sauf les cas où l'article 6 ci-après reçoit application, tout juge continue à siéger jusqu'à l'entrée en fonctions de son successeur.

Article 6

Les juges ne peuvent être relevés de leurs fonctions ni déclarés déchus de leur droit à pension ou d'autres avantages en tenant lieu que si, au jugement unanime des juges et des avocats généraux de la Cour, ils ont cessé de répondre aux conditions requises ou de satisfaire aux obligations découlant de leur charge. L'intéressé ne participe pas à ces délibérations.

Le greffier porte la décision de la Cour à la connaissance des présidents de l'Assemblée et de la Commission, et la notifie au président du Conseil.

En cas de décision relevant un juge de ses fonctions, cette dernière notification emporte vacance de siège.

Article 7

Les juges dont les fonctions prennent fin avant l'expiration de leur mandat sont remplacés pour la durée du mandat restant à courir.

Article 8

Les dispositions des articles 2 à 7 inclus sont applicables aux avocats généraux.

TITRE 2. **ORGANISATION**

Article 9

Le greffier prête serment devant la Cour d'exercer ses fonctions en pleine impartialité et en toute conscience et de ne rien divulguer du secret des délibérations.

Article 10

La Cour organise la suppléance du greffier pour le cas d'empêchement de celui-ci.

Article 11

Des fonctionnaires et autres agents sont attachés à la Cour pour permettre d'en assurer le fonctionnement. Ils relèvent du greffier sous l'autorité du président.

Article 12

Sur proposition de la Cour, le Conseil statuant à l'unanimité peut prévoir la nomination de rapporteurs adjoints et en fixer le statut. Les rapporteurs adjoints peuvent être appelés, dans les conditions qui seront déterminées par le règlement de procédure, à participer à l'instruction des affaires dont la Cour est saisie, et à collaborer avec le juge rapporteur.

Les rapporteurs adjoints, choisis parmi des personnes offrant toutes garanties d'indépendance et réunissant les titres juridiques nécessaires, sont nommés par le Conseil. Ils prêtent serment devant la Cour d'exercer leurs fonctions en pleine impartialité et en toute conscience et de ne rien divulguer du secret des délibérations.

Article 13

Les juges, les avocats généraux et le greffier sont tenus de résider au siège de la Cour.

Article 14

La Cour demeure en fonctions d'une manière permanente. La durée des vacances judiciaires est fixée par la Cour, compte tenu des nécessités du service.

Article 15

La Cour ne peut valablement délibérer qu'en nombre impair. Les délibérations de la Cour siégeant en séance plénière sont valables si neuf juges sont présents. Les délibérations des chambres composées de trois ou cinq juges ne sont valables que si elles sont prises par trois juges. Les délibérations des chambres composées de sept juges ne sont valables que si elles sont prises par cinq juges. En cas d'empêchement de l'un des juges composant une chambre, il peut être fait appel à un juge faisant partie d'une autre chambre dans les conditions déterminées par le règlement de procédure.

Article 16

Les juges et les avocats généraux ne peuvent participer au règlement d'aucune affaire dans laquelle ils sont antérieurement intervenus comme agent, conseil ou avocat de l'une des parties, ou sur laquelle ils ont été appelés à se prononcer comme membre d'un tribunal, d'une commission d'enquête ou à tout autre titre.

Si, pour une raison spéciale, un juge ou un avocat général estime ne pas pouvoir participer au jugement ou à l'examen d'une affaire déterminée, il en fait part au président. Au cas où le président estime qu'un juge ou un avocat général ne doit pas, pour une raison spéciale, siéger ou conclure dans une affaire déterminée, il en avertit l'intéressé.

En cas de difficulté sur l'application du présent article, la Cour statue.

Une partie ne peut invoquer soit la nationalité d'un juge, soit l'absence, au sein de la Cour ou d'une de ses chambres, d'un juge de sa nationalité pour demander la modification de la composition de la Cour ou d'une de ses chambres.

TITRE 3. **PROCÉDURE**

Article 17

Les États ainsi que les institutions de la Communauté sont représentés devant la Cour par un agent nommé pour chaque affaire ; l'agent peut être assisté d'un conseil ou d'un avocat.

Les États parties à l'accord sur l'Espace économique européen, autres que les États membres, ainsi que l'Autorité de surveillance A.E.L.E. visée par ledit accord, sont représentés de la même manière.

Les autres parties doivent être représentées par un avocat.

Seul un avocat habilité à exercer devant une juridiction d'un État membre ou d'un autre État partie à l'accord sur l'Espace économique européen peut représenter ou assister une partie devant la Cour.

Les agents, conseils et avocats comparaissant devant la Cour jouissent des droits et garanties nécessaires à l'exercice indépendant de leurs fonctions, dans les conditions qui seront déterminées par le règlement de procédure.

La Cour jouit, à l'égard des conseils et avocats qui se présentent devant elle, des pouvoirs normalement reconnus en la matière aux cours et tribunaux, dans les conditions qui seront déterminées par le même règlement.

Les professeurs ressortissants des États membres dont la législation leur reconnaît un droit de plaider jouissent devant la Cour des droits reconnus aux avocats par le présent article.

Article 18

La procédure devant la Cour comporte deux phases : l'une écrite, l'autre orale.

La procédure écrite comprend la communication aux parties, ainsi qu'aux institutions de la Communauté dont les décisions sont en cause, des requêtes, mémoires, défenses et observations et, éventuellement, des répliques, ainsi que de toutes pièces et documents à l'appui ou de leurs copies certifiées conformes.

Les communications sont faites par les soins du greffier dans l'ordre et les délais déterminés par le règlement de procédure.

La procédure orale comprend la lecture du rapport présenté par un juge rapporteur, l'audition par la Cour des agents, conseils et avocats et des conclusions de l'avocat général, ainsi que, s'il y a lieu, l'audition des témoins et experts.

Article 19

La Cour est saisie par une requête adressée au greffier. La requête doit contenir l'indication du nom et du domicile du requérant et de la qualité du signataire, l'indication de la partie ou des parties contre lesquelles la requête est formée, l'objet du litige, les conclusions et un exposé sommaire des moyens invoqués.

Elle doit être accompagnée, s'il y a lieu, de l'acte dont l'annulation est demandée ou, dans l'hypothèse visée à l'article 175 du traité (devenu l'article 232), d'une pièce justifiant de la date de l'invitation prévue à cet article. Si ces pièces n'ont pas été jointes à la requête, le greffier invite l'intéressé à en effectuer la production dans un délai raisonnable, sans qu'aucune forclusion puisse être opposée au cas où la régularisation interviendrait après l'expiration du délai de recours.

Article 20

Dans les cas visés à l'article 177 du traité (devenu l'article 234), la décision de la juridiction nationale qui suspend la procédure et saisit la Cour est notifiée à celle-ci à la diligence de cette juridiction nationale. Cette décision est ensuite notifiée par les soins du greffier de la Cour aux parties en cause, aux États membres et à la Commission, ainsi qu'au Conseil ou à la Banque centrale européenne, si l'acte dont la validité ou l'interprétation est contestée émane de ceux-ci, et au Parlement européen et au Conseil, si l'acte dont la validité ou l'interprétation est contestée a été adopté conjointement par ces deux institutions.

Dans un délai de deux mois à compter de cette dernière notification, les parties, les États membres, la Commission et, le cas échéant, le Parlement européen, le Conseil et la Banque centrale européenne ont le droit de déposer devant la Cour des mémoires ou observations écrites.

La décision de la juridiction nationale est, en outre, notifiée par les soins du greffier de la Cour aux États parties à l'accord sur l'Espace économique européen, autres que les États membres, ainsi qu'à l'Autorité de surveillance A.E.L.E. visée par ledit accord qui, dans un délai de deux mois à compter de la notification, et lorsque l'un des domaines d'application de l'accord est concerné, peuvent déposer devant la Cour des mémoires ou observations écrites.

Article 21

La Cour peut demander aux parties de produire tous documents et de fournir toutes informations qu'elle estime désirables. En cas de refus, elle en prend acte.

La Cour peut également demander aux États membres et aux institutions qui ne sont pas parties au procès tous renseignements qu'elle estime nécessaires aux fins du procès.

Article 22

À tout moment, la Cour peut confier une expertise à toute personne, corps, bureau, commission ou organe de son choix.

Article 23

Des témoins peuvent être entendus dans les conditions qui seront déterminées par le règlement de procédure.

Article 24

La Cour jouit à l'égard des témoins défaillants des pouvoirs généralement reconnus en la matière aux cours et tribunaux, et peut infliger des sanctions pécuniaires, dans les conditions qui seront déterminées par le règlement de procédure.

Article 25

Les témoins et experts peuvent être entendus sous la foi du serment selon la formule déterminée par le règlement de procédure ou suivant les modalités prévues par la législation nationale du témoin ou de l'expert.

Article 26

La Cour peut ordonner qu'un témoin ou un expert soit entendu par l'autorité judiciaire de son domicile.

Cette ordonnance est adressée aux fins d'exécution à l'autorité judiciaire compétente dans les conditions fixées par le règlement de procédure. Les pièces résultant de l'exécution de la commission rogatoire sont renvoyées à la Cour dans les mêmes conditions.

La Cour assume les frais, sous réserve de les mettre, le cas échéant, à la charge des parties.

Article 27

Chaque État membre regarde toute violation des serments des témoins et des experts comme le délit correspondant commis devant un tribunal national statuant en matière civile. Sur dénonciation de la Cour, il poursuit les auteurs de ce délit devant la juridiction nationale compétente.

Article 28

L'audience est publique, à moins qu'il n'en soit décidé autrement par la Cour, d'office ou sur demande des parties, pour des motifs graves.

Article 29

Au cours des débats, la Cour peut interroger les experts, les témoins, ainsi que les parties elles-mêmes. Toutefois, ces dernières ne peuvent plaider que par l'organe de leur représentant.

Article 30

Il est tenu de chaque audience un procès-verbal signé par le président et le greffier.

Article 31

Le rôle des audiences est arrêté par le président.

Article 32

Les délibérations de la Cour sont et restent secrètes.

Article 33

Les arrêts sont motivés. Ils mentionnent les noms des juges qui ont délibéré.

Article 34

Les arrêts sont signés par le président et le greffier. Ils sont lus en séance publique.

Article 35

La Cour statue sur les dépens.

Article 36

Le président de la Cour peut statuer, selon une procédure sommaire dérogeant, en tant que de besoin, à certaines des règles contenues dans le présent statut et qui sera fixée par le règlement de procédure, sur des conclusions tendant soit à l'obtention du sursis prévu à l'article 185 du traité (devenu l'article 242), soit à l'application de mesures provisoires en vertu de l'article 186 (devenu l'article 243), soit à la suspension de l'exécution forcée conformément à l'article 192, dernier alinéa (devenu l'article 256).

En cas d'empêchement du président, celui-ci sera remplacé par un autre juge dans les conditions déterminées par le règlement de procédure.

L'ordonnance rendue par le président ou son remplaçant n'a qu'un caractère provisoire et ne préjuge en rien la décision de la Cour statuant au principal.

Article 37

Les États membres et les institutions de la Communauté peuvent intervenir aux litiges soumis à la Cour.

Le même droit appartient à toute autre personne justifiant d'un intérêt à la solution d'un litige soumis à la Cour, à l'exclusion des litiges entre États membres, entre institutions de la Communauté, ou entre États membres, d'une part, et institutions de la Communauté, d'autre part.

Sans préjudice de l'alinéa précédent, les États parties à l'accord sur l'Espace économique européen, autres que les États membres, ainsi que l'Autorité de surveillance A.E.L.E. visée par ledit accord, peuvent intervenir aux litiges soumis à la Cour lorsque ceux-ci concernent un des domaines d'application de cet accord.

Les conclusions de la requête en intervention ne peuvent avoir d'autre objet que le soutien des conclusions de l'une des parties.

Article 38

Lorsque la partie défenderesse, régulièrement mise en cause, s'abstient de déposer des conclusions écrites, l'arrêt est rendu par défaut à son égard. L'arrêt est susceptible d'opposition dans le délai d'un mois à compter de sa notification. Sauf décision contraire de la Cour, l'opposition ne suspend pas l'exécution de l'arrêt rendu par défaut.

Article 39

Les États membres, les institutions de la Communauté et toutes autres personnes physiques ou morales peuvent, dans les cas et dans les conditions qui seront déterminés par le règlement de procédure, former tierce opposition contre les arrêts rendus sans qu'ils aient été appelés, si ces arrêts préjudicient à leurs droits.

Article 40

En cas de difficulté sur les sens et la portée d'un arrêt, il appartient à la Cour de l'interpréter, sur la demande d'une partie ou d'une institution de la Communauté justifiant d'un intérêt à cette fin.

Article 41

La révision de l'arrêt ne peut être demandée à la Cour qu'en raison de la découverte d'un fait de nature à exercer une influence décisive et qui, avant le prononcé de l'arrêt, était inconnu de la Cour et de la partie qui demande la révision.

La procédure de révision s'ouvre par un arrêt de la Cour constatant expressément l'existence d'un fait nouveau, lui reconnaissant les caractères qui donnent ouverture à la révision, et déclarant de ce chef la demande recevable.

Aucune demande de révision ne pourra être formée après l'expiration d'un délai de dix ans à dater de l'arrêt.

Article 42

Des délais de distance seront établis par le règlement de procédure.

Aucune déchéance tirée de l'expiration des délais ne peut être opposée lorsque l'intéressé établit l'existence d'un cas fortuit ou de force majeure.

Article 43

Les actions contre la Communauté en matière de responsabilité non contractuelle se prescrivent par cinq ans à compter de la survenance du fait qui y donne lieu. La prescription est interrompue soit par la requête formée devant la Cour, soit par la demande préalable que la victime peut adresser à l'institution compétente de la Communauté. Dans ce dernier cas, la requête doit être formée dans le délai de deux mois prévu à l'article 173 ; les dispositions de l'article 175, alinéa 2, sont, le cas échéant, applicables.

TITRE IV. LE TRIBUNAL DE PREMIÈRE INSTANCE DES COMMUNAUTÉS EUROPÉENNES

Article 44

Les articles 2 à 8 et 13 à 16 du présent statut s'appliquent au tribunal et à ses membres. Le serment visé à l'article 2 est prêté devant la Cour, et les décisions visées aux articles 3, 4 et 6 sont prises par celle-ci après consultation du tribunal.

Article 45

Le tribunal nomme le greffier, dont il fixe le statut. Les articles 9, 10 et 13 du présent statut s'appliquent *mutatis mutandis* au greffier du tribunal.

Le président de la Cour et le président du tribunal fixent d'un commun accord les modalités selon lesquelles des fonctionnaires et autres agents attachés à la Cour prêtent leur service au tribunal pour permettre d'en assurer le fonctionnement. Certains fonctionnaires ou autres agents relèvent du greffier du tribunal sous l'autorité du président du tribunal.

Article 46

La procédure devant le tribunal est régie par le titre 3 du présent statut, à l'exception de l'article 20.

La procédure devant le tribunal est précisée et complétée, en tant que de besoin, par le règlement de procédure arrêté conformément à l'article 168 A paragraphe 4 du traité (devenu l'article 225). Le règlement de procédure peut déroger à l'article 37 quatrième alinéa et à l'article 38 du présent statut pour tenir compte des spécificités du contentieux relevant du domaine de la propriété intellectuelle.

Par dérogation à l'article 18 quatrième alinéa du présent statut, l'avocat général peut présenter ses conclusions motivées par écrit.

Article 47

Lorsqu'une requête ou un autre acte de procédure adressé au tribunal est déposé par erreur auprès du greffier de la Cour, il est immédiatement transmis par celui-ci au greffier du tribunal ; de même, lorsqu'une requête ou un autre acte de procédure adressé à la Cour est déposé par erreur auprès du greffier du tribunal, il est immédiatement transmis par celui-ci au greffier de la Cour.

Lorsque le tribunal constate qu'il n'est pas compétent pour connaître d'un recours qui relève de la compétence de la Cour, il le renvoie à la Cour ; de même, lorsque la Cour constate qu'un recours relève de la compétence du tribunal, elle le renvoie à ce dernier, qui ne peut alors décliner sa compétence.

Lorsque la Cour et le tribunal sont saisis d'affaires ayant le même objet, soulevant la même question d'interprétation ou mettant en cause la validité du même acte, le tribunal, après avoir entendu les parties, peut suspendre la procédure jusqu'au prononcé de l'arrêt de la Cour. Lorsqu'il s'agit de demandes visant à l'annulation du même acte, le tribunal peut aussi se dessaisir afin que la Cour puisse statuer sur ces demandes. Dans les cas visés au présent alinéa, la Cour peut également décider de suspendre la procédure dont elle est saisie ; dans ce cas, la procédure devant le tribunal se poursuit.

Article 48

Les décisions du tribunal mettant fin à l'instance, tranchant partiellement le litige au fond ou mettant fin à un incident de procédure portant sur une exception d'incompétence ou d'irrecevabilité sont notifiées par le greffier du tribunal à toutes les parties ainsi qu'à tous les États membres et aux institutions de la Communauté même s'ils ne sont pas intervenus au litige devant le tribunal.

Article 49

Un pourvoi peut être formé devant la Cour, dans un délai de deux mois à compter de la notification de la décision attaquée, contre les décisions du tribunal mettant fin à l'instance, ainsi que contre ses décisions qui tranchent partiellement le litige au fond ou qui mettent fin à un incident de procédure portant sur une exception d'incompétence ou d'irrecevabilité.

Ce pourvoi peut être formé par toute partie ayant partiellement ou totalement succombé en ses conclusions. Les parties intervenantes autres que les États membres et les institutions de la Communauté ne peuvent toutefois former ce pourvoi que lorsque la décision du tribunal les affecte directement.

Sauf dans les cas de litiges opposant la Communauté à ses agents, le pourvoi peut également être formé par les États membres et les institutions de la Communauté qui ne sont pas intervenus au litige devant le tribunal. Dans ce cas, les États membres et les institutions sont dans une position identique à celle d'États membres ou d'institutions qui seraient intervenus en première instance.

Article 50

Un pourvoi peut être formé devant la Cour contre les décisions du tribunal rejetant une demande d'intervention, dans un délai de deux semaines à compter de la notification de la décision de rejet, par toute personne dont la demande a été rejetée.

Un pourvoi peut être formé devant la Cour par les parties à la procédure contre les décisions du tribunal prises au titre des articles 185 (devenu l'article 242) ou 186 (devenu l'article 243) ou de l'article 192 quatrième alinéa du traité (devenu l'article 256), dans un délai de deux mois à compter de leur notification.

Il est statué sur les pourvois visés aux premier et deuxième alinéas du présent article selon la procédure prévue à l'article 36 du présent statut.

Article 51

Le pourvoi devant la Cour est limité aux questions de droit. Il peut être fondé sur des moyens tirés de l'incompétence du tribunal, d'irrégularités de procédure devant le tribunal portant atteinte aux intérêts de la partie requérante ainsi que de la violation du droit communautaire par le tribunal.

Un pourvoi ne peut porter uniquement sur la charge et le montant des dépens.

Article 52

En cas de pourvoi contre une décision du tribunal, la procédure devant la Cour comporte une phase écrite et une phase orale. Dans les conditions déterminées par le règlement de procédure, la Cour, l'avocat général et les parties entendus, peut statuer sans procédure orale.

Article 53

Sans préjudice des articles 185 et 186 du traité (devenus les articles 242 et 243), le pourvoi n'a pas d'effet suspensif.

Par dérogation à l'article 187 du traité (devenu l'article 244), les décisions du tribunal annulant un règlement ne prennent effet qu'à compter de l'expiration du délai visé à l'article 49 premier alinéa du présent statut ou, si un pourvoi a été introduit dans ce délai, à compter du rejet de celui-ci, sans préjudice de la faculté pour une partie de saisir la Cour, en vertu des articles 185 et 186 du traité (devenus les articles 242 et 243), d'une demande tendant à la suspension des effets du règlement annulé ou à la prescription de toute autre mesure provisoire.

Article 54

Lorsque le pourvoi est fondé, la Cour annule la décision du tribunal. Elle peut alors soit statuer elle-même définitivement sur le litige, lorsque celui-ci est en état d'être jugé, soit renvoyer l'affaire devant le tribunal pour qu'il statue.

En cas de renvoi, le tribunal est lié par les points de droit tranchés par la décision de la Cour.

Lorsqu'un pourvoi formé par un État membre ou une institution de la Communauté qui ne sont pas intervenus au litige devant le tribunal est fondé, la Cour peut, si elle l'estime nécessaire, indiquer ceux des effets de la décision annulée du tribunal qui doivent être considérés comme définitifs à l'égard des parties au litige.

Article 55

Le règlement de procédure de la Cour prévu à l'article 188 du traité (devenu l'article 245) contient, outre les dispositions prévues par le présent statut, toutes autres dispositions nécessaires en vue de l'appliquer et de le compléter, en tant que de besoin.

Article 56

Le Conseil statuant à l'unanimité peut apporter aux dispositions du présent statut les adaptations complémentaires qui s'avéreraient nécessaires en raison des mesures qu'il aurait prises aux termes de l'article 165, dernier alinéa, du traité (devenu l'article 221).

Article 57

(Texte non reproduit).

ANNEXE 3

RÈGLEMENT DE PROCÉDURE DE LA COUR DE JUSTICE DES COMMUNAUTÉS EUROPÉENNES

DISPOSITION PRÉLIMINAIRE

Article 1

Dans les dispositions du présent règlement :

– le traité sur l'Union européenne est dénommé « traité sur l'Union »,

– le traité instituant la Communauté européenne est dénommé « traité C.E. »,

– le protocole sur le statut de la Cour de justice de la Communauté économique européenne est dénommé « statut C.E. »,

– le traité instituant la Communauté européenne du charbon et de l'acier est dénommé « traité C.E.C.A. »,

– le protocole sur le statut de la Cour de justice de la Communauté européenne du charbon et de l'acier est dénommé « statut C.E.C.A. »,

– le traité instituant la Communauté européenne de l'énergie atomique (Euratom) est dénommé « traité C.E.E.A. »,

– le protocole sur le statut de la Cour de justice de la Communauté européenne de l'énergie atomique est dénommé « statut C.E.E.A. »,

– l'accord sur l'Espace économique européen est dénommé « accord E.E.E. ».

Aux fins de l'application du présent règlement :

– le terme « institutions » désigne les institutions des Communautés et organismes qui sont crées par les traités ou par un acte pris pour leur exécution et qui peuvent être parties devant la Cour,

– le terme « Autorité de surveillance A.E.L.E. » désigne l'autorité de surveillance visée par l'accord E.E.E.

TITRE 1. DE L'ORGANISATION DE LA COUR

CHAPITRE 1. Des juges et des avocats généraux

Article 2

La période de fonctions d'un juge commence à courir de la date fixée à cet effet dans l'acte de nomination. Si l'acte de nomination ne fixe pas de date, la période commence à courir de la date de cet acte.

Article 3

§ 1. Avant leur entrée en fonctions, les juges prêtent, à la première audience publique de la Cour à laquelle ils assistent après leur nomination, le serment suivant :

« Je jure d'exercer mes fonctions en pleine impartialité et en toute conscience ; je jure de ne rien divulguer du secret des délibérations. »

§ 2. Immédiatement après avoir prêté serment, les juges signent une déclaration par laquelle ils prennent l'engagement solennel de respecter, pendant la durée de leurs fonctions et après la cessation de celles-ci, les obligations découlant de leur charge, notamment les devoirs d'honnêteté et de délicatesse quant à l'acceptation, après cette cessation, de certaines fonctions ou de certains avantages.

Article 4

Lorsque la Cour est appelée à décider si un juge ne répond plus aux conditions requises ou ne satisfait plus aux obligations découlant de sa charge, le président invite l'intéressé à comparaître en chambre du conseil pour présenter ses observations, hors la présence du greffier.

Article 5

Les dispositions des articles 2, 3 et 4 du présent règlement sont applicables aux avocats généraux.

Article 6

Les juges et avocats généraux prennent rang indistinctement d'après leur ancienneté de fonctions.

À ancienneté de fonctions égale, l'âge détermine le rang.

Les juges et avocats généraux sortants qui sont nommés de nouveau conservent leur rang antérieur.

CHAPITRE 2. **De la présidence de la cour et de la constitution des chambres**

Article 7

§ 1. Les juges élisent parmi eux, pour trois ans, le président de la Cour immédiatement après le renouvellement partiel prévu aux articles 223 du traité C.E., 32 *ter* du traité C.E.C.A. et 139 du traité C.E.E.A.

§ 2. En cas de cessation du mandat du président de la Cour avant le terme normal de ses fonctions, il est procédé à son remplacement pour la période restant à courir.

§ 3. Aux élections visées au présent article, le vote a lieu au scrutin secret. Le juge qui obtient la majorité absolue est élu. Si aucun des juges ne réunit la majorité absolue, il est procédé à un second tour de scrutin et le juge ayant recueilli le plus grand nombre de voix est élu. En cas de parité des suffrages, le plus âgé est élu.

Article 8

Le président dirige les travaux et les services de la Cour ; il en préside les audiences, ainsi que les délibérations en chambre du conseil.

Article 9

§ 1. La Cour constitue en son sein des chambres, conformément aux dispositions des articles 221, deuxième alinéa, du traité C.E., 32, deuxième alinéa, du traité C.E.C.A. et 137, deuxième alinéa, du traité C.E.E.A. et décide de l'affectation des juges à celles-ci.

La composition des chambres est publiée au *Journal officiel des Communautés européennes.*

§ 2. Le président de la Cour attribue les affaires, dès le dépôt de la requête, à une chambre en vue des mesures d'instruction éventuelles et désigne en son sein le juge rapporteur.

§ 3. La Cour fixe des critères selon lesquels les affaires sont en principe réparties entre les chambres.

§ 4. Les dispositions du présent règlement sont applicables à la procédure devant les chambres.

Pour les affaires attribuées aux chambres, les pouvoirs du président de la Cour sont exercés par le président de chambre.

Article 10

§ 1. La Cour désigne pour une année les présidents des chambres, ainsi qu'un premier avocat général.

Les dispositions de l'article 7, paragraphes 2 et 3, sont applicables.

Les désignations à intervenir en vertu du présent paragraphe sont publiées au *Journal officiel des Communautés européennes.*

§ 2. Le premier avocat général décide de l'attribution des affaires aux avocats généraux, aussitôt après la désignation du juge rapporteur par le président. Il prend les dispositions nécessaires en cas d'absence ou d'empêchement d'un avocat général.

Article 11

En cas d'absence ou d'empêchement du président de la Cour ou en cas de vacance de la présidence, celle-ci est assurée par un des présidents de chambre selon l'ordre établi à l'article 6 du présent règlement.

En cas d'empêchement simultané du président de la Cour et des présidents de chambre ou en cas de vacance simultanée de leurs fonctions, la présidence est assurée par un des autres juges selon l'ordre établi à l'article 6 du présent règlement.

CHAPITRE 3. Du greffe

Section 1. Du greffier et des greffiers adjoints

Article 12

§ 1. La Cour nomme le greffier.

Le président informe les membres de la Cour, deux semaines avant la date fixée pour la nomination, des candidatures qui ont été introduites.

§ 2. Les candidatures sont accompagnées de tous renseignements sur l'âge, la nationalité, les titres universitaires, les connaissances linguistiques, les occupations actuelles et antérieures, ainsi que sur l'expérience judiciaire et internationale éventuelle des candidats.

§ 3. La nomination a lieu selon la procédure prévue à l'article 7, paragraphe 3, du présent règlement.

§ 4. Le greffier est nommé pour une période de six ans. Il peut être nommé de nouveau.

§ 5. Les dispositions de l'article 3 du présent règlement sont applicables au greffier.

§ 6. Le greffier ne peut être relevé de ses fonctions que s'il ne répond plus aux conditions requises ou ne satisfait plus aux obligations découlant de sa charge ; la Coúr décide, après avoir mis le greffier en mesure de présenter ses observations.

§ 7. Si le greffier cesse ses fonctions avant l'expiration de son mandat, la Cour nomme un greffier pour une période de six ans.

Article 13

La Cour peut nommer, suivant la procédure prévue pour le greffier, un ou plusieurs greffiers adjoints chargés d'assister le greffier et de le remplacer dans les limites fixées par les instructions au greffier visées à l'article 15 du présent règlement.

Article 14

Le président désigne les fonctionnaires ou agents chargés de remplir les fonctions de greffier en cas d'absence ou d'empêchement du greffier et des greffiers adjoints ou de vacance de leur poste.

Article 15

Les instructions au greffier sont établies par la Cour sur proposition du président.

Article 16

§ 1. Il est tenu au greffe sous la responsabilité du greffier un registre, paraphé par le président, sur lequel sont inscrits à la suite et dans l'ordre de leur présentation tous les actes de procédure et les pièces déposées à l'appui.

§ 2. Mention de l'inscription au registre est faite par le greffier sur les originaux et, à la demande des parties, sur les copies qu'elles présentent à cet effet.

§ 3. Les inscriptions au registre et les mentions prévues au paragraphe précédent constituent des actes authentiques.

§ 4. Les modalités suivant lesquelles le registre est tenu sont déterminées par les instructions au greffier visées à l'article 15 du présent règlement.

§ 5. Tout intéressé peut consulter le registre au greffe et en obtenir des copies ou des extraits suivant le tarif du greffe établi par la Cour sur proposition du greffier.

Toute partie à l'instance peut en outre obtenir, suivant le tarif du greffe, des copies des actes de procédure ainsi que des expéditions des ordonnances et des arrêts.

§ 6. Un avis est publié au *Journal officiel des Communautés européennes* indiquant la date de l'inscription de la requête introductive d'instance, les nom et domicile des parties, l'objet du litige et des conclusions de la requête ainsi que l'indication des moyens et des principaux arguments invoqués.

§ 7. Lorsque le Conseil ou la Commission n'est pas partie à une affaire, la Cour lui transmet une copie de la requête et du mémoire en défense, à l'exclusion des annexes à ces documents, pour lui permettre de constater si l'inapplicabilité d'un de ses actes est invoquée au sens de l'article 241 du traité C.E., de l'article 36, troisième alinéa, du traité C.E.C.A. ou de l'article 156 du traité C.E.E.A.

Article 17

§ 1. Sous l'autorité du président, le greffier est chargé de la réception, de la transmission et de la conservation de tous documents, ainsi que des significations que comporte l'application du présent règlement.

§ 2. Le greffier assiste la Cour, les chambres, le président et les juges dans tous les actes de leur ministère.

Article 18

Le greffier a la garde des sceaux. Il a la responsabilité des archives et prend soin des publications de la Cour.

Article 19

Sous réserve des dispositions des articles 4 et 27 du présent règlement, le greffier assiste aux séances de la Cour et des chambres.

Section 2. **Des services de la Cour**

Article 20

§ 1. Les fonctionnaires et autres agents de la Cour sont nommés dans les conditions prévues au règlement portant statut du personnel.

§ 2. Avant leur entrée en fonctions, les fonctionnaires prêtent devant le président, en présence du greffier, le serment suivant :

« Je jure d'exercer en toute loyauté, discrétion et conscience les fonctions qui me sont confiées par la Cour de justice des Communautés européennes. »

Article 21

Sur proposition du greffier, la Cour établit ou modifie le plan d'organisation de ses services.

Article 22

La Cour établit un service linguistique composé d'experts justifiant d'une culture juridique adéquate et d'une connaissance étendue de plusieurs langues officielles de la Cour.

Article 23

L'administration de la Cour, la gestion financière et la comptabilité sont assurées, sous l'autorité du président, par le greffier avec le concours d'un administrateur.

CHAPITRE 4. **Des rapporteurs adjoints**

Article 24

§ 1. Au cas où elle l'estime nécessaire pour l'étude et l'instruction des affaires dont elle est saisie, la Cour propose, en application des articles 12 des statuts C.E. et C.E.E.A. et 16 du statut C.E.C.A., la nomination de rapporteurs adjoints.

§ 2. Les rapporteurs adjoints sont chargés notamment :
– d'assister le président dans la procédure de référé,
– d'assister les juges rapporteurs dans leur tâche.

§ 3. Dans l'exercice de leurs fonctions, les rapporteurs adjoints relèvent, selon le cas, du président de la Cour, du président d'une des chambres ou d'un juge rapporteur.

§ 4. Avant leur entrée en fonctions, les rapporteurs adjoints prêtent, devant la Cour, le serment prévu à l'article 3 du présent règlement.

CHAPITRE 5. **Du fonctionnement de la cour**

Article 25

§ 1. Les dates et heures des séances de la Cour sont fixées par le président.

§ 2. Les dates et heures des séances des chambres sont fixées par le président de chacune d'elles.

§ 3. La Cour et les chambres peuvent, pour une ou plusieurs séances déterminées, choisir un lieu autre que celui où la Cour a son siège.

Article 26

§ 1. Si, par suite d'absence ou d'empêchement, les juges sont en nombre pair, le juge le moins ancien au sens de l'article 6 du présent règlement s'abstient de participer au délibéré, sauf s'il s'agit du juge rapporteur. Dans ce cas, c'est le juge qui le précède immédiatement dans le rang qui s'abstient de participer au délibéré.

§ 2. Si, la Cour étant convoquée, il est constaté que le quorum visé aux article 15 du statut C.E., 18 du statut C.E.C.A. et 15 du statut C.E.E.A. n'est pas atteint, le président ajourne la séance jusqu'à ce que le quorum soit atteint.

§ 3. Si, dans une des chambres, le quorum visé aux article 15 du statut C.E., 18 du statut C.E.C.A. et 15 du statut C.E.E.A. n'est pas atteint, le président de cette chambre en avertit le président de la Cour qui désigne un autre juge pour compléter la chambre.

Article 27

§ 1. La Cour ainsi que les chambres délibèrent en chambre du conseil.

§ 2. Seuls les juges ayant assisté à la procédure orale et éventuellement le rapporteur adjoint chargé de l'étude de l'affaire prennent part au délibéré.

§ 3. Chacun des juges présents au délibéré exprime son opinion en la motivant.

§ 4. À la demande d'un juge, toute question est formulée dans une langue de son choix et communiquée par écrit à la Cour ou à la chambre avant d'être mise aux voix.

§ 5. Les conclusions adoptées après discussion finale par la majorité des juges déterminent la décision de la Cour. Les votes sont émis dans l'ordre inverse de l'ordre établi à l'article 6 du présent règlement.

§ 6. En cas de divergence sur l'objet, la teneur et l'ordre des questions ou sur l'interprétation de vote, la Cour ou la chambre décide.

§ 7. Lorsque les délibérations de la Cour portent sur des questions administratives, les avocats généraux y prennent part avec voix délibérative. Le greffier y assiste, sauf décision contraire de la Cour.

§ 8. Lorsque la Cour siège hors la présence du greffier, elle charge le juge le moins ancien au sens de l'article 6 du présent règlement d'établir, s'il y a lieu, un procès-verbal qui est signé par le président et par ce juge.

Article 28

§ 1. À moins de décision spéciale de la Cour, les vacances judiciaires sont fixées comme suit :

– du 18 décembre au 10 janvier,
– du dimanche qui précède le jour de Pâques au deuxième dimanche après le jour de Pâques,
– du 15 juillet au 15 septembre.

Pendant les vacances judiciaires, la présidence est assurée au lieu où la Cour a son siège, soit par le président qui se tient en contact avec le greffier, soit par un président de chambre ou un autre juge qu'il invite à le remplacer.

§ 2. Pendant les vacances judiciaires, le président peut, en cas d'urgence, convoquer les juges et les avocats généraux.

§ 3. La Cour observe les jours fériés légaux du lieu où elle a son siège.

§ 4. La Cour peut, pour de justes motifs, accorder des congés aux juges et avocats généraux.

CHAPITRE 6. **Du régime linguistique**

Article 29

§ 1. Les langues de procédure sont l'allemand, l'anglais, le danois, l'espagnol, le finnois, le français, le grec, l'irlandais, l'italien, le néerlandais, le portugais et le suédois.

§ 2. La langue de procédure est choisie par le requérant, sous réserve des dispositions ci-après :

a) si le défendeur est un État membre ou une personne physique ou morale ressortissant d'un État membre, la langue de procédure est la langue officielle de cet État ; dans le cas où il existe plusieurs langues officielles, le requérant a la faculté de choisir celle qui lui convient ;

b) à la demande conjointe des parties, l'emploi total ou partiel d'une autre des langues mentionnées au paragraphe 1 du présent article peut être autorisé ;

c) à la demande d'une partie, l'autre partie et l'avocat général entendus, l'emploi total ou partiel comme langue de procédure d'une autre des langues mentionnées au paragraphe 1 du présent article peut être autorisé par dérogation aux dispositions sous a) et b) ; cette demande ne peut être introduite par l'une des institutions des Communautés européennes.

Dans les cas visés à l'article 103 du présent règlement, la langue de procédure est celle de la juridiction nationale qui saisit la Cour. À la demande dûment justifiée d'une partie au litige au principal, l'autre partie au litige au principal et l'avocat général entendus, l'emploi d'une autre des langues mentionnées au paragraphe 1 du présent article peut être autorisé pour la procédure orale.

La décision sur les demandes ci-dessus mentionnées peut être prise par le président ; celui-ci peut et, lorsqu'il veut y faire droit sans l'accord de toutes les parties, doit déférer la demande à la Cour.

§ 3. La langue de procédure est notamment employée dans les mémoires et plaidoiries des parties, y compris les pièces et documents annexés, ainsi que les procès-verbaux et décisions de la Cour.

Toute pièce et tout document produits ou annexés et rédigés dans une langue autre que la langue de procédure sont accompagnés d'une traduction dans la langue de procédure.

Toutefois, dans le cas de pièces et documents volumineux, des traductions en extrait peuvent être présentées. À tout moment, la Cour ou la chambre peut exiger une traduction plus complète ou intégrale, soit d'office, soit à la demande d'une des parties.

Par dérogation à ce qui précède, les États membres sont autorisés à utiliser leur propre langue officielle lorsqu'ils interviennent à un litige pendant devant la Cour ou lorsqu'ils participent à l'une des procédures préjudicielles visées par l'article 103. Cette disposition s'applique tant aux documents écrits qu'aux déclarations orales. La traduction dans la langue de procédure est assurée dans chaque cas par les soins du greffier.

Les États parties à l'accord E.E.E., autres que les États membres, ainsi que l'Autorité de surveillance A.E.L.E. peuvent être autorisés à utiliser une des langues mentionnées au paragraphe 1, autre que la langue de procédure, lorsqu'ils interviennent à un litige pendant devant la Cour ou lorsqu'ils participent à l'une des procédures préjudicielles visées à l'article 20 du statut C.E. Cette disposition s'applique tant aux documents écrits qu'aux déclarations orales. La traduction dans la langue de procédure est assurée dans chaque cas par les soins du greffier.

§ 4. Lorsque les témoins ou experts déclarent qu'ils ne peuvent s'exprimer convenablement dans une des langues mentionnées au paragraphe 1 du présent article, la Cour ou la chambre les autorise à formuler leurs déclarations dans une autre langue. Le greffier assure la traduction dans la langue de procédure.

§ 5. Le président de la Cour et les présidents de chambre pour la direction des débats, le juge rapporteur pour le rapport préalable et le rapport à l'audience, les juges et les avocats généraux lorsqu'ils posent des questions, et ces derniers pour leurs conclusions peuvent employer une des langues mentionnées au paragraphe 1 du présent article autre que la langue de procédure. Le greffier assure la traduction dans la langue de procédure.

Article 30

§ 1. Le greffier veille à ce que soit effectuée, à la demande d'un des juges, de l'avocat général ou d'une partie, la traduction dans les langues de son choix mentionnées au paragraphe 1 de l'article 29 de ce qui est dit ou écrit pendant la procédure devant la Cour ou la chambre.

§ 2. Les publications de la Cour sont faites dans les langues visées à l'article 1er du règlement n° 1 du Conseil.

Article 31

Les textes rédigés dans la langue de procédure ou, le cas échéant, dans une autre langue autorisée en vertu de l'article 29 du présent règlement font foi.

CHAPITRE 7. **Des droits et obligations des agents, conseils et avocats**

Article 32

§ 1. Les agents, conseils et avocats qui se présentent devant la Cour ou devant une autorité judiciaire commise par elle en vertu d'une commission rogatoire, jouissent de l'immunité pour les paroles prononcées et les écrits produits relatifs à la cause ou aux parties.

§ 2. Les agents, conseils et avocats jouissent en outre des privilèges et facilités suivants :

a) tous papiers et documents relatifs à la procédure sont exempts de fouille et de saisie. En cas de contestation, les préposés de la douane ou de la police peuvent sceller les papiers et documents en question qui sont alors transmis sans délai à la Cour pour qu'ils soient vérifiés en présence du greffier et de l'intéressé ;

b) les agents, conseils et avocats ont droit à l'attribution des devises nécessaires à l'accomplissement de leur tâche ;

c) les agents, conseils et avocats jouissent de la liberté de déplacement dans la mesure nécessaire à l'accomplissement de leur tâche.

Article 33

Pour bénéficier des privilèges, immunités et facilités mentionnés à l'article précédent, justifient préalablement de leur qualité :

a) les agents, par un document officiel délivré par leur mandant, qui en notifie immédiatement copie au greffier,

b) les conseils et avocats par une pièce de légitimation signée par le greffier. La validité de celle-ci est limitée à un délai fixe ; elle peut être étendue ou restreinte selon la durée de la procédure.

Article 34

Les privilèges, immunités et facilités mentionnés à l'article 32 du présent règlement sont accordés exclusivement dans l'intérêt de la procédure.

La Cour peut lever l'immunité lorsqu'elle estime que la levée de celle-ci n'est pas contraire à l'intérêt de la procédure.

Article 35

§ 1. Le conseil ou l'avocat dont le comportement devant la Cour, une chambre ou un magistrat est incompatible avec la dignité de la Cour ou qui use des droits qu'il tient de ses fonctions à des fins autres que celles pour lesquelles ces droits lui ont été reconnus peut à tout moment être exclu de la procédure par ordonnance prise par la Cour ou la chambre, l'avocat général entendu, la défense de l'intéressé assurée.

Cette ordonnance est immédiatement exécutoire.

§ 2. Lorsqu'un conseil ou un avocat se trouve exclu de la procédure, celle-ci est suspendue jusqu'à l'expiration d'un délai fixé par le président pour permettre à la partie intéressée de désigner un autre conseil ou avocat.

§ 3. Les décisions prises en exécution des dispositions du présent article peuvent être rapportées.

Article 36

Les dispositions du présent chapitre sont applicables aux professeurs jouissant du droit de plaider devant la Cour conformément aux articles 17 des statuts C.E. et C.E.E.A. et 20 du statut C.E.C.A.

TITRE 2. DE LA PROCÉDURE

CHAPITRE 1. De la procédure écrite

Article 37

§ 1. L'original de tout acte de procédure doit être signé par l'agent ou l'avocat de la partie.

Cet acte, accompagné de toutes les annexes qui y sont mentionnées, est présenté avec cinq copies pour la Cour et autant de copies qu'il y a de parties en cause. Ces copies sont certifiées conformes par la partie qui les dépose.

§ 2. Les institutions produisent en outre, dans les délais fixés par la Cour, des traductions de tout acte de procédure dans les autres langues visées à l'article 1er du règlement n° 1 du Conseil. Le dernier alinéa du paragraphe précédent est applicable.

§ 3. Tout acte de procédure est daté. Au regard des délais de procédure, seule la date du dépôt au greffe sera prise en considération.

§ 4. À tout acte de procédure est annexé un dossier, contenant les pièces et documents invoqués à l'appui et accompagné d'un bordereau de ces pièces et documents.

§ 5. Si, en raison du volume d'une pièce ou d'un document, il n'en est annexé à l'acte que des extraits, la pièce ou le document entier ou une copie complète est déposé au greffe.

Article 38

§ 1. La requête visée aux articles 19 des statuts C.E. et C.E.E.A. et 22 du statut C.E.C.A. contient :

a) les nom et domicile du requérant ;
b) la désignation de la partie contre laquelle la requête est formée ;
c) l'objet du litige et l'exposé sommaire des moyens invoqués ;
d) les conclusions du requérant ;
e) les offres de preuve s'il y a lieu.

§ 2. Aux fins de la procédure, la requête contient élection de domicile au lieu où la Cour a son siège. Elle indique le nom de la personne qui est autorisée et qui a consenti à recevoir toutes significations.

Si la requête n'est pas conforme à ces conditions, toutes les significations aux fins de la procédure à la partie concernée, tant que ce défaut n'a pas été régularisé, sont faites par envoi postal recommandé adressé à l'agent ou à l'avocat de la partie. Par dérogation à l'article 79, la signification régulière est alors réputée avoir lieu par le dépôt de l'envoi recommandé à la poste au lieu où la Cour a son siège.

§ 3. L'avocat assistant ou représentant une partie est tenu de déposer au greffe un document de légitimation certifiant qu'il est habilité à exercer devant une juridiction d'un État membre ou d'un autre État partie à l'accord E.E.E.

§ 4. La requête est accompagnée, s'il y a lieu, des pièces indiquées aux articles 22, deuxième alinéa, du statut C.E.C.A. et 19, deuxième alinéa, des statuts C.E.E. et C.E.E.A.

§ 5. Si le requérant est une personne morale de droit privé, il joint à sa requête :

a) ses statuts ou un extrait récent du registre du commerce, ou un extrait récent du registre des associations ou toute autre preuve de son existence juridique,

b) la preuve que le mandat donné à l'avocat a été régulièrement établi par un représentant qualifié à cet effet.

§ 6. Les requêtes présentées en vertu des articles 238 et 239 du traité C.E., 42 et 89 du traité C.E.C.A. et 153 et 154 du traité C.E.E.A. sont accompagnées, suivant le cas, d'un exemplaire de la clause compromissoire contenue dans le contrat de droit public ou privé passé par les Communautés ou pour leur compte, ou d'un exemplaire du compromis intervenu entre les États membres intéressés.

§ 7. Si la requête n'est pas conforme aux conditions énumérées aux paragraphes 3 à 6 du présent article, le greffier fixe au requérant un délai raisonnable aux fins de régularisation de la requête ou de production des pièces mentionnées ci-dessus. À défaut de cette régularisation ou de cette production dans le délai imparti, la Cour décide, l'avocat général entendu, si l'inobservation de ces conditions entraîne l'irrecevabilité formelle de la requête.

Article 39

La requête est signifiée au défendeur. Dans le cas prévu au paragraphe 7 de l'article précédent, la signification est faite dès la régularisation ou dès que la Cour aura admis la recevabilité eu égard aux conditions de forme énumérées à l'article précédent.

Article 40

§ 1. Dans le mois qui suit la signification de la requête, le défendeur présente un mémoire en défense. Ce mémoire contient :

a) les nom et domicile du défendeur ;
b) les arguments de fait et de droit invoqués ;
c) les conclusions du défendeur ;
d) les offres de preuve.

Les dispositions de l'article 38, paragraphes 2 à 5, du présent règlement sont applicables.

§ 2. Le délai prévu au paragraphe précédent peut être prorogé par le président à la demande motivée du défendeur.

Article 41

§ 1. La requête et le mémoire en défense peuvent être complétés par une réplique du requérant et par une duplique du défendeur.

§ 2. Le président fixe les dates auxquelles ces actes de procédure sont produits.

Article 42

§ 1. Les parties peuvent encore faire des offres de preuve dans la réplique et la duplique à l'appui de leur argumentation. Elles motivent le retard apporté à la présentation de leurs offres de preuve.

§ 2. La production de moyens nouveaux en cours d'instance est interdite à moins que ces moyens ne se fondent sur des éléments de droit et de fait qui se sont révélés pendant la procédure.

Si, au cours de la procédure, une partie soulève un moyen nouveau visé à l'alinéa précédent, le président peut, après l'expiration des délais normaux de la procédure, sur rapport du juge rapporteur, l'avocat général entendu, impartir à l'autre partie un délai pour répondre à ce moyen.

La décision sur la recevabilité du moyen reste réservée à l'arrêt définitif.

Article 43

Après avoir entendu les parties et l'avocat général, si l'attribution visée à l'article 10, paragraphe 2, a déjà eu lieu, le président peut à tout moment pour cause de connexité ordonner la jonction de plusieurs affaires portant sur le même objet aux fins de la procédure écrite ou orale ou de l'arrêt qui met fin à l'instance. Il peut les disjoindre à nouveau.

Article 44

§ 1. Après la présentation de la duplique prévue à l'article 41, paragraphe 1, du présent règlement, le président fixe la date à laquelle le juge rapporteur présente à la Cour un rapport préalable. Ce rapport comporte des propositions sur la question de savoir si l'affaire appelle des mesures d'instruction ou d'autres mesures préparatoires, ainsi que sur le renvoi éventuel de l'affaire à la chambre désignée conformément à l'article 9, paragraphe 2.

La Cour, l'avocat général entendu, décide des suites à réserver aux propositions du juge rapporteur.

La même procédure est appliquée :

a) si la réplique ou la duplique n'a pas été déposée à l'expiration du délai fixé conformément à l'article 41, paragraphe 2, du présent règlement ;

b) si la partie intéressée déclare renoncer à son droit de présenter une réplique ou une duplique.

§ 2. Si la Cour décide d'ouvrir une instruction et si elle n'y procède pas elle-même, elle en charge la chambre.

Si la Cour décide d'ouvrir la procédure orale sans instruction, le président en fixe la date d'ouverture.

Article 44 bis

Sans préjudice de dispositions particulières prévues par le présent règlement, la procédure devant la Cour comporte également une phase orale. Toutefois la Cour, après la présentation des mémoires visés à l'article 40, paragraphe 1, le cas échéant, à l'article 41, paragraphe 1, sur rapport du juge rapporteur, l'avocat général entendu, et si aucune des parties ne présente une demande indiquant les motifs pour lesquels elle souhaite être entendue, peut en décider autrement. La demande est présentée dans un délai d'un mois à compter de la signification à la partie de la clôture de la procédure écrite. Ce délai peut être prorogé par le Président.

CHAPITRE 2. **De l'instruction et des mesures préparatoires**

Section 1. **Des mesures d'instruction**

Article 45

§ 1. La Cour, l'avocat général entendu, fixe les mesures qu'elle juge convenir par voie d'ordonnance articulant les faits à prouver. Avant que la Cour décide les mesures d'instruction visées au paragraphe 2 c), d) et e), les parties sont entendues.

L'ordonnance est signifiée aux parties.

§ 2. Sans préjudice des dispositions des articles 21 et 22 du statut C.E., 24 et 25 du statut C.E.C.A. et 22 et 23 du statut C.E.E.A., les mesures d'instruction comprennent :

a) la comparution personnelle des parties ;
b) la demande de renseignements et la production de documents ;
c) la preuve par témoins ;
d) l'expertise ;
e) la descente sur les lieux.

§ 3. La Cour procède aux mesures d'instruction qu'elle ordonne ou en charge le juge rapporteur.
L'avocat général prend part aux mesures d'instruction.

§ 4. La preuve contraire et l'ampliation des offres de preuve restent réservées.

Article 46

§ 1. La chambre chargée de l'instruction exerce les pouvoirs conférés à la Cour par les articles 45 et 47 à 53 du présent règlement ; les pouvoirs conférés au président de la Cour sont exercés par le président de la chambre.

§ 2. Les articles 56 et 57 du présent règlement sont applicables à la procédure devant la chambre.

§ 3. Les parties peuvent assister aux mesures d'instruction.

Section 2. **De la citation et de l'audition des témoins et experts**

Article 47

§ 1. La Cour ordonne la vérification de certains faits par témoins, soit d'office, soit à la demande des parties, l'avocat général entendu. L'ordonnance de la Cour énonce les faits à établir.
Les témoins sont cités par la Cour, soit d'office, soit à la demande des parties ou de l'avocat général.
La demande d'une partie tendant à l'audition d'un témoin indique avec précision les faits sur lesquels il y a lieu de l'entendre et les raisons de nature à justifier son audition.

§ 2. Les témoins dont l'audition est reconnue nécessaire sont cités en vertu d'une ordonnance de la Cour qui contient :
a) les nom, prénoms, qualité et demeure des témoins ;
b) l'indication des faits sur lesquels les témoins seront entendus ;
c) éventuellement, la mention des dispositions prises par la Cour pour le remboursement des frais exposés par les témoins et des peines applicables aux témoins défaillants.
Signification de cette ordonnance est faite aux parties et aux témoins.

§ 3. La Cour peut subordonner la citation des témoins dont l'audition est demandée par les parties au dépôt à la caisse de la Cour d'une provision garantissant la couverture des frais taxés ; elle en fixe le montant.

La caisse de la Cour avance les fonds nécessaires à l'audition des témoins cités d'office.

§ 4. Après vérification de l'identité des témoins, le président les informe qu'ils auront à certifier leurs déclarations de la manière déterminée par le présent règlement.

Les témoins sont entendus par la Cour, les parties convoquées. Après la déposition, le président peut, à la demande des parties ou d'office, poser des questions aux témoins.

La même faculté appartient à chaque juge et à l'avocat général.

Sous l'autorité du président, des questions peuvent être posées aux témoins par les représentants des parties.

§ 5. Après sa déposition, le témoin prête le serment suivant :

« Je jure d'avoir dit la vérité, toute la vérité, rien que la vérité. »

La Cour peut, les parties entendues, dispenser le témoin de prêter serment.

§ 6. Le greffier établit un procès-verbal reproduisant la déposition des témoins.

Le procès-verbal est signé par le président ou le juge rapporteur chargé de procéder à l'audition ainsi que par le greffier. Avant ces signatures, le témoin doit être mis en mesure de vérifier le contenu du procès-verbal et de le signer.

Le procès-verbal constitue un acte authentique.

Article 48

§ 1. Les témoins régulièrement cités sont tenus de déférer à la citation et de se présenter à l'audience.

§ 2. Lorsqu'un témoin dûment cité ne se présente pas devant la Cour, celle-ci peut lui infliger une sanction pécuniaire dont le montant maximal est de 5 000 Écus et ordonner une nouvelle citation du témoin aux frais de celui-ci.

La même sanction peut être infligée à un témoin qui, sans motif légitime, refuse de déposer, de prêter serment ou de faire la déclaration solennelle en tenant éventuellement lieu.

§ 3. Le témoin qui produit devant la Cour des excuses légitimes peut être déchargé de la sanction pécuniaire qui lui a été infligée. La sanction pécuniaire infligée peut être réduite à la demande du témoin lorsque celui-ci établit qu'elle est disproportionnée par rapport à ses revenus.

§ 4. L'exécution forcée des sanctions ou mesures prononcées en vertu du présent article est poursuivie conformément aux dispositions des articles 244 et 256 du traité C.E., 44 et 92 du traité C.E.C.A. et 159 et 164 du traité C.E.E.A.

Article 49

§ 1. La Cour peut ordonner une expertise. L'ordonnance qui nomme l'expert précise la mission de celui-ci et lui fixe un délai pour la présentation de son rapport.

§ 2. L'expert reçoit copie de l'ordonnance, ainsi que toutes les pièces nécessaires à sa mission. Il est placé sous le contrôle du juge rapporteur, qui peut assister aux opérations d'expertise et est tenu au courant du déroulement de la mission confiée à l'expert.

La Cour peut demander aux parties ou à l'une d'elles le dépôt d'une provision garantissant la couverture des frais de l'expertise.

§ 3. À la demande de l'expert, la Cour peut décider de procéder à l'audition de témoins qui sont entendus suivant les dispositions prévues à l'article 47 du présent règlement.

§ 4. L'expert ne peut donner son avis que sur les points qui lui sont expressément soumis.

§ 5. Après la présentation du rapport, la Cour peut ordonner que l'expert soit entendu, les parties convoquées.

Sous l'autorité du président, des questions peuvent être posées à l'expert par les représentants des parties.

§ 6. Après la présentation du rapport, l'expert prête devant la Cour le serment suivant :

« Je jure d'avoir rempli ma mission en conscience et en toute impartialité. »

La Cour peut, les parties entendues, dispenser l'expert de prêter serment.

Article 50

§ 1. Si une des parties récuse un témoin ou un expert pour incapacité, indignité ou toute autre cause ou si un témoin ou un expert refuse de déposer, de prêter serment ou de faire la déclaration solennelle en tenant lieu, la Cour statue.

§ 2. La récusation d'un témoin ou d'un expert est opposée dans le délai de deux semaines à compter de la signification de l'ordonnance qui cite le témoin ou nomme l'expert, par acte contenant les causes de récusation et les offres de preuve.

Article 51

§ 1. Les témoins et experts ont droit au remboursement de leurs frais de déplacement et de séjour. Une avance peut leur être accordée sur ces frais par la caisse de la Cour.

§ 2. Les témoins ont droit à une indemnité pour manque à gagner et les experts à des honoraires pour leurs travaux. Ces indemnités sont payées par la caisse de la Cour aux témoins et experts après l'accomplissement de leurs devoirs ou de leur mission.

Article 52

La Cour peut, à la demande des parties ou d'office, délivrer des commissions rogatoires pour l'audition de témoins ou d'experts, dans les conditions qui seront déterminées par le règlement visé à l'article 125 du présent règlement.

Article 53

§ 1. Le greffier établit un procès-verbal de chaque audience. Ce procès-verbal est signé par le président et par le greffier. Il constitue un acte authentique.

§ 2. Les parties peuvent prendre connaissance au greffe de tout procès-verbal ainsi que du rapport de l'expert et en obtenir copie à leurs frais.

Section 3. **De la clôture de l'instruction**

Article 54

À moins que la Cour ne décide d'impartir aux parties un délai pour présenter des observations écrites, le président fixe la date d'ouverture de la procédure orale après l'accomplissement des mesures d'instruction.

Si un délai a été imparti pour la présentation d'observations écrites, le président fixe la date d'ouverture de la procédure orale à l'expiration de ce délai.

Article 54 bis

Le juge rapporteur et l'avocat général peuvent demander aux parties de soumettre, dans un délai donné, tous renseignements relatifs aux faits, tous documents ou tous éléments qu'ils jugent pertinents. Les réponses et documents sont communiqués aux autres parties.

CHAPITRE 3. **De la procédure orale**

Article 55

§ 1. Sous réserve de la priorité des décisions prévues à l'article 85 du présent règlement, la Cour connaît des affaires dont elle est saisie dans l'ordre selon lequel leur instruction est terminée. Entre plusieurs affaires dont l'instruction est simultanément terminée, l'ordre est déterminé par la date d'inscription au registre des requêtes.

§ 2. Le président peut, au vu de circonstances particulières, décider de faire juger une affaire par priorité. Le président, les parties et l'avocat général entendus, peut, au vu de circonstances particulières, soit d'office, soit à la demande d'une partie, décider de faire reporter une affaire pour être jugée à une date ultérieure. Si les parties à une affaire en demandent le report d'un commun accord, le président peut faire droit à leur demande.

Article 56

§ 1. Les débats sont ouverts et dirigés par le président qui exerce la police de l'audience.

§ 2. La décision de huis clos comporte défense de publication des débats.

Article 57

Le président peut, au cours des débats, poser des questions aux agents, conseils ou avocats des parties.

La même faculté appartient à chaque juge et à l'avocat général.

Article 58

Les parties ne peuvent plaider que par l'organe de leur agent, conseil ou avocat.

Article 59

§ 1. L'avocat général présente ses conclusions orales et motivées avant la clôture de la procédure orale.

§ 2. Après les conclusions de l'avocat général, le président prononce la clôture de la procédure orale.

Article 60

La Cour, l'avocat général entendu, peut, à tout moment, conformément à l'article 45, paragraphe 1, ordonner une mesure d'instruction ou prescrire le renouvellement et l'ampliation de tout acte d'instruction. Elle peut donner mission à la chambre ou au juge rapporteur d'exécuter ces mesures.

Article 61

La Cour, l'avocat général entendu, peut ordonner la réouverture de la procédure orale.

Article 62

§ 1. Le greffier établit un procès-verbal de chaque audience. Ce procès-verbal est signé par le président et par le greffier. Il constitue un acte authentique.

§ 2. Les parties peuvent prendre connaissance au greffe de tout procès-verbal et en obtenir copie à leurs frais.

CHAPITRE 4. **Des arrêts**

Article 63

L'arrêt contient :
- l'indication qu'il est rendu par la Cour,
- la date du prononcé,
- les noms du président et des juges qui y ont pris part,
- le nom de l'avocat général,
- le nom du greffier,
- l'indication des parties,
- les noms des agents, conseils ou avocats des parties,

– les conclusions des parties,
– la mention que l'avocat général a été entendu,
– l'exposé sommaire des faits,
– les motifs,
– le dispositif, y compris la décision relative aux dépens.

Article 64

§ 1. L'arrêt est rendu en audience publique, les parties convoquées.

§ 2. La minute de l'arrêt, signée par le président, les juges ayant pris part au délibéré et le greffier, est scellée et déposée au greffe ; copie certifiée conforme en est signifiée à chacune des parties.

§ 3. Il est fait mention par le greffier sur la minute de l'arrêt de la date à laquelle il a été rendu.

Article 65

L'arrêt a force obligatoire à compter du jour de son prononcé.

Article 66

§ 1. Sans préjudice des dispositions relatives à l'interprétation des arrêts, les erreurs de plume ou de calcul ou des inexactitudes évidentes peuvent être rectifiées par la Cour, soit d'office, soit à la demande d'une partie à condition que cette demande soit présentée dans un délai de deux semaines à compter du prononcé de l'arrêt.

§ 2. Les parties, dûment averties par le greffier, peuvent présenter des observations écrites dans un délai fixé par le président.

§ 3. La Cour décide en chambre du conseil, l'avocat général entendu.

§ 4. La minute de l'ordonnance qui prescrit la rectification est annexée à la minute de l'arrêt rectifié. Mention de cette ordonnance est faite en marge de la minute de l'arrêt rectifié.

Article 67

Si la Cour a omis de statuer, soit sur un chef isolé des conclusions, soit sur les dépens, la partie qui entend s'en prévaloir saisit la Cour par voie de requête dans le mois de la signification de l'arrêt.

La requête est signifiée à l'autre partie et le président lui fixe un délai pour la présentation de ses observations écrites.

Après la présentation de ces observations, la Cour, l'avocat général entendu, statue sur la recevabilité en même temps que sur le bien-fondé de la demande.

Article 68

Un recueil de la jurisprudence de la Cour est publié par les soins du greffier.

CHAPITRE 5. Des dépens

Article 69

§ 1. Il est statué sur les dépens dans l'arrêt ou l'ordonnance qui met fin à l'instance.

§ 2. Toute partie qui succombe est condamnée aux dépens, s'il est conclu en ce sens.

Si plusieurs parties succombent, la Cour décide du partage des dépens.

§ 3. La Cour peut répartir les dépens ou décider que chaque partie supporte ses propres dépens si les parties succombent respectivement sur un ou plusieurs chefs, ou pour des motifs exceptionnels.

La Cour peut condamner une partie, même gagnante, à rembourser à l'autre partie les frais qu'elle lui a fait exposer et que la Cour reconnaît comme frustratoires ou vexatoires.

§ 4. Les États membres et les institutions qui sont intervenus au litige supportent leurs propres dépens.

Les États parties à l'accord E.E.E., autres que les États membres, ainsi que l'Autorité de surveillance A.E.L.E. supportent de même leurs propres dépens lorsqu'ils sont intervenus au litige.

La Cour peut décider qu'une partie intervenante autre que celles mentionnées aux alinéas précédents supportera ses propres dépens.

§ 5. La partie qui se désiste est condamnée aux dépens, s'il est conclu en ce sens par l'autre partie dans ses observations sur le désistement. Toutefois, à la demande de la partie qui se désiste, les dépens sont supportés par l'autre partie, si cela apparaît justifié en vertu de l'attitude de cette dernière.

En cas d'accord des parties sur les dépens, il est statué selon l'accord.

A défaut de conclusion sur les dépens, chaque partie supporte ses propres dépens.

§ 6. En cas de non-lieu à statuer, la Cour règle librement les dépens.

Article 70

Dans les litiges entre les Communautés et leurs agents, les frais exposés par les institutions restent à la charge de celles-ci, sans préjudice des dispositions de l'article 69, paragraphe 3, deuxième alinéa, du présent règlement.

Article 71

Les frais qu'une partie a dû exposer aux fins d'exécution forcée sont remboursés par l'autre partie suivant le tarif en vigueur dans l'État où l'exécution forcée a lieu.

Article 72

La procédure devant la Cour est gratuite, sous réserve des dispositions suivantes :

a) si la Cour a exposé des frais qui auraient pu être évités, elle peut, l'avocat général entendu, condamner la partie qui les a provoqués à les rembourser ;

b) les frais de tout travail de copie et de traduction effectué à la demande d'une partie, considérés par le greffier comme extraordinaires, sont remboursés par cette partie sur la base du tarif visé à l'article 16, paragraphe 5, du présent règlement.

Article 73

Sans préjudice des dispositions de l'article précédent, sont considérés comme dépens récupérables :

a) les sommes dues aux témoins et aux experts en vertu de l'article 51 du présent règlement ;

b) les frais indispensables exposés par les parties aux fins de la procédure, notamment les frais de déplacement et de séjour et la rémunération d'un agent, conseil ou avocat.

Article 74

§ 1. S'il y a contestation sur les dépens récupérables, la chambre à laquelle l'affaire a été attribuée statue par voie d'ordonnance non susceptible de recours à la demande de la partie intéressée, l'autre partie entendue en ses observations et l'avocat général en ses conclusions.

§ 2. Les parties peuvent, aux fins d'exécution, demander une expédition de l'ordonnance.

Article 75

§ 1. La caisse de la Cour effectue les paiements dans la monnaie du pays où la Cour a son siège.

À la demande de l'intéressé, les paiements se font dans la monnaie du pays dans lequel ont été exposés les frais remboursables ou effectués les actes donnant lieu à indemnisation.

§ 2. Les autres débiteurs effectuent leurs paiements dans la monnaie de leur pays d'origine.

§ 3. Le change des monnaies s'effectue suivant le cours officiel au jour du paiement dans le pays où la Cour a son siège.

CHAPITRE 6. **De l'assistance judiciaire gratuite**

Article 76

§ 1. Si une partie se trouve dans l'impossibilité de faire face en totalité ou en partie aux frais de l'instance, elle peut à tout moment demander le bénéfice de l'assistance judiciaire gratuite.

La demande est accompagnée de tous renseignements établissant que le demandeur est dans le besoin, notamment d'un certificat de l'autorité compétente justifiant son indigence.

§ 2. Si la demande est présentée antérieurement au recours que le demandeur se propose d'intenter, elle expose sommairement l'objet de ce recours.

La demande est dispensée du ministère d'avocat.

§ 3. Le président désigne le juge rapporteur. La chambre dont celui-ci fait partie décide, après avoir pris connaissance des observations écrites de l'autre partie et, l'avocat général entendu, de l'admission totale ou partielle au bénéfice de l'assistance judiciaire gratuite ou de son refus. Elle examine si l'action n'est pas manifestement mal fondée.

La chambre décide par voie d'ordonnance non motivée et non susceptible de recours.

§ 4. La chambre peut à tout moment, soit d'office, soit sur demande, retirer le bénéfice de l'assistance judiciaire gratuite si les conditions qui l'ont fait admettre se modifient en cours d'instance.

§ 5. En cas d'admission au bénéfice de l'assistance judiciaire gratuite, la caisse de la Cour avance les frais.

La décision qui statue sur les dépens peut prononcer la distraction au profit de la caisse de la Cour de sommes versées au titre de l'assistance judiciaire.

Ces sommes sont récupérées par les soins du greffier contre la partie qui a été condamnée à les payer.

CHAPITRE 7. **Des désistements**

Article 77

Si, avant que la Cour ait statué, les parties s'accordent sur la solution à donner au litige et si elles informent la Cour qu'elles renoncent à toute prétention, le président ordonne la radiation de l'affaire du registre et statue sur les dépens conformément aux dispositions de l'article 69, paragraphe 5, le cas échéant au vu des propositions faites en ce sens par les parties.

Cette disposition n'est pas applicable aux recours visés aux articles 230 et 232 du traité C.E., 33 et 35 du traité C.E.C.A. et 146 et 148 du traité C.E.E.A.

Article 78

Si le requérant fait connaître par écrit à la Cour qu'il entend renoncer à l'instance, le président ordonne la radiation de l'affaire du registre et statue sur les dépens conformément à l'article 69, paragraphe 5.

CHAPITRE 8. **Des significations**

Article 79

Les significations prévues au présent règlement sont faites par les soins du greffier au domicile élu du destinataire, soit par envoi postal recommandé, avec accusé de réception, d'une copie de l'acte à signifier, soit par remise de cette copie contre reçu.

Les copies de l'original à signifier sont dressées et certifiées conformes par le greffier, sauf le cas où elles émanent des parties elles-mêmes conformément à l'article 37, paragraphe 1, du présent règlement.

CHAPITRE 9. **Des délais**

Article 80

§ 1. Les délais de procédure prévus par les traités C.E., C.E.C.A. et C.E.E.A., les statuts de la Cour et le présent règlement sont calculés de la façon suivante :

a) si un délai exprimé en jours, en semaines, en mois ou en années est à compter à partir du moment où survient un événement ou s'effectue un acte, le jour au cours duquel survient cet événement ou se situe cet acte n'est pas compté dans le délai ;

b) un délai exprimé en semaines, en mois ou en années prend fin à l'expiration du jour qui, dans la dernière semaine, dans le dernier mois ou dans la dernière année, porte la même dénomination ou le même chiffre que le jour au cours duquel est survenu l'événement ou a été effectué l'acte à partir desquels le délai est à compter. Si dans un délai exprimé en mois ou en années le jour déterminé pour son expiration fait défaut dans le dernier mois, le délai prend fin à l'expiration du dernier jour de ce mois ;

c) lorsqu'un délai est exprimé en mois et en jours, il est d'abord tenu compte des mois entiers, puis des jours ;

d) les délais comprennent les jours fériés légaux, les dimanches et les samedis ;

e) les délais ne sont pas suspendus pendant les vacances judiciaires.

§ 2. Si le délai prend fin un samedi, un dimanche ou un jour férié légal, l'expiration en est reportée à la fin du jour ouvrable suivant.

La liste des jours fériés légaux établie par la Cour sera publiée au *Journal Officiel des Communautés européennes.*

Article 81

§ 1. Lorsqu'un délai pour l'introduction d'un recours contre un acte d'une institution commence à courir à partir de la publication de l'acte, ce délai est à compter, au sens de l'article 80, paragraphe 1, sous a), à partir de la fin du quatorzième jour suivant la date de publication de l'acte au *Journal officiel des Communautés européennes.*

§ 2. Les délais de procédure, en raison de la distance, sont établis par une décision de la Cour publiée au *Journal officiel des Communautés européennes*.

Article 82

Les délais fixés en vertu du présent règlement peuvent être prorogés par l'autorité qui les a arrêtés.

Le président et les présidents de chambre peuvent donner délégation de signature au greffier pour fixer certains délais qu'il leur appartient d'arrêter en vertu du présent règlement ou pour en accorder la prorogation.

CHAPITRE 10. De la suspension des procédures

Article 82 bis

§ 1. La procédure peut être suspendue :

a) dans les cas prévus aux articles 47, troisième alinéa, du statut C.E., 47, troisième alinéa, du statut C.E.C.A., et 48, troisième alinéa, du statut C.E.E.A., par ordonnance de la Cour ou de la chambre à laquelle l'affaire a été renvoyée, prise l'avocat général entendu ;

b) dans tous les autres cas, par décision du président, prise après avoir entendu l'avocat général et, sauf pour les renvois préjudiciels visés à l'article 103, les parties.

La reprise de la procédure peut être ordonnée ou décidée selon les mêmes modalités.

Les ordonnances ou décisions visées au présent paragraphe sont notifiées aux parties.

§ 2. La suspension de la procédure prend effet à la date indiquée dans l'ordonnance ou la décision de suspension ou, à défaut d'une telle indication, à la date de cette ordonnance ou décision.

Pendant la période de suspension, aucun délai de procédure n'expire à l'égard des parties.

§ 3. Lorsque l'ordonnance ou la décision de suspension n'en a pas fixé le terme, la suspension prend fin à la date indiquée dans l'ordonnance ou la décision de reprise de procédure ou, à défaut d'une telle indication, à la date de cette ordonnance ou décision.

À compter de la date de reprise, les délais de procédure recommencent à courir dès le début.

TITRE 3. DES PROCÉDURES SPÉCIALES

CHAPITRE 1. Du sursis et des autres mesures provisoires par voie de référé

Article 83

§ 1. Toute demande de sursis à l'exécution d'un acte d'une institution aux termes des articles 242 du traité C.E., 39, deuxième alinéa, du traité

C.E.C.A. et 157 du traité C.E.E.A. n'est recevable que si le demandeur a attaqué cet acte dans un recours devant la Cour.

Toute demande relative à l'une des autres mesures provisoires visées aux articles 243 du traité C.E., 39, troisième alinéa, du traité C.E.C.A., et 158 du traité C.E.E.A. n'est recevable que si elle émane d'une partie à une affaire dont la Cour est saisie et si elle se réfère à ladite affaire.

§ 2. Les demandes visées au paragraphe précédent spécifient l'objet du litige, les circonstances établissant l'urgence, ainsi que les moyens de fait et de droit justifiant à première vue l'octroi de la mesure provisoire à laquelle elles concluent.

§ 3. La demande est présentée par acte séparé et dans les conditions prévues aux articles 37 et 38 du présent règlement.

Article 84

§ 1. La demande est signifiée à l'autre partie, à laquelle le président fixe un bref délai pour la présentation de ses observations écrites ou orales.

§ 2. Le président apprécie s'il y a lieu d'ordonner l'ouverture d'une instruction.

Le président peut faire droit à la demande avant même que l'autre partie ait présenté ses observations. Cette mesure peut être ultérieurement modifiée ou rapportée, même d'office.

Article 85

Le président statue lui-même ou défère la demande à la Cour.

En cas d'absence ou d'empêchement du président, les dispositions de l'article 11 du présent règlement sont applicables.

Si la demande est déférée à la Cour, celle-ci statue, toutes affaires cessantes, l'avocat général entendu. Les dispositions de l'article précédent sont applicables.

Article 86

§ 1. Il est statué sur la demande par voie d'ordonnance motivée et non susceptible de recours. Cette ordonnance est immédiatement signifiée aux parties.

§ 2. L'exécution de l'ordonnance peut être subordonnée à la constitution par le demandeur d'une caution dont le montant et les modalités sont fixés compte tenu des circonstances.

§ 3. L'ordonnance peut fixer une date à partir de laquelle la mesure cesse d'être applicable. Dans le cas contraire, la mesure cesse ses effets dès le prononcé de l'arrêt qui met fin à l'instance.

§ 4. L'ordonnance n'a qu'un caractère provisoire et ne préjuge en rien la décision de la Cour statuant sur le principal.

Article 87

À la demande d'une partie, l'ordonnance peut à tout moment être modifiée ou rapportée par suite d'un changement de circonstances.

Article 88

Le rejet de la demande relative à une mesure provisoire n'empêche pas la partie qui l'avait introduite de présenter une autre demande fondée sur des faits nouveaux.

Article 89

La demande tendant à surseoir à l'exécution forcée d'une décision de la Cour ou d'un acte d'une autre institution, présentée en vertu des articles 244 et 256 du traité C.E., 44 et 92 du traité C.E.C.A. et 159 et 164 du traité C.E.E.A., est régie par les dispositions du présent chapitre.

L'ordonnance qui fait droit à la demande fixe, le cas échéant, la date à laquelle la mesure provisoire cesse ses effets.

Article 90

§ 1. La demande visée à l'article 81, troisième et quatrième alinéas, du traité C.E.E.A. contient :

a) les nom et domicile des personnes ou entreprises soumises au contrôle ;

b) l'indication de l'objet et du but du contrôle.

§ 2. Le président statue par voie d'ordonnance. Les dispositions de l'article 86 du présent règlement sont applicables.

En cas d'absence ou d'empêchement du président, l'article 11 du présent règlement est applicable.

CHAPITRE 2. **Des incidents de procédure**

Article 91

§ 1. Si une partie demande que la Cour statue sur une exception ou un incident sans engager le débat au fond, elle présente sa demande par acte séparé.

La demande contient l'exposé des moyens de fait et de droit sur lesquels elle est fondée, les conclusions et, en annexe, les pièces invoquées à l'appui.

§ 2. Dès la présentation de l'acte introduisant la demande, le président fixe un délai à l'autre partie pour présenter par écrit ses moyens et conclusions.

§ 3. Sauf décision contraire de la Cour, la suite de la procédure sur la demande est orale.

§ 4. La Cour, l'avocat général entendu, statue sur la demande ou la joint au fond.

Si la Cour rejette la demande ou la joint au fond, le président fixe de nouveaux délais pour la poursuite de l'instance.

Article 92

§ 1. Lorsque la Cour est manifestement incompétente pour connaître d'une requête ou lorsque celle-ci est manifestement irrecevable, la Cour, l'avocat général entendu, peut, sans poursuivre la procédure, statuer par voie d'ordonnance motivée.

§ 2. La Cour peut à tout moment, d'office, examiner les fins de non-recevoir d'ordre public, ou constater, les parties entendues, que le recours est devenu sans objet et qu'il n'y a plus lieu de statuer ; la décision est prise dans les conditions prévues à l'article 91, paragraphes 3 et 4, du présent règlement.

CHAPITRE 3. De l'intervention

Article 93

§ 1. La demande d'intervention est présentée au plus tard avant l'expiration d'un délai de trois mois qui prend cours à la publication visée par l'article 16, paragraphe 6.

La demande d'intervention contient :

a) l'indication de l'affaire ;

b) l'indication des parties principales au litige ;

c) les nom et domicile de l'intervenant ;

d) l'élection de domicile de l'intervenant au lieu où la Cour a son siège ;

e) les conclusions au soutien desquelles l'intervenant demande d'intervenir ;

f) l'exposé des circonstances établissant le droit d'intervenir, lorsque la demande est présentée en vertu de l'article 37, deuxième ou troisième alinéa, du statut C.E., de l'article 34 du statut C.E.C.A. ou de l'article 38, deuxième alinéa, du statut C.E.E.A.

L'intervenant est représenté selon les dispositions des articles 17 du statut C.E., 20 du statut C.E.C.A. et 17 du statut C.E.E.A.

Les dispositions des articles 37 et 38 du présent règlement sont applicables.

§ 2. La demande d'intervention est signifiée aux parties.

Le président met les parties en mesure de présenter leurs observations écrites ou orales avant de statuer sur la demande d'intervention.

Le président statue sur la demande d'intervention par voie d'ordonnance ou défère la demande à la Cour.

§ 3. Si le président admet l'intervention, l'intervenant reçoit communication de tous les actes de procédure signifiés aux parties. Le président peut cependant, à la demande d'une partie, exclure de cette communication des pièces secrètes ou confidentielles.

§ 4. L'intervenant accepte le litige dans l'état où il se trouve lors de son intervention.

§ 5. Le président fixe le délai dans lequel l'intervenant peut présenter un mémoire en intervention.

Le mémoire en intervention contient :

a) les conclusions de l'intervenant tendant au soutien ou au rejet, total ou partiel, des conclusions d'une des parties ;

b) les moyens et arguments invoqués par l'intervenant ;

c) les offres de preuve s'il y a lieu.

§ 6. Après le dépôt du mémoire en intervention, le président fixe, le cas échéant, un délai dans lequel les parties peuvent répondre à ce mémoire.

CHAPITRE 4. **Des arrêts par défaut et de l'opposition**

Article 94

§ 1. Si le défendeur, régulièrement mis en cause, ne répond pas à la requête dans les formes et le délai prescrits, le requérant peut demander à la Cour de lui adjuger ses conclusions.

Cette demande est signifiée au défendeur. La Cour peut décider d'ouvrir la procédure orale sur la demande.

§ 2. Avant de rendre l'arrêt par défaut, la Cour, l'avocat général entendu, examine la recevabilité de la requête et vérifie si les formalités ont été régulièrement accomplies et si les conclusions du requérant paraissent fondées. Elle peut ordonner des mesures d'instruction.

§ 3. L'arrêt par défaut est exécutoire. Toutefois, la Cour peut en suspendre l'exécution jusqu'à ce qu'elle ait statué sur l'opposition présentée en vertu du paragraphe 4 ci-après ou bien en subordonner l'exécution à la constitution d'une caution dont le montant et les modalités sont fixés compte tenu des circonstances ; cette caution est libérée à défaut d'opposition ou en cas de rejet.

§ 4. L'arrêt par défaut est susceptible d'opposition.

L'opposition est formée dans le délai d'un mois à compter de la signification de l'arrêt ; elle est présentée dans les formes prescrites aux articles 37 et 38 du présent règlement.

§ 5. Après la signification de l'opposition, le président fixe à l'autre partie un délai pour la présentation de ses observations écrites.

La procédure est poursuivie selon les dispositions des articles 44 et suivants du présent règlement.

§ 6. La Cour statue par voie d'arrêt non susceptible d'opposition.

La minute de cet arrêt est annexée à la minute de l'arrêt par défaut. Mention de l'arrêt rendu sur l'opposition est faite en marge de la minute de l'arrêt par défaut.

CHAPITRE 5. De l'attribution des recours aux chambres

Article 95

§ 1. La Cour peut renvoyer devant les chambres toute affaire dont elle est saisie dans la mesure où la difficulté ou l'importance de l'affaire ou des circonstances particulières ne demandent pas que la Cour statue en séance plénière.

§ 2. La décision portant renvoi est prise par la Cour à l'issue de la procédure écrite, sur le vu du rapport préalable présenté par le juge rapporteur, l'avocat général entendu.

Ce renvoi n'est toutefois pas admissible lorsqu'un État membre ou une institution des Communautés, partie à l'instance, a demandé que l'affaire soit tranchée en séance plénière. Par partie à l'instance il y a lieu d'entendre, au sens de cette disposition, tout État membre et toute institution qui est partie ou partie intervenante au litige même, ou qui a déposé des observations écrites dans le cadre d'une des procédures préjudicielles visées par l'article 103.

La demande visée à l'alinéa précédent ne peut pas être formée dans les litiges entre les Communautés et leurs agents.

§ 3. La chambre peut à tout stade de la procédure renvoyer une affaire devant la Cour.

Article 96

(abrogé)

CHAPITRE 6. Des voies de recours extraordinaires

Section 1. De la tierce opposition

Article 97

§ 1. Les dispositions des articles 37 et 38 du présent règlement sont applicables à la demande en tierce opposition ; celle-ci doit en outre :

a) spécifier l'arrêt attaqué ;

b) indiquer en quoi l'arrêt attaqué préjudicie aux droits du tiers opposant ;

c) indiquer les raisons pour lesquelles le tiers opposant n'a pu participer au litige principal.

La demande est formée contre toutes les parties au litige principal.

Si l'arrêt a été publié au *Journal officiel des Communautés européennes,* la demande est présentée dans les deux mois qui suivent la publication.

§ 2. Le sursis à l'exécution de l'arrêt attaqué peut être ordonné à la demande du tiers opposant. Les dispositions du chapitre 1er, titre troisième, du présent règlement sont applicables.

§ 3. L'arrêt attaqué est modifié dans la mesure où il est fait droit à la tierce opposition.

La minute de l'arrêt rendu sur tierce opposition est annexée à la minute de l'arrêt attaqué. Mention de l'arrêt rendu sur tierce opposition est faite en marge de la minute de l'arrêt attaqué.

Section 2. **De la révision**

Article 98

La révision est demandée au plus tard dans un délai de trois mois à compter du jour où le demandeur a eu connaissance du fait sur lequel la demande en révision est basée.

Article 99

§ 1. Les dispositions des articles 37 et 38 du présent règlement sont applicables à la demande en révision ; celle-ci doit en outre :

a) spécifier l'arrêt attaqué ;

b) indiquer les points sur lesquels l'arrêt est attaqué ;

c) articuler les faits sur lesquels la demande est basée ;

d) indiquer les moyens de preuve tendant à démontrer qu'il existe des faits justifiant la révision et à établir que le délai prévu à l'article précédent a été respecté.

§ 2. La demande en révision est formée contre toutes les parties à l'arrêt dont la révision est demandée.

Article 100

§ 1. Sans préjuger le fond, la Cour statue, l'avocat général entendu, au vu des observations écrites des parties, par voie d'arrêt rendu en chambre du conseil sur la recevabilité de la demande.

§ 2. Si la Cour déclare la demande recevable, elle poursuit l'examen au fond et statue par voie d'arrêt, conformément aux dispositions du présent règlement.

§ 3. La minute de l'arrêt portant révision est annexée à la minute de l'arrêt révisé. Mention de l'arrêt portant révision est faite en marge de la minute de l'arrêt révisé.

CHAPITRE 7. **Des recours contre les décisions du comité d'arbitrage**

Article 101

§ 1. La requête introduisant le recours visé à l'article 18, deuxième alinéa, du traité C.E.E.A. contient :

a) les nom et domicile du requérant ;
b) la qualité du signataire ;
c) l'indication de la décision du comité d'arbitrage attaquée ;
d) l'indication des parties ;
e) l'exposé sommaire des faits ;
f) les moyens et conclusions du requérant.

§ 2. Les dispositions des articles 37, paragraphes 3 et 4, et 38, paragraphes 2, 3 et 5, du présent règlement sont applicables.

En outre, copie certifiée conforme de la décision attaquée est annexée au recours.

§ 3. Dès le dépôt de la requête, le greffier de la Cour invite le greffe du comité d'arbitrage à transmettre à la Cour le dossier de l'affaire.

§ 4. La procédure est poursuivie en application des articles 39, 40, 55 et suivants du présent règlement.

§ 5. La Cour statue par voie d'arrêt. En cas d'annulation de la décision du comité, elle renvoie, s'il y a lieu, l'affaire devant le comité.

CHAPITRE 8. De l'interprétation des arrêts

Article 102

§ 1. La demande en interprétation est présentée conformément aux dispositions des articles 37 et 38 du présent règlement. Elle spécifie en outre :
a) l'arrêt visé ;
b) les textes dont l'interprétation est demandée.

Elle est formée contre toutes les parties en cause à cet arrêt.

§ 2. La Cour statue par voie d'arrêt après avoir mis les parties en mesure de présenter leurs observations, l'avocat général entendu.

La minute de l'arrêt interprétatif est annexée à la minute de l'arrêt interprété. Mention de l'arrêt interprétatif est faite en marge de la minute de l'arrêt interprété.

CHAPITRE 9. Des renvois préjudiciels et des autres procédures en matière d'interprétation

Article 103

§ 1. Dans le cas visé aux articles 20 du statut C.E. et 21 du statut C.E.E.A., la procédure est régie par les dispositions du présent règlement sous réserve des adaptations imposées par la nature du renvoi préjudiciel.

§ 2. Les dispositions du paragraphe 1 s'appliquent aux renvois préjudiciels prévus par le protocole concernant l'interprétation par la Cour de justice de la convention, du 29 février 1968, sur la reconnaissance mutuelle des sociétés et personnes morales et le protocole concernant l'interprétation par la Cour de justice de la convention, du 27 septembre 1968, concernant la compétence judiciaire et l'exécution des décisions en matière civile et commerciale, signés à Luxembourg, le 3 juin 1971, ainsi qu'aux procédures instituées par l'article 4 de ce dernier protocole.

Les dispositions du paragraphe 1 s'appliquent également aux renvois qui peuvent être prévus par d'autres accords.

§ 3. Dans les cas visés à l'article 35, paragraphe 1, du traité sur l'Union et à l'article 41 du traité C.E.C.A., la décision de renvoi est signifiée aux parties au principal, aux États membres, à la Commission et au Conseil.

Dans un délai de deux mois à compter de cette signification, les intéressés visés à l'alinéa précédent ont le droit de présenter des mémoires ou observations écrites.

Les dispositions du paragraphe 1 s'appliquent.

Article 104

§ 1. Les décisions des juridictions nationales visées par l'article 103 sont communiquées aux États membres dans la version originale, accompagnées d'une traduction dans la langue officielle de l'État destinataire.

Dans les cas visés à l'article 20 du statut C.E., les décisions des juridictions nationales sont communiquées aux États parties à l'accord E.E.E., autres que les États membres, ainsi qu'à l'Autorité de surveillance A.E.L.E. dans la version originale, accompagnées d'une traduction dans l'une des langues mentionnées à l'article 29, paragraphe 1, à choisir par le destinataire.

§ 2. En ce qui concerne la représentation et la comparution des parties au principal, dans les procédures préjudicielles, la Cour tient compte des règles de procédure applicables devant les juridictions nationales qui l'ont saisie.

§ 3. Lorsqu'une question posée à titre préjudiciel est identique à une question sur laquelle la Cour a déjà statué, lorsque la réponse à une telle question peut être clairement déduite de la jurisprudence ou lorsque la réponse à la question ne laisse place à aucun doute raisonnable, la Cour peut, après avoir informé la juridiction de renvoi et après avoir entendu les intéressés visés aux articles 20 du statut C.E., 21 du statut C.E.E.A. et 103, paragraphe 3, du présent règlement en leurs observations éventuelles et après avoir entendu l'avocat général, statuer par voie d'ordonnance motivée comportant, le cas échéant, référence à l'arrêt précédent ou à la jurisprudence en cause.

§ 4. Sans préjudice des dispositions du paragraphe précédent, la procédure devant la Cour, en cas de renvoi préjudiciel, comporte également une phase orale. Toutefois, la Cour, après la présentation des mémoires ou observations visés aux articles 20 du statut C.E., 21 du statut C.E.E.A. et 103, paragraphe 3, du présent règlement, sur rapport du juge rapporteur, après avoir informé les intéressés qui, conformément aux dispositions précitées, ont le droit de déposer de tels mémoires ou observations et si aucun d'entre eux ne présente une demande indiquant les motifs pour lesquels il souhaite être entendu, peut, l'avocat général entendu, en décider autrement. La demande est présentée dans le délai d'un mois à compter de la signification à la partie ou à l'intéressé des mémoires ou observations écrites déposés. Ce délai peut être prorogé par le président.

§ 5. La Cour peut, l'avocat général entendu, demander des éclaircissements à la juridiction nationale.

§ 6. Il appartient à la juridiction nationale de statuer sur les dépens de la procédure préjudicielle.

Dans des cas particuliers, la Cour peut accorder, au titre de l'assistance judiciaire, une aide destinée à faciliter la représentation ou la comparution d'une partie.

Article 104 bis

À la demande de la juridiction nationale, le président peut exceptionnellement, sur proposition du juge rapporteur, l'avocat général entendu, décider de soumettre un renvoi préjudiciel à une procédure accélérée dérogeant aux dispositions du présent règlement, lorsque les ciconstances invoquées établissent l'urgence extraordinaire de statuer sur la question posée à titre préjudiciel.

Dans ce cas, le président fixe immédiatement la date de l'audience qui sera communiquée aux parties, au principal et aux autres intéressés visés aux articles 20 du statut C.E., 21 du statut C.E.E.A. et 103, paragraphe 3, du présent règlement avec la signification de la décision de renvoi.

Les parties et autres intéressés mentionnés à l'alinéa précédent peuvent, dans un délai fixé par le président, qui ne peut être inférieur à quinze jours, déposer des mémoires ou observations écrites éventuels. Le président peut inviter les parties et autres intéressés concernés à limiter leurs mémoires ou observations écrites aux points de droit essentiels soulevés par la question préjudicielle.

Les mémoires ou observations écrites éventuels sont communiqués aux parties et autres intéressés mentionnés ci-dessus avant l'audience.

La Cour statue, l'avocat général entendu.

CHAPITRE 10. Des procédures spéciales visées aux articles 103 à 105 du traité C.E.E.A.

Article 105

§ 1. Dans le cas visé à l'article 103, troisième alinéa, du traité C.E.E.A., la requête est présentée en quatre exemplaires certifiés conformes. Elle est signifiée à la Commission.

§ 2. La requête est accompagnée du projet d'accord ou de convention dont il s'agit, des observations adressées par la Commission à l'État intéressé, ainsi que de toute autre pièce à l'appui.

La Commission présente ses observations à la Cour dans un délai de dix jours qui peut être prorogé par le président, l'État intéressé entendu.

Une copie certifiée conforme des observations susdites est signifiée à cet État.

§ 3. Dès le dépôt de la requête, le président désigne le juge rapporteur. Le premier avocat général décide de l'attribution de l'affaire à un avocat général aussitôt après la désignation du juge rapporteur.

§ 4. La décision est prise en chambre du conseil, l'avocat général entendu.

À leur demande, les agents ou conseils de l'État intéressé et de la Commission sont entendus.

Article 106

§ 1. Dans les cas visés aux articles 104, dernier alinéa, et 105, dernier alinéa, du traité C.E.E.A., les dispositions des articles 37 et suivants du présent règlement sont applicables.

§ 2. La requête est signifiée à l'État dont ressortit la personne ou l'entreprise contre laquelle la requête est dirigée.

CHAPITRE 11. **Des avis**

Article 107

§ 1. Si la demande d'avis préalable visée à l'article 300 du traité C.E. est présentée par le Conseil, elle est signifiée à la Commission et au Parlement européen. Si la demande est présentée par la Commission, elle est signifiée au Conseil, au Parlement européen et aux États membres. Si la demande est présentée par un des États membres, elle est signifiée au Conseil, à la Commission, au Parlement européen et aux autres États membres.

Le président fixe un délai aux institutions et États membres auxquels la demande est signifiée pour qu'ils présentent leurs observations écrites.

§ 2. L'avis peut porter tant sur la compatibilité de l'accord envisagé avec les dispositions du traité C.E.E. que sur la compétence de la Communauté ou de l'une de ses institutions pour conclure cet accord.

Article 108

§ 1. Dès la présentation de la demande d'avis préalable visée à l'article précédent, le président désigne le juge rapporteur.

§ 2. La Cour rend un avis motivé en chambre du conseil, les avocats généraux entendus.

§ 3. L'avis signé par le président, par les juges ayant pris part aux délibérations et par le greffier est signifié au Conseil, à la Commission au Parlement européen et aux États membres.

Article 109

La Cour appelée à donner son avis en application de l'article 95, quatrième alinéa, du traité C.E.C.A. est saisie par une demande introduite conjointement par la Commission et le Conseil.

L'avis est rendu dans les conditions prévues à l'article précédent. Il est notifié à la Commission, au Conseil et au Parlement européen.

CHAPITRE 12. **Des demandes d'interprétation visées à l'article 68 du traité C.E.**

Article 109 bis

§1. La demande de statuer sur une question d'interprétation visée à l'article 68, paragraphe 3, du traité C.E. est signifiée à la Commission et aux États membres si la demande est présentée par le Conseil, au Conseil et aux États membres si la demande est présentée par la Commission et au Conseil, à la Commission ainsi qu'aux autres États membres si la demande est présentée par un État membre.

Le président fixe un délai aux institutions et États membres auxquels la demande est signifiée pour qu'ils présentent leurs observations écrites.

§ 2. Dès la présentation de la demande visée au paragraphe précédent, le président désigne le juge rapporteur. Aussitôt après, le premier avocat général attribue la demande à un avocat général.

§ 3. La Cour statue sur la demande par voie d'arrêt, après présentation des conclusions de l'avocat général.

La procédure sur la demande comporte une phase orale lorsqu'un État membre ou une des institutions visées au paragraphe 1 le demande.

Chapitre 13. **Du règlement des différends visés à l'article 35 du traité sur l'Union**

Article 109 ter

§ 1. Dans le cas de différends entre États membres visés à l'article 35, paragraphe 7, du traité sur l'Union, la Cour est saisie par une demande d'une partie au différend. La demande est signifiée aux autres États membres ainsi qu'à la Commission.

Dans le cas de différends entre États membres et la Commission visés à l'article 35, paragraphe 7, du traité sur l'Union, la Cour est saisie par une demande d'une partie au différend. La demande est signifiée aux autres États membres, au Conseil et à la Commission si elle est introduite par un État membre. La demande est signifiée aux États membres et au Conseil si elle est introduite par la Commission.

Le président fixe un délai aux institutions et aux États membres auxquels la demande est signifiée pour qu'ils présentent leurs observations écrites.

§ 2. Dès la présentation de la demande visée au paragraphe précédent, le président désigne le juge rapporteur. Aussitôt après, le premier avocat général attribue la demande à un avocat général.

§ 3. La Cour statue sur le différend par voie d'arrêt, après présentation des conclusions de l'avocat général.

La procédure sur la demande comporte une phase orale lorsqu'un État membre ou une des institutions visées au paragraphe 1 le demandent.

§ 4. La même procédure est applicable lorsqu'un accord conclu entre les États membres donne compétence à la Cour pour statuer sur un différend entre États membres ou entre États membres et une institution. »

TITRE 4. DES POURVOIS CONTRE LES DÉCISIONS DU TRIBUNAL DE PREMIÈRE INSTANCE

Article 110

Dans le cas du pourvoi contre les décisions du tribunal visé aux articles 49 et 50 du statut C.E., 49 et 50 du statut C.E.C.A. et 50 et 51 du statut C.E.E.A., la langue de procédure est celle de la décision du tribunal de première instance qui fait l'objet du pourvoi, sans préjudice de l'article 29, paragraphe 2, points b) et c), et paragraphe 3, quatrième alinéa, du présent règlement.

Article 111

§ 1. Le pourvoi est formé par le dépôt d'une requête au greffe de la Cour ou du tribunal.

§ 2. Le greffe du tribunal transmet aussitôt le dossier de première instance et, le cas échéant, le pourvoi au greffe de la Cour.

Article 112

§ 1. Le pourvoi contient :

a) les nom et domicile de la partie qui forme le pourvoi, appelée partie requérante ;

b) la désignation des autres parties à la procédure devant le tribunal ;

c) les moyens et arguments de droit invoqués ;

d) les conclusions de la partie requérante.

L'article 37 et l'article 38, paragraphes 2 et 3, du présent règlement s'appliquent au pourvoi.

§ 2. La décision du tribunal qui fait l'objet du pourvoi doit être annexée à ce dernier. Mention doit être faite de la date à laquelle la décision attaquée a été notifiée à la partie requérante.

§ 3. Si le pourvoi n'est pas conforme à l'article 38, paragraphe 3, ou au paragraphe 2 du présent article, l'article 38, paragraphe 7, du présent règlement est applicable.

Article 113

§ 1. Les conclusions du pourvoi tendent :
– à l'annulation, totale ou partielle, de la décision du tribunal ;
– à ce qu'il soit fait droit, en tout ou en partie, aux conclusions présentées en première instance, à l'exclusion de toute conclusion nouvelle.

§ 2. Le pourvoi ne peut modifier l'objet du litige devant le tribunal.

Article 114

Le pourvoi est signifié à toutes les parties à la procédure devant le tribunal. L'article 39 du présent règlement est applicable.

Article 115

§ 1. Toute partie à la procédure devant le tribunal peut présenter un mémoire en réponse dans un délai de deux mois à compter de la signification du pourvoi. Aucune prorogation du délai de réponse n'est accordée.

§ 2. Le mémoire en réponse contient :
a) les nom et domicile de la partie qui le produit ;
b) la date à laquelle le pourvoi lui a été signifié ;
c) les moyens et arguments de droit invoqués ;
d) les conclusions.
L'article 38, paragraphes 2 et 3, du présent règlement est applicable.

Article 116

§ 1. Les conclusions du mémoire en réponse tendent :
– au rejet total ou partiel du pourvoi ou à l'annulation, totale ou partielle de la décision du tribunal,
– à ce qu'il soit fait droit, en tout ou en partie, aux conclusions présentées en première instance, à l'exclusion de toute conclusion nouvelle.

§ 2. Le mémoire en réponse ne peut modifier l'objet du litige devant le tribunal.

Article 117

§ 1. Le pourvoi et le mémoire en réponse peuvent être complétés par un mémoire en réplique et en duplique ou par tout autre mémoire lorsque le président, à la suite d'une demande présentée en ce sens dans un délai de sept jours à compter de la signification du mémoire en réponse ou en réplique, le juge nécessaire et l'autorise expressément pour permettre à la partie concernée de défendre son point de vue ou pour préparer la décision sur le pourvoi.

§ 2. Lorsque les conclusions d'un mémoire en réponse ont pour objet l'annulation, totale ou partielle, de la décision du tribunal sur un moyen qui n'avait pas été soulevé dans le pourvoi, la partie requérante ou toute autre partie peut présenter un mémoire en réplique dont l'objet est limité à ce moyen, dans un délai de deux mois à compter de la signification du mémoire en réponse considéré. Le paragraphe 1 est applicable à tout mémoire complémentaire présenté à la suite de cette réplique.

§ 3. Lorsque le président autorise le dépôt d'une réplique et d'une duplique ou de tout autre mémoire, il fixe les délais dans lesquels ces actes de procédure sont produits.

Article 118

Sous réserve des dispositions qui suivent, l'article 42, paragraphe 2, et les articles 43, 44, 55 à 90, 93, 95 à 100 et 102 du présent règlement s'appliquent à la procédure devant la Cour ayant pour objet un pourvoi contre une décision du tribunal.

Article 119

Lorsque le pourvoi est, en tout ou en partie, manifestement irrecevable ou manifestement non fondé, la Cour peut, à tout moment, sur rapport du juge rapporteur, l'avocat général entendu, rejeter le pourvoi totalement ou partiellement, par voie d'ordonnance motivée.

Article 120

Après la présentation des mémoires visés à l'article 115, paragraphe 1, le cas échéant, à l'article 117, paragraphes 1 et 2, du présent règlement, la Cour, sur rapport du juge rapporteur, l'avocat général et les parties entendus, peut décider de statuer sur le pourvoi sans phase orale de la procédure, sauf si une des parties présente une demande en indiquant les motifs pour lesquels elle souhaite être entendue. Cette demande est présentée dans un délai d'un mois à compter de la signification à la partie de la clôture de la production écrite. Ce délai peut être prorogé par le Président.

Article 121

Le rapport visé à l'article 44, paragraphe 1, est présenté à la Cour après la présentation des mémoires visés à l'article 115, paragraphe 1, et, le cas échéant, à l'article 117, paragraphes 1 et 2, du présent règlement. Ce rapport comporte, outre les propositions prévues à l'article 44, paragraphe 1, une proposition sur l'application éventuelle de l'article 120 du présent règlement. Lorsque lesdits mémoires ne sont pas présentés, la même procédure s'applique à l'expiration du délai prévu pour leur présentation.

Article 122

Lorsque le pourvoi n'est pas fondé ou lorsque le pourvoi est fondé et que la Cour juge elle-même définitivement le litige, elle statue sur les dépens.

Dans les litiges entre les Communautés et leurs agents :
– l'article 70 du présent règlement ne s'applique qu'aux pourvois formés par les institutions ;
– par dérogation à l'article 69, paragraphe 2, du présent règlement, la Cour peut, dans les pourvois formés par les fonctionnaires ou autres agents d'une institution, décider de répartir les dépens entre les parties, dans la mesure où l'équité l'exige.

En cas de retrait du pourvoi, l'article 69, paragraphe 5, est applicable.

Lorsqu'un pourvoi formé par un État membre ou une institution qui ne sont pas intervenus au litige devant le tribunal est fondé, la Cour peut décider que les dépens seront répartis entre les parties ou que la partie requérante gagnante doit rembourser à une partie qui succombe les frais qu'elle lui a fait exposer du fait de son pourvoi.

Article 123

La requête en intervention présentée devant la Cour à l'occasion d'un pourvoi doit être déposée avant l'expiration d'un délai d'un mois qui prend cours à la publication visée par l'article 16, paragraphe 6.

TITRE 5. DES PROCÉDURES PRÉVUES PAR L'ACCORD E.E.E.

Article 123 bis

§ 1. Dans le cas visé à l'article 111, paragraphe 3, de l'accord E.E.E., la Cour est saisie par une demande introduite par les parties contractantes parties au différend. La demande est signifiée aux autres parties contractantes, à la Commission, à l'Autorité de surveillance A.E.L.E. et, le cas échéant, aux autres intéressés auxquels un renvoi préjudiciel soulevant la même question d'interprétation de la législation communautaire serait notifié.

Le président fixe un délai aux parties contractantes et autres intéressés auxquels la demande est signifiée pour la présentation d'observations écrites.

La demande est introduite dans l'une des langues mentionnées à l'article 29, paragraphe 1. Les dispositions des paragraphes 3 à 5 de cet article sont applicables. Les dispositions de l'article 104, paragraphe 1, s'appliquent *mutatis mutandis*.

§ 2. Dès la présentation de la demande visée au paragraphe précédent, le président désigne le juge rapporteur. Aussitôt après, le premier avocat général attribue la demande à un avocat général.

La Cour rend une décision motivée sur la demande en chambre du Conseil, l'avocat général entendu.

§ 3. La décision de la Cour, signée par le président, par les juges ayant pris part aux délibérations et par le greffier, est signifiée aux parties contractantes et autres intéressés visés au paragraphe 1.

Article 123 ter

Dans le cas visé à l'article 1er du protocole 34 de l'accord E.E.E., la demande de la juridiction nationale est signifiée aux parties en cause, aux parties contractantes, à la Commission, à l'Autorité de surveillance A.E.L.E. et, le cas échéant, aux autres intéressés auxquels un renvoi préjudiciel soulevant la même question d'interprétation de la législation communautaire serait notifié.

Si la demande n'est pas présentée dans l'une des langues mentionnées à l'article 29, paragraphe 1, elle est accompagnée d'une traduction dans une de ces langues.

Dans un délai de deux mois à compter de la signification, les parties, les parties contractantes et autres intéressés visés à l'alinéa 1 ont le droit de présenter des mémoires ou observations écrites.

La procédure est régie par les dispositions du présent règlement, sous réserve des adaptations imposées par la nature de la demande.

DISPOSITIONS FINALES

Article 124

§ 1. Le président enjoint aux personnes appelées à prêter serment devant la Cour en qualité de témoins ou d'experts de dire la vérité ou de remplir leur mission en conscience et en toute impartialité, et attire leur attention sur les conséquences pénales prévues par leur législation nationale en cas de violation de ce devoir.

§ 2. Les témoins prêtent serment conformément à l'article 47, paragraphe 5, premier alinéa, ou dans les formes prévues par leur législation nationale.

Si la législation nationale des témoins prévoit la possibilité de faire, en matière de procédure judiciaire, outre le serment, en ses lieu et place ou conjointement avec lui, une déclaration tenant lieu de serment, les témoins peuvent faire cette déclaration dans les conditions et formes de leur législation nationale.

Si la législation nationale ne prévoit ni la possibilité de prêter serment, ni celle de faire une telle déclaration, la procédure à suivre est celle prévue au paragraphe 1.

§ 3. Par analogie, les dispositions du deuxième paragraphe s'appliquent aux experts, référence étant faite dans ce cas à l'article 49, paragraphe 6, premier alinéa, au lieu de l'article 47, paragraphe 5, premier alinéa, de ce règlement de procédure.

Article 125

Sous réserve de l'application des articles 245 du traité C.E. et 160 du traité C.E.E.A., la Cour, après consultation des gouvernements intéressés, établit, en ce qui la concerne, un règlement additionnel énonçant les règles relatives :

a) aux commissions rogatoires ;

b) aux demandes d'assistance judiciaire gratuite ;

c) à la dénonciation par la Cour des violations des serments des témoins et des experts conformément aux articles 27 du statut C.E. et 28 des statuts C.E.C.A. et C.E.E.A.

Article 125 bis

La Cour peut édicter des instructions pratiques relatives notamment à la préparation et au déroulement des audiences devant elle ainsi qu'au dépôt de mémoires ou d'observations écrites.

Article 126

Le présent règlement remplace le règlement de procédure de la Cour de justice des Communautés européennes arrêté le 4 décembre 1974 (Journal officiel des Communautés européennes n° L 350 du 28 décembre 1974, page 1), tel que modifié en dernier lieu le 15 mai 1991.

Article 127

Le présent règlement, authentique dans les langues visées à l'article 29, paragraphe 1, de ce règlement est publié au Journal officiel des Communautés européennes et entre en vigueur le premier jour du deuxième mois suivant sa publication.

ANNEXE 4

RÈGLEMENT DE PROCÉDURE DU TRIBUNAL DE PREMIÈRE INSTANCE DES COMMUNAUTÉS EUROPÉENNES

LE TRIBUNAL DE PREMIÈRE INSTANCE DES COMMUNAUTÉS EUROPÉENNES

vu l'article 32 *quinto* du traité instituant la Communauté européenne du charbon et de l'acier ;

vu l'article 168 A du traité instituant la Communauté économique européenne (devenu l'article 225) ;

vu l'article 140 A du traité instituant la Communauté européenne de l'énergie atomique ;

vu le protocole sur le statut de la Cour de justice de la Communauté européenne du charbon et de l'acier, signé à Paris le 18 avril 1951 ;

vu le protocole sur le statut de la Cour de justice de la Communauté économique européenne, signé à Bruxelles le 17 avril 1957 ;

vu le protocole sur le statut de la Cour de justice de la Communauté européenne de l'énergie atomique, signé à Bruxelles le 17 avril 1957 ;

vu la décision 88/591/C.E.C.A., C.E.E., Euratom du Conseil du 24 octobre 1988, instituant un Tribunal de première instance des Communautés européennes (*JO* n° L 319 du 25 novembre 1988 avec rectificatif au *JO* n° L 241 du 17 août 1989), et notamment son article 11 ;

vu l'accord de la Cour de justice ;

vu l'approbation unanime du Conseil donnée les 21 décembre 1990 et 29 avril 1991 ;

considérant qu'il incombe au Tribunal de première instance d'établir son règlement de procédure en accord avec la Cour de justice et avec l'approbation unanime du Conseil et de l'arrêter immédiatement après sa constitution ;

considérant qu'il y a lieu d'adopter les dispositions prévues pour le fonctionnement du Tribunal par les traités, par les protocoles sur les statuts de la Cour de justice et par la décision du Conseil, du 24 octobre 1988, instituant un tribunal de première instance et d'arrêter toutes autres dispositions nécessaires en vue d'appliquer et de compléter ces actes, en tant que de besoin ;

considérant qu'il y a lieu de prévoir pour le Tribunal des procédures adaptées aux tâches d'une juridiction de première instance et à la mission conférée au Tribunal d'assurer une protection juridictionnelle efficace des justifiables dans des affaires nécessitant un examen approfondi de faits complexes ;

considérant qu'il est souhaitable, par ailleurs, que les règles applicables à la procédure devant le Tribunal ne s'écartent pas plus que nécessaire des règles applicables à la procédure devant la Cour de justice en vertu du règlement de procédure de celle-ci, arrêté le 4 décembre 1974 (*JO* n° L 350 du 28 décembre 1974) tel que modifié ultérieurement ;

arrête le suivant :

RÈGLEMENT DE PROCÉDURE
DISPOSITION PRÉLIMINAIRE

Article 1

Dans les dispositions du présent règlement :

– le traité instituant la Communauté est dénommé « traité C.E. »,

– le protocole sur le statut de la Cour de justice de la Communauté européenne est dénommée « statut C.E. »,

– le traité instituant la Communauté européenne du charbon et de l'acier est dénommé « traité C.E.C.A. »,

– le protocole sur le statut de la Cour de justice de la Communauté européenne du charbon et de l'acier est dénommé. « statut C.E.C.A. »,

– le traité instituant la Communauté européenne de l'énergie atomique (Euratom) est dénommé « traité C.E.E.A. »,

– le protocole sur le statut de la Cour de justice de la Communauté européenne de l'énergie atomique est dénommé « statut C.E.E.A. »,

– l'accord sur l'Espace économique européen est dénommé « accord E.E.E. »,

Aux fins de l'application du présent règlement :

– le terme « institutions » désigne les institutions des Communautés et organismes qui sont créés par les traités ou par un acte pris pour leur exécution et qui peuvent être parties devant le Tribunal ;

– le terme « Autorité de surveillance de l'A.E.L.E. » désigne l'autorité de surveillance visée par l'accord E.E.E.

TITRE 1. DE L'ORGANISATION DU TRIBUNAL

CHAPITRE 1. De la présidence et des membres du tribunal

Article 2

§ 1. Tout membre du Tribunal exerce, en principe, les fonctions de juge. Les membres du Tribunal sont ci-après dénommés « juges ».

§ 2. Tout juge, à l'exception du président, peut exercer, dans une affaire déterminée, les fonctions d'avocat général dans les conditions déterminées aux articles 17 à 19.

Les références à l'avocat général dans le présent règlement ne s'appliquent qu'aux cas où un juge a été désigné comme avocat général.

Article 3

La période de fonctions d'un juge commence à courir de la date fixée à cet effet dans l'acte de nomination. Si l'acte de nomination ne fixe pas de date, la période commence à courir de la date de cet acte.

Article 4

§ 1. Avant leur entrée en fonctions, les juges prêtent devant la Cour de justice des Communautés européennes le serment suivant :

« Je jure d'exercer mes fonctions en pleine impartialité et en toute conscience ; je jure de ne rien divulguer du secret des délibérations. »

§ 2. Immédiatement après avoir prêté serment, les juges signent une déclaration par laquelle ils prennent l'engagement solennel de respecter, pendant la durée de leurs fonctions et après la cessation de celles-ci, les obligations découlant de leur charge, notamment les devoirs d'honnêteté et de délicatesse quant à l'acceptation, après cette cessation, de certaines fonctions ou de certains avantages.

Article 5

Lorsque la Cour est appelée à décider, après consultation du Tribunal, si un juge ne répond plus aux conditions requises ou ne satisfait plus aux obligations découlant de sa charge, le président du Tribunal invite l'intéressé à comparaître en chambre du conseil pour présenter ses observations, hors la présence du greffier.

L'avis du Tribunal est motivé.

L'avis constatant qu'un juge ne répond plus aux conditions requises ou ne satisfait plus aux obligations découlant de sa charge, doit recueillir au moins les suffrages de sept juges. Dans ce cas, la décomposition des votes est communiquée à la Cour.

Le vote a lieu au scrutin secret, l'intéressé ne participant pas à la délibération.

Article 6

Sous réserve du président du Tribunal et des présidents de chambre, les juges prennent rang indistinctement d'après leur ancienneté de fonctions.

À ancienneté de fonctions égale, l'âge détermine le rang.

Les juges sortants qui sont nommés de nouveau conservent leur rang antérieur.

Article 7

§ 1. Les juges élisent parmi eux, pour trois ans, le président du Tribunal immédiatement après le renouvellement partiel prévu aux articles 168 A, du traité C.E. (devenu l'article 225), 32 *quinto* du traité C.E.C.A. et 140 A du traité C.E.E.A.

§ 2. En cas de cessation du mandat du président du Tribunal avant le terme normal de ses fonctions, il est procédé à son remplacement pour la période restant à courir.

§ 3. Aux élections visées au présent article, le vote a lieu au scrutin secret. Le juge qui obtient la majorité absolue est élu. Si aucun des juges ne réunit la majorité absolue des suffrages, il est procédé à un second tour du scrutin et le juge ayant recueilli le plus grand nombre de voix est élu. En cas de parité des suffrages, le plus âgé est élu.

Article 8

Le président du Tribunal dirige les travaux et les services du Tribunal ; il en préside les audiences plénières, ainsi que les délibérations en chambre du conseil.

Article 9

En cas d'absence ou d'empêchement du président du Tribunal ou en cas de vacance de la présidence, celle-ci est assurée par un des présidents de chambre selon de l'ordre établi à l'article 6.

En cas d'empêchement simultané du président du Tribunal et des présidents de chambre ou en cas de vacance simultanée de leurs fonctions, la présidence est assurée par un des autres juges selon l'ordre établi à l'article 6.

CHAPITRE 2. **De la constitution des chambres et de la désignation des juges rapporteurs et des avocats généraux**

Article 10

§ 1. Le Tribunal constitue en son sein des chambres composées de trois ou de cinq juges et décide de l'affectation des juges à celles-ci.

§ 2. La composition des chambres est publiée au Journal Officiel des Communautés européennes.

Article 11

§ 1. Les affaires dont est saisi le Tribunal sont jugées par les chambres composées conformément à l'article 10.

Les affaires peuvent être jugées par la formation plénière du Tribunal dans les conditions déterminées par les articles 14, 51, 106, 118, 124, 127, et 129.

Les affaires peuvent être jugées par un juge unique lorsqu'elles lui sont dévolues dans les conditions déterminées par les article 14 et 51 ou attribuées en vertu de l'article 124, de l'article 127, paragraphe 1, ou de l'article 129, paragraphe 2.

§ 2. Pour les affaires attribuées ou dévolues à une chambre, le terme « Tribunal » dans le présent règlement désigne cette chambre. Pour les affaires dévolues ou attribuées à un juge unique, le terme « Tribunal » utilisé dans le présent règlement désigne également ce juge.

Article 12

Le Tribunal fixe les critères selon lesquels les affaires sont réparties entre les chambres.

Cette décision est publiée au Journal officiel des Communautés européennes.

Article 13

§ 1. Dès le dépôt de la requête le président du Tribunal attribue les affaires à une chambre.

§ 2. Le président de la chambre propose au président du Tribunal, pour chaque affaire attribuée à la chambre, la désignation d'un juge rapporteur ; le président du Tribunal statue.

Article 14

§ 1. Lorsque la difficulté en droit ou l'importance de l'affaire ou des circonstances particulières le justifient, une affaire peut être renvoyée à la formation plénière ou à une chambre composée d'un nombre différent de juges.

§ 2. 1. Les affaires ci-après, attribuées à une chambre composée de trois juges, peuvent être jugées par le juge rapporteur statuant en tant que juge unique lorsqu'elles s'y prêtent compte tenu de l'absence de difficulté des questions de droit ou de fait soulevées, de l'importance limitée de l'affaire et de l'absence d'autres circonstances particulières et qu'elles ont été dévolues dans les conditions prévues à l'article 51 :

a) les affaires introduites en vertu de l'article 236 du traité C.E. et de l'article 152 du traité C.E.E.A. ;

b) les affaires introduites en vertu de l'article 230, quatrième alinéa, de l'article 232, troisième alinéa, et de l'article 235 du traité C.E., de l'article 33, deuxième alinéa, de l'article 35 et de l'article 40, premier alinéa et deuxième alinéa du traité C.E.C.A. ainsi que de l'article 146, quatrième alinéa, de l'article 148, troisième alinéa, et de l'article 151 du traité C.E.E.A., et qui ne soulèvent que des questions déjà clarifiées par une jurisprudence établie ou relèvent d'une série d'affaires ayant le même objet et dont l'une a déjà été décidée avec force de chose jugée ;

c) les affaires introduites en vertu de l'article 238 du traité C.E., de l'article 42 du traité C.E.C.A. et de l'article 153 du traité C.E.E.A.

2. La dévolution à un juge unique est exclue :

a) pour les affaires qui soulèvent des questions relatives à la légalité d'un acte de portée générale ;

b) pour les affaires concernant la mise en œuvre :
   – des règles de concurrence et de contrôle des concentrations,
   – des règles concernant les aides accordées par les Etats,
   – des règles visant les mesures de défense commerciale,
   – des règles relatives à l'organisation commune des marchés agricoles à l'exception des affaires relevant d'une série d'affaires ayant le même objet et dont l'une a déjà été décidée avec force de chose jugée ;

c) pour les affaires visées à l'article 130, paragraphe 1.

3. Le juge unique renvoie l'affaire devant la chambre s'il constate que les conditions de la dévolution ne sont plus réunies.

§ 3. Les décisions de renvoi et de dévolution prévues aux paragraphes 1 et 2 sont prises dans les conditions prévues à l'article 51.

Article 15

Le Tribunal désigne pour une année les présidents des chambres.

Les dispositions de l'article 7, paragraphes 2 et 3, sont applicables.

Les désignations à intervenir en vertu du présent article sont publiées au Journal officiel des Communautés européennes.

Article 16

Pour les affaires attribuées ou dévolues aux chambres, les pouvoirs du président sont exercés par le président de chambre.

Pour les affaires dévolues ou attribuées à un juge unique, les pouvoirs du président, à l'exception de ceux visés aux article 105 et 106, sont exercés par ce juge.

Article 17

Le Tribunal siégeant en formation plénière est assisté d'un avocat général désigné par le président du Tribunal.

Article 18

Le Tribunal siégeant en chambre peut être assisté d'un avocat général, dans la mesure où il estime que la difficulté en droit ou la complexité en fait de l'affaire l'exigent.

Article 19

La décision de procéder à la désignation d'un avocat général pour une affaire déterminée est prise par la formation plénière du Tribunal à la demande de la chambre à laquelle l'affaire est attribuée ou dévolue.

Le président du Tribunal désigne le juge appelé à exercer les fonctions d'avocat général dans cette affaire.

CHAPITRE 3. Du greffe

Section 1. Du greffier

Article 20

§ 1. Le Tribunal nomme le greffier.

Le président du Tribunal informe les juges, deux semaines avant la date fixée pour la nomination, des candidatures qui ont été présentées.

§ 2. Les candidatures sont accompagnées de tous renseignements sur l'âge, la nationalité, les titres universitaires, les connaissances linguistiques, les fonctions actuelles et antérieures, ainsi que sur l'expérience judiciaire et internationale éventuelle des candidats.

§ 3. La nomination a lieu selon la procédure prévue à l'article 7, paragraphe 3.

§ 4. Le greffier est nommé pour une période de six ans. Il peut être nommé de nouveau.

§ 5. Avant son entrée en fonctions, le greffier prête devant le Tribunal le serment prévu à l'article 4.

§ 6. Le greffier ne peut être relevé de ses fonctions que s'il ne répond plus aux conditions requises ou ne satisfait plus aux obligations découlant de sa charge ; le Tribunal décide, après avoir mis le greffier en mesure de présenter ses observations.

§ 7. Si le greffier cesse ses fonctions avant l'expiration de son mandat, le Tribunal nomme un greffier pour une période de six ans.

Article 21

Le Tribunal peut nommer, selon la procédure prévue pour la nomination du greffier, un ou plusieurs greffiers adjoints chargés d'assister le greffier et de le remplacer dans les conditions fixées par les instructions au greffier visées à l'article 23.

Article 22

Le président du Tribunal désigne les fonctionnaires ou agents chargés de remplir les fonctions de greffier en cas d'absence ou d'empêchement de celui-ci et, le cas échéant, du greffier adjoint ou de vacance de leurs postes.

Article 23

Les instructions au greffier sont établies par le Tribunal sur proposition du président du Tribunal.

Article 24

§ 1. Il est tenu au greffe sous la responsabilité du greffier un registre, paraphé par le président du Tribunal, sur lequel sont inscrits à la suite et dans l'ordre de leur présentation tous les actes de procédure et les pièces déposées à l'appui.

§ 2. Mention de l'inscription au registre est faite par le greffier sur les originaux et, à la demande des parties, sur les copies qu'elles présentent à cet effet.

§ 3. Les inscriptions au registre et les mentions prévues au paragraphe précédent constituent des actes authentiques.

§ 4. Les modalités suivant lesquelles le registre est tenu sont déterminées par les instructions au greffier visées à l'article 23.

§ 5. Tout intéressé peut consulter le registre au greffe et en obtenir des copies ou des extraits suivant le tarif du greffe établi par le Tribunal sur proposition du greffier.

Toute partie à l'instance peut en outre obtenir, suivant le tarif du greffe, des copies des actes de procédure ainsi que des expéditions des ordonnances et arrêts.

§ 6. Un avis est publié au Journal officiel des Communautés européennes indiquant la date de l'inscription de la requête introductive d'instance, les nom et domicile des parties, l'objet du litige et des conclusions de la requête ainsi que l'indication des moyens et des principaux arguments invoqués.

§ 7. Lorsque le Conseil ou la Commission n'est pas partie à une affaire, le Tribunal lui transmet une copie de la requête et du mémoire en défense, à l'exclusion des annexes à ces documents, pour lui permettre de constater si l'inapplicabilité d'un de ses actes est invoquée au sens de l'article 184 du traité C.E. (devenu l'article 241), l'article 36 troisième alinéa du traité C.E.C.A. ou de l'article 156 du traité C.E.E.A.

Article 25

§ 1. Sous l'autorité du président, le greffier est chargé de la réception, de la transmission et de la conservation de tous documents, ainsi que des significations que comporte l'application du présent règlement.

§ 2. Le greffier assiste le Tribunal, le président et les juges dans tous les actes de leur ministère.

Article 26

Le greffier a la garde des sceaux. Il a la responsabilité des archives et prend soin des publications du Tribunal.

Article 27

Sous réserve des dispositions des articles 5 et 33, le greffier assiste aux séances du Tribunal.

Section 2. **Des services**

Article 28

Les fonctionnaires et autres agents chargés d'assister directement le président, les juges et le greffier sont nommés dans les conditions prévues au règlement portant statut du personnel. Ils relèvent du greffier sous l'autorité du président du Tribunal.

Article 29

Les fonctionnaires et autres agents visés à l'article 28 prêtent le serment prévu à l'article 20, paragraphe 2, du règlement de procédure de la Cour devant le président du Tribunal, en présence du greffier.

Article 30

L'administration du Tribunal, la gestion financière et la comptabilité sont assurées, sous l'autorité du président du Tribunal, par le greffier avec le concours des services de la Cour.

CHAPITRE 4. **Du fonctionnement du tribunal**

Article 31

§ 1. Les dates et heures des séances du Tribunal sont fixées par le président.

§ 2. Le Tribunal peut, pour une ou plusieurs séances déterminées, choisir un lieu autre que celui où le Tribunal a son siège.

Article 32

§ 1. Si, par suite d'absence ou d'empêchement, les juges sont en nombre pair, le juge le moins ancien au sens de l'article 6 s'abstient de participer au délibéré, sauf s'il s'agit du juge rapporteur. Dans ce cas c'est le juge qui le précède immédiatement dans le rang qui s'abstient de participer au délibéré.

Si, à la suite de la désignation d'un avocat général en vertu de l'article 17, les juges sont en nombre pair dans la formation plénière du Tribunal, le président du Tribunal désigne, avant l'audience, selon un tour de rôle préétabli par le Tribunal et publié au *Journal officiel des Communautés européennes*, le juge qui ne participera pas au jugement de l'affaire.

§ 2. Si, la formation plénière du Tribunal étant convoquée, il est constaté que le quorum de neuf juges n'est pas atteint, le président du Tribunal ajourne la séance jusqu'à ce que le quorum soit atteint.

§ 3. Si, dans une des chambres, le quorum de trois juges n'est pas atteint, le président de cette chambre en avertit le président du Tribunal qui désigne un autre juge pour compléter la chambre.

§ 4. Si, dans l'une des chambres, composées de trois ou cinq juges, le nombre de juges affectés à la chambre est supérieur respectivement à trois ou cinq, le président de la chambre détermine les juges qui seront appelés à participer au jugement de l'affaire.

§ 5. En cas d'absence ou d'empêchement du juge unique auquel l'affaire est dévolue ou attribuée, le président du Tribunal désigne un autre juge pour le remplacer.

Article 33

§ 1. Le Tribunal délibère en chambre du conseil.

§ 2. Seuls les juges ayant assisté à la procédure orale prennent part au délibéré.

§ 3. Chacun des juges présents au délibéré exprime son opinion en la motivant.

§ 4. À la demande d'un juge, toute question est formulée dans une langue de son choix et communiquée par écrit aux autres juges avant d'être mise aux voix.

§ 5. Les conclusions adoptées après discussion finale par la majorité des juges déterminent la décision du Tribunal. Les votes sont émis dans l'ordre inverse de l'ordre établi à l'article 6 du présent règlement.

§ 6. En cas de divergence sur l'objet, la teneur et l'ordre des questions ou sur l'interprétation d'un vote, le Tribunal décide.

§ 7. Lorsque les délibérations du Tribunal portent sur des questions administratives, le greffier y assiste, sauf décision contraire du Tribunal.

§ 8. Lorsque le Tribunal siège hors la présence du greffier, il charge le juge le moins ancien au sens de l'article 6 d'établir, s'il y a lieu, un procès-verbal qui est signé par le président et par ce juge.

Article 34

§ 1. Sous réserve d'une décision spéciale du Tribunal, les vacances judiciaires sont fixées comme suit :
– du 18 décembre au 10 janvier,
– du dimanche qui précède le jour de Pâques au deuxième dimanche après le jour de Pâques,
– du 15 juillet au 15 septembre.

Pendant les vacances judiciaires, la présidence est assurée au lieu où le Tribunal a son siège, soit par le président qui se tient en contact avec le greffier, soit par un président de chambre ou un autre juge qu'il invite à le remplacer.

§ 2. Pendant les vacances judiciaires, le président peut, en cas d'urgence, convoquer les juges.

§ 3. Le Tribunal observe les jours fériés légaux du lieu où il a son siège.

§ 4. Le Tribunal peut, pour de justes motifs, accorder des congés aux juges.

CHAPITRE 5. Du régime linguistique

Article 35

§ 1. Les langues de procédure sont l'allemand, l'anglais, le danois, l'espagnol, le finnois, le français, le grec, l'irlandais, l'italien, le néerlandais, le portugais et le suédois.

§ 2. La langue de procédure est choisie par le requérant, sous réserve des dispositions ci-après :

a) à la demande conjointe des parties, l'emploi total ou partiel d'une autre des langues mentionnées au paragraphe 1 du présent article peut être autorisé ;

b) à la demande d'une partie, l'autre partie et l'avocat général entendus, l'emploi total ou partiel comme langue de procédure d'une autre des langues mentionnées au paragraphe 1 peut être autorisé par dérogation aux dispositions sous a) ; cette demande ne peut être introduite par l'une des institutions.

La décision sur les demandes ci-dessus mentionnées peut être prise par le président ; celui-ci peut et, lorsqu'il veut y faire droit sans l'accord de toutes les parties, doit déférer la demande au Tribunal.

§ 3. La langue de procédure est notamment employée dans les mémoires et plaidoiries des parties, y compris les pièces et documents annexés, ainsi que les procès-verbaux et décisions du Tribunal.

Toute pièce et tout document produits ou annexés et rédigés dans une langue autre que la langue de procédure sont accompagnés d'une traduction dans la langue de procédure.

Toutefois, dans le cas de pièces et documents volumineux, des traductions en extrait peuvent être présentées. A tout moment, le Tribunal peut exiger une traduction plus complète ou intégrale, soit d'office, soit à la demande d'une des parties.

Par dérogation à ce qui précède, les États membres sont autorisés à utiliser leur propre langue officielle lorsqu'ils interviennent à un litige pendant devant le Tribunal. Cette disposition s'applique tant aux documents écrits qu'aux déclarations orales. La traduction dans la langue de procédure est assurée dans chaque cas par les soins du greffier.

Les États parties à l'accord E.E.E., autres que les États membres, ainsi que l'Autorité de surveillance de l'A.E.L.E. peuvent être autorisés à utiliser une autre des langues mentionnées au paragraphe 1 lorsqu'ils interviennent à un litige pendant devant le Tribunal. Cette disposition s'applique tant aux documents écrits qu'aux déclarations orales. La traduction dans la langue de procédure est assurée dans chaque cas par les soins du greffier.

§ 4. Lorsque les témoins ou experts déclarent qu'ils ne peuvent s'exprimer convenablement dans une des langues mentionnées au paragraphe 1 du présent article, le Tribunal les autorise à formuler leurs déclarations dans une autre langue. Le greffier assure la traduction dans la langue de procédure.

§ 5. Le président pour la direction des débats, le juge rapporteur pour le rapport préalable et le rapport à l'audience, les juges et l'avocat général, lorsqu'ils posent des questions, et ce dernier pour ses conclusions, peuvent employer une des langues mentionnées au paragraphe 1 du présent article autre que la langue de procédure. Le greffier assure la traduction dans la langue de procédure.

Article 36

§ 1. Le greffier veille à ce que soit effectuée, à la demande d'un des juges, de l'avocat général ou d'une partie, la traduction dans les langues de son choix mentionnées au paragraphe 1 de l'article 35 de ce qui est dit ou écrit pendant la procédure devant le Tribunal.

§ 2. Les publications du Tribunal sont faites dans les langues visées à l'article l^{er} du règlement n° 1 du Conseil.

Article 37

Les textes rédigés dans la langue de procédure ou, le cas échéant, dans une autre langue autorisée en vertu de l'article 35 font foi.

CHAPITRE 6. **Des droits et obligations des agents, conseils et avocats**

Article 38

§ 1. Les agents, conseils et avocats qui se présentent devant le Tribunal ou devant une autorité judiciaire commise par lui en vertu d'une commission rogatoire, jouissent de l'immunité pour les paroles prononcées et les écrits produits relatifs à la cause ou aux parties.

§ 2. Les agents, conseils et avocats jouissent en outre des privilèges et facilités suivants :

a) tous papiers et documents relatifs à la procédure sont exempts de fouille et de saisie. En cas de contestation, les préposés de la douane ou de la police peuvent sceller les papiers et documents en question qui sont alors transmis sans délai au Tribunal pour qu'ils soient vérifiés en présence du greffier et de l'intéressé ;

b) les agents, conseils, et avocats ont droit à l'attribution de devises nécessaires à l'accomplissement de leur tâche ;

c) les agents, conseils et avocats jouissent de la liberté de déplacement dans la mesure nécessaire à l'accomplissement de leur tâche.

Article 39

Pour bénéficier des privilèges, immunités et facilités mentionnés à l'article précédent, justifient préalablement de leur qualité :

a) les agents, par un document officiel délivré par leur mandant qui en notifie immédiatement copie au greffier ;

b) les conseils et avocats, par une pièce de légitimation signée par le greffier. La validité de celle-ci est limitée à un délai fixe ; elle peut être étendue ou restreinte selon la durée de la procédure.

Article 40

Les privilèges, immunités et facilités mentionnés à l'article 38 sont accordés exclusivement dans l'intérêt de la procédure.

Le Tribunal peut lever l'immunité lorsqu'il estime que la levée de celle-ci n'est pas contraire à l'intérêt de la procédure.

Article 41

§ 1. Le conseil ou l'avocat dont le comportement devant le Tribunal, le président, un juge ou le greffier est incompatible avec la dignité du Tribunal ou qui use des droits qu'il tient de ses fonctions à des fins autres que celles pour lesquelles ces droits lui sont reconnus peut à tout moment être exclu de la procédure par ordonnance prise par le Tribunal, la défense de l'intéressé assurée.

Cette ordonnance est immédiatement exécutoire.

§ 2. Lorsqu'un conseil ou un avocat se trouve exclu de la procédure, celle-ci est suspendue jusqu'à l'expiration d'un délai fixé par le président pour permettre à la partie intéressée de désigner un autre conseil ou avocat.

§ 3. Les décisions prises en exécution des dispositions du présent article peuvent être rapportées.

Article 42

Les dispositions du présent chapitre sont applicables aux professeurs jouissant du droit de plaider devant le Tribunal conformément aux articles 17 du statut C.E., 20 du statut C.E.C.A. et 17 du statut C.E.E.A.

TITRE 2. DE LA PROCÉDURE

CHAPITRE 1. De la procédure écrite

Article 43

§ 1. L'original de tout acte de procédure doit être signé par l'agent ou l'avocat de la partie.

Cet acte, accompagné de toutes les annexes qui y sont mentionnées, est présenté avec cinq copies pour le Tribunal et autant de copies qu'il y a de parties en cause. Ces copies sont certifiées conformes par la partie qui les dépose.

§ 2. Les institutions produisent en outre, dans les délais fixés par le Tribunal, des traductions de tout acte de procédure dans les autres langues visées à l'article 1er du règlement n° 1 du Conseil. Le dernier alinéa du paragraphe précédent est applicable.

§ 3. Tout acte de procédure est daté. Au regard des délais de procédure, seule la date du dépôt au greffe sera prise en considération.

§ 4. A tout acte de procédure est annexé un dossier, contenant les pièces et documents invoqués à l'appui et accompagné d'un bordereau de ces pièces et documents.

§ 5. Si, en raison du volume d'une pièce ou d'un document, il n'en est annexé à l'acte que des extraits, la pièce ou le document entier, ou une copie complète est déposé au greffe.

Article 44

§ 1. La requête visée aux articles 19 du statut C.E., 22 du statut C.E.C.A. et 19 du statut C.E.E.A. contient :

a) les nom et domicile du requérant ;
b) la désignation de la partie contre laquelle la requête est formée ;
c) l'objet du litige et l'exposé sommaire des moyens invoqués ;
d) les conclusions du requérant ;
e) les offres de preuve s'il y a lieu.

§ 2. Aux fins de la procédure, la requête contient élection de domicile au lieu où le Tribunal a son siège. Elle indique le nom de la personne qui est autorisée et qui a consenti à recevoir toutes significations.

Si la requête n'est pas conforme à ces conditions, toutes les significations aux fins de la procédure à la partie concernée, tant que ce défaut n'a pas été régularisé, sont faites par envoi postal recommandé adressé à l'agent ou à l'avocat de la partie. Par dérogation à l'article 100, la signification régulière est alors réputée avoir lieu par le dépôt de l'envoi recommandé à la poste au lieu où le Tribunal a son siège.

§ 3. L'avocat assistant ou représentant une partie est tenu de déposer au greffe un document de légitimation certifiant qu'il est habilité à exercer devant une juridiction d'un État membre ou d'un autre État partie à l'accord E.E.E.

§ 4. La requête est accompagnée, s'il y a lieu, des pièces indiquées aux articles 19 deuxième alinéa du statut C.E., 22 deuxième alinéa du statut C.E.C.A. et 19 deuxième alinéa du statut C.E.E.A.

§ 5. Si le requérant est une personne morale de droit privé, il joint à sa requête :

a) ses statuts ou un extrait récent du registre du commerce, ou un extrait récent du registre des associations ou toute autre preuve de son existence juridique ;

b) la preuve que le mandat donné à l'avocat a été régulièrement établi par un représentant qualifié à cet effet.

§ 5 *bis*. La requête présentée en vertu d'une clause compromissoire contenue dans un contrat de droit public ou de droit privé passé par la Communauté ou pour son compte conformément à l'article 181 du traité C.E. (devenu l'article 238), à l'article 42 du traité C.E.C.A. ou à l'article 153 du traité C.E.E.A. doit être accompagnée d'un exemplaire du contrat qui contient cette clause.

§ 6. Si la requête n'est pas conforme aux conditions énumérées aux paragraphes 3 à 5 du présent article, le greffier fixe au requérant un délai raisonnable aux fins de régularisation de la requête ou de production des pièces mentionnées ci-dessus. A défaut de cette régularisation ou de cette production dans le délai imparti, le Tribunal décide si l'inobservation de ces conditions entraîne l'irrecevabilité formelle de la requête.

Article 45

La requête est signifiée au défendeur. Dans le cas prévu au paragraphe 6 de l'article précédent, la signification est faite dès la régularisation ou dès que le Tribunal a admis la recevabilité au regard des conditions de forme énumérées à l'article précédent.

Article 46

§ 1. Dans le mois qui suit la signification de la requête, le défendeur présente un mémoire en défense. Ce mémoire contient :

a) les nom et domicile du défendeur ;

b) les arguments de fait et de droit invoqués ;

c) les conclusions du défendeur ;

d) les offres de preuve.

Les dispositions de l'article 44, paragraphes 2 à 5, sont applicables.

§ 2. Dans les litiges entre les Communautés et leurs agents le mémoire en défense doit être accompagné de la réclamation au sens de l'article 90, paragraphe 2, du statut des fonctionnaires et de la décision de rejet avec indication des dates d'introduction et de notification.

§ 3. Le délai prévu au paragraphe premier ci-dessus peut être prorogé par le président à la demande motivée du défendeur.

Article 47

§ 1. La requête et le mémoire en défense peuvent être complétés par une réplique du requérant et par une duplique du défendeur.

§ 2. Le président fixe les dates auxquelles ces actes de procédure sont produits.

Article 48

§ 1. Les parties peuvent encore faire des offres de preuve à l'appui de leur argumentation dans la réplique et la duplique. Elles motivent le retard apporté à la présentation de leurs offres de preuve.

§ 2. La production de moyens nouveaux en cours d'instance est interdite à moins que ces moyens ne se fondent sur des éléments de droit et de fait qui se sont révélés pendant la procédure.

Si, au cours de la procédure, une partie soulève un moyen nouveau visé à l'alinéa précédent, le président peut, après l'expiration des délais normaux de la procédure, sur rapport du juge rapporteur, l'avocat général entendu, impartir à l'autre partie un délai pour répondre à ce moyen.

L'appréciation de la recevabilité du moyen reste réservée à l'arrêt mettant fin à l'instance.

Article 49

À tout stade de la procédure, le Tribunal, l'avocat général entendu, peut décider de toute mesure d'organisation de la procédure ou d'instruction visée aux articles 64 et 65 ou prescrire le renouvellement ou l'ampliation de tout acte d'instruction.

Article 50

Le président, les parties et l'avocat général entendus, peut à tout moment pour cause de connexité ordonner la jonction de plusieurs affaires portant sur le même objet aux fins de la procédure écrite ou orale ou de l'arrêt qui met fin à l'instance. Il peut les disjoindre à nouveau. Le président peut déférer ces questions au Tribunal.

Article 51

§ 1. Dans les cas déterminés par l'article 14, paragraphe 1, la chambre saisie de l'affaire peut à tout stade de la procédure, soit d'office soit à la demande d'une partie, proposer à la formation plénière du Tribunal le renvoi de l'affaire à celle-ci ou à une chambre composée d'un nombre différent de juges. La formation plénière décide sur le renvoi, les parties et l'avocat général entendus.

L'affaire doit être maintenue ou renvoyée devant une chambre composée de cinq juges lorsqu'un État membre ou une institution des Communautés européennes qui est partie à l'instance le demande.

§ 2. La décision d'attribuer une affaire à un juge unique dans les cas déterminés par l'article 14, paragraphe 2, est prise à l'unanimité, les parties entendues, par la chambre composée de trois juges devant laquelle l'affaire est pendante.

Lorsqu'un Etat membre ou une institution des Communautés européennes qui est partie à l'instance s'oppose à ce qu'une affaire soit jugée par un juge unique, elle doit être maintenue ou renvoyée devant la chambre dont fait partie le juge rapporteur.

Article 52

§ 1. Sans préjudice de l'application de l'article 49, après la présentation de la duplique, le président fixe la date à laquelle le juge rapporteur présente au Tribunal un rapport préalable. Ce rapport comporte des propositions sur la question de savoir si l'affaire appelle des mesures d'organisation de la procédure ou d'instruction, ainsi que sur le renvoi éventuel de l'affaire à la formation plénière ou une autre chambre du Tribunal composée d'un nombre différent de juges.

§ 2. Le Tribunal, l'avocat général entendu, décide des suites à réserver aux propositions du juge rapporteur.

La même procédure est appliquée :

a) si la réplique ou la duplique n'a pas été déposée à l'expiration du délai fixé conformément à l'article 47, paragraphe 2 ;

b) si la partie intéressée déclare renoncer à son droit de présenter une réplique ou une duplique.

Article 53

Si le Tribunal décide d'ouvrir la procédure orale sans procéder à des mesures d'organisation de la procédure et sans ouvrir d'instruction, le président en fixe la date d'ouverture.

Article 54

Sans préjudice des mesures d'organisation de la procédure ou d'instruction qui peuvent être organisées au stade de la procédure orale, lorsqu'au cours de la procédure écrite, il a été procédé à des mesures d'organisation de la procédure ou d'instruction et que celles-ci sont achevées, le président fixe la date d'ouverture de la procédure orale.

CHAPITRE 2. **De la procédure orale**

Article 55

§ 1. Sous réserve de la priorité des décisions prévues à l'article 106, le Tribunal connaît des affaires dont il est saisi dans l'ordre selon lequel leur instruction est terminée. Entre plusieurs affaires dont l'instruction est simultanément terminée, l'ordre est déterminé par la date d'inscription au registre des requêtes.

§ 2. Le président peut, au vu de circonstances particulières, décider de faire juger une affaire par priorité.

Le président, les parties et l'avocat général entendus, peut au vu de circonstances particulières, soit d'office soit à la demande d'une partie, décider de faire reporter une affaire pour être jugée à une date ultérieure.

Si les parties à une affaire en demandent le report d'un commun accord, le président peut faire droit à leur demande.

Article 56

Les débats sont ouverts et dirigés par le président qui exerce la police de l'audience.

Article 57

La décision de huis clos comporte défense de publication des débats.

Article 58

Le président peut, au cours des débats, poser des questions aux agents, conseils ou avocats des parties.

La même faculté appartient à chaque juge et à l'avocat général.

Article 59

Les parties ne peuvent plaider que par l'intermédiaire de leur agent, conseil ou avocat.

Article 60

Lorsque dans une affaire un avocat général n'a pas été désigné, le président prononce la clôture de la procédure orale à la fin des débats.

Article 61

§ 1. Lorsque l'avocat général présente ses conclusions par écrit, il les dépose au greffe qui les communique aux parties.

§ 2. Après le prononcé ou le dépôt des conclusions de l'avocat général, le président déclare la procédure orale close.

Article 62

Le Tribunal, l'avocat général entendu, peut ordonner la réouverture de la procédure orale.

Article 63

§ 1. Le greffier établit un procès-verbal de chaque audience. Ce procès-verbal est signé par le président et par le greffier. Il constitue un acte authentique.

§ 2. Les parties peuvent prendre connaissance au greffe de tout procès-verbal et en obtenir copie à leurs frais.

CHAPITRE 3. **Des mesures d'organisation de la procédure et des mesures d'instruction**

Section 1. **Des mesures d'organisation de la procédure**

Article 64

§ 1. Les mesures d'organisation de la procédure visent à assurer, dans les meilleures conditions, la mise en état des affaires, le déroulement des procédures et le règlement des litiges. Elles sont décidées par le Tribunal, l'avocat général entendu.

§ 2. Les mesures d'organisation de la procédure ont, en particulier, pour objet :

a) d'assurer le bon déroulement de la procédure écrite ou orale et de faciliter l'administration des preuves ;

b) de déterminer les points sur lesquels les parties doivent compléter leur argumentation ou qui nécessitent une instruction ;

c) de préciser la portée des conclusions ainsi que des moyens et arguments des parties et de clarifier les points litigieux entre elles ;

d) de faciliter le règlement amiable des litiges.

§ 3. Les mesures d'organisation de la procédure peuvent notamment consister à :

a) poser des questions aux parties ;

b) inviter les parties à se prononcer par écrit ou oralement sur certains aspects du litige ;

c) demander des informations ou renseignements aux parties ou à des tiers ;

d) demander la production de documents ou de toute pièce relative à l'affaire ;

e) convoquer les agents des parties ou les parties en personne à des réunions.

§ 4. Chaque partie peut, à tout stade de la procédure, proposer l'adoption ou la modification de mesures d'organisation de la procédure. Dans ce cas, les autres parties sont entendues avant que ces mesures ne soient ordonnées.

Lorsque les circonstances de la procédure l'exigent, le Tribunal informe les parties des mesures envisagées et leur donne l'occasion de présenter oralement ou par écrit leurs observations.

§ 5. Si le Tribunal statuant en formation plénière décide d'ordonner des mesures d'organisation de la procédure et s'il n'y procède pas lui-même, il en charge la chambre à laquelle l'affaire a été initialement attribuée ou le juge rapporteur.

Si une chambre décide d'ordonner des mesures d'organisation de la procédure et si elle n'y procède pas elle-même, elle en charge le juge rapporteur.

L'avocat général prend part aux mesures d'organisation de la procédure.

Section 2. **Des mesures d'instruction**

Article 65

Sans préjudice des dispositions des articles 21 et 22 du statut C.E., 24 et 25 du statut C.E.C.A. et 22 et 23 du statut C.E.E.A., les mesures d'instruction comprennent :

a) la comparution personnelle des parties ;
b) la demande de renseignements et la production de documents ;
c) la preuve par témoins ;
d) l'expertise ;
e) la descente sur les lieux.

Article 66

§ 1. Le Tribunal, l'avocat général entendu, fixe les mesures qu'il juge convenir par voie d'ordonnance articulant les faits à prouver. Avant que le Tribunal décide les mesures d'instruction visées à l'article 65 c) d) et e) les parties sont entendues.

L'ordonnance est signifiée aux parties.

§ 2. La preuve contraire et l'ampliation des offres de preuve restent réservées.

Article 67

§ 1. Si le Tribunal statuant en formation plénière décide d'ouvrir une instruction et s'il n'y procède pas lui-même, il en charge la chambre à laquelle l'affaire a été initialement attribuée ou le juge rapporteur.

Si une chambre décide d'ouvrir une instruction et si elle n'y procède pas elle-même, elle en charge le juge rapporteur.

L'avocat général prend part aux mesures d'instruction.

§ 2. Les parties peuvent assister aux mesures d'instruction.

Section 3. **De la citation et de l'audition des témoins et experts**

Article 68

§ 1. Le Tribunal ordonne la vérification de certains faits par témoins, soit d'office, soit à la demande des parties, les parties et l'avocat général entendu. L'ordonnance énonce les faits à établir.

Les témoins sont cités par le Tribunal, soit d'office, soit à la demande des parties ou de l'avocat général.

La demande d'une partie tendant à l'audition d'un témoin indique avec précision les faits sur lesquels il y a lieu de l'entendre et les raisons de nature à justifier son audition.

§ 2. Les témoins dont l'audition est reconnue nécessaire sont cités en vertu d'une ordonnance qui contient :

a) les nom, prénoms, qualité et demeure des témoins ;

b) l'indication des faits sur lesquels les témoins seront entendus ;

c) éventuellement, la mention des dispositions prises par le Tribunal pour le remboursement des frais exposés par les témoins et des peines applicables aux témoins défaillants.

Signification de cette ordonnance est faite aux parties et aux témoins.

§ 3. Le Tribunal peut subordonner la citation des témoins dont l'audition est demandée par les parties au dépôt à la caisse du Tribunal d'une provision garantissant la couverture des frais taxés ; il en fixe le montant.

La caisse du Tribunal avance les fonds nécessaires à l'audition des témoins cités d'office.

§ 4. Après vérification de l'identité des témoins, le président les informe qu'ils auront à certifier leurs déclarations selon les modalités précisées par le paragraphe 5 ci-après et par l'article 71.

Les témoins sont entendus par le Tribunal, les parties convoquées. Après la déposition, le président peut, à la demande des parties ou d'office, poser des questions aux témoins.

La même faculté appartient à chaque juge et à l'avocat général.

Sous l'autorité du président, des questions peuvent être posées aux témoins par les représentants des parties.

§ 5. Sous réserve des dispositions de l'article 71, après sa déposition, le témoin prête le serment suivant :

« Je jure d'avoir dit la vérité, toute la vérité, rien que la vérité. »

Le Tribunal peut, les parties entendues, dispenser le témoin de prêter serment.

§ 6. Le greffier établit un procès-verbal reproduisant la déposition du témoin.

Le procès-verbal est signé par le président ou le juge rapporteur chargé de procéder à l'audition ainsi que par le greffier. Avant ces signatures, le témoin doit être mis en mesure de vérifier le contenu du procès-verbal et de le signer.

Le procès-verbal constitue un acte authentique.

Article 69

§ 1. Les témoins régulièrement cités sont tenus de déférer à la citation et de se présenter à l'audience.

§ 2. Lorsqu'un témoin dûment cité ne se présente pas devant le Tribunal, celui-ci peut lui infliger une sanction pécuniaire dont le montant maximal est de 5 000 Écus et ordonner une nouvelle citation du témoin aux frais de celui-ci.

La même sanction peut être infligée à un témoin qui, sans motif légitime, refuse de déposer, de prêter serment ou de faire la déclaration solennelle en tenant éventuellement lieu.

§ 3. Le témoin qui produit devant le Tribunal des excuses légitimes peut être déchargé de la sanction pécuniaire qui lui est infligée. La sanction pécuniaire peut être réduite à la demande du témoin lorsque celui-ci établit qu'elle est disproportionnée par rapport à ses revenus.

§ 4. L'exécution forcée des sanctions ou mesures prononcées en vertu du présent article est poursuivie conformément aux dispositions des articles 187 et 192 du traité C.E. (devenus les articles 244 et 256), 44 et 92 du traité C.E.C.A. et 159 et 164 du traité C.E.E.A.

Article 70

§ 1. Le Tribunal peut ordonner une expertise. L'ordonnance qui nomme l'expert précise la mission de celui-ci et lui fixe un délai pour la présentation de son rapport.

§ 2. L'expert reçoit copie de l'ordonnance, ainsi que toutes les pièces nécessaires à sa mission. Il est placé sous le contrôle du juge rapporteur, qui peut assister aux opérations d'expertise et est tenu au courant du déroulement de la mission confiée à l'expert.

Le Tribunal peut demander aux parties ou à l'une d'elles le dépôt d'une provision garantissant la couverture des frais de l'expertise.

§ 3. À la demande de l'expert, le Tribunal peut décider de procéder à l'audition de témoins qui sont entendus suivant les dispositions prévues à l'article 68.

§ 4. L'expert ne peut donner son avis que sur les points qui lui sont expressément soumis.

§ 5. Après la présentation du rapport, le Tribunal peut ordonner que l'expert soit entendu, les parties convoquées.

Sous l'autorité du président, des questions peuvent être posées à l'expert par les représentants des parties.

§ 6. Sous réserve des disposition de l'article 71, après la présentation du rapport, l'expert prête devant le Tribunal le serment suivant :

« Je jure d'avoir rempli ma mission en conscience et en toute impartialité. »

Le Tribunal peut, les parties entendues, dispenser l'expert de prêter serment.

Article 71

§ 1. Le président enjoint les personnes appelées à prêter serment devant le Tribunal en qualité de témoins ou d'experts de dire la vérité ou de remplir leur mission en conscience et en toute impartialité, et attire leur attention sur les conséquences pénales prévues par leur législation nationale en cas de violation de ce devoir.

§ 2. Les témoins et experts prêtent le serment prévu respectivement à l'article 68, paragraphe 5, premier alinéa et à l'article 70, paragraphe 6, premier alinéa ou dans les formes prévues par leur législation nationale.

§ 3. Si la législation nationale des témoins ou des experts prévoit la possibilité de faire, en matière de procédure judiciaire, outre le serment, en ses lieu et place ou conjointement avec lui, une déclaration tenant lieu de serment, les témoins et experts peuvent faire cette déclaration dans les conditions et formes de leur législation nationale.

Si la législation nationale ne prévoit ni la possibilité de prêter serment, ni celle de faire une telle déclaration, la procédure à suivre est celle prévue au paragraphe premier.

Article 72

§ 1. Le Tribunal, l'avocat général entendu, peut décider de dénoncer à l'autorité compétente mentionnée à l'annexe III du règlement additionnel au règlement de procédure de la Cour, de l'État membre dont les juridictions sont compétentes aux fins d'une poursuite répressive, tout faux témoignage ou toute fausse déclaration d'expert commis sous serment devant elle, compte tenu des dispositions de l'article 71.

§ 2. La décision du Tribunal est transmise par les soins du greffier. Elle expose les faits et circonstances sur lesquels la dénonciation est fondée.

Article 73

§ 1. Si une des parties récuse un témoin ou un expert pour incapacité, indignité ou toute autre cause ou si un témoin ou un expert refuse de déposer, de prêter serment ou de faire la déclaration solennelle en tenant lieu, le Tribunal statue.

§ 2. La récusation d'un témoin ou d'un expert est opposée dans le délai de deux semaines à compter de la signification de l'ordonnance qui cite le témoin ou nomme l'expert, par acte contenant les causes de récusation et les offres de preuves.

Article 74

§ 1. Les témoins et experts ont droit au remboursement de leurs frais de déplacement et de séjour. Une avance peut leur être accordée sur ces frais par la caisse du Tribunal.

§ 2. Les témoins ont droit à une indemnité pour manque à gagner et les experts à des honoraires pour leurs travaux Ces indemnités sont payées par la caisse du Tribunal aux témoins et experts après l'accomplissement de leurs devoirs ou de leur mission.

Article 75

§ 1. Le Tribunal peut, à la demande des parties ou d'office, délivrer des commissions rogatoires pour l'audition de témoins ou d'experts.

§ 2. La commission rogatoire est délivrée par voie d'ordonnance ; celle-ci contient les nom, prénoms, qualité et adresse des témoins ou experts, indique les faits sur lesquels les témoins ou experts seront entendus, désigne les parties, leurs agents, avocats ou conseils ainsi que leur domicile élu et expose sommairement l'objet du litige.

Signification de l'ordonnance est faite aux parties par le greffier.

§ 3. Le greffier adresse l'ordonnance à l'autorité compétente, mentionnée à l'annexe I du règlement additionnel au règlement de procédure de la Cour, de l'État membre sur le territoire duquel l'audition des témoins ou des experts doit être faite. Le cas échéant, il assortit l'ordonnance d'une traduction dans la ou les langues officielles de l'État membre destinataire.

L'autorité désignée en application du premier alinéa transmet l'ordonnance à l'autorité judiciaire compétente selon son droit interne.

L'autorité judiciaire compétente exécute la commission rogatoire conformément aux dispositions de son droit interne. Après exécution, l'autorité judiciaire compétente transmet à l'autorité désignée en application du premier alinéa l'ordonnance portant commission rogatoire, les pièces de l'exécution et un bordereau des dépens. Ces documents sont adressés au greffier.

La traduction des pièces dans la langue de procédure est assurée par les soins du greffier.

§ 4. Le Tribunal assume les frais de la commission rogatoire, sous réserve de les mettre, le cas échéant, à la charge des parties.

Article 76

§ 1. Le greffier établit un procès-verbal de chaque audience. Ce procès-verbal est signé par le président et par le greffier. Il constitue un acte authentique.

§ 2. Les parties peuvent prendre connaissance au greffe de tout procès-verbal ainsi que de tout rapport d'expert et en obtenir copie à leurs frais.

CHAPITRE 4. **De la suspension des procédures et du dessaisissement du tribunal**

Article 77

Sans préjudice des articles 123, paragraphe 4, 128 et 129, paragraphe 4, une procédure pendante peut être suspendue :

a) dans les cas prévus par les articles 47 troisième alinéa du statut C.E., 47 troisième alinéa du statut C.E.C.A. et 48 troisième alinéa du statut C.E.E.A. ;

b) lorsqu'il est formé un pourvoi devant la Cour contre une décision du Tribunal tranchant partiellement un litige au fond, mettant fin à un incident de procédure portant sur une exception d'incompétence ou d'irrecevabilité, ou rejetant une intervention ;

c) à la demande conjointe des parties.

Article 78

La décision de suspension de la procédure est prise par ordonnance du président, les parties et l'avocat général entendus ; le président peut déférer la question au Tribunal. La décision de reprise de la procédure est prise selon les mêmes modalités. Les ordonnances visées dans le présent article sont signifiées aux parties.

Article 79

§ 1. La suspension de procédure prend effet à la date indiquée dans l'ordonnance de suspension ou, à défaut d'une telle indication, à la date de cette ordonnance.

Pendant la période de suspension, aucun délai de procédure n'expire, à l'exception du délai d'intervention prévu à l'article 115, paragraphe premier.

§ 2. Lorsque l'ordonnance de suspension n'en a pas fixé le terme, la suspension prend fin à la date indiquée dans l'ordonnance de reprise de procédure ou, à défaut d'une telle indication, à la date de cette ordonnance. À compter de la date de reprise, les délais de procédure recommencent à courir dès le début.

Article 80

Les décisions de dessaisissement visées par les articles 47 troisième alinéa du statut C.E., 47 troisième alinéa du statut C.E.C.A. et 48 troisième alinéa du statut C.E.E.A., sont prises par le Tribunal statuant par voie d'ordonnance signifiée aux parties.

CHAPITRE 5. **Des arrêts**

Article 81

L'arrêt contient :
- l'indication qu'il est rendu par le Tribunal,
- la date du prononcé,
- les noms du président et des juges qui y ont pris part,
- le nom de l'avocat général éventuellement désigné,
- le nom du greffier,
- l'indication des parties,
- les noms des agents, conseils ou avocats des parties,
- les conclusions des parties,
- la mention, s'il y a lieu, que l'avocat général a présenté ses conclusions,
- l'exposé sommaire des faits,
- les motifs,
- le dispositif, y compris la décision relative aux dépens.

Article 82

§ 1. L'arrêt est rendu en audience publique, les parties convoquées.

§ 2. La minute de l'arrêt, signée par le président, les juges ayant pris part au délibéré et le greffier, est scellée et déposée au greffe ; copie certifiée conforme en est signifiée à chacune des parties.

§ 3. Il est fait mention par le greffier sur la minute de l'arrêt de la date à laquelle il a été rendu.

Article 83

L'arrêt a force obligatoire à compter du jour de son prononcé, sous réserve des dispositions des articles 53 deuxième alinéa du statut C.E., 53 deuxième alinéa du statut C.E.C.A. et 54 deuxième alinéa du statut C.E.E.A.

Article 84

§ 1. Sans préjudice des dispositions relatives à l'interprétation des arrêts, les erreurs de plume ou de calcul ou des inexactitudes évidentes peuvent être rectifiées par le Tribunal, soit d'office, soit à la demande d'une partie présentée dans un délai de deux semaines à compter du prononcé de l'arrêt.

§ 2. Les parties, dûment averties par le greffier, peuvent présenter des observations écrites dans un délai fixé par le président.

§ 3. Le Tribunal décide en chambre du conseil.

§ 4. La minute de l'ordonnance qui prescrit la rectification est annexée à la minute de l'arrêt rectifié. Mention de cette ordonnance est faite en marge de la minute de l'arrêt.

Article 85

Si le Tribunal a omis de statuer sur les dépens, la partie qui entend s'en prévaloir le saisit par voie de requête dans le mois de la signification de l'arrêt.

La requête est signifiée à l'autre partie à laquelle le président fixe un délai pour la présentation de ses observations écrites.

Après la présentation de ces observations le Tribunal, l'avocat général entendu, statue sur la recevabilité en même temps que sur le bien-fondé de la demande.

Article 86

La jurisprudence du Tribunal est publiée par les soins du greffier.

CHAPITRE 6. **Des dépens**

Article 87

§ 1. Il est statué sur les dépens dans l'arrêt ou l'ordonnance qui met fin à l'instance.

§ 2. Toute partie qui succombe est condamnée aux dépens, s'il est conclu en ce sens.

Si plusieurs parties succombent, le Tribunal décide du partage des dépens.

§ 3. Le Tribunal peut répartir les dépens ou décider que chaque partie supporte ses propres dépens si les parties succombent respectivement sur un ou plusieurs chefs, ou pour des motifs exceptionnels.

Le Tribunal peut condamner une partie, même gagnante, à rembourser à l'autre partie les frais qu'elle lui a fait exposer et qui sont jugés frustratoires ou vexatoires.

§ 4. Les États membres et les institutions qui sont intervenus au litige supportent leurs dépens.

Les États parties à l'accord E.E.E., autres que les États membres, ainsi que l'Autorité de surveillance de l'A.E.L.E. supportent de même leurs propres dépens lorsqu'ils sont intervenus au litige.

Le Tribunal peut ordonner qu'une partie intervenante autre que celles mentionnées à l'alinéa précédent supportera ses propres dépens.

§ 5. La partie qui se désiste est condamnée aux dépens, s'il est conclu en ce sens par l'autre partie dans ses observations sur le désistement. Toutefois, à la demande de la partie qui se désiste, les dépens sont supportés par l'autre partie, si cela apparaît justifié en vertu de l'attitude de cette dernière.

En cas d'accord des parties sur les dépens, il est statué selon l'accord.

À défaut de conclusions sur les dépens, chaque partie supporte ses propres dépens.

§ 6. En cas de non-lieu à statuer, le Tribunal règle librement les dépens.

Article 88

Dans les litiges entre les Communautés et leurs agents, les frais exposés par les institutions restent à la charge de celles-ci, sans préjudice des dispositions de l'article 87, paragraphe 3, deuxième alinéa.

Article 89

Les frais qu'une partie a dû exposer aux fins d'exécution forcée sont remboursés par l'autre partie suivant le tarif en vigueur dans l'État où l'exécution forcée a lieu.

Article 90

La procédure devant le Tribunal est gratuite, sous réserve des dispositions suivantes :

a) si le Tribunal a exposé des frais qui auraient pu être évités, il peut condamner la partie qui les a provoqués à les rembourser ;

b) les frais de tout travail de copie et de traduction effectué à la demande d'une partie, considérés par le greffier comme extraordinaires, sont remboursés par cette partie sur la base du tarif visé à l'article 24, paragraphe 5.

Article 91

Sans préjudice des dispositions de l'article précédent, sont considérés comme dépens récupérables :

a) les sommes dues aux témoins et aux experts en vertu de l'article 74 ;

b) les frais indispensables exposés par les parties aux fins de la procédure, notamment les frais de déplacement et de séjour et la rémunération d'un agent, conseil ou avocat.

Article 92

§ 1. S'il y a contestation sur les dépens récupérables, le Tribunal statue par voie d'ordonnance non susceptible de recours à la demande de la partie intéressée, l'autre partie entendue en ses observations.

§ 2. Les parties peuvent, aux fins d'exécution, demander une expédition de l'ordonnance.

Article 93

§ 1. La caisse du Tribunal effectue les paiements dans la monnaie du pays où le Tribunal a son siège.

À la demande de l'intéressé, les paiements se font dans la monnaie du pays dans lequel ont été exposés les frais remboursables ou effectuées les actes donnant lieu à indemnisation.

§ 2. Les autres débiteurs effectuent leurs paiements dans la monnaie de leur pays d'origine.

§ 3. Le change des monnaies s'effectue suivant le cours officiel au jour du paiement dans le pays où le Tribunal a son siège.

CHAPITRE 7. **De l'assistance judiciaire gratuite**

Article 94

§ 1. Si une partie se trouve dans l'impossibilité de faire face en totalité ou en partie aux frais de l'instance, elle peut à tout moment demander le bénéfice de l'assistance judiciaire gratuite.

La demande est accompagnée de tous renseignements établissant que le demandeur est dans le besoin, notamment d'un certificat de l'autorité compétente justifiant son indigence.

§ 2. Si la demande est présentée antérieurement au recours que le demandeur se propose d'intenter, il expose sommairement l'objet de ce recours.

La demande est dispensée du ministère d'avocat.

Le président décide, après avoir pris connaissance des observations écrites de l'autre partie, de l'admission totale ou partielle au bénéfice de l'assistance judiciaire gratuite ou de son refus. Elle examine si l'action n'est pas manifestement mal fondée. Il peut déférer la question au Tribunal.

La décision est prise par voie d'ordonnance non motivée et non susceptible de recours.

Article 95

§ 1. Le Tribunal, dans l'ordonnance par laquelle il décide l'admission au bénéfice de l'assistance judiciaire gratuite, ordonne qu'un avocat sera désigné pour assister l'intéressé.

§ 2. Si l'intéressé ne propose pas lui-même un avocat ou si le Tribunal estime qu'il n'y a pas lieu d'entériner son choix, le greffier adresse une expédition de l'ordonnance et une copie de la demande d'assistance judiciaire à l'autorité compétente de l'État intéressé mentionnée à l'annexe II du règlement additionnel au règlement de procédure de la Cour.

§ 3. Au vu des propositions transmises par cette autorité, le Tribunal procède à la désignation d'office de l'avocat chargé d'assister l'intéressé.

§ 4. L'ordonnance admettant au bénéfice de l'assistance judiciaire gratuite peut déterminer un montant qui sera versé à l'avocat chargé d'assister l'intéressé ou fixer un plafond que les débours et honoraires de l'avocat ne pourront, en principe, dépasser.

Article 96

Le Tribunal peut, à tout moment, soit d'office, soit sur demande, retirer le bénéfice de l'assistance judiciaire gratuite si les conditions qui l'ont fait admettre se modifient en cours d'instance.

Article 97

§ 1. En cas d'admission au bénéfice de l'assistance judiciaire gratuite, la caisse du Tribunal avance les frais.

§ 2. Le président, qui peut déférer la question au Tribunal, statue sur les débours et honoraires de l'avocat ; sur requête, il peut ordonner qu'une avance lui soit faite.

§ 3. La décision qui statue sur les dépens peut prononcer la distraction au profit de la caisse du Tribunal de sommes versées au titre de l'assistance judiciaire.

Ces sommes sont récupérées par les soins du greffier contre la partie qui a été condamnée à les payer.

CHAPITRE 8. **Des désistements**

Article 98

Si, avant que le Tribunal ait statué, les parties s'accordent sur la solution à donner au litige et si elles informent le Tribunal qu'elles renoncent à toute prétention, le président ordonne la radiation de l'affaire au registre et statue sur les dépens conformément à l'article 87, paragraphe 5, le cas échéant au vu des propositions faites en ce sens par les parties.

Cette disposition n'est pas applicable aux recours visés aux articles 173 (devenu l'article 230) et 175 (devenu l'article 232) du traité C.E., 33 et 35 du traité C.E.C.A. et 146 et 148 du traité C.E.E.A.

Article 99

Si le requérant fait connaître par écrit au Tribunal qu'il entend renoncer à l'instance, le président ordonne la radiation de l'affaire au registre et statue sur les dépens conformément à l'article 87, paragraphe 5.

CHAPITRE 9. **Des significations**

Article 100

Les significations prévues au présent règlement sont faites par les soins du greffier au domicile élu du destinataire, soit par envoi postal recommandé, avec accusé de réception, d'une copie de l'acte à signifier, soit par remise de cette copie contre reçu.

Les copies de l'original à signifier sont dressées et certifiées conformes par le greffier, sauf le cas où elles émanent des parties elles-mêmes conformément à l'article 43, paragraphe 1.

CHAPITRE 10. **Des délais**

Article 101

§ 1. Les délais de procédure prévus par les traités C.E., C.E.C.A. et C.E.E.A., les statuts de la Cour et le présent règlement sont calculés de la façon suivante :

a) si un délai exprimé en jours, en semaines, en mois ou en années est à compter à partir du moment où survient un événement, ou s'effectue un acte, le jour au cours duquel survient cet événement ou se situe cet acte n'est pas compté dans le délai ;

b) un délai exprimé en semaines, en mois ou en année prend fin à l'expiration du jour qui, dans la dernière semaine, dans le dernier mois ou dans la dernière année, porte la même dénomination ou le même chiffre que le jour au cours duquel est survenu l'événement ou a été effectué l'acte à partir desquels le délai est à compter. Si, dans un délai exprimé en mois ou en années, le jour déterminé pour son expiration fait défaut dans le dernier mois, le délai prend fin à l'expiration du dernier jour de ce mois ;

c) lorsqu'un délai est exprimé en mois et en jours, il est d'abord tenu compte des mois entiers, puis des jours ;

d) les délais comprennent les jours fériés légaux, les dimanches et les samedis ;

e) les délais ne sont pas suspendus pendant les vacances judiciaires.

§ 2. Si le délai prend fin un samedi, un dimanche ou un jour férié légal, l'expiration en est reportée à la fin du jour ouvrable suivant.

La liste des jours fériés légaux établie par la Cour et publiée au Journal officiel des Communautés européennes est applicable au Tribunal.

Article 102

§ 1. Lorsqu'un délai pour l'introduction d'un recours contre un acte d'une institution commence à courir à partir de la publication de l'acte, ce délai est à compter, au sens de l'article 101, paragraphe 1, sous a), à partir de la fin du quatorzième jour suivant la date de publication de l'acte au *Journal officiel des Communautés européennes.*

§ 2. Les délais de procédure, en raison de la distance, établis par une décision de la Cour et publiés au Journal officiel des Communautés européennes sont applicables au Tribunal.

Article 103

§ 1. Les délais fixés en vertu du présent règlement peuvent être prorogés par l'autorité qui les a arrêtés.

§ 2. Le président peut donner délégation de signature au greffier pour fixer certains délais qu'il lui appartient d'arrêter en vertu du présent règlement ou pour en accorder la prorogation.

TITRE 3. DES PROCÉDURES SPÉCIALES

CHAPITRE 1. Du sursis et des autres mesures provisoires par voie de référé

Article 104

§ 1. Toute demande de sursis à l'exécution d'un acte d'une institution aux termes des articles 185 du traité C.E. (devenu l'article 242), 39 deuxième alinéa du traité C.E.C.A. et 157 du traité C.E.E.A. n'est recevable que si le demandeur a attaqué cet acte dans un recours devant le Tribunal.

Toute demande relative à l'une des autres mesures provisoires visées aux articles 186 du traité C.E. (devenu l'article 243), 39 troisième alinéa du traité C.E.C.A. et 158 du traité C.E.E.A., n'est recevable que si elle émane d'une partie à une affaire dont le Tribunal est saisie et si elle se réfère à ladite affaire.

§ 2. Les demandes visées au paragraphe précédent spécifient l'objet du litige, les circonstances établissant l'urgence, ainsi que les moyens de fait et de droit justifiant à première vue l'octroi de la mesure provisoire à laquelle elles concluent.

§ 3. La demande est présentée par acte séparé et dans les conditions prévues aux articles 43 et 44.

Article 105

§ 1. La demande est signifiée à l'autre partie, à laquelle le président du Tribunal fixe un bref délai pour la présentation de ses observations écrites ou orales.

§ 2. Le président du Tribunal apprécie s'il y a lieu d'ordonner l'ouverture d'une instruction.

Le président du Tribunal peut faire droit à la demande avant même que l'autre partie ait présenté ses observations. Cette mesure peut être ultérieurement modifiée ou rapportée, même d'office.

Article 106

Le président du Tribunal statue lui-même ou défère la demande à la chambre à laquelle l'affaire principale a été attribuée ou à la formation plénière si l'affaire principale a été attribuée à celle-ci.

En cas d'absence ou d'empêchement du président du Tribunal, celui-ci est remplacé par le président ou le juge le plus ancien, au sens de l'article 6, de la formation du Tribunal à laquelle l'affaire a été attribuée.

Si la demande est déférée à une formation du Tribunal, celle-ci statue, toutes affaires cessantes. Les dispositions de l'article précédent sont applicables.

Article 107

§ 1. Il est statué sur la demande par voie d'ordonnance motivée. Cette ordonnance est immédiatement signifiée aux parties.

§ 2. L'exécution de l'ordonnance peut être subordonnée à la constitution par le demandeur d'une caution dont le montant et les modalités sont fixés compte tenu des circonstances.

§ 3. L'ordonnance peut fixer une date à partir de laquelle la mesure cesse d'être applicable. Dans le cas contraire, la mesure cesse ses effets dès le prononcé de l'arrêt qui met fin à l'instance.

§ 4. L'ordonnance n'a qu'un caractère provisoire et ne préjuge en rien la décision du Tribunal statuant sur le principal.

Article 108

À la demande d'une partie, l'ordonnance peut à tout moment être modifiée ou rapportée par suite d'un changement de circonstances.

Article 109

Le rejet de la demande relative à une mesure provisoire n'empêche pas la partie qui l'avait introduite de présenter une autre demande fondée sur des faits nouveaux.

Article 110

La demande tendant à surseoir à l'exécution forcée d'une décision du Tribunal ou d'un acte d'une autre institution, présentée en vertu des articles 187 et 192 du traité C.E. (devenus les articles 244 et 256), 44 et 92 du traité C.E.C.A. et 159 et 164 du traité C.E.E.A., est régie par les dispositions du présent chapitre.

L'ordonnance qui fait droit à la demande fixe, le cas échéant, la date à laquelle la mesure provisoire cesse ses effets.

CHAPITRE 2. Des incidents de procédure

Article 111

Lorsque le Tribunal est manifestement incompétent pour connaître d'un recours ou lorsque celui-ci est manifestement irrecevable ou manifestement dépourvu de tout fondement en droit, le Tribunal, l'avocat général entendu, peut, sans poursuivre la procédure, statuer par voie d'ordonnance motivée.

Article 112

Le renvoi d'un recours à la Cour, en application des articles 47 deuxième alinéa du statut C.E., 47 deuxième alinéa du statut C.E.C.A. et 48 deuxième alinéa du statut C.E.E.A., est prononcé, en cas d'incompétence manifeste, sans poursuivre la procédure et par voie d'ordonnance motivée.

Article 113

Le Tribunal peut à tout moment, d'office, examiner les fins de non-recevoir d'ordre public, ou constater, les parties entendues, que le recours est devenu sans objet et qu'il n'y a plus lieu de statuer ; la décision est prise dans les conditions prévues à l'article 114, paragraphes 3 et 4.

Article 114

§ 1. Si une partie demande que le Tribunal statue sur l'irrecevabilité, l'incompétence ou sur un incident, sans engager le débat au fond, elle présente sa demande par acte séparé.

La demande contient l'exposé des moyens de fait et de droit sur lesquels elle est fondée, les conclusions et, en annexe, les pièces invoquées à l'appui.

§ 2. Dès la présentation de l'acte introduisant la demande, le président fixe un délai à l'autre partie pour présenter par écrit ses moyens et conclusions.

§ 3. Sauf décision contraire du Tribunal, la suite de la procédure sur la demande est orale.

§ 4. Le Tribunal, l'avocat général entendu, statue sur la demande ou la joint au fond. Il renvoie l'affaire à la Cour si celle-ci relève de la compétence de cette dernière.

Si le Tribunal rejette la demande ou la joint au fond, le président fixe de nouveaux délais pour la poursuite de l'instance.

CHAPITRE 3. De l'intervention

Article 115

§ 1. La demande d'intervention est présentée au plus tard avant l'expiration d'un délai de trois mois qui prend cours à la publication visée par l'article 24, paragraphe 6.

§ 2. La demande d'intervention contient :

a) l'indication de l'affaire ;

b) l'indication des parties principales ;

c) les nom et domicile de l'intervenant ;

d) l'élection de domicile de l'intervenant au lieu où le Tribunal a son siège ;

e) les conclusions au soutien desquelles l'intervenant demande d'intervenir ;

f) l'exposé des circonstances établissant le droit d'intervenir, lorsque la demande est présentée en vertu de l'article 37 deuxième ou troisième alinéa du statut C.E., de l'article 34 du statut C.E.C.A. ou de l'article 38 deuxième alinéa du statut C.E.E.A.

Les dispositions des articles 43 et 44 sont applicables.

§ 3. L'intervenant est représenté selon les dispositions des articles 17 du statut C.E., 20 premier et deuxième alinéas du statut C.E.C.A. et 17 du statut C.E.E.A.

Article 116

§ 1. La demande d'intervention est signifiée aux parties.

Le président met les parties en mesure de présenter leurs observations écrites ou orales avant de statuer sur la demande d'intervention.

Le président statue sur la demande d'intervention par voie d'ordonnance ou défère la demande au Tribunal. L'ordonnance doit être motivée en cas de rejet de la demande.

§ 2. Si le président admet l'intervention, l'intervenant reçoit communication de tous les actes de procédure signifiés aux parties. Le président peut cependant, à la demande d'une partie, exclure de cette communication des pièces secrètes ou confidentielles.

§ 3. L'intervenant accepte le litige dans l'état où il se trouve lors de son intervention.

§ 4. Le président fixe le délai dans lequel l'intervenant peut présenter un mémoire en intervention.

Le mémoire en intervention contient :

a) les conclusions de l'intervenant tendant au soutien ou au rejet, total ou partiel, des conclusions d'une des parties ;
b) les moyens et arguments invoqués par l'intervenant ;
c) les offres de preuve s'il y a lieu.

§ 5. Après le dépôt du mémoire en intervention, le président fixe, le cas échéant, un délai dans lequel les parties peuvent répondre à ce mémoire.

CHAPITRE 4. **Des arrêts du tribunal rendus après annulation et renvoi**

Article 117

Lorsque la Cour annule un arrêt ou une ordonnance du Tribunal et décide de renvoyer à ce dernier le jugement de l'affaire, le Tribunal est saisi par l'arrêt de renvoi.

Article 118

§ 1. Lorsque la Cour annule un arrêt ou une ordonnance d'une chambre, le président du Tribunal peut attribuer l'affaire à une autre chambre composée du même nombre de juges.

§ 2. Lorsque la Cour annule un arrêt ou une ordonnance rendu par la formation plénière du Tribunal, l'affaire est attribuée à la formation plénière.

§ 2 *bis*. Lorsque la Cour annule un arrêt ou une ordonnance rendue par un juge unique, le président du Tribunal attribue l'affaire à une chambre composée de trois juges dont ce juge ne fait pas partie.

§ 3. Dans les cas prévus aux paragraphes 1 et 2 et 2 *bis*, les articles 13, paragraphe 2, 14, paragraphe 1, et 51 sont applicables.

Article 119

§ 1. Lorsque, devant le Tribunal, la procédure écrite est terminée lors de l'intervention de l'arrêt de renvoi, la procédure se déroule selon les modalités suivantes :
a) Dans un délai de deux mois à compter de la signification qui lui a été faite de l'arrêt de la Cour, le requérant peut déposer un mémoire d'observations écrites.
b) Dans le mois qui suit la communication qui est faite de ce mémoire au défendeur, ce dernier peut déposer un mémoire d'observations écrites. Le délai imparti au défendeur pour déposer ce mémoire ne peut en aucun cas être inférieur à un délai de deux mois à compter de la signification qui lui a été faite de l'arrêt de la Cour.
c) Dans le mois qui suit la communication simultanée des observations du requérant et du défendeur à la partie intervenante, cette dernière peut

déposer un mémoire d'observations écrites. Le délai imparti à la partie intervenante pour déposer ce mémoire ne peut en aucun cas être inférieur à un délai de deux mois à compter de la signification qui lui a été faite de l'arrêt de la Cour.

§ 2. Lorsque, devant le Tribunal, la procédure écrite n'était pas terminée lors de l'intervention de l'arrêt de renvoi, elle est reprise au stade où elle se trouvait, dans le cadre des mesures d'organisation de la procédure arrêtées par le Tribunal.

§ 3. Si les circonstances le justifient, le Tribunal peut autoriser le dépôt de mémoires complémentaires d'observations écrites.

Article 120

La procédure se déroule selon les dispositions du Titre deuxième du présent règlement.

Article 121

Le Tribunal statue sur les dépens relatifs, d'une part, aux procédures engagées devant le Tribunal et, d'autre part, à la procédure de pourvoi devant la Cour.

CHAPITRE 5. **Des arrêts par défaut et de l'opposition**

Article 122

§ 1. Si le défendeur, régulièrement mis en cause, ne répond pas à la requête dans les formes et le délai prescrits, le requérant peut demander au Tribunal de lui adjuger ses conclusions.

Cette demande est signifiée au défendeur. Le Tribunal peut décider d'ouvrir la procédure orale sur la demande.

§ 2. Avant de rendre l'arrêt par défaut, le Tribunal examine la recevabilité de la requête et vérifie si les formalités ont été régulièrement accomplies et si les conclusions du requérant paraissent fondées. Il peut ordonner des mesures d'instruction.

§ 3. L'arrêt par défaut est exécutoire. Toutefois, le Tribunal peut en suspendre l'exécution jusqu'à ce qu'il ait statué sur l'opposition présentée en vertu du paragraphe 4 ci-après ou bien en subordonner l'exécution à la constitution d'une caution dont le montant et les modalités sont fixés compte tenu des circonstances ; cette caution est libérée à défaut d'opposition ou en cas de rejet.

§ 4. L'arrêt par défaut est susceptible d'opposition. L'opposition est formée dans le délai d'un mois à compter de la signification de l'arrêt ; elle est présentée dans les formes prescrites aux articles 43 et 44.

§ 5. Après la signification de l'opposition, le président fixe à l'autre partie un délai pour la présentation de ses observations écrites.

La procédure est poursuivie selon les dispositions du Titre deuxième du présent règlement.

§ 6. Le Tribunal statue par voie d'arrêt non susceptible d'opposition. La minute de l'arrêt est annexée à la minute de l'arrêt par défaut. Mention de l'arrêt rendu sur l'opposition est faite en marge de la minute de l'arrêt par défaut.

CHAPITRE 6. Des voies de recours extraordinaires

Section 1. De la tierce opposition

Article 123

§ 1. Les dispositions des articles 43 et 44 sont applicables à la demande en tierce opposition ; celle-ci doit en outre :

a) spécifier l'arrêt attaqué ;

b) indiquer en quoi l'arrêt attaqué préjudicie aux droits du tiers opposant ;

c) indiquer les raisons pour lesquelles le tiers opposant n'a pu participer au litige principal devant le Tribunal.

La demande est formée contre toutes les parties au litige principal.

Si l'arrêt a été publié au Journal officiel des Communautés européennes, la demande est présentée dans les deux mois qui suivent la publication.

§ 2. Le sursis à l'exécution de l'arrêt attaqué peut être ordonné à la demande du tiers opposant. Les dispositions du chapitre premier, titre troisième, sont applicables.

§ 3. L'arrêt est modifié dans la mesure où il est fait droit à la tierce opposition.

La minute de l'arrêt rendu sur tierce opposition est annexée à la minute de l'arrêt attaqué. Mention de l'arrêt rendu est faite en marge de la minute de l'arrêt attaqué.

§ 4. Lorsqu'un pourvoi devant la Cour et la demande en tierce opposition devant le Tribunal sont dirigés contre le même arrêt du Tribunal, le Tribunal, les parties entendues, peut suspendre la procédure jusqu'au prononcé de l'arrêt de la Cour.

Article 124

La demande en tierce opposition est attribuée à la chambre qui a rendu l'arrêt faisant l'objet de la demande en tierce opposition ; elle est attribuée à la formation plénière du Tribunal si celle-ci a rendu l'arrêt. Si l'arrêt a été rendu par un juge unique, la demande en tierce opposition est attribuée à ce juge.

Section 2. **De la révision**

Article 125

Sans préjudice du délai de dix ans prévu aux articles 41 troisième alinéa du statut C.E., 38 troisième alinéa du statut C.E.C.A. et 42 troisième alinéa du statut C.E.E.A., la révision est demandée au plus tard dans un délai de trois mois à compter du jour où le demandeur a eu connaissance du fait sur lequel la demande en révision est fondée.

Article 126

§ 1. Les dispositions des articles 43 et 44 sont applicables à la demande en révision ; celle-ci doit en outre :

a) spécifier l'arrêt attaqué ;

b) indiquer les points sur lesquels l'arrêt est attaqué ;

c) articuler les faits sur lesquels la demande est basée ;

d) indiquer les moyens de preuve tendant à démontrer qu'il existe des faits justifiant la révision et à établir que les délais prévus à l'article précédent ont été respectés.

§ 2. La demande en révision est formée contre toutes les parties à l'arrêt dont la révision est demandée.

Article 127

§ 1. La demande en révision est attribuée à la chambre qui a rendu l'arrêt faisant l'objet de la demande en révision ; elle est attribuée à la formation plénière du Tribunal si celle-ci a rendu l'arrêt.

§ 2. Sans préjuger le fond, le Tribunal statue, sur la recevabilité de la demande, au vu des observations écrites des parties, l'avocat général entendu.

§ 3. Si le Tribunal déclare la demande recevable, il poursuit l'examen au fond et statue par voie d'arrêt, conformément au présent règlement.

§ 4. La minute de l'arrêt portant révision est annexée à la minute de l'arrêt révisé. Mention de l'arrêt portant révision est faite en marge de la minute de l'arrêt révisé.

Article 128

Lorsqu'un pourvoi devant la Cour et la demande en révision devant le Tribunal concernent le même arrêt du Tribunal, le Tribunal, les parties entendues, peut suspendre la procédure jusqu'au prononcé de l'arrêt de la Cour.

Section 3. **De l'interprétation des arrêts**

Article 129

§ 1. La demande en interprétation est présentée conformément aux dispositions des articles 43 et 44. Elle spécifie en outre :

a) l'arrêt visé ;
b) les textes dont l'interprétation est demandée.
Elle est formée contre toutes les parties en cause à cet arrêt.

§ 2. La demande en interprétation est attribuée à la chambre qui a rendu l'arrêt faisant l'objet de la demande en interprétation ; elle est attribuée à la formation plénière du Tribunal si celle-ci a rendu l'arrêt. Si l'arrêt a été rendu par un juge unique, la demande en interprétation est attribuée à ce juge.

§ 3. Le Tribunal statue par voie d'arrêt après avoir mis les parties en mesure de présenter leurs observations et entendu l'avocat général.

La minute de l'arrêt interprétatif est annexée à la minute de l'arrêt interprété. Mention de l'arrêt interprétatif est faite en marge de la minute de l'arrêt interprété.

§ 4. Lorsqu'un pourvoi devant la Cour et une demande en interprétation devant le Tribunal concernent le même arrêt, le Tribunal, les parties entendues, peut suspendre la procédure jusqu'au prononcé de l'arrêt de la Cour.

TITRE 4. **DU CONTENTIEUX RELATIF AUX DROITS DE LA PROPRIÉTÉ INTELLECTUELLE**

Article 130

§ 1. Sous réserve des dispositions particulières du présent titre, les dispositions du présent règlement s'appliquent aux recours dirigés contre l'Office d'harmonisation dans le marché intérieur (marques, dessins et modèles) et contre l'Office communautaire des variétés végétales, ci-après dénommés « Office », et portant sur l'application des règles relatives à un régime de la propriété intellectuelle.

§ 2. Les dispositions du présent titre ne s'appliquent pas aux recours qui sont dirigés contre l'Office sans être précédés d'une procédure devant une chambre de recours.

Article 131

§ 1. La requête doit être rédigée dans l'une des langues prévues à l'article 35, paragraphe 1 choisie par le requérant.

§ 2. La langue dans laquelle est rédigée la requête devient la langue de procédure si la partie requérante était la seule partie à la procédure devant la chambre de recours ou si aucune autre partie à cette procédure ne s'y oppose dans un délai fixé à cet effet par le greffier après le dépôt de la requête.

Si, dans ce délai, les parties à la procédure devant la chambre de recours informent le greffier de leur accord sur le choix de l'une des langues visées à l'article 35, paragraphe 1 comme langue de procédure, cette langue devient la langue de procédure devant le Tribunal.

En cas d'opposition au choix de la langue de procédure effectué par le requérant dans le délai visé ci-dessus et en l'absence d'un accord à ce sujet entre les parties à la procédure devant la chambre de recours, la langue dans laquelle la demande d'enregistrement en cause a été déposée devant l'Office devient la langue de procédure. Toutefois, si, à la demande motivée d'une partie et après avoir entendu les autres parties, le président constate que l'utilisation de cette langue ne permettrait pas à toutes les parties à la procédure devant la chambre de recours de suivre la procédure et d'assurer leur défense et que seule l'utilisation d'une autre langue parmi celles mentionnées à l'article 35, paragraphe 1 permet de remédier à cette situation, il peut désigner cette dernière langue comme langue de procédure ; le président peut déférer cette question au Tribunal.

§ 3. Dans les mémoires et autres écrits adressés au Tribunal ainsi qu'au cours de la procédure orale, la partie requérante peut utiliser la langue choisie par elle conformément au paragraphe 1 et chacune des autres parties peut utiliser une langue choisie par elle parmi les langues mentionnées à l'article 35, paragraphe 1.

§ 4. Si, en vertu du paragraphe 2, une autre langue que celle dans laquelle est rédigée la requête devient la langue de procédure, le greffier veille à assurer la traduction de la requête dans la langue de procédure.

Chaque partie est tenue, dans un délai raisonnable fixé à cet effet par le greffier, de produire la traduction dans la langue de procédure des mémoires ou écrits autres que la requête déposés par elle dans une langue autre que la langue de procédure en application du paragraphe 3. La fidélité de cette traduction, qui fait foi au sens de l'article 37, doit être certifiée exacte par la partie qui la produit. Si cette traduction n'est pas produite dans le délai fixé, le mémoire ou l'acte de procédure en question est retiré du dossier.

Le greffier veille à ce que tout ce qui est dit au cours de la procédure orale soit traduit dans la langue de procédure et, à la demande d'une partie, dans une autre langue utilisée par elle conformément au paragraphe 3.

Article 132

§ 1. Sans préjudice de l'article 44, la requête doit contenir les noms de toutes les parties à la procédure devant la chambre de recours et les adresses que celles-ci avaient indiquées aux fins des notifications à effectuer au cours de cette procédure.

La décision attaquée de la chambre de recours doit être annexée à la requête. Mention doit être faite de la date à laquelle cette décision a été notifiée à la partie requérante.

§ 2. Si la requête n'est pas conforme au paragraphe 1, l'article 44, paragraphe 6 s'applique.

Article 133

§ 1. Le greffier informe l'Office et toutes les parties à la procédure devant la chambre de recours du dépôt de la requête. Il procède à la signification de la requête après la détermination de la langue de procédure conformément à l'article 131, paragraphe 2.

§ 2. La requête est signifiée à l'Office en tant que partie défenderesse ainsi qu'aux parties à la procédure devant la chambre de recours autres que la partie requérante. Cette signification est faite dans la langue de procédure.

La signification de la requête à une partie à la procédure devant la chambre de recours est faite par envoi postal recommandé, avec accusé de réception, à l'adresse indiquée par la partie concernée aux fins des notifications à effectuer au cours de la procédure devant la chambre de recours.

§ 3. Dès la signification de la requête, l'Office transmet au Tribunal le dossier de la procédure devant la chambre de recours.

Article 134

§ 1. Les parties à la procédure devant la chambre de recours autres que la partie requérante peuvent participer à la procédure devant le Tribunal en tant qu'intervenants.

§ 2. Les intervenants visés au paragraphe 1 disposent des mêmes droits procéduraux que les parties principales.

Ils peuvent soutenir les conclusions d'une partie principale et ils peuvent formuler des conclusions et des moyens autonomes par rapport à ceux des parties principales.

§ 3. Un intervenant visé au paragraphe 1 peut, dans son mémoire. en réponse déposé conformément à l'article 135, paragraphe 1, formuler des conclusions visant à l'annulation ou la réformation de la décision de la chambre de recours sur un point non soulevé dans la requête et présenter des moyens non soulevés dans la requête.

De telles conclusions ou moyens formulés dans le mémoire en réponse de l'intervenant deviennent sans objet en cas de désistement du requérant.

§ 4. Par dérogation à l'article 122, la procédure par défaut ne s'applique pas lorsqu'un intervenant visé au paragraphe 1 du présent article a répondu à la requête dans les formes et délais prescrits.

Article 135

§ 1. L'Office et les intervenants visés à l'article 134, paragraphe 1 peuvent présenter des mémoires en réponse à la requête dans un délai de deux mois à compter de la signification de celle ci.

L'article 46 est applicable aux mémoires en réponse.

§ 2. La requête et les mémoires en réponse peuvent être complétés par des mémoires en réplique et en duplique des parties, y compris les intervenants visés à l'article 134, paragraphe 1, lorsque le président, à la suite d'une demande motivée présentée dans un délai de deux semaines à compter de la notification des mémoires en réponse ou en réplique, le juge nécessaire et l'autorise pour permettre à la partie concernée de défendre son point de vue.

Le président fixe le délai pour la présentation de ces mémoires.

§ 3. Sans préjudice de ce qui précède, dans les cas visés à l'article 134, paragraphe 3, les autres parties peuvent, dans un délai de deux mois à compter de la notification qui leur est faite du mémoire en réponse, présenter un mémoire dont l'objet est limité à répondre aux conclusions et moyens présentés pour la première fois dans le mémoire en réponse d'un intervenant. Ce délai peut être prorogé par le président à la demande motivée de la partie concernée.

§ 4. Les mémoires des parties ne peuvent modifier l'objet du litige devant la chambre de recours.

Article 136

§ 1. Lorsqu'il est fait droit à un recours contre une décision d'une chambre de recours, le Tribunal peut ordonner que l'Office ne supportera que ses propres dépens.

§ 2. Les frais indispensables exposés par les parties aux fins de la procédure devant la chambre de recours ainsi que les frais exposés aux fins de la production, prévue par l'article 131, paragraphe 4 deuxième alinéa, des traductions des mémoires ou écrits dans la langue de procédure sont considérés comme dépens récupérables.

En cas de production de traductions inexactes, l'article 87, paragraphe 3 deuxième alinéa s'applique.

DISPOSITIONS FINALES

Article 137

Le présent règlement, authentique dans les langues visées à l'article 35, paragraphe 1, est publié au Journal officiel des Communautés européennes. Il entre en vigueur le premier jour du deuxième mois suivant sa publication.

ANNEXE 5
INSTRUCTIONS AU GREFFIER DE LA COUR

Section 1. **Des attributions du greffe**

Article 1

§ 1. Le greffe est ouvert au public du lundi au vendredi de 10 à 12 heures et de 15 à 18 heures – le vendredi jusqu'à 17 heures –, sauf les jours fériés mentionnés à l'annexe I du règlement de procédure.

En dehors des heures d'ouverture du greffe, les pièces de procédure peuvent être valablement déposées auprès du gardien de service. Celui-ci note les date et heure de dépôt.

§ 2. Lorsque la Cour ou une chambre tient une audience publique, le greffe est ouvert au public en tout cas une demi-heure avant le début de l'audience.

Article 2

Le greffier est responsable de la tenue des dossiers des affaires pendantes et de leur mise à jour constante.

Article 3

§ 1. Les minutes des arrêts, ordonnances et décisions sont dressées sous la responsabilité du greffier. Il les soumet à la signature des magistrats compétents.

§ 2. Le greffier veille à ce que les significations, notifications et communications prévues par les traités C.E.C.A., C.E.E. et C.E.E.A., par les statuts C.E.C.A., C.E.E. et C.E.E.A., par tout autre acte attribuant des compétences à la Cour de justice, ainsi que par le règlement de procédure, soient faites conformément aux dispositions de celui-ci ; à la copie de l'acte à signifier, à notifier, ou à communiquer, il joint une lettre recommandée signée par lui et spécifiant le numéro de l'affaire, le numéro du registre et l'indication sommaire de la nature de l'acte. Une copie de cette lettre est annexée à l'acte original.

§ 3. Les actes de procédure et les documents relatifs à celle-ci sont signifiés aux parties.

Si des documents très volumineux sont déposés en un seul exemplaire au greffe, le greffier, après consultation du juge rapporteur, informe les parties, par lettre recommandée, qu'elles peuvent en prendre connaissance au greffe.

§ 4. Lorsque, dans les conclusions de la requête introductive d'instance, l'illégalité d'un acte émanant d'une institution communautaire qui n'est pas partie au procès est directement invoquée, le greffier communique une copie de la requête à ladite institution, conformément au deuxième alinéa des articles 18 des statuts de la Cour de justice de la C.E.E. et de la C.E.E.A. et 21 du statut de la Cour de justice de la C.E.C.A.

Le greffier ne communiquera pas d'autres mémoires de la procédure écrite à ladite institution, à moins que l'intervention de celle-ci n'ait été admise conformément à l'article 93, paragraphe 4, du règlement de procédure.

Article 4

§ 1. À la demande de la partie intéressée, il est délivré un accusé de réception de toute pièce de procédure déposée au greffe.

§ 2. Sauf autorisation expresse du président ou de la Cour, le greffier refuse d'accepter ou, le cas échéant, restitue sans retard, sous pli recommandé, tout acte ou document non prévu par le règlement de procédure, ou non rédigé dans la langue de procédure.

§ 3. Si la date du dépôt au greffe d'un acte de procédure et la date de son inscription au registre ne sont pas les mêmes, mention en est faite sur l'acte de procédure.

Article 5

§ 1. Le greffier, après avoir consulté le président et le juge rapporteur, prend toutes dispositions nécessaires en vue d'assurer l'application de l'article 38, paragraphe 7, du règlement de procédure.

Il fixe le délai prévu audit article par voie de lettre recommandée avec accusé de réception.

Si l'intéressé ne donne pas suite à la requête du greffier, celui-ci soumet la question au président de la Cour.

§ 2. La demande destinée au greffe du comité d'arbitrage et visée à l'article 101, paragraphe 3, du règlement de procédure est faite par voie de lettre recommandée avec accusé de réception.

Le dossier est retourné au greffe du comité d'arbitrage après le prononcé de l'arrêt de la Cour ou après la radiation de l'affaire du registre de la Cour.

Article 6

§ 1. Mention est faite, au bas de la minute, de la lecture de l'arrêt ou de l'ordonnance en audience publique ; cette mention comporte, dans la langue de procédure :

« Ainsi prononcé en audience publique à..., le...

Le greffier	Le président
(signature)	(signature) »

§ 2. Les mentions en marge des arrêts, visées aux articles 66, paragraphe 4, 94, paragraphe 6, 97, paragraphe 3, 100, paragraphe 3, et 102, paragraphe 2, du règlement de procédure sont apposées dans la langue de procédure ; elles sont paraphées par le président et le greffier.

Article 7

§ 1. Avant chaque audience publique de la Cour ou d'une chambre, le greffier établit, dans la langue de procédure, un rôle d'audience.

Ce rôle contient :

– la date, l'heure et le lieu de l'audience,
– l'indication des affaires qui seront appelées,
– les noms des parties,
– les noms et qualités des agents, conseils et avocats des parties.

Le rôle d'audience est affiché à l'entrée de la salle d'audience.

§ 2. Le greffier établit, dans la langue de procédure, un procès-verbal de chaque audience publique.

Ce procès-verbal comprend :

– la date et le lieu de l'audience,
– les noms des juges, avocats généraux et greffier présents,
– l'indication de l'affaire,
– les noms des parties,
– les noms et qualités des agents, conseils ou avocats des parties,
– les noms, prénoms, qualités et domicile des témoins ou experts entendus,
– l'indication des preuves produites à l'audience,
– l'indication des pièces déposées par les parties au cours de l'audience,
– les décisions de la Cour, de la chambre, du président de la Cour ou de la chambre, prises à l'audience.

Si les débats oraux dans une même affaire nécessitent plusieurs audiences successives, il peut en être dressé un seul procès-verbal.

Article 8

Le greffier s'assure du fait que les personnes ou organes qui sont chargés d'une enquête ou d'une expertise, conformément à l'article 49 du règlement de procédure, disposent des moyens nécessaires pour exécuter la mission qui leur est confiée.

Article 9

La pièce de légitimation, prévue à l'article 33 sous b), du règlement de procédure, est transmise au conseil ou à l'avocat, à leur demande, si cela est nécessaire pour le bon déroulement de la procédure.

La pièce de légitimation est établie par le greffier.

Article 10

Aux fins de l'article 32 du règlement de procédure, un extrait du rôle d'audience est communiqué d'avance au ministre des Affaires étrangères de l'État où la Cour siège.

Section 2. De la tenue du registre

Article 11

Le greffier est responsable de la tenue à jour du registre des affaires soumises à la Cour.

Article 12

Lors de l'inscription de la requête introductive d'instance, l'affaire reçoit un numéro d'ordre suivi de l'indication de l'année, accompagnée d'une indication relative, soit au nom de la partie requérante, soit à l'objet de la requête. Les affaires sont mentionnées d'après ce numéro.

Un référé reçoit le même numéro que l'affaire principale, suivi de la lettre « R ».

Article 13

Les pages du registre sont numérotées à l'avance.

Périodiquement, il est visé et paraphé par le président et par le greffier en marge de la dernière inscription faite.

Article 14

Sont inscrits au registre les actes de procédure relatifs aux affaires soumises à la Cour, notamment les pièces versées au dossier par les parties et les significations faites par le greffier.

Les annexes aux actes de procédure sont inscrites quand elles ne sont pas déposées en même temps que l'acte principal.

Article 15

§ 1. Les inscriptions sont faites à la suite et dans l'ordre de la présentation des actes à inscrire.

Elles sont numérotées dans l'ordre croissant et sans interruption.

§ 2. L'inscription est faite immédiatement après le dépôt au greffe de l'acte de procédure.

Au cas où l'acte émane de la Cour, l'inscription est faite le jour même où l'acte est dressé.

§ 3. L'inscription contient les indications nécessaires à l'identification de la pièce et, notamment :

- la date de l'inscription,
- l'indication de l'affaire,
- la nature de la pièce,
- la date de la pièce.

Elle est faite dans la langue de procédure ; les nombres sont inscrits en chiffres et les abréviations courantes sont autorisées.

§ 4. Lorsqu'il paraît nécessaire de procéder à des rectifications, mention en est faite en marge ; cette mention est paraphée par le greffier.

Article 16

Le numéro d'ordre de l'inscription est indiqué à la première page de tout acte émanant de la Cour.

Mention de l'inscription au registre est faite sur l'original de tout acte déposé par les parties, par apposition d'un cachet, comportant, dans la langue de procédure, le texte suivant :

« Inscrit au registre de la Cour de justice sous le n°...

Luxembourg, le... »

Cette mention est signée par le greffier.

Section 3. **Du tarif du greffe et des frais de justice**

Article 17

Seuls les droits de greffe mentionnés à la présente section peuvent être perçus.

Article 18

Le paiement des droits de greffe est effectué soit en espèces à la caisse de la Cour, soit par virement au compte de la Cour auprès de la banque indiquée sur l'avis de paiement.

Article 19

Au cas où la partie qui est débitrice des droits de greffe est admise au bénéfice de l'assistance judiciaire, les dispositions de l'article 76, paragraphe 5, du règlement de procédure sont applicables.

Article 20

Les droits de greffe sont les suivants :

a) une expédition d'un arrêt ou d'une ordonnance, une copie authentique d'un acte de procédure ou d'un procès-verbal, un extrait du registre de la Cour, une copie authentique du registre de la Cour, une copie authentique établie en application de l'article 72, sous b), du règlement de procédure : 60 LFR la page ;

b) une traduction effectuée en application de l'article 72, sous b), du règlement de procédure : 500 LFR la page.

Une page contient au maximum 40 lignes.

Le présent tarif est applicable à la première frappe ; les droits pour chaque copie supplémentaire se montent à 50 LFR par page ou par fraction de page.

Les tarifs mentionnés dans le présent article sont augmentés à partir du 1er janvier 1975 de 10 % chaque fois que l'indice du coût de la vie, publié par le gouvernement du grand-duché de Luxembourg, est augmenté de 10 %.

Article 21

§ 1. Dans les cas où, par application des articles 47, paragraphe 3, 51, paragraphe 1, et 76, paragraphe 5, du règlement de procédure, une avance est demandée à la caisse de la Cour, le greffier se fait remettre le détail des frais pour lesquels l'avance est sollicitée.

Il se fait remettre par les témoins une pièce justificative de leur manque à gagner et, par les experts, une note d'honoraires pour leurs travaux.

§ 2. Le greffier ordonnance le versement par la caisse de la Cour des montants dus conformément au paragraphe précédent contre acquit ou preuve de virement.

Au cas où il considère que le montant demandé est exagéré, il peut le réduire d'office ou échelonner le paiement dans le temps.

§ 3. Le greffier ordonnance le remboursement par la caisse de la Cour des frais de la commission rogatoire dus conformément à l'article 3 du règlement additionnel à l'instance indiquée par l'autorité compétente visée à l'article 2 dudit règlement, dans la monnaie de l'État intéressé, contre preuve de virement.

§ 4. Le greffier ordonnance le versement par la caisse de la Cour de l'avance visée à l'article 5, deuxième alinéa, du règlement additionnel, conformément à ce qui est stipulé au paragraphe 2, deuxième alinéa, du présent article.

Article 22

§ 1. S'il y a lieu à récupération des sommes versées au titre de l'assistance judiciaire gratuite visée à l'article 76, paragraphe 5, du règlement de procédure, ces sommes sont réclamées par lettre recommandée signée par le greffier. Cette lettre précise, outre le montant des sommes à rembourser, le mode et le délai de remboursement.

La même disposition est valable en cas d'application de l'article 72, sous a), du règlement de procédure et de l'article 21, paragraphes 1, 3 et 4, des présentes instructions.

§ 2. À défaut de versement dans le délai fixé par le greffier des sommes réclamées, celui-ci demande à la Cour de prendre une ordonnance exécutoire dont il requiert l'exécution forcée, aux termes des articles 44 et 92 du traité C.E.C.A., 187 et 192 du traité C.E.E., 159 et 164 du traité C.E.E.A.

Au cas où une partie a été condamnée, par arrêt ou ordonnance, au versement de frais à la caisse de la Cour, le greffier, à défaut de paiement dans le délai fixé, demande qu'il soit procédé au recouvrement de ces frais par exécution forcée.

Section 4. **Des publications de la Cour**

Article 23

Les publications de la Cour sont faites sous la responsabilité du greffier.

Article 24

Il est publié, dans les langues visées à l'article 1er du règlement n° 1 du Conseil, un Recueil de la jurisprudence de la Cour comprenant, sauf décision contraire, les arrêts de la Cour avec les conclusions des avocats généraux, les avis et les ordonnances de référé prononcés au cours de l'année civile.

Article 25

Le greffier veille à la publication au *Journal officiel des Communautés européennes :*

a) des avis concernant les requêtes introductives d'instance visés à l'article 16, paragraphe 6, du règlement de procédure ;

b) des avis relatifs à la radiation du registre d'une affaire ;

c) sauf décision contraire de la Cour, du dispositif de tout arrêt et ordonnance de référé ;

d) de la composition des chambres ;

e) de la nomination du président de la Cour ;

f) de la nomination du greffier ;

g) de la nomination du greffier adjoint et de l'administrateur.

Dispositions finales

Article 26

Les présentes instructions remplacent les instructions arrêtées par la Cour de justice des Communautés européennes le 23 juin 1960 (*JO* n° 72 du 18.11.1960, p. 1417/60), modifiées par décision de la Cour du 6 avril 1962 (*JO* n° 34 du 5.5.1962, p. 1115/62) et par décision de la Cour du 13 juillet 1965 (*JO* n° 141 du 3.8.1965, p. 2413/65).

Article 27

Les présentes instructions, authentiques dans les langues visées à l'article 29, paragraphe 1, du règlement de procédure, sont publiées au *Journal officiel des Communautés européennes.*

ANNEXE 6

INSTRUCTIONS AU GREFFIER DU TRIBUNAL DE PREMIÈRE INSTANCE

LE TRIBUNAL DE PREMIÈRE INSTANCE DES COMMUNAUTÉS EUROPÉENNES,

sur proposition du président du Tribunal,

vu le règlement de procédure adopté le 2 mai 1991, et notamment son article 23,

établit les présentes

INSTRUCTIONS AU GREFFIER

Article 1

Les tâches du greffier

Le greffier est responsable de la tenue du registre du Tribunal et des dossiers des affaires pendantes, de la réception, transmission, notification et conservation des documents, des correspondances avec les parties et les tiers relatives aux affaires pendantes, ainsi que de la garde des sceaux du Tribunal ; il veille à la perception des droits du greffe et à la récupération des sommes dues à la caisse du Tribunal ; il procède aux publications du Tribunal.

Article 2

L'ouverture des bureaux du greffe

1. Les bureaux du greffe sont ouverts au public tous les jours ouvrables.

Sont considérés comme jours ouvrables tous les jours sauf les samedis, les dimanches ainsi que les jours fériés légaux figurant dans la liste visée à l'article 101, paragraphe 2, du règlement de procédure.

Lorsqu'un jour ouvrable au sens des alinéas précédents est férié pour les fonctionnaires et agents de l'institution, la possibilité de contacter le greffe durant les heures d'ouverture au public est assurée par une permanence.

2. Les heures d'ouverture du greffe au public sont

– les matins, du lundi au vendredi, de 9 heures 30 à 12 heures,

– les après-midi, du lundi au jeudi, de 14 heures 30 à 17 heures 30 et, sauf pendant les vacances judiciaires prévues à l'article 34, paragraphe 1, du règlement de procédure, le vendredi de 14 heures 30 à 16 heures 30.

Les bureaux du greffe sont ouverts au public une demi-heure avant le début de toute audience.

3. Lorsque les bureaux du greffe sont fermés, les pièces de procédure peuvent, à toute heure du jour ou de la nuit, être valablement déposées auprès du gardien de service aux entrées des bâtiments du Tribunal. Celui-ci note les dates et heures du dépôt qui font foi et remet un reçu sur demande.

Article 3

Le registre

1. Sont inscrits au registre les arrêts et ordonnances ainsi que toutes les pièces versées aux dossiers dans les affaires soumises au Tribunal.

2. Les inscriptions au registre sont numérotées dans l'ordre croissant et sans discontinuité ; elles sont faites dans la langue de procédure et contiennent les indications nécessaires à l'identification de la pièce, notamment la date de l'inscription, le numéro de l'affaire et la nature de la pièce.

3. Mention est faite en marge du registre de toute rectification.

4. Le numéro d'ordre de l'inscription au registre est indiqué à la première page de tout acte émanant du Tribunal.

Mention de l'inscription au registre, avec indication du numéro d'ordre et de la date de l'inscription au registre, est faite sur l'original de tout acte de procédure déposé par les parties et sur toute copie qui leur est notifiée. Cette mention est faite dans la langue de procédure et signée par le greffier.

5. Lorsque l'inscription d'une pièce au registre n'est pas faite à la date même de son dépôt, cette dernière date est mentionnée au registre et sur l'original, ainsi que sur les copies de l'acte de procédure.

6. Aux fins de l'application du paragraphe précédent, sont prises en considération, selon les cas, la date à laquelle l'acte de procédure a été reçu par le greffier ou un fonctionnaire ou agent du greffe, la date visée à l'article 2, paragraphe 3, ci-dessus ou, dans les cas prévus par l'article 47, premier alinéa, du statut C.E. de la Cour de justice, l'article 47, premier alinéa, du statut C.E.C.A. de la Cour de justice et l'article 48, premier alinéa, du statut C.E.E.A. de la Cour de justice, la date de dépôt de l'acte de procédure auprès du greffier de la Cour.

Article 4

Le numéro d'affaire

1. Lors de l'inscription au registre d'une requête introductive d'instance, l'affaire reçoit un numéro d'ordre précédé d'un « T- » et suivi de l'indication de l'année.

Les demandes en référé, les demandes d'intervention, les demandes de rectification ou d'interprétation d'arrêts, les demandes en révision ou en tierce opposition, les demandes de taxation des dépens et les demandes d'assistance judiciaire relatives à des recours pendants reçoivent le même numéro d'ordre que l'affaire principale, suivi d'une mention indiquant qu'il s'agit de procédures particulières distinctes. Un recours dont l'introduction a été précédée d'une demande d'assistance judiciaire y relative reçoit le même numéro d'affaire que cette dernière. Après le renvoi d'une affaire par la Cour à la suite d'un pourvoi, cette affaire conserve le numéro qui lui avait été attribué antérieurement devant le Tribunal.

2. Le numéro d'ordre de l'affaire, avec l'indication des parties, est indiqué dans les actes de procédure, dans les correspondances relatives à l'affaire ainsi que, sans préjudice de l'article 17, paragraphe 4, des présentes instructions, dans les publications du Tribunal.

Article 5

Le dossier et l'accès au dossier

1. Le dossier de l'affaire contient les originaux, avec leurs annexes, des pièces et actes de procédure produits par les parties, à l'exception de ceux refusés en vertu de l'article 6 des présentes instructions, les décisions prises dans cette affaire, y compris celles concernant le refus d'acceptation de pièces, les rapports d'audience, les procès-verbaux d'audience, les notifications faites par le greffier ainsi que, le cas échéant, toute autre pièce ou correspondance qui sera à prendre en considération pour le jugement de l'affaire.

En cas de doute, le greffier saisit le président afin qu'il soit décidé si une pièce doit être versée au dossier.

2. Les pièces du dossier reçoivent un numéro courant. Chaque page du dossier est numérotée dans l'ordre croissant.

3. Les avocats ou agents des parties à une affaire devant le Tribunal ou les personnes dûment habilitées par eux peuvent consulter, dans les bureaux du greffe, le dossier original de l'affaire, y compris les dossiers administratifs produits devant le Tribunal, et demander des copies ou des extraits des actes de procédure et du registre.

Les avocats ou agents des parties intervenantes, après admission de leur intervention, ainsi que de toutes les parties à plusieurs affaires jointes, disposent du même droit d'accès aux dossiers, sous réserve des dispositions du paragraphe 4 ci-après relatif au traitement confidentiel de certains éléments ou pièces du dossier.

Aucune tierce personne, privée ou publique, ne peut accéder au dossier de l'affaire ou aux pièces de procédure sans autorisation expresse du président, les parties entendues. Cette autorisation ne peut être accordée que sur demande écrite qui doit être accompagnée d'une justification détaillée de l'intérêt légitime à consulter le dossier.

4. La demande d'une partie tendant à ce que soit ordonné le traitement confidentiel de certains éléments ou pièces du dossier doit être présentée par acte séparé ; elle doit préciser les éléments ou passages confidentiels, contenir une motivation du caractère confidentiel pour chaque élément ou passage concerné et être accompagnée d'une copie des pages concernées du mémoire ou de l'annexe en question, avec indication des éléments ou passages pour lesquels le traitement confidentiel est demandé.

Si le traitement confidentiel de certains éléments ou pièces du dossier est accordé, le greffier invite, le cas échéant, les parties à produire, conformément à la décision du Tribunal, les versions non confidentielles de leurs mémoires, accompagnées du nombre de copies certifiées conformes prévu à l'article 43, paragraphe 1, du règlement de procédure.

Les versions confidentielles et les versions non confidentielles des pièces de procédure sont classées dans des fascicules séparés du dossier. L'accès au fascicule confidentiel du dossier est limité aux parties vis-à-vis desquelles aucun traitement confidentiel n'a été ordonné.

5. Après la fin de la procédure, le dossier de l'affaire est clôturé et relié. Le dossier clôturé contient une liste des pièces versées au dossier, avec indication de leur numéro, ainsi qu'une page de garde mentionnant le numéro d'ordre de l'affaire, les parties et la date de clôture.

Article 6

Le refus de pièces et la régularisation

1. Le greffier veille à la conformité des pièces versées au dossier avec les dispositions des Statuts de la Cour, du règlement de procédure et des présentes instructions.

Le cas échéant, il fixe aux parties un délai pour leur permettre de remédier à des irrégularités formelles des pièces déposées.

2. Le greffier refuse d'enregistrer les mémoires ou actes de procédure non prévus par le règlement de procédure. En cas de doute, le greffier saisit le président afin qu'il soit statué.

3. Sans préjudice des dispositions de l'article 10, paragraphe 3, relatives à l'emploi de la télécopie, le greffier n'accepte que les pièces qui portent l'original de la signature de l'avocat ou de l'agent de la partie.

Le greffier peut demander le dépôt d'un spécimen, le cas échéant certifié conforme, de la signature d'un avocat ou agent afin d'être mis en mesure de vérifier le respect de la condition prévue à l'article 43, paragraphe 1, premier alinéa du règlement de procédure.

4. Le dépôt de pièces ou documents en annexe à un mémoire ou acte de procédure n'est admis que si la pièce en question est mentionnée dans le texte du mémoire ou de l'acte de procédure et figure dans un bordereau d'annexes, tel que prévu par l'article 43, paragraphe 4, du règlement de procédure. Ce bordereau doit contenir l'indication du numéro de l'annexe, de la date et de la nature du document annexé.

À défaut de régularisation par la partie concernée, le greffier peut refuser les annexes non conformes aux dispositions du présent paragraphe.

5. Sauf dans les cas expressément prévus par le règlement de procédure, le greffier refuse des mémoires ou les actes de procédure des parties rédigés dans une langue autre que la langue de procédure.

Lorsque des pièces ou documents annexés à un mémoire ou acte de procédure ne sont pas accompagnés d'une traduction dans la langue de procédure, le greffier en demande la régularisation à la partie concernée, si cette traduction apparaît nécessaire au bon déroulement de la procédure.

Lorsqu'une demande d'intervention, émanant d'un tiers autre qu'un État membre, n'est pas rédigée dans la langue de procédure, le greffier en demande la régularisation, avant de la verser au dossier et de la notifier aux parties. Si une version de cette demande rédigée dans la langue de procédure est déposée dans le délai fixé à cette fin par le greffier, la date de dépôt de la première version dans une autre langue est cependant prise en considération comme date de dépôt de la pièce, aux fins de l'inscription au registre.

6. Sur chacune des copies de tout acte de procédure que les parties sont tenues de produire en vertu de l'article 43, paragraphe 1, du règlement de procédure, l'avocat ou l'agent de la partie concernée doit apposer la mention, signée par lui, certifiant que la copie est conforme à l'original de l'acte.

7. Lorsqu'une partie conteste le refus d'une pièce par le greffier, celui-ci soumet la pièce au président afin qu'il soit décidé si elle doit être acceptée.

Article 7

La présentation de la requête

1. Lorsque le greffier constate qu'une requête introductive d'instance n'est manifestement pas conforme aux dispositions de l'article 44, paragraphe 1, du règlement de procédure, il suspend la notification de la requête pour permettre au Tribunal de statuer sur la recevabilité du recours.

2. Aux fins de la production du document de légitimation, prévu par l'article 44, paragraphe 3, du règlement de procédure, certifiant que l'avocat représentant une partie ou assistant son agent est inscrit au barreau de l'un des États membres, il peut être renvoyé à une pièce déjà déposée au greffe du Tribunal.

3. Les pièces à produire en vertu de l'article 44, paragraphe 5, sous a) et b), du règlement de procédure, si le requérant est une personne morale, doivent comporter le mandat conféré à l'avocat, signé par un représentant de la personne morale, qualifié à cet effet, ainsi que les éléments permettant de vérifier l'existence juridique de la personne morale et le pouvoir du signataire du mandat d'agir au nom de celle-ci.

Article 8

Les traductions

1. Le greffier veille à ce que, conformément à l'article 36, paragraphe 1, du règlement de procédure, tout ce qui est dit ou écrit au cours de la procédure soit traduit, à la demande d'un juge, d'un avocat général ou d'une partie, dans la langue de procédure ou, le cas échéant, dans une autre langue visée par l'article 35, paragraphe 2, du règlement de procédure. Dans la mesure où, aux fins d'un bon déroulement de la procédure, une traduction dans une autre langue mentionnée à l'article 35, paragraphe 1, du règlement de procédure est nécessaire, le greffier la fait également établir.

2. Le greffier fixe les délais dans lesquels les institutions parties à l'instance doivent produire les traductions prévues par l'article 43, paragraphe 2, du règlement de procédure.

Article 9

Les notifications

1. Les notifications sont faites, conformément à l'article 100 du règlement de procédure, sous forme de transmission, soit par envoi postal recommandé, avec accusé de réception, soit par remise au destinataire, contre reçu, d'une copie certifiée conforme de l'original de l'acte à notifier. La copie certifiée conforme est, en tant que de besoin, dressée par le greffier.

La copie de l'acte est accompagnée d'une lettre spécifiant le numéro de l'affaire, le numéro du registre et l'indication sommaire de la nature de l'acte.

2. Pour autant que le destinataire a élu domicile à Luxembourg, les notifications sont adressées au domiciliataire.

Lorsque, contrairement aux dispositions de l'article 44, paragraphe 2, premier alinéa, du règlement de procédure, une partie a omis d'élire domicile à Luxembourg, les notifications sont faites par voie de dépôt, à la poste à Luxembourg, d'un envoi recommandé, adressé à l'agent ou l'avocat de la partie concernée.

3. L'accusé de réception, le reçu ou, le cas échéant, la preuve du dépôt de l'envoi recommandé à la poste à Luxembourg sont conservés dans le dossier de l'affaire, avec la copie de la lettre adressée au destinataire lors de la notification.

4. Si, en raison du volume d'une pièce ou d'un document, un seul exemplaire en est annexé à un acte de procédure déposé par une partie ou si, pour d'autres raisons, des copies d'une pièce ou d'un objet déposé au greffe ne peuvent pas être notifiées aux parties, le greffier en informe les parties et leur indique que la pièce, le document ou l'objet en question est tenu à leur disposition au greffe.

Article 10

La fixation et la prorogation de délais

1. Le greffier fixe les délais prévus par le règlement de procédure, conformément aux délégations qu'il a reçues du président.

2. Les pièces qui parviennent au greffe après l'expiration du délai fixé pour leur dépôt ne peuvent être acceptées qu'avec l'autorisation du président.

3. Lorsqu'une pièce de procédure parvient au greffe par voie de télécopie, avant l'expiration du délai fixé pour son dépôt, et que l'original de cette pièce est ensuite déposé avec la diligence requise, le greffier accepte le dépôt de la pièce comme étant intervenu à la date de la réception de la télécopie, à condition qu'il s'agisse d'un délai qui pouvait être prorogé en vertu de l'article 103 du règlement de procédure.

En particulier, le dépôt de requêtes ou de demandes d'intervention par voie de télécopie n'est pas admis.

4. Le greffier peut proroger les délais fixés, conformément aux délégations qu'il a reçues du président ; le cas échéant, il soumet au président des propositions relatives à la prorogation des délais.

Les demandes de prorogation de délais doivent être dûment motivées et présentées en temps utile avant l'expiration du délai fixé. Un délai ne peut être prorogé plus d'une fois que pour des motifs exceptionnels.

Article 11

Les procédures de référé

1. Dans les procédures visées par les articles 104 à 110 du règlement de procédure, les demandes, les observations écrites, les demandes d'intervention et d'autres actes de procédure peuvent être présentés par télécopie, suivi de l'envoi de l'original.

2. Le greffier peut transmettre les communications et notifications de documents par tous moyens appropriés que l'urgence exige, et notamment par voie de télécopie ; le greffier fait, en tout état de cause, suivre cette transmission par un envoi effectué dans les formes prévues par l'article 100 du règlement de procédure.

Article 12

Les audiences et les procès-verbaux

1. Avant chaque audience publique, le greffier fait établir, dans la langue de procédure, un rôle d'audience qui contient la date, l'heure et le lieu de l'audience, l'indication des affaires qui seront appelées et les noms des parties.

Le rôle d'audience est affiché à l'entrée de la salle d'audience.

2. Le greffier établit, dans la langue de procédure, un procès-verbal de chaque audience qui contient l'indication de l'affaire, la date, l'heure et le lieu de l'audience, l'indication qu'il s'agit d'une audience publique ou à huis clos, les noms des juges, de l'avocat général et du greffier présents, les noms et qualités des agents, avocats ou conseils des parties présents, les noms, prénoms, qualités et domiciles des témoins ou experts entendus, l'indication des preuves ou pièces produites à l'audience et, pour autant que de besoin, les déclarations faites à l'audience, ainsi que les décisions prononcées à l'audience par le Tribunal ou le président.

3. Le procès-verbal de l'audition d'un témoin reproduisant la déposition de celui-ci est établi, par les soins du greffier, dans la langue dans laquelle le témoin a fait sa déposition.

Avant de signer le procès-verbal et de le soumettre, pour signature, au président, le greffier en communique le projet au témoin, le cas échéant par envoi recommandé, et il l'invite à en vérifier le contenu, à présenter ses observations éventuelles et à le signer.

Article 13

Les témoins et experts

1. Le greffier prend les mesures nécessaires pour l'exécution des ordonnances d'expertise et d'audition des témoins.

2. Le greffier se fait remettre, par les témoins, les pièces justificatives de leurs frais et de leur manque à gagner et, par les experts, une note d'honoraires justifiant leurs travaux et leurs frais.

3. Le greffier fait verser par la caisse du Tribunal les montants dus aux témoins et experts, en application du règlement de procédure. En cas de contestation sur ces montants, le greffier saisit le président afin qu'il soit statué.

4. Les frais d'audition d'experts ou de témoins avancés par le Tribunal dans une affaire sont réclamés aux parties condamnées aux dépens, par les soins du greffier. Il est fait application, le cas échéant, des dispositions de l'article 15, paragraphe 2.

Article 14

Les originaux des arrêts et ordonnances

1. Les originaux des arrêts et des ordonnances du Tribunal sont conservés, par ordre chronologique, dans les archives du greffe. Une copie certifiée conforme en est versée au dossier de l'affaire.

À la demande des parties, le greffier leur délivre une copie certifiée conforme de l'original d'un arrêt ou d'une ordonnance.

Le greffier peut délivrer une copie simple des arrêts ou ordonnances à des tierces personnes qui le demandent.

2. Les arrêts ou ordonnances portant rectification ou interprétation d'un arrêt ou d'une ordonnance, les arrêts rendus sur opposition contre un arrêt par défaut, les arrêts et ordonnances rendus sur tierce opposition ou sur demande de révision, ainsi que les arrêts ou ordonnances rendus par la Cour sur pourvoi sont mentionnés en marge de l'arrêt ou de l'ordonnance concernés ; copie certifiée conforme en est annexée à la minute de l'arrêt ou de l'ordonnance.

Article 15

La récupération de sommes

1. S'il y a lieu de récupérer, au bénéfice de la caisse du Tribunal, des sommes versées au titre de l'assistance judiciaire gratuite ou des sommes avancées aux témoins ou experts, le greffier réclame ces sommes, par lettre recommandée, à la partie qui doit en supporter la charge, conformément au règlement de procédure.

2. À défaut de versement dans le délai fixe par le greffier, celui-ci peut demander au Tribunal de prendre une ordonnance valant titre exécutoire dont il requiert, le cas échéant, l'exécution forcée.

Article 16

Les droits de greffe

1. Lorsqu'une copie d'une pièce de procédure ou un extrait du dossier ou du registre est délivré à une partie à sa demande, le greffier perçoit un droit de

greffe qui est de 3,50 écus par page pour une copie authentique et de 2,50 écus par page pour une copie simple.

2. Lorsque le greffier fait établir, à la demande d'une partie, une traduction d'une pièce de procédure ou d'un extrait du dossier, un droit de greffe est perçu qui est de 1,25 écu par ligne.

3. Les tarifs mentionnés au présent article sont augmentés, à partir du 1er janvier 1994, de dix pour cent chaque fois que l'indice pondéré du coût de la vie, publié par le gouvernement du grand-duché de Luxembourg, a augmenté de dix pour cent.

Article 17

Les publications

1. Le greffier fait publier au *Journal officiel des Communautés européennes* la composition des chambres et les critères retenus pour l'attribution des affaires a celles-ci, l'élection du président du Tribunal et des présidents de chambre, la nomination du greffier et, le cas échéant, d'un greffier adjoint.

2. Le greffier fait publier, au *Journal officiel des Communautés européennes,* les communications relatives aux recours introduits et aux décisions mettant fin à l'instance.

3. Le greffier veille à rendre publique la jurisprudence du Tribunal et procède à la publication du *Recueil de la jurisprudence,* dans les langues visées à l'article 1er du règlement n° 1 du Conseil et conformément aux modalités décidées par le Tribunal.

4. À la demande d'une partie ou d'office, les noms de parties ou de tierces personnes ou certaines données peuvent être omis dans les publications relatives à l'affaire, s'il y a un intérêt légitime à ce que l'identité d'une personne ou ces données soient tenues confidentielles.

Article 18

Conseils à l'intention des avocats et agents

1. Le greffier transmet aux avocats et agents, sur demande ou, en tant que de besoin, d'office, un exemplaire des présentes instructions au greffier.

2. Le greffier rédige, à l'intention des avocats et agents, des conseils concernant le déroulement de la procédure écrite et de la procédure orale. Il les porte à la connaissance des avocats et agents.

3. Le greffier fournit aux avocats et agents, à leur demande, des informations sur la pratique suivie en application du règlement de procédure et des présentes instructions au greffier, afin d'assurer le bon déroulement des procédures.

Article 19

Dérogations aux présentes instructions

Si les circonstances particulières d'un cas d'espèce et une bonne administration de la justice l'exigent, le Tribunal ou le président peuvent déroger aux dispositions des présentes instructions au greffier.

Article 20

Entrée en vigueur des présentes instructions

Les présentes instructions au greffier, authentiques dans les langues visées à l'article 36, paragraphe 2, du règlement de procédure, sont publiées au *Journal officiel des Communautés européennes*.

Elles entrent en vigueur le jour suivant celui de leur publication.

Fait à Luxembourg, le 3 mars 1994.

Le Greffier — *Le Président*

H. JUNG — J. L. DA CRUZ VILAÇA

Tableau des équivalences visées à l'article 12 du traité d'Amsterdam modifiant la numérotation des articles du traité sur l'Union européenne et du traité instituant la Communauté européenne

A. Traité sur l'Union européenne

ANCIENNE NUMÉROTATION	NOUVELLE NUMÉROTATION
TITRE I	TITRE I
Article A	Article 1
Article B	Article 2
Article C	Article 3
Article D	Article 4
Article E	Article 5
Article F	Article 6
Article F 1 (*)	Article 7
TITRE II	TITRE II
Article G	Article 8
TITRE III	TITRE III
Article H	Article 9
TITRE IV	TITRE IV
Article I	Article 10
TITRE V (***)	TITRE V
Article J 1	Article 11
Article J 2	Article 12
Article J 3	Article 13
Article J 4	Article 14
Article J 5	Article 15
Article J 6	Article 16
Article J 7	Article 17
Article J 8	Article 18
Article J 9	Article 19
Article J 10	Article 20

ANCIENNE NUMÉROTATION	NOUVELLE NUMÉROTATION
Article J 11	Article 21
Article J 12	Article 22
Article J 13	Article 23
Article J 14	Article 24
Article J 15	Article 25
Article J 16	Article 26
Article J 17	Article 27
Article J 18	Article 28
TITRE VI (***)	TITRE VI
Article K 1	Article 29
Article K 2	Article 30
Article K 3	Article 31
Article K 4	Article 32
Article K 5	Article 33
Article K 6	Article 34
Article K 7	Article 35
Article K 8	Article 36
Article K 9	Article 37
Article K 10	Article 38
Article K 11	Article 39
Article K 12	Article 40
Article K 13	Article 41
Article K 14	Article 42
TITRE VI A (**)	TITRE VII
Article K 15 (*)	Article 43
Article K 16 (*)	Article 44
Article K 17 (*)	Article 45
TITRE VII	TITRE VIII
Article L	Article 46
Article M	Article 47
Article N	Article 48
Article O	Article 49
Article P	Article 50
Article Q	Article 51
Article R	Article 52
Article S	Article 53

(*) Nouvel article introduit par le traité d'Amsterdam.
(**) Nouveau titre introduit par le traité d'Amsterdam.
(***) Titre restructuré par le traité d'Amsterdam.

B. Traité instituant la Communauté européenne

ANCIENNE NUMÉROTATION	NOUVELLE NUMÉROTATION
PREMIÈRE PARTIE	PREMIÈRE PARTIE
Article 1	Article 1
Article 2	Article 2
Article 3	Article 3
Article 3 A	Article 4
Article 3 B	Article 5
Article 3 C (*)	Article 6
Article 4	Article 7
Article 4 A	Article 8
Article 4 B	Article 9
Article 5	Article 10
Article 5 A (*)	Article 11
Article 6	Article 12
Article 6 A (*)	Article 13
Article 7 (abrogé)	–
Article 7 A	Article 14
Article 7 B (abrogé)	–
Article 7 C	Article 15
Article 7 D (*)	Article 16
DEUXIÈME PARTIE	DEUXIÈME PARTIE
Article 8	Article 17
Article 8 A	Article 18
Article 8 B	Article 19
Article 8 C	Article 20
Article 8 D	Article 21
Article 8 E	Article 22
TROISIÈME PARTIE TITRE I	TROISIÈME PARTIE TITRE I
Article 9	Article 23
Article 10	Article 24
Article 11 (abrogé)	–
Chapitre 1 *Section 1* (supprimée)	**Chapitre 1**
Article 12	Article 25
Article 13 (abrogé)	–
Article 14 (abrogé)	–
Article 15 (abrogé)	–
Article 16 (abrogé)	–

ANCIENNE NUMÉROTATION	NOUVELLE NUMÉROTATION
Article 17 (abrogé)	–
Section 2 (supprimée)	
Article 18 (abrogé)	–
Article 19 (abrogé)	–
Article 20 (abrogé)	–
Article 21 (abrogé)	–
Article 22 (abrogé)	–
Article 23 (abrogé)	–
Article 24 (abrogé)	–
Article 25 (abrogé)	–
Article 26 (abrogé)	–
Article 27 (abrogé)	–
Article 28	Article 26
Article 29	Article 27
Chapitre 2	**Chapitre 2**
Article 30	Article 28
Article 31 (abrogé)	–
Article 32 (abrogé)	–
Article 33 (abrogé)	–
Article 34	Article 29
Article 35 (abrogé)	–
Article 36	Article 30
Article 37	Article 31
TITRE II	TITRE II
Article 38	Article 32
Article 39	Article 33
Article 40	Article 34
Article 41	Article 35
Article 42	Article 36
Article 43	Article 37
Article 44 (abrogé)	–
Article 45 (abrogé)	–
Article 46	Article 38
Article 47 (abrogé)	–
TITRE III	TITRE III
Chapitre 1	**Chapitre 1**
Article 48	Article 39
Article 49	Article 40
Article 50	Article 41
Article 51	Article 42

ANCIENNE NUMÉROTATION	NOUVELLE NUMÉROTATION
Chapitre 2	**Chapitre 2**
Article 52	Article 43
Article 53 (abrogé)	–
Article 54	Article 44
Article 55	Article 45
Article 56	Article 46
Article 57	Article 47
Article 58	Article 48
Chapitre 3	**Chapitre 3**
Article 59	Article 49
Article 60	Article 50
Article 61	Article 51
Article 62 (abrogé)	–
Article 63	Article 52
Article 64	Article 53
Article 65	Article 54
Article 66	Article 55
Chapitre 4	**Chapitre 4**
Article 67 (abrogé)	–
Article 68 (abrogé)	–
Article 69 (abrogé)	–
Article 70 (abrogé)	–
Article 71 (abrogé)	–
Article 72 (abrogé)	–
Article 73 (abrogé)	–
Article 73 A (abrogé)	–
Article 73 B	Article 56
Article 73 C	Article 57
Article 73 D	Article 58
Article 73 E (abrogé)	–
Article 73 F	Article 59
Article 73 G	Article 60
Article 73 H (abrogé)	–
TITRE III A (**)	TITRE IV
Article 73 I (*)	Article 61
Article 73 J (*)	Article 62
Article 73 K (*)	Article 63
Article 73 L (*)	Article 64
Article 73M (*)	Article 65
Article 73 N (*)	Article 66
Article 73 O (*)	Article 67
Article 73 P (*)	Article 68

ANCIENNE NUMÉROTATION	NOUVELLE NUMÉROTATION
Article 73 Q (*)	Article 69
TITRE IV	TITRE V
Article 74	Article 70
Article 75	Article 71
Article 76	Article 72
Article 77	Article 73
Article 78	Article 74
Article 79	Article 75
Article 80	Article 76
Article 81	Article 77
Article 82	Article 78
Article 83	Article 79
Article 84	Article 80
TITRE V	TITRE VI
Chapitre 1	**Chapitre 1**
Section 1	*Section 1*
Article 85	Article 81
Article 86	Article 82
Article 87	Article 83
Article 88	Article 84
Article 89	Article 85
Article 90	Article 86
Section 2 (supprimée)	
Article 91 (abrogé)	–
Section 3	*Section 2*
Article 92	Article 87
Article 93	Article 88
Article 94	Article 89
Chapitre 2	**Chapitre 2**
Article 95	Article 90
Article 96	Article 91
Article 97 (abrogé)	–
Article 98	Article 92
Article 99	Article 93
Chapitre 3	**Chapitre 3**
Article 100	Article 94
Article 100 A	Article 95
Article 100 B (abrogé)	–
Article 100 C (abrogé)	–
Article 100 D (abrogé)	–
Article 101	Article 96

ANCIENNE NUMÉROTATION	NOUVELLE NUMÉROTATION
Article 102	Article 97
TITRE VI	TITRE VII
Chapitre 1	**Chapitre 1**
Article 102 A	Article 98
Article 103	Article 99
Article 103 A	Article 100
Article 104	Article 101
Article 104 A	Article 102
Article 104 B	Article 103
Article 104 C	Article 104
Chapitre 2	**Chapitre 2**
Article 105	Article 105
Article 105 A	Article 106
Article 106	Article 107
Article 107	Article 108
Article 108	Article 109
Article 108 A	Article 110
Article 109	Article 111
Chapitre 3	**Chapitre 3**
Article 109 A	Article 112
Article 109 B	Article 113
Article 109 C	Article 114
Article 109 D	Article 115
Chapitre 4	**Chapitre 4**
Article 109 E	Article 116
Article 109 F	Article 117
Article 109 G	Article 118
Article 109 H	Article 119
Article 109 I	Article 120
Article 109 J	Article 121
Article 109 K	Article 122
Article 109 L	Article 123
Article 109 M	Article 124
TITRE VI A (**)	TITRE VIII
Article 109 N (*)	Article 125
Article 109 O (*)	Article 126
Article 109 P (*)	Article 127
Article 109 Q (*)	Article 128
Article 109 R (*)	Article 129
Article 109 S (*)	Article 130

ANCIENNE NUMÉROTATION	NOUVELLE NUMÉROTATION
TITRE VII Article 110 Article 111 (abrogé) Article 112 Article 113 Article 114 (abrogé) Article 115	TITRE IX Article 131 – Article 132 Article 133 – Article 134
TITRE VII A (**) Article 116 (*)	TITRE X Article 135
TITRE VIII **Chapitre 1 (***)** Article 117 Article 118 Article 118 A Article 118 B Article 118 C Article 119 Article 119 A Article 120 Article 121 Article 122	TITRE XI **Chapitre 1** Article 136 Article 137 Article 138 Article 139 Article 140 Article 141 Article 142 Article 143 Article 144 Article 145
Chapitre 2 Article 123 Article 124 Article 125	**Chapitre 2** Article 146 Article 147 Article 148
Chapitre 3 Article 126 Article 127	**Chapitre 3** Article 149 Article 150
TITRE IX Article 128	TITRE XII Article 151
TITRE X Article 129	TITRE XIII Article 152
TITRE XI Article 129 A	TITRE XIV Article 153
TITRE XII Article 129 B Article 129 C Article 129 D	TITRE XV Article 154 Article 155 Article 156

ANCIENNE NUMÉROTATION	NOUVELLE NUMÉROTATION
TITRE XIII Article 130	TITRE XVI Article 157
TITRE XIV Article 130 A Article 130 B Article 130 C Article 130 D Article 130 E	TITRE XVII Article 158 Article 159 Article 160 Article 161 Article 162
TITRE XV Article 130 F Article 130 G Article 130 H Article 130 I Article 130 J Article 130 K Article 130 L Article 130 M Article 130 N Article 130 O Article 130 P Article 130 Q (abrogé)	TITRE XVIII Article 163 Article 164 Article 165 Article 166 Article 167 Article 168 Article 169 Article 170 Article 171 Article 172 Article 173 –
TITRE XVI Article 130 R Article 130 S Article 130 T	TITRE XIX Article 174 Article 175 Article 176
TITRE XVII Article 130 U Article 130 V Article 130 W Article 130 X Article 130 Y	TITRE XX Article 177 Article 178 Article 179 Article 180 Article 181
QUATRIÈME PARTIE Article 131 Article 132 Article 133 Article 134 Article 135 Article 136 Article 136 A	QUATRIÈME PARTIE Article 182 Article 183 Article 184 Article 185 Article 186 Article 187 Article 188

ANCIENNE NUMÉROTATION	NOUVELLE NUMÉROTATION
CINQUIÈME PARTIE	CINQUIÈME PARTIE
TITRE I	TITRE I
Chapitre 1	**Chapitre 1**
Section 1	*Section 1*
Article 137	Article 189
Article 138	Article 190
Article 138 A	Article 191
Article 138 B	Article 192
Article 138 C	Article 193
Article 138 D	Article 194
Article 138 E	Article 195
Article 139	Article 196
Article 140	Article 197
Article 141	Article 198
Article 142	Article 199
Article 143	Article 200
Article 144	Article 201
Section 2	*Section 2*
Article 145	Article 202
Article 146	Article 203
Article 147	Article 204
Article 148	Article 205
Article 149 (abrogé)	–
Article 150	Article 206
Article 151	Article 207
Article 152	Article 208
Article 153	Article 209
Article 154	Article 210
Section 3	*Section 3*
Article 155	Article 211
Article 156	Article 212
Article 157	Article 213
Article 158	Article 214
Article 159	Article 215
Article 160	Article 216
Article 161	Article 217
Article 162	Article 218
Article 163	Article 219
Section 4	*Section 4*
Article 164	Article 220
Article 165	Article 221
Article 166	Article 222
Article 167	Article 223

ANCIENNE NUMÉROTATION	NOUVELLE NUMÉROTATION
Article 168	Article 224
Article 168 A	Article 225
Article 169	Article 226
Article 170	Article 227
Article 171	Article 228
Article 172	Article 229
Article 173	Article 230
Article 174	Article 231
Article 175	Article 232
Article 176	Article 233
Article 177	Article 234
Article 178	Article 235
Article 179	Article 236
Article 180	Article 237
Article 181	Article 238
Article 182	Article 239
Article 183	Article 240
Article 184	Article 241
Article 185	Article 242
Article 186	Article 243
Article 187	Article 244
Article 188	Article 245
Section 5	*Section 5*
Article 188 A	Article 246
Article 188 B	Article 247
Article 188 C	Article 248
Chapitre 2	**Chapitre 2**
Article 189	Article 249
Article 189 A	Article 250
Article 189 B	Article 251
Article 189 C	Article 252
Article 190	Article 253
Article 191 (*)	Article 254
Article 191 A (*)	Article 255
Article 192	Article 256
Chapitre 3	**Chapitre 3**
Article 193	Article 257
Article 194	Article 258
Article 195	Article 259
Article 196	Article 260
Article 197	Article 261
Article 198	Article 262

ANCIENNE NUMÉROTATION	NOUVELLE NUMÉROTATION
Chapitre 4	**Chapitre 4**
Article 198 A	Article 263
Article 198 B	Article 264
Article 198 C	Article 265
Chapitre 5	**Chapitre 5**
Article 198 D	Article 266
Article 198 E	Article 267
TITRE II	TITRE II
Article 199	Article 268
Article 200 (abrogé)	–
Article 201	Article 269
Article 201 A	Article 270
Article 202	Article 271
Article 203	Article 272
Article 204	Article 273
Article 205	Article 274
Article 205 A	Article 275
Article 206	Article 276
Article 206 A (abrogé)	–
Article 207	Article 277
Article 208	Article 278
Article 209	Article 279
Article 209 A	Article 280
SIXIÈME PARTIE	SIXIÈME PARTIE
Article 210	Article 281
Article 211	Article 282
Article 212 (*)	Article 283
Article 213	Article 284
Article 213 A (*)	Article 285
Article 213 B (*)	Article 286
Article 214	Article 287
Article 215	Article 288
Article 216	Article 289
Article 217	Article 290
Article 218 (*)	Article 291
Article 219	Article 292
Article 220	Article 293
Article 221	Article 294
Article 222	Article 295
Article 223	Article 296
Article 224	Article 297

ANCIENNE NUMÉROTATION	NOUVELLE NUMÉROTATION
Article 225	Article 298
Article 226 (abrogé)	–
Article 227	Article 299
Article 228	Article 300
Article 228 A	Article 301
Article 229	Article 302
Article 230	Article 303
Article 231	Article 304
Article 232	Article 305
Article 233	Article 306
Article 234	Article 307
Article 235	Article 308
Article 236 (*)	Article 309
Article 237 (abrogé)	–
Article 238	Article 310
Article 239	Article 311
Article 240	Article 312
Article 241 (abrogé)	–
Article 242 (abrogé)	–
Article 243 (abrogé)	–
Article 244 (abrogé)	–
Article 245 (abrogé)	–
Article 246 (abrogé)	–
DISPOSITIONS FINALES	DISPOSITIONS FINALES
Article 247	Article 313
Article 248	Article 314

(*) Nouvel article introduit par le traité d'Amsterdam.
(**) Nouveau titre introduit par le traité d'Amsterdam.
(***) Titre restructuré par le traité d'Amsterdam.

INDEX ALPHABÉTIQUE DU NOM DES PARTIES

(Les chiffres renvoient aux numéros des paragraphes)

A

B

C

D

L

M

N

O

P

R

S

T

U

V

W

Y – Z

INDEX ALPHABÉTIQUE

(Les chiffres renvoient aux numéros des paragraphes)

J

L

M

N

O

P

TABLE DES MATIÈRES